著者｜鐵竹偉

1908-1983

廖承志傳

| 責任編輯 | 蔡嘉蘋　梁偉基 |
| 封面設計 | 吳丹娜 |

書　　名	廖承志傳
著　　者	鐵竹偉
出　　版	三聯書店（香港）有限公司
	香港北角英皇道 499 號北角工業大廈 20 樓
	Joint Publishing (H.K.) Co., Ltd.
	20/F., North Point Industrial Building,
	499 King's Road, North Point, Hong Kong
香港發行	香港聯合書刊物流有限公司
	香港新界大埔汀麗路 36 號 3 字樓
印　　刷	美雅印刷製本有限公司
	香港九龍觀塘榮業街 6 號 4 樓 A 室
版　　次	1999 年 7 月香港第一版第一次印刷
	2018 年 1 月香港第二版第一次印刷
規　　格	大 32 開（140 × 210 mm）648 面
國際書號	ISBN 978-962-04-4283-4

© 1999, 2018 Joint Publishing (H.K.) Co., Ltd.

Published & Printed in Hong Kong

目錄

目錄

第一章

異國童年

一

日本 · 東京

"噢，好胖的男孩兒！"

阿葉欣喜驚嘆着俯下身去，從躺在榻榻米上的女主人身邊抱起哇哇啼哭的嬰兒，長跪着側過身，熟練地解開衣襟，掏出碩大的乳房，將乳頭往孩子嘴裡輕輕一堵，哭聲戛然而止，咕嘟咕嘟的吸奶聲，像在吟詠一首甜美的抒情詩。

望着阿葉白淨的臉上呈現出慈祥的笑容，細長的大眼睛裡充滿了母愛的柔情，女主人長長地舒了一氣。她轉臉對門邊站立的丈夫微笑着說：

"仲愷，這下好了，肥仔再不會餓肚子了。"

廖仲愷含笑點點頭，他沒說話，心裡在呼喚着兒子：

"承志啊承志，快快長大吧，有你繼承我們的志向和事業，即便孫先生派我上刀山下火海，我也義無反顧，再無後顧之憂！"

七十年後，《人民中國》雜誌與日本東方書店合作出版《我在日本的青春》一書。日方總經理安井正幸先生寫了一

廖承志 1908 年 9 月 25 日出生於日本東京大久保。原籍廣東惠陽鴨仔
埗。襁褓中的廖承志（左前）與父廖仲愷、母何香凝及姐廖夢醒在東京
留影。

封請求信，希望年已古稀的廖承志爲《我在日本的靑春》一書作序。當時廖承志正在住院，不久，編輯部收到了翹首盼望的回音，負責人劉德友拆開信封一看，眞是喜出望外，樂在眉梢。除了《序》以外，在一疊紅色橫檔紙上，廖承志還親自用日文寫了一篇回憶文章《我的童年》，分明是圓珠筆所寫，但字跡濃淡相間，錯落有致，很有狂草書法的力度。

劉德友按捺不住內心的喜悅，一口氣讀完這篇用日文寫的《我的童年》。不消說，日文是上乘的，不僅用字遣詞得心應手，而且妙語連珠，朗朗上口。如果向不知情的日本人說，這是出自一位日本著名的散文家之手，他們也會完全相信！

廖承志把異國他鄉坎坷的經歷，寫得親切、風趣、幽默、生動，那縷濃濃的親情，如詩如畫，如歌如潮。讀着讀着，便如身臨其境，親眼目睹。劉德友情不自持，心跳加速，眼角濕潤。多少年過去後，文章中的一段，他還幾乎能一字不漏地複述：

"我知道我出生的地方確實是大久保。當時我只哇哇地喊個不停，記憶當然沒有。由於母親反復對我說，'你的出生地是大久保啊'，因此能夠斷言確實是大久保。"

"1927年，我靑年時代在東京落腳時，當時神田中華第一樓的老闆、母親的好友伍瓊石先生證實我的誕生地是大久保，同時擺出嚴肅的臉孔對我說，我的乳娘是一個剛強的白瓜子臉的叫作阿葉的日本女子。因此，我是在大久保出生，又是靠日本女性的乳汁長大的。長大以後，我被貼上'親日派'的標籤，也許確實是命運安排吧。正如有煙就有火一樣，我在日本出生，靠日本女性的乳汁長大，這是不變的事實。這雖然是事實，但在我的記憶中已完全空白，因此只能從一些記憶殘留下來的地方，追索七十年前的一鱗半爪，逐個字逐個字地堆砌起本文。"

"當時，我追問伍瓊石先生：'葉姨還健在嗎？'他好像也不了解，葉姨的全名也不知道，想像起我像一隻小水獺似地咬住葉姨乳頭的樣子，自己不禁發起獸來。假若葉姨還健在的話，無論如何也希望與她一聚。若她不幸已成了故人，我衷心地爲她祈求冥福。"

劉德友總編輯感慨萬千：面前寫文章的不是別人，是已擔任中國全國人民代表大會常務委員會副委員長、中日友好協會主席的廖公啊！才氣橫溢，能寫一手好文章，這暫且不論，就說他身居高職，對一位不知名的普通日本婦女的養育之恩，竟銘記心頭，七十多年不曾淡忘，僅這一點，就不難看出，廖公爲人，多麼重情義！

4

二

中國·廣州

頑皮恐怕是男孩子的天性。何況肥仔又出生在猴年。

三歲那年，父母受孫中山所託帶肥仔回廣州工作過一陣。

有一天，父親帶給他一隻毛色油亮、聰明伶俐的小猴，肥仔欣喜若狂，手舞足蹈，樂不可支。他屬猴，彷彿與猴有不解之緣。

白天，他與小猴一起爬上蹦下嬉笑打鬧，晚上，他扯開被子邀小猴同床共枕，形影不離。如此朝夕相伴，竟達半年之久。

五十年代，廖承志出訪鄰國越南。

那天，他應主人邀請到公園遊覽，突然，一隻小猴蹦到廖承志肩上，抓耳撓腮，毫不懼怕。主人正要“救駕”，廖承志早已伸手把小猴摟到懷裡，又摸腦袋又貼臉，好不親熱。

主人驚喜，盛情送猴。廖承志欣然接受，帶回國內家中。

他白天工作甚忙，無暇與小猴玩耍，每天晚上回到家中，向母親請安後，第一件事就是找小猴嬉鬧。瞧他，與小猴在牀上翻滾，在地下追逐，滿臉欣喜，樂此不疲的模樣，誰能相信面前是位年過不惑，該知天命的部長級幹部。

後來，只因小猴的主食香蕉，在北京太貴且常常缺貨，小猴沒有香蕉，便沒了精神和靈氣。廖承志不忍心，戀戀不捨地把小猴送到北京馬戲團去了。

以後，廖承志還養過小貓、小狗。尤其是一隻叫“摩哥”的北京犬，直至他去世前，摩哥一直與他朝夕相伴、同牀共眠。

廖承志對動物的那份珍愛，至死沒變。

日本・千馱谷

孫中山領導的“二次革命”失敗後，父母帶廖承志和姐姐廖夢醒又一次亡命日本。

在狹窄的船艙裡，一覺醒來，肥仔習慣地伸手一摸，身旁空蕩蕩的，此時才陸然想起，因爲船上不能帶動物，小猴已經被爸爸送人了。他趴在木板牀上好傷心，一想到往後自己醒來時，再看不見小猴歡蹦亂叫的快活模樣，他的淚珠就像斷線的珍珠，成串地滾落枕邊。

不過，一到新居千馱谷，大片綠油油的稻田，淺草熱鬧的玩具店，十二層高的展望台，尤其是養了許多飛鳥走獸的動物園，很快替代了肥仔對小猴的思念。

剛到五歲的那天，媽媽拿出一件深藍色的帶薩摩式花紋的和服，一雙可腳的小木屐給兒子穿上，肥仔興奮極了，他揮動雙臂，像隻快樂的小喜鵲飛奔出門，盡情狂舞。

廖仲愷和何香凝相視一笑，他們知道肥仔準是又去找隔壁人力車行老闆的女兒小梅玩耍。

小梅比肥仔略大幾個月，烏黑的頭髮往上梳，在頭頂結個桃瓣形的髮髻，雙眼皮大眼睛又明又亮，脾氣極好，眼角總帶笑。他們每星期請小梅過來吃幾次飯，在飯桌上，她舉止文雅，很有教養，聽見好笑的事，她用肘輕輕碰一下肥仔，抿嘴竊笑，頗有大家閨秀風範，一家人都喜歡小梅的乖巧和靈秀。

其實，只有肥仔知道小梅還有"絕招"，要說跑和跳，小梅都比不過他，只是一玩扮醫生的遊戲，小梅的手腕力量比自己大，他常常被推倒在地上，像隻大青蛙似的趴在那裡"捱針"。

肥仔時而頑皮得離譜。

有一回家中來客，飯後，父母和姐姐一起去送客人，走到大門外又寒暄了一會。待大家回到屋裡，姐姐首先驚叫起來：

"媽媽，肥仔不見了！"

父母起初不在意，誰知屋裡屋外找了個遍，竟無蹤影。眼看天黑下來，媽媽急得落淚了，一向沉穩的爸爸已經有些心慌，忙着出屋換鞋，準備去警察局報警。

"媽媽，好像櫥裡有聲音！"還是廖夢醒耳朵尖，她聽到壁櫥裡似乎有動靜，大叫起來。。

媽媽衝過去拉開櫥門一看，肥仔蜷縮在櫥子裡，雙目緊閉，臉蛋像隻熟透的紅蘋果。媽媽抱起兒子又搖又喊，可肥仔怎麼也不睜眼。

還是爸爸仔細，他湊近兒子嘴邊聞了聞，撲哧笑出聲：

"香凝，不必驚慌，肥仔是醉了！不信？你看看桌上的酒杯！"

當媽媽的一看，可不，桌上所有酒杯個個底朝天！

何香凝完全能想像出兒子爬上桌子，左顧右盼之後，急急忙忙端起一個個酒杯一飲而盡，頓時覺得頭昏目暈，心裡又害怕，趕緊搖搖晃晃爬進壁櫥的模樣，也忍俊不禁，樂出聲來。

肥仔時而靜如處子。

他喜歡看媽媽作畫，白紙一張，媽媽毛筆唰唰幾下，瞬間，一隻金色雄獅在怒吼，要不，一隻斑斕大虎在猛撲，真像極了神極了。

往往這時候，肥仔雙手托着胖嘟嘟的腮，趴在旁邊一動不動地凝神觀望。

肥仔時而猛如虎。

他喜歡手握竹竿木棍，上下翻飛左戳右擋，口中還念念有詞，儼然綠林好漢，專打天下不平！

父母總是忙，無暇細問。他們寬容肥仔的頑皮好動，只不允許他任性撒嬌。廖承志暮年之時曾回憶過這樣一件事：

"母親買給我一把長柄刀，當然是在淺草的玩具店。我不禁欣喜若狂，不顧地方就把刀耍弄起來，因此立即被母親斥責。我垂頭喪氣跟着母親坐人力車回家，在返抵千馱谷家前，竟大意把要緊的刀掉到車輪中，弄斷了。我像猴子一樣大聲哭喊，最後被父親在屁股上狠狠地打了幾巴掌，才醒定過來，這是我兒童時代的頑皮事。"

肥仔從小喜愛詩詞的意境。

廖仲愷夫婦喜愛詩詞，只要有空，他們經常朗讀唐詩宋詞給孩子們聽。充滿感情地講解詩詞中所描寫的祖國錦繡江河山川，所抒發的愛祖國愛家鄉的濃郁情懷。

爸爸驚喜地發現，兒子對詩詞有濃厚的興趣和非凡的記憶！每回自己講詩讀詞時，兒子總是神情專注，凡是教他讀過一遍的詩詞，下次再問，他依然能朗朗上口。

其實，肥仔對詩有特殊喜愛還有另一層原因：

爸爸經常外出，一走總不能按時回家。媽媽雖然不說，但是經常不安地翻看日曆。肥仔好多次從夢中醒來，都看見媽媽獨坐燈下，翻動桌上那疊詩稿，口中念念有詞，如訴如泣，哀婉動情。

> "風已起，
> 簾外柳花飛絮。
> 月照危欄人獨倚，
> 忽聞雙燕語，
> 添我閒愁悉幾許！
> 回首故人何處？
> 更那堪雲山萬里，
> 諳天涯情味。"

肥仔不完全懂內容，但是，媽媽發顫的聲音和臉上滾落的淚珠讓他心靈震顫，他依稀體味到，硬朗堅強的媽媽嘴上不說，心裡一定在擔心爸爸。

他去問過姐姐為什麼？姐姐悄悄對他說：

"爸爸是革命黨，壞人到處要抓他，媽媽怎麼不擔心呢？"

肥仔似懂非懂地點點頭。

日本 · 澀谷

廖仲愷、何香凝追隨孫中山回國組織革命活動，受到清廷追查，不得已再次帶着兩個孩子亡命日本。在澀谷安了簡陋的新家。

從新家走五分鐘左右，就到達青山六丁目孫中山先生的住宅。

在澀谷新居，父母親對肥仔進行嚴格教育。朱執信先生有空也考一下肥仔的算術。父親笑嘻嘻地在旁邊觀看兒子握着鉛筆的小手的動作。對五六歲的淘氣兒童來說，沒有其他東西比算術更麻煩了。肥仔張開口想打哈欠之際，父親就對他投以炯炯的目光，肥仔覺得簡直像動物園裡老虎的眼，他急忙地停止打哈欠，心中想起甜甜的小梅來：

哎，與做算術相比，他情願像池塘裡的青蛙一樣，趴在地上捏小梅"打針"呢……

恐怕拿破崙凱旋歸來之時，也沒有肥仔這會兒那麼神氣。他考上小學了！而且破例被編入二年級！

直至七十年後，廖承志還記得當時考試的情景：

"我隨媽媽走進一座大房子，然後走出三位先生，一位是下巴蓄有像馬鬃那樣的鬍鬚，頭頂禿得像電燈泡一樣閃閃發亮的法國人，使我驚訝的是西洋人能說一口流利的日語。這位鬍子法國人片刻空閒也不給我，接連不斷地提出問題，其內容至今我還記得。

'你今天早上幾點鐘起牀？'

'六點。'

'你自己一個人吃早飯嗎？'

'不是，我和父親、母親、姐姐一起吃。'

'你喜歡哪種遊戲？'

9

　　我一下怔住了。雖然是個孩子，但我也知道萬不能說出喜歡扮醫生的遊戲。於是，我嘟嘟囔囔地胡謅了幾句。

　　‘是鞦韆吧？’

　　我想起在澀谷新居的大院子裡有一個鞦韆：‘是，是鞦韆。’

　　鬍子笑起來，‘很好，回答下一位老師問題吧。’

　　這次是位日本先生。他頭髮花白，留着一撮日本式小鬍鬚，眼鏡深處露出銳利的目光。他出的是算術題。加減計算很快應付過去了，其他的我都不懂。小鬍子微笑起來，‘不錯，編入二年級吧！’”

　　肥仔洋洋得意走進屋，正要脫鞋，突然從旁邊伸過一雙雪白柔滑的手脫下他的鞋，肥仔茫然回頭一看，原來是一位梳日式髮型的日本女子，白嫩的皮膚，圓圓的臉龐，身材長得勻稱豐滿。她把手中的鞋子頭向外整齊放好，微躬着身子柔聲問道：

　　“少爺，入學考試順利通過了吧！”

　　“已經考完了，編入二年級。”

　　“恭喜少爺！”她是新來的女傭人，叫阿鶴，雖然尚未成婚，但對肥仔特別疼愛。她有像媽媽一樣的愛心，又有似姐姐一樣的柔情，肥仔非常喜歡她。

　　萬沒想到，學校並不是溫暖的家！

　　三十一個同學中只有肥仔一個是中國人，儘管他穿着和班裡同學一樣的和服、一樣的木屐，說的是一口純正流利的東京日本話。

　　筆者1991年11月隨中國代表團去東京訪問。在宴會上，廖公的老朋友、日中友好協會會長、年近九十的宇都宮德馬先生多次提起：

　　“廖承志先生的日語講得比我好！”

坐在筆者旁邊，在中國出生、長大，能講一口流利漢語的橫川健先生解釋說：

"這是眞的，因爲廖公的發音不僅是東京口音，而且是東京江戶口音，就好比是中國人不光會講普通話，還能講地道的有京腔、京韻的北京話一樣。"

然而，語音再準也沒有用，只要肥仔答不出問題，日本老師就惡狠狠地說：

"你這支那豬，當然啥也不懂！"

面對這樣的咒罵，肥仔憤怒地漲紅了臉，是啊，他從懂事至今，在爸爸媽媽的保護下，沒嘗過被侮辱的滋味，他不能容忍任何人罵他是豬！他緊閉着嘴，拒絕回答任何問題。

老師被激怒了，像發狂的狼一樣嚎叫：

"我早料到中國人像豬一樣笨，日本人就不會這樣！"

有老師作榜樣，同學們更加肆無忌憚。一下課，就有幾個同學圍着他喊：支那豬，支那豬！有的撕扯他的衣服，有的則抓起他的書往地上扔。

肥仔怒不可遏，衝上去與欺負他的幾個同學扭打成一團。

瞧着放學回家的兒子，衣服髒了，褲子破了，臉上抓出了一道道血痕，爸爸厲聲斥道：

"肥仔，你爲什麼與同學打架？"

兒子倔強地喊道：

"他們爲什麼罵我支那豬？！爲什麼老師也說中國人都像豬一樣蠢？"

媽媽明白了，沒說話，只是把肥仔攬到懷中，輕輕拍打着兒子身上的土。

母親無言的撫愛，一下打開孩子心中的淚泉。肥仔撲在媽媽懷裡嗚咽出聲：

“媽媽，爲什麼別的同學回答不出問題老師不罵？爲什麼老師這樣瞧不起中國人？這樣討厭我？”

廖仲愷、何香凝交換了一下目光，他們知道：上學後的兒子已經開始走向生活，必須明白社會的眞實，必須直面慘淡的人生，必須知道自己的根，知道自己民族受歧視的根源。

晚上，廖仲愷把女兒、兒子叫到身邊，他講起了自己的家庭歷史：

祖父爲生計出洋美國，祖母在舊金山生下他，他耳朵裡經常聽到白人辱罵中國人是“黃狗”，看到白人流氓用石塊、木棍等兇器襲擊中國人。有時中國婦女挑着洗衣籃子好好地走在街上，被白人強行攔住踢翻、踩爛。至於白人襲擊華工住宅、殺人、搶劫財產的事情，更是時有耳聞。

肥仔聽着聽着，不禁握緊了小拳頭，他氣憤地問：

“爸爸，爲什麼我們中國人這樣受欺負？爲什麼西洋人東洋人都看不起中國人？”

“孩子，是因爲我們的祖國太落後，太窮困。過去的淸朝廷太腐敗，太無能，無力保護生活在海外的華僑，現在則是軍閥混戰，魚肉人民，國家依然是貧窮落後，所以我們華僑便像沒娘的孩子，處處受歧視，受欺侮。”

“那我們中國沒有希望了？”姐姐含着眼淚問。

“是呀，”肥仔也很難過地皺緊眉心，說：“我們在日本，也沒辦法幫助國家呀！”

“不，我們有辦法！只要我們團結一心，堅持國民革命，和北洋軍閥作鬥爭，我們……”

“仲愷！”何香凝一聲招呼陡然打斷了廖仲愷的思路，他從妻子目光中讀懂了一切，便不再說下去。何香凝攬過一雙兒女，語調威嚴地說：

1916 年 4 月，
廖承志與孫中
山在日本東京。

　　"爸爸講過的話只能用心記住，絕不能出去說，外頭有壞人，他們聽到會把爸爸媽媽抓走的，懂嗎？"

　　肥仔點點頭。何香凝從兒子清亮單純的眼睛裡看到了一線震驚和震驚後的思索，她明白兒子天真爛熳的童年時代已經結束了，他在殘酷的現實生活中開始長大！

三

　　1915年10月25日，爸爸媽媽給一雙兒女換上新裝，喜盈盈去參加孫中山先生的婚禮。

　　婚宴設在二樓一個大客廳裡，八幅屏風橫列中央，左右擺着插有盛開鮮花的青瓷大花瓶。

　　客人真多，人們紛紛端着碩大酒杯，向新郎新娘敬香檳酒，日本朋友犬養毅放聲唱起《祝福歌》。

　　廖仲愷、何香凝向前與新郎官親切握手，向新娘道喜。跟在他們身後的肥仔瞪大眼睛看着第一次見面的新郎官：

　　他肩寬胸挺，蓄着八字鬍，臉上的微笑謙和莊重，給肥仔一個強烈的感覺：他是個能走遠路、幹大事業的人！

　　新娘年輕漂亮，嫁衣精美，像故事書中描寫的天仙！

　　媽媽拉過看得出神的兒子，指着新婚夫婦說：

　　"肥仔，快叫叔公叔婆！"

　　"哦，這就是承志？"新郎官孫中山向肥仔俯下身子，笑容滿面地壓低聲音問：

　　"聽說你畫畫不錯，畫過一張漫畫送人，把人家氣得滿臉通紅，哇哇直叫！有這事吧？"

　　肥仔聽出叔公稱讚的語調，眨眨眼頑皮地點點頭。

　　他知道孫叔公和爸爸是最親密的朋友，一定是爸爸告訴他的。

那是不久前，有個認識爸爸的人來家中看望，要承志給他畫幅畫。肥仔記得爸爸說過，這家伙跟特務機關有聯繫，要多提防。望着那張堆滿媚笑的臉，他彷彿見到罵自己"支那豬"的老師，心頭湧起一陣憎惡，他略一思索，三下兩下畫出一幅法國人和中國人一起痛打日本人的漫畫，往來人手裡一遞。那人看了畫，氣得哇哇叫。

"好孩子，"美麗的叔婆把肥仔擁在懷中，溫柔地說：

"我們兩家離得很近，你和姐姐常來玩，好嗎？"

"對，歡迎你們經常來玩，就像在自己家裡一樣。'御婆樣'，你同意嗎？"叔公站在一旁笑着補充。

"同意是同意，只是要加個條件，肥仔，不能妨礙叔公叔婆工作和休息！"何香凝攬過兒子叮囑着。

肥仔興奮地點着頭。他喜歡叔公叔婆，他有許多問題要向他們請教呢。

隔了幾天，媽媽又帶着肥仔走進孫中山家，她與坐在沙發上看報的叔公打過招呼，叮囑肥仔不要頑皮，自己便與叔婆說說笑笑，進裡屋去了。沒有媽媽在，肥仔可解放了，他依偎在叔公懷裡，毫無拘束地問出了第一個問題：

"叔公，我想不通，您爲什麼叫我媽媽'御婆樣'？我問過媽媽，日語中'御婆樣'的意思是女管家，可我媽媽給您管過家嗎？我怎麼不知道呢？"

"肥仔，那時候還沒有你呢！"孫中山拍拍孩子的小腦袋，不無感慨地回答：

"你媽媽很勇敢，很不容易，她是我們大家信賴的'御婆樣'……"

原來，孫中山於1905年7月從歐洲再次回到日本，準備"召集同志，合成大團"。7月30日，孫中山以興中會、華

15

竊取辛亥革命成果的北洋軍閥袁世凱於 1915 年 12 月復辟稱帝。由於全國人民的反對，袁世凱被迫於 1916 年 3 月 22 日取消帝制。消息傳到日本後，1916 年 4 月 9 日，孫中山（前排右四）、宋慶齡（前排左四）、廖仲愷（後排左二）、何香凝（前排右三）等和日本友人在東京舉行行"帝政取消一笑會"以示慶祝。年幼的廖承志（在孫中山前）和姐姐廖夢醒（前排左二）也隨父母一起參加了集會。

興會、光復會三個組織的成員爲骨幹，集合十餘省的留日學生中的精英，在東京召開成立同盟會的籌備會議。

8月20日，在赤坂區靈南坂本金彌住宅舉行中國同盟會成立大會，"時到會者約百人"，衆推孫中山爲總理，黃興爲庶務（相當於協理），並推出執行部、司法部、評議部負責人。這意味着：指導資產階級民主革命的全國性的革命政黨，從此日起誕生了！

那時，因爲中、日、俄關係的緊張，日本警察對於中國留學生監視極嚴，橫施壓迫。孫中山提倡革命的名聲，早已爲日本當局注意。

同盟會籌備會後的幾天，孫中山雖以中野的名字住在客棧，但很快就發現日本警察對他的革命活動多方進行刁難與阻撓，旅館的女傭人也受人指使，監視他人來客往的情況，甚至藉口送水，偸聽他與同志們的談話。爲了保證同盟會的順利組建及其以後活動的正常進行，孫中山決定要找一個安全的地方辦事。

此時，他想起了已經見過兩三次面的廖仲愷、何香凝夫婦。他們曾堅決地表示想參加革命工作，願爲推倒淸廷，建立民國"效微力"。而且他們又有自己的"貸家"（日本出租的房子）住。如果利用他們家進行集會和開展活動，那就安全和方便多了。於是，他委派了黎仲實去找廖仲愷、何香凝夫婦。

8月6日，黎仲實敲開小石川何香凝"貸家"的屋門。當時正好暑假，廖仲愷爲籌措下一學年的費用和接留在香港的女兒，已經回香港去了。黎仲實坦率地說明了來意：

"孫中山先生希望你們搬搬家。"

"爲什麽？"何香凝十分意外。

黎仲實原原本本講了孫中山先生和同盟會目前的危險處

17

境，最後說：

"孫先生希望你們在另外一個交通方便的地方，找一所'貸家'搬進去，並且不要用日本人做女傭人。"

何香凝回答十分乾脆："爲進行革命的事要我搬家，這是毫無問題的！只是……"

"您還有什麼困難嗎？"

"不瞞您說，我最感困難的是吃飯問題。我不會燒飯，在平常，我除了學習、畫畫，就會'飯來張口'，女傭人弄什麼，絕不聞問的。如果不用傭人，我怎麼辦呢？"何香凝說到這兒，又果斷地搖搖手說：

"不過，這也沒啥，不會燒飯，我可以馬上跟傭人學，爲了革命，夫人學婢女，這也算不了什麼。仲實，我也是實話說，我們另找'貸家'搬開是可以的，只是仲愷不在，屋裡沒有自來水，每天到外面去弄水，倘若不用傭人，我自己實在沒辦法。"

"那就請你快找房子搬吧，吃水的事，我來替你弄就是了。"

"行！"何香凝立即爽聲答應說："您去回報孫先生，找好了'貸家'，我馬上搬！"

孫中山聽了黎仲實的匯報後，十分高興。第二天晚上，孫中山和黎仲實來到了何香凝家裡。黎仲實提出：願意介紹何香凝加入中國同盟會！何香凝筆走龍蛇，激動地填完盟書。

在介紹人一欄，黎仲實簽上自己的名字後，遞給孫中山先生：

"孫先生，按加盟的手續，要有兩個人簽名啊！"

孫中山也不多說，掏出自己的鋼筆，在盟書介紹人一欄裡填上三個字"孫中山"。何香凝便成爲中國同盟會的第一位女會員。

之後，孫中山又給何香凝講了些進行革命的事，臨走時，緊緊握着何香凝的手，眼睛裡閃爍着信賴和期望的目光："祝賀你成為同盟會第一個女會員！我真為同盟會有你這樣的女管家高興！我相信你能成為同盟會最好的⋯⋯"孫中山想了想，選了一個最合適的日語名詞："對，最好的'御婆樣'！"

孫中山、黎仲實離開後，何香凝興奮、激動得徹夜難眠，乾脆開始收拾東西，設想着明天的日程：第一，到留學生最多的神田區找一間"貸家"，房子要大，便於同志們集會，地理位置要好，交通便利，靠近中國留學生會館，租金肯定要貴，不管他，再想辦法籌錢；第二，向女傭學會燒飯，做小菜！要細心看她如何淘米下鍋，怎麼添水燒火。米放多少？水加多少？火燒的時間長短，都要留意。至於做日本菜，這不難，爭取幾天就學會，早日搬家⋯⋯若說有點不安的，是自己學了日本女工的手藝後，就要請她走了，其實她們相處挺不錯，若不是為同盟會工作，她真不捨得放呢⋯⋯

當何香凝搬進神田區那間兩層樓房的"貸家"後，一面仍在東京女子師範學校就讀，一邊開始其"學生兼女工"的新生活。

何香凝的新居便成了孫中山召集同盟會開會的通訊聯絡機關。孫中山每星期要在她家召集兩三次同盟會骨幹分子會議，籌劃各種革命工作。常來"貸家"開會的有黎仲實、汪精衛、胡漢民、黃興、章太炎、張繼、居正、古應芬、鈕永建、馬君武、劉成禺等人。

按照日本人的規矩，來人進門要脫鞋，人多了，鞋子在門口成堆，這容易引起日本警察和清廷走狗偵探的懷疑。因此，孫中山每次召集會議，何香凝除了做好看門、照料茶水的工作以外，還專門做收藏鞋子的工作。平時，各地寫給孫中山的信函，凡是郵件上寫有"中山"、"高野"、"逸仙"、"孫宅"收的信件，何香凝親自一一收妥，轉交給孫中山。同盟會的一些文件，孫中山也多委託何香凝收存與保管。

待廖仲愷從香港回來，何香凝成為丈夫加入同盟會的介紹人之一。

在留學日本期間，何香凝數年如一日，默默地擔負着孫中山交給她的各項工作。她不怕麻煩，不辭辛苦，只要對革命工作有利的瑣事，她都樂意去做。她與廖仲愷的寓所雖搬遷過好幾回，但卻一直是同盟會秘密的聚會場所和聯絡機關……

當然，肥仔還太小，孫中山不可能給他講太多革命內容，只是講了何香凝的為人：

"肥仔，你要好好向你媽媽學習。她是富家千金，與你爸爸結婚時，還陪嫁了兩個丫頭。她學習之餘，全部精力都用以照顧你爸爸，正是因為她的賢惠和經濟資助，你爸爸才完成了在香港皇仁書院的學業。"

"後來，你爸爸為探求救國真理，決意赴日本留學，可是他父母早已雙亡，親戚都沒有一個人肯幫助他。正在你爸爸為去日本沒有經費而唉聲嘆氣時，你媽媽毅然將陪嫁的珍珠、寶石、翡翠、金銀首飾和家私變賣，連同做姑娘時攢下的私房錢一千多元，共湊得三千餘元，才有了夫婦兩人東渡日本的路費和學費。"

"那年，你爸爸回香港接你姐姐去了，你媽媽為了我們同盟會開會活動方便，辭了女工，把家搬到了留學生最多的神田區，我和其他叔叔就常到你們家去，你媽媽經常免費招待來開會的人吃飯，還盡量做些好菜。我要用錢，手頭沒有了，她總是從自己並不寬裕的留學費用中，拿出十元、二十元乃至五十元給我，平時自己卻省吃儉用。說真話，你媽媽做飯菜的手藝並不高明，但她熱情周到、克己奉公、待人接物的態度，還有她任勞任怨、踏實肯幹的精神，確實令我稱道和由衷佩服，我認為她是同盟會的好管家，稱她‘御婆樣’，大家也都公認你媽媽是難得的好管家，於是大家就都親切地稱呼你媽媽‘御婆樣’。”

“噢，原來是這樣！”肥仔懂事地點點頭。

“肥仔，你知道不知道你媽媽為什麼會學美術嗎？”

肥仔眨眨眼睛，搖搖頭：“我猜她喜歡畫畫！”

“當然，她是喜歡畫畫，也有這方面的天賦，沒到日本留學前，你爸爸有美術的業餘愛好，在廣州時常常到畫家伍莊處學習繪畫，回到家中，看你媽媽唸書感到困乏時，你爸爸就耐心教她學習美術，她學繪畫是從此開始的。不過，她到日本留學時，開始並沒專攻美術，她在女子師範預科結業後，考進東京目白女子大學學習。這段時間，她除努力完成學校裡的功課外，還請朱執信教她數學，讓胡漢民教她《史記》、《漢書》，你爸爸當然是不斷指點，於是，你媽媽的學識，獲得飛躍的進步。後來她得胃病，休學半年。正是這半年間，我們在國內組織武裝起義，需要設計起義的軍旗和佈告、票證的圖案，這樣，你媽媽在你爸爸的支持下，就決定改學美術。”

“那是1907年，對，就是你出生的前一年，你媽媽進入東京本鄉美術專科學校，學繪畫。她除了跟老師端管子川先生學畫山水、花卉外，每星期還兩次到日本畫師田中賴章家裡，去跟他學畫老虎、獅子等動物。日本老師欣賞你媽媽有天分，又很勤奮，對她教得非常認真。第二年九月，生下你

21

這個胖兒子之後，她繼續在美術專科學校學習，直到1910年秋天畢業！在辛亥革命過程中，她曾拿着畫筆爲起義軍設計軍旗等圖樣，她的畫筆，在打擊敵人、喚起民衆、結交友人等方面，發揮了重要的作用。很不簡單咧！現在要論繪畫水平，你爸爸可要當你媽媽的學生了，哈哈哈……"

肥仔朗朗地笑了，興奮得臉蛋通紅！

難怪書裡常說："燈下黑"。他與媽媽朝夕相處，可今天從孫叔公這裡，他第一次知道媽媽那麼多"秘密"，他眞沒想到，自己的媽媽竟如此勇敢和能幹！再說，他注意到，孫叔公說起媽媽這些往事時，充滿着讚賞的口吻！哪個兒子不爲自己有個受人尊敬的好媽媽而感到自豪呢！

回家的路上，八歲的肥仔緊緊依偎在媽媽身邊，嘴裡一直在輕聲哼唱着：

"我有一個好媽媽，我愛你，我愛你，我永遠愛你！"

這是廖承志一生熱愛和孝順母親的一個新起點！

有一天，肥仔跟爸爸走進孫叔公的書房，天哪，那麼多書！四壁掛滿了各種地圖。叔婆輕聲介紹說：每晚叔公最喜歡的事，是鋪開巨幅中國地圖，在上面勾畫出河道、港口、鐵路等等。

"肥仔，這胳膊上怎麼破了？"叔婆心疼地問。

肥仔滿臉怒容地說了原因，他在學校裡爲了維護自己的人格和中國人的尊嚴，時常要和他的日本同學打架。

"我恨死日本人了！"

"怎麼，所有的同學都欺負你？"孫叔公關切地問道。

"不是，我和大多數日本同學都相處得很好，我還有一個特要好的朋友，每回誰罵我，他都幫我去打架呢。"

"這就對了，不是所有的日本人都壞，日本人裡是有區別的，有朋友，也有敵人。想當初我第一次到日本來，一句日語也聽不懂，而宮崎滔天先生既不懂中文，也聽不懂英文。"

"哪怎麼辦呢？"肥仔急得抓耳撓腮，瞬間，緊皺着的眉頭又舒展了，眼睛裡閃爍着聰慧的目光，大聲嚷嚷着：

"我知道了，我知道了！你像我媽媽一樣，畫畫，對不對？"

"畫畫？"孫中山略微一愣。

"對呀！"肥仔興奮地說："我聽我媽媽說，她剛來日本時，也是一句話也聽不懂，她上街買雞，就在紙上畫隻雞，要買魚，就在紙上畫條魚，不用講話，什麼都能買回來！"

肥仔滔滔不絕地講着，聽得出他對媽媽佩服得五體投地！

"肥仔，不是人人都有你媽媽作畫的天分。我和宮崎先生都不會作畫，是用筆寫漢字對話，知道嗎？中國和日本從遠古之時就有文化交流，過去日本一直尊中國爲老師，在日本凡是上過學的人，都學過古代漢語的。除此之外，我和宮崎先生還有共同的追求，共同的理想，這使我們感情交融，心靈相通，我們用筆談了整整兩個多鐘頭，寫了滿滿十幾頁紙呢！"

孫中山彷彿又回到當年的情景中，眼睛裡閃動着激動的淚光：

"他們一家待我像親人一樣，家裡本來很窮，他們瞞着我，上街當了多天的衣服，買雞給我補養身體，買柴燒水給我洗熱水澡，不是一家人，勝似一家人啊！"

肥仔腦海裡浮現出阿葉慈母般的微笑，小梅甜甜的酒窩、阿鶴雪白柔滑的雙手，贊同地頻頻點頭。

"當然，對待壞人，一不要怕，二不要慌，三不要硬

23

拚，在人少勢單的情況下，多動腦筋，以智取勝。"

孫中山把肥仔抱在膝上，興致勃勃地說起自己小時候的經歷：

有回出門，他碰上一個外鄉人，那人瞧他是小孩，便捉住他，說要帶他去海邊玩。他早聽大人說過有人販子，猜到那人不是好人，可那人身高體壯，論力氣自己不是他的對手，便假裝非常高興，還告訴他自己知道一條近路，於是，那人讓他帶路，他就領着那人左拐右轉，兜了一個大圈子，從村子的另一頭帶到家門口，突然高喊抓壞人，那人只好俯首就擒。

還有一回，村里來了一個跑江湖的蠻客，兇神惡煞，手持一把利刀，闖進他家新宅子，用刀指着正在桌前看書的他，吼叫着要他交出家中所有的金銀細軟。

那年他二十歲，彷彿非常聽話，他拉開抽屜後猛一轉身，長布衫被一個圓家伙高高頂起，他滿臉威嚴地說：

"老弟，可知道西洋人的火槍？這是我剛從美國帶回來的，最新式的手槍，能連發六粒子彈，只要我一扣扳機，你這胸口可就成馬蜂窩了，怎麼樣，要不要試一試？！"

那人嚇得臉色蒼白，刀子一摔，搖晃着雙手一邊求饒，一邊往後退，被門坎絆了一跤，爬起來直衝門外，那速度，真比兔子還快！

肥仔聽得如醉如癡，忙問："叔公，你有什麼新式槍啊？"

孫中山放聲大笑，洪亮的笑聲把肥仔都笑傻了，他揉揉肥仔的腦袋，好不容易止住笑，說：

"我哪來的槍啊，我是急中生智，用三個手指頭頂起了衣服。事後想想還真有點後怕呢！"

肥仔依在叔公身邊，興奮得直拍巴掌！

那是一個櫻花盛開的日子，爸爸媽媽帶上姐姐和肥仔興沖沖地來到東京梅屋莊吉先生家中。不一會兒，孫中山和宋慶齡來了，還來了許多中國朋友和日本朋友，大家見面握手談笑，比過年還要高興。

叔公摟過肥仔，親親他的額頭，轉身指着院內豎着的白底條幅說：

"肥仔，你也是學生了，叔公考考你，把條幅上面的內容大聲唸出來！"

肥仔頑皮地眨眨眼，眉眼都往外溢着笑容，彷彿在說，這點事是難不倒我的！他朗聲唸道：

"帝政取消一笑會。"

"讀得不錯。"孫中山點頭稱讚道，話題一轉又接着問：

"能解釋是什麼意思嗎？"

肥仔皺起眉頭想了想，不好意思地說：

"我只聽媽媽說，想當皇帝的那個什麼人死了，今天是慶祝，對不對？"

孫中山把他攬到身邊，點點頭說：

"對，那個想當皇帝的人就叫袁世凱，五年前，我們曾齊心協力推翻了清朝皇帝，希望建立自由、民主的共和國。為了達到這個目的，我把臨時大總統的位子讓給他，希望他能為建立中華民國建功立業。不想，那位當上大總統的袁世凱非要逆歷史潮流而動，又在北京重新稱帝，結果遭到了全國民眾的反對和聲討，弄得身敗名裂，被迫於上月22日取消帝制，你說該不該慶祝？！"

肥仔拍着巴掌大聲喊道：

"該慶祝，太該慶祝了！"

綠茵茵的草坪上，孫中山伸開手臂把肥仔攬在自己胸前，與叔婆、爸爸、媽媽和姐姐，還有許多一起來開慶祝會的叔叔、阿姨，留下了珍貴的合影。

1937年春天，廖承志在延安接受美國記者尼姆·韋爾斯採訪時曾回憶道：

"同盟會在日本的領導成員我全認識，他們大多數人已經去世了。我曾經多次跟孫逸仙交談過，父親是他最親密的朋友。孫逸仙個子魁梧，蓄着八字鬍，儼然一副矢志不移的革命家氣派。"

"此外，老同盟會員當中，在我看來，稱得上真正革命家的，惟有的另一位是朱執信，1924年朱在廣州陣亡。其他人給我的印象不深。"

古人云：近朱者赤，近墨者黑。出生在二十世紀初葉，滅帝制、興民國、改朝換代大變革時期，廖承志與孫中山、宋慶齡、廖仲愷、何香凝、朱執信等當時中華民族中最革命、最愛國的一代人傑朝夕共處，無疑對他的品格，理想，追求乃至整個人生都產生深刻的影響。

第二章

子承父業

一

漂泊中的社會大學

孫中山先生領導的國民革命道路崎嶇、漫長，潮起潮
落。廖仲愷與何香凝追隨孫中山先生，無論勝利出任官職，
還是敗北遭追捕亡命異邦，從未動搖，從不氣餒，而且總是
合家隨同遷徙。

肥仔離開日本那所小學時，沒感到悲傷和戀戀不捨，他
要回自己的祖國了，他不用再受老師辱罵，不用放學總攥着
拳頭隨時準備還擊向他挑釁的同學了，他期待着回到祖國走
進學校後，一定能像天上飛翔的小鳥自由歌唱，像水裡暢游
的魚兒自由呼吸，他夜裡睡覺都樂出了聲。

他萬沒料到，自己就此告別了少年時代，提前進入社會
大學。

爸爸媽媽帶着肥仔跟隨孫中山、宋慶齡從日本到上海僅
僅兩個月，又從上海隨孫中山夫婦乘"海琛"號軍艦到廣
州，孫中山就任中華民國軍政府大元帥，宣告軍政府成立。
廖仲愷被任命為財政部次長。

　　不足一年，因護法運動失敗，孫中山夫婦和廖仲愷夫婦
及孩子們，又一次離廣州赴日本後再重返上海。

　　就在這一年不到的時間裡，廖仲愷、何香凝為軍政府籌
備發行公債及聯絡日本各界人士，又帶肥仔和夢醒同去日本
月餘。

　　這次全家來到上海，居住了兩年半時間。肥仔多希望和
弄堂裡的小孩們一樣揹着書包去學校上學。

　　無奈，在日本長大的他，除了廣東話和日語之外，既不
懂國語，又不懂上海話，偶爾，他憋得難受時，站在馬路
邊，用廣東話向小朋友打招呼，對方頭搖得像撥浪鼓：

　　"儂講啥？阿拉聽弗懂！"

　　有時他站在門口等爸爸回家，也有小朋友上來主動找他
說話的：

　　"喂，儂叫啥名字？在哪家學堂讀書？"

　　肥仔從面部表情可以看出對方很友善，他努力用心聽，
依然不懂，只好無可奈何地搖搖頭，心中很是感慨：怎麼上
海話比日本話還難懂呢！

　　因為語言不通，肥仔無法進正式小學讀書，於是，肥仔
沒像一般孩子那樣，少年時代浸在學校中，聽任老師按時俗
的風尚調教，也沒像一些富貴人家子弟坐享其成，驕橫跋
扈，揮金如土。他隨父母四處搬家，父母艱辛、危險、忙
碌，卻也從不放鬆對兒女的教育。

　　在日本，母親教他畫畫，糾正他日語發音，父親教他算
術、英語和法語，回到上海語言不通，父親便每天教他兩小
時英語，而父親的朋友們則教授他數學，學業未曾中斷是
真。

　　肥仔與父母的朝夕相處，父母成了他少年時代最主要的
老師，他比同齡的孩子更熟悉父母的喜怒哀樂、父母的待人

接物、父母的品格追求、父母的琴棋書畫，乃至父母的平時相處。

住在廣州時，他聽姨媽笑談媽媽保住一雙“天足”，父母的婚事才得巧合天成。肥仔不解，曾悄悄追問大表姐，方知天下真有無巧不成書的好事。

原來，媽媽自幼愛聽太平天國女兵的故事，羨慕洪秀全的幼妹洪宣嬌一雙“天足”馳騁疆場，英勇善戰。她渴望自己將來能像她們一樣對國家有所作為，便立下決心，無論如何不裹腳。

可在當時，惟有“下流社會”的女子為生計才不裹腳，不要說媽媽是香港大富商的千金小姐，就是一般過得去的人家的女兒媳婦，個個都是“三寸金蓮”啊！

媽媽七歲那年，外婆苦苦相勸，媽媽堅決不肯，外公勃然大怒，喝令外婆用滾燙的水浸泡媽媽的雙腳，再用布條緊緊裹上，然後用細密的針腳牢牢縫住，發下命令，不到日子，誰也不准拆！

29

晚上，媽媽雙腳腫脹，針扎一樣鑽心疼痛，她一想到自己的腳再也不能疾步如飛，便不顧一切用剪刀把那些裹腳布通通剪開。剪開的第二天，腳又被裹上，當晚又剪成了花蝴蝶。如此三番五次拆了裹，裹了拆，大概經過幾十回合的反抗，最終外公也只好嘆口氣，由媽媽去了。

媽媽一天天長大了，她的姐妹因為腳小，只能老老實實獃在家中，媽媽憑着一雙大腳，依然能上山爬樹，到處蹦跳。衆姐妹們羨慕，外婆則嘆氣發愁：大腳女兒只怕要老死閨中了。

然而無巧不成書。大洋彼岸的爺爺，在舊金山重病時給十六歲的爸爸留下兩句話：

第一，根據客家人的規矩，兒子必須討個大腳女子作媳婦；

第二，小腳女人在外國被人看不起，因此必須照辦。

爸爸含淚答應了爺爺的臨終囑咐。

回到國內，爸爸長到二十歲提出選擇妻子的條件時，公開宣佈：不喜歡纏足的女子，非要找一個大腳妻子。

這可讓叔爺爺大感爲難了，他是有身份的官宦人家，自己的侄子當然不能找個貧賤女子爲妻，可在那時，"千金"小姐誰不是三寸金蓮呢？尤其是在香港。他不抱什麼希望，只爲實現哥哥的遺囑，託人四下打聽。

偏巧聽說香港茶葉富商何炳桓家有位大腳"千金"，比自己侄兒小一歲，待嫁閨中。叔爺爺喜出望外，趕緊請人說媒。

何家一聽，更是驚喜交加，立即應允。於是才有了千里姻緣"天足"牽的美談。

肥仔聽這段故事覺得特別興奮，他佩服媽媽的勇敢和毅力，你瞧姨媽小腳，走路吃力費勁的樣子，多難受啊，他也敬佩沒見過面的爺爺有眼力，爸爸好孝順有福氣。暗暗慶幸自己有這樣與衆不同的爸爸媽媽。

對於爸爸，平時接觸雖然比較少，可聽媽媽說得不少：爸爸生在美國，長在美國，一直到十七歲才回到國內。起初連中國話都講不好，可他酷愛讀書，博聞強記，不僅寫一手好文章，連格律詩也寫得絕好。然而，爸爸最值得好好學的是他的勇氣和品格。他跟着叔公，從事愛國救國工作，總有被追捕、被捉拿的陰影籠罩，他從不畏懼，從沒動搖；他身材並不高大，可是卻蘊藏了不可戰勝的力量！……爸爸幹的工作挺危險，他有許多朋友都遇害了，所以只要爸爸離家去外地，媽媽總是懸着一顆心……

媽媽講這些時，含着淚光的眼睛裡，閃現出尊敬、珍愛、自豪的神情，讓肥仔感動，其實，媽媽在他心目中又何嘗不是豪傑？

他讀過媽媽給爸爸送別時寫的兩首詩：

　　"國仇未復心難死，
　　忍作尋常泣別聲。
　　勸君莫惜頭顱貴，
　　留取中華史上名。"

　　"故國經年別，
　　求學走他邦。
　　驅除韃虜賊，
　　還我好邊疆。"

31

這裡的視死如歸，報效祖國的豪邁之氣，在他所接觸的親戚朋友中並不多見。

相比之下，似乎爸爸疼愛姐姐，媽媽更愛肥仔。媽媽特別關注兒子的衣食住行，親自輔導他的繪畫，詩詞欣賞，常讓爸爸帶他同行，給他更多的機會接觸叔公，叔婆。聰明的肥仔能掂出這濃濃母愛中的分量：承志承志，要有才華，有氣魄，有能力，才能子繼父業，革命的道路越艱險，媽媽對爸爸的擔憂越多，她對兒子的珍愛和期待便越甚。

肥仔依稀感覺到，可能是媽媽自己嘗夠了對丈夫的思念、擔憂、焦慮之苦，所以，她並不希望自己惟一的女兒再重複自己飄流四方，多苦多難的命運。她希望自己的女兒將來能有平靜、溫馨、美好的家庭生活。兒子卻不同，必須挑起救國救民的重任，捨此將虛度此生。

每當姐姐對母親的不公平流露出憤憤不平的心情時，肥仔雖然也不贊成媽媽的觀點，但總竭力勸慰姐姐，要寬諒媽媽的心境。

在上海，爸爸跟着叔公辦旨在推介社會主義學說的《建設》刊物，看了許多書，不斷寫文章，寫得又多又快。

肥仔跟着學問淵博的爸爸，讀書便成了他極大的享受。他讀書極快，往往一目十行，不聞讀書聲音，只聽書頁翻得嘩嘩作響，無論是中外古典名著、唐詩宋詞，還是日本原版武俠小說，他拿到手裡，一旦讀上癮頭，啥都能忘到腦後。

有回大冬天洗澡，他坐進熱騰騰的浴池中，手舉在水面翻開一本小說，書中行俠仗義的武士舉棍開打，他便追隨神往，不覺時間流逝，不知身在何方。直至母親招呼吃飯，他如同夢中驚醒，頓覺上下牙直打架，急忙拋書跳出浴池，像受傷的猴子，又蹦又跳。原來，他早已浸在冰冷的水中，只是剛才太投入了，沒覺得冷。

有時爸爸擔心兒子看書過於馬虎，間或詢問，肥仔搖頭晃腦，前前後後，講述得有聲有色，一些精彩片斷、名人詩句，幾乎倒背如流。

廖仲愷私下不止一次向妻子讚嘆肥仔的好記性，何香凝常常眉眼含笑，不無自豪地說：你也不看誰是他的爸爸媽媽！

1921年7月1日，中國共產黨在上海秘密宣告成立，十三歲的肥仔也在上海，對此絲毫不知。

年底全家搬到廣州，廖承志進入廣州培正中學讀書。

語言相通，年齡相倣，肥仔跨入學校如魚得水，翻圍牆，爬榕樹，偷木瓜的頑皮事總少不了他。

不知是學校管理較鬆，還是知道肥仔乃是孫中山任命的革命政府的財政部次長廖仲愷的大公子，從不曾有人去家中告狀，肥仔回家便相安無事，從不曾因此受過父母的責備。

此時，在動盪時局和所結識的幾位廣東畫家的影響下，何香凝轉而喜愛風格凝重的水墨山水畫，不多問津色彩斑斕的飛禽走獸。

媽媽畫畫，肥仔時常守在一旁研墨，他手裡忙着，腦子一點不耽誤浮想聯翩，他望着畫中高山瀑布下的空白處，嘴裡時常念念有詞，有時忍耐不住，自己捉筆在白紙上繪起小人像，有拄杖的長鬚老者，有舞劍的年輕漢子，有長裙飄逸的窈窕淑女，還有紮着兩隻羊角辮爬樹抓鳥的頑童，筆法雖然稚嫩了些，人物卻栩栩如生。

媽媽偶然發現，十分驚喜。於是經常畫完一張山水，便邀請肥仔補畫個"公仔"。

肥仔也從不怯場，大大方方，揮筆而就，不光客人欣喜稱讚，連一向很嚴格、很挑剔的媽媽也常誇獎："補個公仔，還真有畫龍點睛之妙。"她更願意經常指點肥仔。

33

爸爸難得空閒，回家倘若遇上媽媽作畫，也喜歡站立一旁欣賞，時不時加點評論，這塊太硬了，不好；那塊要柔軟一些，否則不像，兩人時常為此吵起嘴來，媽媽性子急，脾氣躁，把筆一丟，說：

"你這麼會說，自己又不畫？！"

爸爸則賠起笑臉，百般解釋，媽媽才又悻悻然地拿起畫筆來。

每逢此時，肥仔不偏也不倚，掩嘴竊笑。因為他知道，爭吵歸爭吵，批評歸批評，每幅畫的墨跡一乾，爸爸便興沖沖地用手一捲，拿去送人了。不好還會送？

有時姐弟倆一塊說起悄悄話時，姐姐總覺媽媽太兇，爸爸受氣，弟弟則云論畫畫，爸爸不懂裝懂，自找揶熊。

然而，僅過半年，姐弟倆都慶幸有個大腳大喉嚨的"兇媽媽"！

　　那一天，正上課，媽媽讓人到學校找到肥仔和夢醒，說有急事快回家。到家後只見媽媽臉色嚴峻，將已經收拾好的簡單行李遞給他們，言簡意賅地說：

　　"孩子們，陳炯明叛變，他們認為要阻止孫叔公北伐，就要斷其財源，拘捕廖仲愷，就是鎖住‘孫大炮的荷包’。以恭請爸爸商議要事為由，把爸爸騙到石龍，隨即被羈困。第二天凌晨，炮打觀音山總統府，孫叔公和叔婆在衛士護送下及時出走，才幸免於難。現在形勢緊張，我無暇顧及你們，為安全，你們馬上去香港外婆家中暫住，何時回來等我通知。"

　　"媽媽，您和我們一起走吧！"

　　"媽媽，您留在這裡也有危險，一起走吧！"肥仔和姐姐一塊請求。

　　"我不能走！我要留在這裡救出你們的爸爸！"媽媽的語氣堅定，絲毫沒有怯弱的成分。

　　"媽媽，你不是在拉肚子嗎？身體怎麼吃得消？"姐姐心細，擔心地問。

　　"不用擔心，我能堅持，我一定要救出你們的爸爸，否則……別多說了，快去碼頭。"

　　肥仔從媽媽臉上看到了訣別的神情，他的心在顫抖，他太了解自己的媽媽，為了事業，為了丈夫，她不會吝嗇自己的生命。

　　整整六十二天，肥仔和姐姐度日如年，廣州傳來的消息總是隻言片語，愁多喜少。

　　風風雨雨中，何香凝經過兩天的奔忙，才在嶺南大學的一所房子裡找到了宋慶齡，不久，她得知孫中山上了永豐艦，便闖過崗哨，登上永豐艦見孫中山先生。她告訴孫中山外面局勢的嚴峻性："我已找到孫夫人。仲愷則被陳炯明扣留，不明生死。現在人人都跑了，只剩下我一個。"

在以後的一個多星期中，何香凝設法借來古應芬的衣服給孫中山替換，先後三次往返永豐艦，爲孫中山送衣服、通消息，送遞信件。在孫中山夫婦安全脫險後，何香凝才開始設法營救廖仲愷。

當時，何香凝染上紅白痢疾，天天要打針、吃藥。爲了四出奔忙，她像嬰兒似的，從早到晚，貼身綑塊尿布，忍受着肉體上、精神上的巨大痛苦。在廖仲愷被囚禁後的第十天，何香凝才由陳炯明部的軍官熊略派電汽船送至石井兵工廠，在一座樓上，她終於見到了自己的丈夫！

廖仲愷戴三道鐵鏈：手上一道，腰間一道，腳上一道，鎖在一張鐵牀上，衛兵戒備森嚴，禁止他們夫婦談話。何香凝看到廖仲愷衣服破爛，渾身污穢，忍不住流下傷心的眼淚。

1941年，何香凝在《廖先生被囚》一文中，曾詳細回憶過那段時間的痛苦心情：

"……那是第一次去石井兵工廠看了仲愷回來的電船上，在那多少天裡，我身體的痛苦、精神的創傷，以及奔走無結果，都使我陷於悲觀失望的境地，悲觀得幾乎要自殺。……我找到孫夫人時，是那麼一幅淒涼的景象。我找到了孫先生，已是孤艦的流亡。我找到了仲愷，又是那牢獄中陰森險酷的慘狀。我流盡了傷心的眼淚，竭盡了我一切力量，而眼前仍是一片漆黑。我感到世道險惡，我覺得人心奸詐，我嗟嘆革命前途渺茫，我因此感到人生的空虛。我那時想到孫先生、仲愷他們的性命恐怕已經沒有希望，而他們和許多先烈出生入死、千辛萬苦所經營締造的革命事業，也不能保持。我看了仲愷，走出兵工廠來，一路上這些消極絕望的思想，整個佔據了我的心，恍恍惚惚上了電船，向着歸途。迎

35

面風是那麼的緊，珠江也顯得格外的遼闊，我一個人坐在船上愈形寂寞孤獨與渺小，我瞻前想後，愈想愈消極，愈想愈悲觀，覺得中國之宏大，居然沒有獻身革命以天下爲公的人立足的地方。幹起來也怕困難了，我又是一個憂患餘生病得半死的，活着還有什麼用處，想到這裡，就想縱身一跳，死了完事！我的心傷透了！我一面欷歔地滴着悲痛的眼淚，一面擦了火柴吸煙，大概是風大的關係吧，一盒的火柴擦得只剩一根了，煙仍然沒有吸得成，我就更覺得絕望了。心裡暗暗想，難道今天眞該命絕了嗎？爲什麼擦了一盒的火柴也吸不成一支煙的呢？想到這裡，格外傷心起來，我手裡拿着一根僅存的火柴暗暗地禱祝着說道：我們獻身革命，只在求我們民族解放，使中國人對內對外，都能得到自由平等，我們的存心，處事對人，自問是俯仰無愧的，如果中國革命還有希望，孫先生、仲愷生命不該絕，憑了這根火柴，我的煙就該吸成才是，說也湊巧，我說完了話，動手一擦，火眞着了，我的煙眞就吸成了。——也許那時我的注意力集中了，風也刮得小些了，便促成了我心理一大轉機。我吸着煙，心裡立刻轉了念頭。我想：半生革命，什麼罪沒有受過，什麼苦沒有吃過，什麼艱難沒有戰勝過，從悲觀到樂觀，從絕望到有望，不知經過多少次數了，爲什麼到了這一次難關，心裡就這樣脆弱呢！一個革命者，一個有信仰有理想的人，死是不在乎的，病逝，遇害，都是常有的事，但是爲什麼要自殺示弱於人呢？我的責任重得很，我不該自殺，我不能自殺，我必須堅決地活下去，我仍要與一切敵人苦鬥，我寧願遭了他們的毒手，絕對不去自殺。想到這裡，氣爲之一壯，心裡也擴展多了，只在打算着營救的事，再也想不到自殺上頭去了。……"

何香凝第二次來到石井兵工廠時，廖仲愷的手銬已經去掉，他面頰更瘦削、憔悴，只有眼睛裡仍然閃爍着堅韌的目光。他從口袋裡掏出幾張寫滿字的信紙，向被十幾個荷槍實彈的士兵隔在遠處的妻子說：

"這是我近日寫的幾首詩，有言志，有贈你和孩子的，給你拿去，也算個紀念吧！"

何香凝剛要上前，十幾個士兵厲聲喝斥着："不許拿！"有的乾脆把槍栓拉得嘩嘩響。一腔怒火的何香凝，再也不能控制自己，她嘴裡喊着："我今天就和你們拚了！"人已經衝到持槍士兵面前，伸手就奪槍！意外的衝鋒，竟嚇得那夥士兵趕快向後退縮回去。何香凝快步衝到丈夫身邊，接過那一疊詩稿。

回到家中，何香凝反復讀着廖仲愷的詩，真切體味着丈夫內心悲痛的情緒，"臨難不苟免"和"見危授命"的剛毅決心。

37

壬戌六月禁錮中聞變有感

珠江日夕起風雷，已倒狂瀾孰挽回？
征羽不調弦已怨，死生能一我何哀！
鼠肝蟲臂唯天命，馬勃牛溲稱異才；
物論未應衡大小，棟樑終為蠹螻摧！
妖霧彌漫涸太清，將軍一去樹飄零。
隱憂已肇初開府，內熱如焚夕飲冰。
犀首從仇師不武，要離埋骨草空青。
老成凋謝餘灰爐，愁說天南有隕星。
詠到潛龍字字淒，那堪重賦井中泥；
當年祈福將烏狗，今日傷心樹蒺藜。
空有楚囚尊上座，更無清夢度深閨；
華庭鶴唳成追憶，隔岸雲山望欲迷。

　　朝朝面壁學維摩，參到禪機返泰初；

　　腐臭神奇隨幻覺，是非恩怨逐情多。

　　心塵已淨何須塵，世鑒無明枉事磨！

　　莫向空中覓常相，浮雲蒼狗一時過。

　　再讀廖仲愷訣別自己和兒女的詩，情意哀婉而志堅，何香凝眞是百感交集，不忍讀，也不忍不讀！她暗立誓言，直接去找陳炯明，拚個魚死網破，哪怕犧牲自己生命，也要把廖仲愷救出來！

　　那天，何香凝冒着大雨上白雲山陳炯明司令部。因爲雨大，看不清楚路，何香凝跌到水坑裡，渾身濕透，爛泥遍體。

　　走進陳炯明司令部，陳正開軍事會議。

　　人怕當面。礙着與廖家一二十年的交往，陳炯明立刻停下會議，親自給何香凝擺上一把椅子：

　　"何先生，您請坐。哎，瞧您全淋濕了，來，先喝杯白蘭地酒，驅驅濕氣，我內人在後堂，您進去換件乾衣服吧？"

　　何香凝兩眼一瞪，大聲斥道："不必來這一套！你把仲愷囚起來，等於去了孫先生的荷包，你無論如何不應該，至於說到私誼，在漳州時代，仲愷何嘗沒有幫過你籌款？"

　　陳炯明的臉一下紅了，哼哼哧哧，無法對答，只問道："你要怎麼樣呢？"

　　何香凝斬釘截鐵地說："我要求你立刻下命令，或者殺，或者放，或者將我槍斃！"

　　陳炯明望望他的部下，大家都沒表示，他便俯身寫了一張條子："即將廖仲愷押白雲山！"遞給何香凝。

　　"不行！"何香凝看了一下，將條子擲回。

“你究竟要怎樣？”陳炯明很局促地問。

“如果要殺仲愷，即請押白雲山，如果要放，即請放其回家！”何香凝一字一頓，說得堅決果斷，毫無商量餘地。

說實話，何香凝敢於針鋒相對，一是自己抱定了破釜沉舟的決心，死都不怕，說話也無所畏懼了！這其二，她認定，政治主張上陳炯明與自己是絕對相反的，無疑是反革命。但是，以他過去爲官，一向是自奉甚薄，家用甚儉，尚未完全滅絕公理，在對廖仲愷問題上，多少還會有點良心，所以，她才不放棄營救成功的一線希望。

“大家看呢？”陳炯明不知眞是有點拿不定主意，還是想借部下之刀來殺人。

都不傻！搞陰謀的人，誰願意當面作惡人。堂上竟無人答話。

“那就放廖先生回家吧！”陳炯明話語有些無可奈何。

8月19日，廖仲愷終於被釋放了。

進家後，何香凝扶丈夫上牀：“仲愷，你抓緊時間閉閉眼，先歇歇，我得趕緊與工人收拾東西。”

“收拾東西幹什麼？”

“廣州已經不安全了，我們要連夜離開去香港！”

“我不走！”廖仲愷搖頭堅決地說：“我還要料理許多的事情……”

“不行！今夜一定要走！你以爲陳炯明放了你，就萬事大吉了？！不可能！兵家誰不忌放虎歸山，後患無窮？誰不懂斬草除根？我猜想，陳炯明認定你逃不出他手心，便賣個面子給我，等他回過神來，一定不會放過你的！”

“可是……”

“仲愷，人在，事業才能有成，今天聽我的，一定走！”

夜裡三點，萬籟俱寂之時，何香凝攙扶丈夫悄悄離家，乘一葉小舟直赴白鵝潭，再登大輪船馳往香港。抵家後也顧不得與家人及一雙兒女叙說離情，急忙請人代購當晚香港開往上海的船票。

果然不出何香凝所料，第二天，陳炯明便派部隊包圍了廣州的廖家，當然，結果是竹籃打水一場空！

時值八月，香港室內仍十分悶熱，何香凝和衣躺在牀上，滿臉細密的汗珠，卻似一座雕像，睡得很沉很沉。廖仲愷喚過肥仔和夢醒，叮囑他們小聲說話，讓媽媽好好休息。他深情地望着酣睡中的妻子，感慨萬千地說：

"這次不是媽媽勇敢，恐怕阿爹眞是去矣不言歸了！"

"爸爸，爲什麼不帶我們一起走？"姐姐依偎着爸爸挺委屈地發問。

"現在情況複雜，全家一起走，媽媽擔心萬一出事情，還是待我們安全抵達上海後，再決定你們的行期妥當點。"爸爸耐心地解釋。

"爸爸，你看媽媽好累好累，你也顯得非常疲憊，不如在香港家裡多休息幾天。"肥仔顯得有點成人的味道。

"現在革命危在旦夕，我和媽媽必須盡早趕到上海尋找叔公叔婆，商量新的辦法，不能讓國民革命半途而廢。"可能是不小心碰到傷口，廖仲愷倒抽一口冷氣，打住了話頭。

"爸爸，他們打你了嗎？現在傷口還痛嗎？"姐姐畢竟是女孩子，她注意到阿爹痛楚的表情，輕聲問道。

廖仲愷點點頭："給敵人抓去能不捱打嗎？！他們恨我恨之入骨，用繩子綑還不過癮，找來一條粗鐵鏈五花大綁把我死死綑在一張鐵牀上，一綑十多天，美其名曰，鎖住孫大炮的錢包。因爲他們知道我一直在爲叔公設在韶關的北伐大本營籌劃軍費。"

40

"爸爸，他們爲什麼要炮轟叔公的軍艦？他們爲什麼仇恨叔公的北伐大本營？"幾個月前，肥仔剛剛跟着叔公和爸爸去過韶關北伐大本營，那裡的軍隊操練很認眞，叔公當時很高興呢。

摸着兒子的頭，廖仲愷意味深長地說："他們關心的並不是國家的富強、民衆的自由，他們只關心自己的腰包，自己的地盤，自己的一切，當然把叔公富民強國的奮鬥目標視爲眼中釘，肉中刺，恨不能置叔公於死地，置我於死地而後快！說眞的，從被他們抓住那天起，我便沒有準備再回來，我給你媽媽，給你們都寫了訣別的詩，願意聽我唸一唸嗎？"

兩個孩子都頻頻點頭。

兩個多月的囚禁和拷打，廖仲愷渾身傷痕纍纍，正逢天氣炎熱，已經多處化膿，此刻高燒在身，他只覺頭暈目眩，非常想閉上眼睛休息，可是他不能，他必須抓緊與孩子們單獨相處的可貴時間，把許多話說出來。

夢醒十八，肥仔也已經十四了，他們已經長大了，到了直面殘酷現實的時候了，他要把眞實的一切告訴孩子們，把自己視死如歸的決心和氣概告訴孩子們，是讓他們有一定的思想準備，也是爲他們增添與邪惡勢力抗爭的勇氣和力量。他潤潤嗓子，以略顯嘶啞但充滿眞情的嗓音先背誦了給妻子的那首《留訣內子二首》：

（一）

"後事憑君獨任勞，

莫教辜負女中豪；

我身雖去靈明在，

勝似屠門握殺刀。"

（二）

"生無足羨死奚悲，

宇宙循環活殺機；

四十五年塵劫苦，

好從解脫悟前非。"

廖仲愷背得緩慢深情，他了解兩個孩子的古文水平，他相信不用解釋他們也能聽懂，便沒頓，繼續背道：

《訣醒女、承兒》

"女勿悲，兒勿啼，

阿爹去矣不言歸。

欲要阿爹喜，

阿女阿兒惜身體。

欲要阿爹樂，

阿女阿兒勤苦學。

阿爹苦樂與前同，

只欠從前一軀殼。

軀殼本是臭皮囊，

百歲會當委溝壑。

人生最重是精神，

精神日新德日新。

尚有一言須記取，

留汝哀思事母親。"

父親把最後的"母親"兩字唸得特別凝重，特別動情，餘音在房間裡回旋，彷彿無數人在呼喊：

"母親、母親、母親……"

"爸爸！"夢醒早已熱淚洗面，緊緊抱着險些永遠失去的爸爸低聲嗚咽。肥仔緊咬着下唇，強忍着滿眶的熱淚，內心裡如汪洋波濤在激盪。他仔細品味着，有對父親以身許國、視死如歸的堅強品格和毅力的崇敬；有對母親潑辣、勇敢、堅強，爲國家爲父親捨得一身剮的大無畏氣槪的崇敬；有對陳炯明這夥壞蛋的刻骨仇恨、也有對爸爸媽媽最終脫險的慶幸和對全家得以骨肉團聚的歡愉，但是，這些愛，這些恨，似乎都不是今天第一次才有的感情。

肥仔默默呼喚着自己的名字：

承志，承志！面對幾乎失去的父親，聆聽着幾乎成爲訣別遺言的叮囑，他震驚，他激動，彷彿第一次眞正掂量出自己名字的分量和必須爲之承擔的神聖義務，他不能再只讀學校的書本，他要像爸爸媽媽那樣憂國憂民以拯救天下爲己任，才能子承父業，才能承擔起保護媽媽的責任。

肥仔想到這些，輕輕走到媽媽牀邊，一下一下地爲媽媽搖着扇子。

廖仲愷一面撫摸着女兒，一面十分留心兒子臉部表情的變化，他注意到肥仔眼睛裡的淚水逐漸凝聚成一束莊嚴神聖的目光，從來未有的那種凝重，那種深沉的目光，與往日頑皮、清純、無憂無慮的兒子判若兩人。廖仲愷慢慢地閉上眼睛，臉上漾起了寬慰的笑容：承志長大了，懂事了，即便此時革命需要我慷慨就義，我也再沒有什麼後顧之憂了。

二

廣州

1923年3月，15歲的廖承志從香港返回廣州，進入嶺南

43

大學中學部讀書。

嶺南大學是一所由美國人創辦的教會學校，位於波光綺麗的珠江環繞着的河南島上，校園內桉樹成行，綠草茵茵，十分美麗、幽靜。

廖承志來到班裡，很快與同學們和睦相處，受到大家的尊敬和喜愛。一則都知他是廖仲愷的大公子，卻不見他有絲毫的紈絝子弟驕奢狂傲之氣，相反與同學見面總是笑眯眯的，不論對方家道富貴還是貧寒；二來他聰明、好學、見多識廣，善於思考。

在課堂裡，他經常態度誠懇地提出一些不易解答的問題，發表一些不同於教科書的獨特見解。尤其是上歷史課時，關於秦皇漢武、唐宗宋祖這些中國歷代皇帝於國於民於社會進程的是非功過，他都有自己的評論，往往列舉大量史實，有自己見解，又有生動故事，同學們聽得津津有味，老師也經常誇讚他好動腦筋，不盲從古人，人云亦云。

同學們喜歡和他聊天，他講起自己在日本讀小學受日籍老師歧視的往事，因此從小就想當海軍，希望長大能為振興中國虛弱的海軍出力。恐怕出於這一小小的願望，他的三角、幾何成績很好，代數、物理分數卻很糟。他最感興趣的是西洋史，最入迷的是英國產業革命，是科學運用在工業發展上的整個過程。他思考了許多問題去請教老師，為什麼中國古代有四大發明，能領先西方幾百年，而近代蒸汽機等先進技術偏偏沒有在中國得到發展？為什麼中國還一直抱着浪費驚人、十分落後的手工業方式不放？

老師常常搖頭感慨：這些也正是自己百思不解之處。

當時的嶺南大學，是全國最保守的學校之一，每天都得聽傳教士講兩小時聖經。星期天上午亦如此。此外，每週還要上兩小時聖經課。廖承志和多數同學一樣，將這種強制性的說教視爲活受罪。

強烈的愛國熱忱，共同的文學愛好，相似的生活經歷，使廖承志結交了一批好朋友，有傾向進步的華僑子弟、後來成爲中國著名劇作家的司徒慧敏，嶺南大學中參加廣州文學會的思慕、梁宗岱，苦吟成癖、嗜詩如命的日本留學生草野心平，姐姐廖夢醒的同班同學李少石（當時的名字叫李國俊，後與廖夢醒結婚），他常常邀請衆朋友到東山百子路11號家中聚會暢談。他比一般同學更注意看報紙，了解時局發展，他知道《孫文·越飛宣言》已經發表，確定了中蘇平等友好的關係，也確定了叔公聯俄聯共的政策。俄國共產黨人的代表，廖承志在上海在廣州都見過，中國共產黨是啥樣的人，廖承志時常覺得挺神秘，總希望有朝一日見識見識。若沒有特殊的本領和見識，叔公爲何要聯合這個剛剛"兩歲"、人數也十分有限的政黨。

姐姐從日本回來了，她面色紅潤，神釆飛揚。對親友都說自己的病經過在日本熱海的溫泉治療，已經痊癒了。私下裡她悄悄對弟弟說，她沒生任何病，爸爸只是以帶女兒看病爲藉口，在熱海飯店與蘇俄全權代表進行秘密商談，她興奮地對弟弟說：

"爸爸經常用探病的名義到越飛的房間裡去，他們一談就是好幾個鐘頭。每次談話回來，爸爸都是滿面笑容，表現出很得意的樣子。看來，叔公交給爸爸談判的任務完成得很好，國民黨要聯俄聯共，不久會有大動作了。"

果然，3月1日，以孫中山爲大元帥的陸海軍大元帥大本營在廣州成立。

第二天，廖仲愷被任命爲大元帥大本營的財政部部長。

八月，孫中山派蔣介石率領"孫逸仙代表團"赴蘇聯考察學習革命經驗。幾乎是同一時期，蘇聯政府決定派鮑羅廷將軍赴廣州幫助孫中山進行國民革命。

10月2日，國民黨主辦的《廣州民國日報》在一評論文章中指出各國列強＂都願意中國四分五裂，內亂不斷，兵力衰弱，成爲不能抵抗欺侮的‘病夫’＂；盛讚＂全世界中，只有蘇維埃共和國和俄國國民，願中國一天天強盛，能保護自己的利益和主權。只有俄國希望這個‘病夫’，恢復健康，挺然起立＂。並認爲中俄兩國才是＂最誠信的友邦＂。

也是從10月開始，國民黨的改組籌劃工作，孫中山即命廖仲愷負責進行。因爲在衆多國民黨元老中，廖仲愷是最衷心擁護改組國民黨和積極實行國共合作的。

然而，只有做妻子的何香凝與兒子廖承志最了解廖仲愷爲此所承受的巨大精神壓力。

國民黨改組，主要在於實行＂聯俄、聯共、扶助農工＂的三大政策。一開始就遭到黨內一部分人的反對，當他們受到孫中山先生批評以後，便把一切不滿全都潑向全力籌備改組的廖仲愷。

報紙、傳單、電台、馬路新聞、街談巷議，一時間都對準廖仲愷，造謠、中傷、影射、攻擊、污衊、誹謗，無所不及。

廖承志了解父親，絕不相信那些混賬話。有次週末回到家裡，父親正在收拾行裝，臉上一副痛楚、疲憊的樣子。他對媽媽說：

＂大家都反對，實在辦不下去，就連孫先生也……我太氣悶了！我打算離開廣州，先去香港休息幾天，如果沒有轉機，就往德國或法國留學。＂

媽媽當時勸慰了一番，也不曾改變爸爸的主意。望着爸爸遠逝的背影，廖承志十分理解，爸爸是個在死神面前不眨眼的堅強革命者，若不是承受了過分巨大的痛楚和阻力，爸爸絕不會離去。

第二天，孫叔公從媽媽處知道此事，立即派人把爸爸從船上勸了回來。

爸爸回家後，向媽媽轉述了叔公的話：" 現在無論什麼地方你都不要去，一定要留在此地幫助我改組國民黨。"媽媽聽罷感慨萬千，又安慰爸爸說：

" 孫先生既然已經這樣說，我們也只有鞠躬盡瘁了！你還是留下幫助孫先生的好！"

爸爸點點頭，道出肺腑之言：

" 民國成立已經十餘年了，孫先生的三民主義還不能實現，這明明是黨的組織的問題。我可憐先生奮鬥一生，未能實現他的主義，所以非把國民黨改組不可。"

爸爸堅定地一揮手，發誓般地說：

" 我爲國家，爲本黨，無論何人反對，我皆不畏；即擊我殺我，亦在所不惜。天若假我三年以從事國民革命，當必有成效可觀！"

爸爸是說一不二的硬漢子。

1924年1月20日至30日，在孫中山的主持下中國國民黨第一次全國代表大會在廣州勝利舉行。爸爸作爲臨時中央執行委員會委員暨廣東省代表出席了會議，媽媽是孫中山指派出席大會的三位女代表之一。

廖承志從報紙上知道，國民黨" 一大"選舉的中央執行委員會，除了有叔公、爸爸、媽媽等國民黨左派代表的名字外，還有譚平山、李大釗、于樹德、林祖涵、毛澤東、瞿秋白、張國燾、于方舟、韓麟符、沈定一等十名共產黨員參加。他十分清楚，爲着這一目標的實現，爸爸、媽媽一定經歷了許多激烈艱苦的鬥爭和努力，方能協助叔公達到改組國民黨，以促成推動革命的" 三大政策"。

　　此後，爸爸的工作更忙了，他被推選爲中央常務委員，又兼任工人部和農民部部長，不久還被委任爲黃埔軍校以及所有黨軍和各軍官學校、講武堂黨代表。時常去政府開會、會見客人；也常去工廠、去軍校給工人、軍校學員演講。

　　廖承志特別敬重爸爸、每逢週末回家，他不用媽媽招呼，主動給爸爸的皮鞋上油，然後套在自己腳上，一邊吹着節奏明快的口哨，一邊用布條前後左右使勁拉，不大工夫，爸爸那雙白皮鞋被他擦拭得生光發亮。

　　爸爸去軍校演講一般是穿軍裝，只要被承志碰上，他總堅持讓爸爸坐着，他跪在地上，把爸爸綁腿一道一道打得鬆緊合適且服貼平整。他希望自己身材並不魁梧的爸爸永遠精幹利落、神采非凡！

　　在即將要過十六歲生日的1924年8月，廖承志申請加入了改組後的國民黨。看來，在如火如荼的大革命浪潮之中，他不願再作觀潮派，他要像爸爸那樣做一名勇敢的鬥士，向學校裡的黑暗勢力宣戰，他決心和嶺南大學的其餘四五十名國民黨員一起，將全校職工組織起來，再團結全校進步學生，與反動保守的校方和基督敎青年會作鬥爭，以實際行動實踐繼承父業的誓言。

　　楓葉片片透紅，秋風陣陣清涼，時已傍晚，廖承志才從學校往家返，他興沖沖地一路小跑，腳下不安分地踢着石子，這些天，他和同志們一直利用課餘時間在職工中搞宣傳，很久沒有踢足球了，腳眞癢癢了。剛進家門口，就看見一個穿着白帆布西裝的人進來，爸爸熱情地迎過去，兩人坐在客廳裡低聲交談了好一會。來客炯炯的雙眸和兩筆剛毅的雙眉，給廖承志留下極深的印象，等客人告辭出門，廖承志迫不及待地問爸爸：

　　“這人是誰？”

爸爸顯得有些吃驚：" 你還不認識他？ "

廖承志搖搖頭：" 不認識。 "

爸爸帶着明顯敬意和稱讚的口吻說道：" 他就是共產黨的大將周恩來！ "

這是廖承志第一次見到周恩來，也是他第一次面對面注視一名共產黨員，沒有對話，甚至連個招呼也沒打，可是，這一瞬間留下的極深刻的印象和敬重之情，他竟然整整記了半個多世紀！

三

死神如此逼近

1925年，在廖承志一生中只佔了七十五分之一，可是給他心靈中留下的創傷是無法估量的，死神第一次對他和他最親近的人如此逼近，目睹革命祭壇上親人的鮮血，他走向成熟。

這年春節是在惦念中度過：孫叔公在北京病重，爸爸因為忙，無法脫身，媽媽獨自去北京陪伴叔婆，去了一個多月，承志熟悉孫叔公魁梧的身材，健壯的體魄，樂觀大度的心胸，他總認為叔公只是太累了，休息幾日，一定能滿面紅光地回到廣州。然而，春寒未盡之時，媽媽帶回了令人撕心裂肺的凶訊。

媽媽從沒像此刻這般憔悴，這般莊重，她向爸爸講述孫叔公過世前的情景，詳細、逼真，承志和姐姐坐在一邊聽着，只覺得事猶在目，言猶在耳。

" 3月11日，孫先生神志虛弱，眼神已散，我對汪兆銘說：' 遺囑今天要簽字，不簽就再沒有機會！' 於是，大家一起走到總理牀前，請總理簽署遺囑。在孫先生顫動右手在遺囑上簽了‘孫文’二字時，孫夫人淚如雨下，經總理再三勸慰，孫夫人才止住淚水。”

“到第二天，孫先生的情形更不對了，說話的能力也漸漸減弱，但在病危之際，還是心事很重地說：‘我死了，四面都是敵人，你們是很危險的！你等千萬別被敵人軟化！’”

“接着，他連續三次地招呼道：‘廖仲愷夫人來……廖仲愷夫人來……’說到這裡便哽咽着，不能作聲，但又好像要說什麼。從先生祈盼信賴的目光，和從未對我使用過的稱呼中，我體味出先生言猶未盡的心事，惟有仲愷與中山先生革命精神完全相合，就是必須實行三大政策，抵抗帝國主義侵略，我當時掩淚偕夫人到先生牀前說：‘我雖然沒有什麼能力，但先生的主張，我是遵守的。至於先生之夫人及家人，當然盡我的力量以愛護。’”

“孫先生聽完潸然淚下，他緊握着我的手：‘廖仲愷夫人……我感謝你……’後來，先生又支撐着精神喊出‘和平……奮鬥……救中國！’這一幕歷史的悲劇，就算過去了，先生早晨九點十分永遠離開我們而去了……”

“仲愷，先生對你我寄予厚望，我們惟有堅守不渝，始終如一，不受敵人軟化，對孫先生的革命主張無愧，才能告慰先生在天之靈……”說完，媽媽再也壓抑不住滿心悲憤之情，放聲痛哭。

爸爸神色肅穆莊嚴，儼然是一座花崗岩雕像。

承志抹去腮邊的淚水，他拳頭緊握，牙關緊咬，目光變得深沉嚴峻，他眼前彷彿出現孫叔公高大的身影和慈祥的笑容，他暗自對天盟誓：

為了打倒帝國主義，實行三大政策，我廖承志將奮鬥到底，不惜犧牲自己的一切乃至人間最寶貴的生命。

看來，處於嚴酷的流血的現實之中，比發誓立願要困難得多。

上海五卅慘案之後，全國各地都激起了洶湧的反帝怒濤。6月23日，在廣州近十萬工人、學生、市民、軍校學員走上街頭，舉行了聲勢浩大的示威。那天，嶺南大學與其他學校的學生走在黃埔軍校學員前頭，年輕學生原本便是一腔熱血，又加上軍校學員步伐雄壯，口號洪亮，所到之處，街旁觀望的市民情不自禁地舉起一片如林的拳頭，隨着隊伍中的口號一呼百應，如潮如湧，氣壯山河。

廖承志一路領呼着口號，眼前群情激憤的場面使他興奮極了，感動極了，他又一次真正強烈地感受到勞苦大眾團結一心便能產生倒海的巨大力量。是啊，要說國民黨員，嶺南大學裡只有四五十人，可是他們把全校五百多職工都組織起來，團結了八百多師生，五卅事件後，他們只登高一呼，全校立刻響應，趕走了惟一的英國教員，美國教員很快也跟着滾蛋了，這不是群眾運動的力量是什麼？！孫叔公扶助農工的政策是得天下的真理！

隊伍路過沙面租界對岸的沙基時，人們想到在上海被帝國主義槍殺的死難同胞，隊伍中打倒帝國主義的口號聲此起彼伏，更加高亢激昂。

突然，廖承志聽到從英租界方向傳來三聲槍響，接着是噼哩啪啦的機槍掃射聲，轟隆隆的炮彈爆炸聲。廖承志頭一回經歷槍林彈雨，驚一身冷汗，心如鹿撞，他急忙飛快地跑向一座房子背後，陡然頭上一熱，他機敏地一低頭，萬幸，只是一粒子彈打穿了他頭頂戴的帽子。他俯身向四周一看，距他僅幾步的地方，一個男孩子被子彈打中，肚破腸流地倒在鮮紅的血泊裡，一動不動，遠處街面上還橫着不少被射中

51

的人，有的已是血肉模糊的屍體，有的還在痛苦地呻吟。

"姐姐？！"廖承志的心一下提到嗓子眼，剛才他還看見姐姐就在自己身後，她跑步沒我快，難道……廖承志不敢往下想，他只是絕望地向紛亂奔跑的人群喊叫：

"姐姐，夢醒！"

"肥仔，我在這裡。"是姐姐的聲音，就在不遠處，但是很微弱。

廖承志向聲音傳來的地方爬過去，見姐姐被一個高個渾身是血的女學生死死壓着，她白襯衣的後背上滿是血。他緊張地問："姐姐，你也中彈了？！"

"我想沒有，就是壓得透不過氣……"

廖承志使盡全身力氣，才把姐姐拉出來。

"肥仔，看看她怎麼樣？"姐姐氣喘吁吁地問。

"我摸了，她已經沒有呼吸了。"

"不是她，恐怕我也早就被打死了……"廖夢醒緊張氣憤地不住顫抖："這究竟是爲什麼？是誰在開槍？"

"我猜是英國人……"廖承志不覺打了一個寒顫，心裡感到一陣後怕。

廖承志還不知道，他和姐姐是瞞着家裡來參加遊行的，知道沙面開槍，何香凝發現一雙兒女都不在，急急火火地四處撥電話，真差點急瘋了！

事後，一切都清楚了。

槍彈是英國人和法國人躲在沙袋工事後面打的，他們離示威隊伍通過的街道只有三十多英尺，射擊整整持續了二十分鐘。那幫洋兵竟動用了達姆彈，當場被打死的中國人就有108人，其中包括黃埔軍校的學生，而受傷的人就更多了。

這短短的二十分鐘，使17歲的廖承志由意外、震驚，到憤怒，深思：爲什麼帝國主義如此肆無忌憚地屠殺中國人？

嶺南大學是最親英的學校，爲什麼它的學生參加遊行也不能幸免於難？

血的洗禮，使廖承志更明白孫叔公和父親堅持三大政策的眞理所在：只有聯俄聯共扶助農工，才能最終把帝國主義趕出中國，倘若不堅決把帝國主義趕出中國，即便俯首貼耳甘當順民當奴才，也只是洋人砧板上任他宰割的牛羊。

回校後，廖承志曾宣傳堅決反帝的觀點，又組織一次罷課，誰想剛剛過去兩三個星期，不少同學都失去了參加反英反帝活動的熱情，有的甚至當面責備廖承志和其他國民黨學生：

"就是你們膽敢搞遊行示威，才惹下殺身之禍的。"

廖承志此時已嘗到革命之艱難，他時常感慨同學們的健忘，以此求得生活輕鬆。

然而，歷史是殘酷的，同時又是正直的，他要永遠追隨孫叔公的理想，像爸爸那樣堅韌鬥爭。

這年暑假中的一天。天還不曾大亮，廖承志便被媽媽嚴厲高亢的斥責聲從夢中驚醒，他開門一看，媽媽訓斥的不是別人，正是剛進門的父親。

姐姐也已經起來，像往常一樣，她又儼然充當爸爸的"保鏢"，拚命把爸爸往她屋裡藏。

這次爸爸沒像往常那樣笑着躲開妻子的脣槍舌劍，只是緊抿着雙脣，站在那裡，像座沉默的冰山。

"你吩咐我叫工人燒水洗身，我十一點鐘叫工人燒水，水冷了，你沒回來，一點鐘又再燒，你還沒回來，現在四點你才回來，第三次再爲你燒水，這樣使人使得能過意嗎？"

"哎！……"爸爸仰天長嘆一聲，承志和姐姐都驚異地發現，一向寬厚大度的爸爸竟然眼裡閃動着淚光，他盡力用平靜的口吻說：

"我晚上是在楊希閔家等他吸完大煙，才拿這幾千元給我。"

"什麼？你就等他整整一夜？"媽媽深爲震驚。

"不然怎麼辦？黃埔軍校學生再過兩天便無米下鍋，能眼看着他們無食？"

爸爸在女兒夢醒陪同下進裡屋了，媽媽自己去燒水，承志一旁幫忙。媽媽彷彿是自言自語，也是在向兒子傾訴：

"哎，楊希閔把持稅收及一切財政，你爸爸爲軍校學生的衣服和米莱找他去籌措資金，眞是不易。有一回買黃埔需要的東西，錢不足，要向我取四百元。偏我取盡家中積蓄，也不足四百元，我只得向家中女工借了三十元，才算湊足數。爸爸愛黃埔學生的苦心，是希望他們爲民族解放貢獻偉大的力量，我只希望他們富貴不能淫，無負你爸爸創辦軍校之用意和對他們的愛心……"

廖承志深沉地點點頭，他感覺得出爸爸爲黃埔軍校忍辱負重的寬闊胸懷和良苦用心。

"肥仔，你也大了，有些話媽媽也不想瞞你，今天我發這麼大火，一半是生氣，一半也是擔心嘞！我已經得到了消息，說有人想暗算你爸爸。"

"眞的？你告訴爸爸了嗎？"

"哎，我同他商量過，我說，既然有人謀算行刺，你也該多加兩個衛兵防備一下才是。爸爸聽了很不以爲然，回答我道，增加衛兵，只能捉拿刺客，並不能擋住他們行兇。我是天天到工會農會學生會各團體去開會或演說，而且一天到晚跑幾個地方，他們要想謀刺我，很可以裝扮成工人、農民或學生模樣，混入群衆中下手的。我生平爲人做事，憑良心，自問沒有對不起黨、國和民衆的地方，他們如果安心想來暗殺，防備那也是沒有用的。總之，生死由他去，革命我總是不能鬆懈一步的。”

“防備恐怕還是必要的。”廖承志不無擔憂地插了一句。

媽媽點點頭說：“是的，爸爸講的自然很有道理，但我心裡總覺得還是防備一下好些，在我堅持下，到底又派了一個便衣隨從他。其實很明白，沒動手行刺前，便宣傳他們的行刺計劃，要暗殺的是那些人，稽其用心，無非是警告你爸爸，退一步吧，妥協了吧，又不是為自己爭權奪業，何苦不顧生死和他們作對呢？他們的威脅宣傳，對你爸爸一點沒有用處，他還拿來當着笑話和朋友說：

‘聽說他們暗殺的家伙，不是用普通手槍，而是用大口徑的盒子槍、手提式機關槍。我倒要嘗嘗它的滋味呢。’”

“哎，你爸爸這個人，站在生與死的分界線上，是怎樣的不猶豫呵！為了革命的前途，他是義無反顧的！”

聽得出媽媽話語中明顯的稱讚口吻，廖承志內心異常激動，他對爸爸的革命堅定性是從不懷疑的，只是此刻，他更敬佩媽媽的膽識和勇氣。多少男子漢大丈夫在冒煙的手槍、帶血的刺刀面前，選擇的是放棄主義，苟且偷生，以求得闔家平安。

媽媽身為富商之家的大小姐，卻敢於支持自己的丈夫直面殘酷人生，那種追求理想的堅定性是無與倫比的，也難怪孫叔公臨終之時三次招呼“廖仲愷夫人”，因為他知道作為女性中第一個加入同盟會的媽媽是有膽量、有勇氣、有恆心、有毅力將他未竟的革命事業堅持到底，直至生命終結。廖承志為有這樣的媽媽感到驕傲！

1925年8月20日，一切似乎都照常，太陽是如時上升，天氣是一樣明朗。

九點過後，已經吃了早餐的爸爸、媽媽離家坐車去惠州會館出席中央黨部的常務會議。剛走不到半小時，陡然作響的電話傳來噩耗：

"快來公立醫院，廖先生遇刺！"

猶如晴空霹靂，承志和滿臉淚水的姐姐急急忙忙趕到病房，一條白布單覆蓋了爸爸的全身，爸爸雙目緊閉，嘴唇微啓，像睡熟一般紋絲不動。

媽媽緊挨牀邊，靠坐在一張木椅上，蒼白的臉，浮腫的眼，彷彿沒看見進屋的孩子，完全陷入無盡的追憶和沉思之中。

瞧着媽媽這副模樣，廖承志心中不禁一陣顫慄，難道爸爸已經離世而去？

"爸爸傷勢怎麼樣？"姐姐輕聲問媽媽，似乎怕驚醒爸爸的甜夢。

"爸爸不會再痛了，也不用再受累了，也不必再受氣了……"

姐姐最後一點希望破滅了，她猛然撲倒在爸爸身上痛哭失聲。

廖承志不知是因爲早有媽媽告知的敵情，還是出於全家僅存的惟一男子漢的責任心，他咬緊下唇，強忍住滿眶的淚水，緊緊地拉着沉浸在巨大痛苦中的媽媽的手，他知道這時媽媽特別需要兒子的力量。

看望的人來了一批又一批，媽媽挺直腰板坐在那裡，顯得十分冷靜、沉着。

周恩來趕到醫院裡探望，他濃眉緊鎖，聽媽媽講述了事情發生的整個詳細經過。

何香凝將頭依在兒子胸前，淚眼望着丈夫一瞑長逝的遺體，字字滴血，聲聲有淚，向身旁丈夫的摯友講述着那不堪回首又不能不回首的悲慘的一幕：

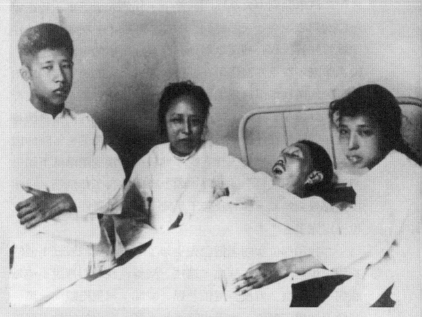

廖承志之父廖仲愷於 1925 年 8 月 20 日在廣州被國民黨右派指使的暴徒暗殺，不幸犧牲。廖承志（左一）與母親何香凝（左二）、姐姐廖夢醒（右一）悲慟地守護在廖仲愷的遺體旁。

"汽車開到中央黨部門前停下,我們先後下車。我正與一位女同志說話,突然聽到'啪啪!啪啪!啪啪啪!'地好像爆竹聲音,我心裡還以為誰在慶賀什麼事的呢,可是,一轉過臉來,看見仲愷已倒在地上,同車下來的陳秋霖同志和我身旁的衛兵也都痛楚地倒了下去!我這才意識到是有人行刺了。就連呼:救命,救命!快些抓人哪!我趕忙俯身撫着仲愷,問他傷在什麼地方,覺得身上哪點兒難受。當時仲愷已經不能回答,只是一聲'唉'地長嘆。當我剛剛低下頭去照看仲愷時,又是一陣槍聲。頭上颼颼地有子彈飛過。我頭皮還感覺到熱氣,那時我若不是彎下身子去看仲愷,恐怕我也一定完了!"

"我和那位女同志把廖先生架了起來,滿地殷紅!他的衣服上也是一片片的鮮血,還往下滴着。我的心裡說不清是悲痛還是憤恨?但沒有懼怕。那一瞬間,只覺得眼前一黑,好像天地變了顏色,太陽也暗淡無光了。自己站的地方似乎很不穩固,也格外感到孤單起來。人心叵測呵,世道險惡呵,怎麼環顧周圍看不見我們的革命同志呵?!……"

"大概車在路上時,仲愷已經絕了氣的,到了醫院,醫生束手無策,認為人已經是沒救了,我只有面對成堆血跡和仲愷漸漸變冷的遺體傾湧我的傷心眼淚!"

"恩來同志,固然,我和仲愷二三十年師友之誼,夫婦之情,同志之愛,使我有不勝悼亡的情義。但是,最叫我痛心的,還是我們革命勢力,基礎尚未十分鞏固。仲愷是萬萬不能死的同志,今天竟遭了暗算,拋下他的未竟的事業而去!他之反抗帝國主義到底,他之不屈於任何反革命勢力,死也是勝利的死,光榮的死。可是,國民黨、軍校和政府遽然失掉了他,這給我們後死者的打擊是多麼的大呵。"

廖承志始終沒有落一滴眼淚,但是內心對全神貫注聆聽

媽媽講述的周恩來，充滿眞誠的感激和信賴，周恩來先生多
麼善解人意，他知道：能把悲痛傾訴出來這是一劑治療心靈
創傷的良藥，他是用這種辦法在寬慰自己悲痛萬分的媽媽
呀！

聽完媽媽的講述，周恩來斷定，暗殺是一個“很大的黑
幕陰謀”。

後來，周恩來積極認眞地投入追查廖案兇手的工作，直
至結案。

來向爸爸遺體告別的人絡繹不絕，尤其是黃埔軍校的師
生，悲痛欲絕，痛哭失聲者，一批接着一批。

廖承志始終神情冷峻地陪立在母親的身旁，不像失去父
親的孩子，卻像堅不可摧的戰士！其實，只要細心觀察就不
難發現，廖承志眼皮浮腫，乾澀的眼球上佈滿血絲。只有他
自己知道，每當夜幕降臨，他獨自回到自己房間，門一關
緊，淚水就像水庫開閘滾滾而下，他撲在牀上，把臉深埋在
鬆軟的枕頭裡，拚命壓抑住自己難以控制的嗚咽之聲！他畢
竟還只是個不足十七歲的男孩子，他總不能接受和相信失去
父親這一個來得太突然，太殘酷的事實。每晚，他在對父親
太多往事的回憶中慢慢睡着，心裡只默默祈求奇跡出現：明
天睜開眼睛，突然發現，喪父只是噩夢一場，你瞧，庭院
內，曲徑邊，綠陰下，早已起身的父親，一身白綢褲褂，拉
開馬步，一招一式正認眞打着太極拳呢！

可是，一睜開眼睛，他便立即明白，殘酷才是眞實，父
親是永遠離開自己了！現在自己是廖家惟一的男子漢了，必
須挺直腰桿，無比堅強，才能爲媽媽分擔痛苦，也才是給堅
強且對爸爸癡情極深的媽媽最大的安慰！因爲失去爸爸後，
媽媽沒有病倒，也不是每天以淚洗面，更沒有逃避殘酷的現
實，相反，她以勇士的氣概，面對報界，參加各種集會和紀

念會，向社會各界群衆說明眞相，揭露兇手，呼籲國民革命政府追查嚴辦。廖承志每陪同媽媽出席一次這樣的會議，便加深一次對父親的了解，對媽媽的敬重，彷彿是一次次戰鬥的洗禮，媽媽的堅強、民衆的義憤，都給他刻骨銘心的教育。

失去爸爸的當天，媽媽表現出的勇敢和鎮定更是超乎尋常的，記者到醫院採訪媽媽時，她語調沉重但不乏尖銳：

"吾人做革命事業，生死本置之度外。今廖先生被人狙擊遇難，吾家屬損失猶小，所難堪者吾黨矣！"

一週後，媽媽堅持出席省港罷工工人第十八次代表大會，廖承志陪同前往。媽媽在肅穆的氣氛中走上講台，聲音發顫，但吐字清楚：

"各位工友，各位同志！

廖先生的死，有兩個重要的原因：（一）因爲繼承孫中山先生之遺囑，爲打倒帝國主義求中國的自由平等而奮鬥，不利於帝國主義及反革命派，遂被他們所中傷，進而買兇刺斃。（二）因爲爲工人農民謀利益，謀解放，特別努力，不利於資本家和帝國主義者，故他們銜恨刺骨，要將廖先生打死。"

"各位同胞！現在廖先生已經無辜被那些喪心病狂的反革命派刺死了，不可復生了。廖先生死，於我小家的損失是小，於國民革命的前途損失實大，各位如想國民革命成功，就要爲廖先生復仇，肅清一切反革命派！繼承廖先生的遺志，努力奮鬥去打倒帝國主義！"

媽媽的話音剛落，全場罷工工人，口號山搖地動，拳頭豎成森林！那氣勢，讓廖承志激動萬分，失父之痛昇華爲憂國之情！

在粵軍追悼廖仲愷、陳秋霖的大會上，媽媽感慨道：

“民國成立至今十四年，民生憔悴，淪於虐政，外受帝國主義者之政治及經濟壓迫，致民窮財盡，救死不贍；內則受軍閥之蹂躪，受虐於苛捐雜稅重重壓迫，遂令國民黨之主義十數年而不能實行。至國民黨十數年來，命脈奄奄，存亡絕續，間不容髮，於是孫先生決意改組國民黨。而吾黨之有生機，亦全在改組以後，始有發展之可能。曾憶當本黨改組時，余對廖先生言：‘同志有反改組，你有何意見？’廖先生謂：‘我為國家，為本黨，無論何人反對，我皆不畏；即擊我殺我，亦在所不惜。天若假我三年以從事國民革命，當必有成效可觀！’今則，距廖先生言時不過年餘，國民革命之成就不過一二，而廖先生竟爾犧牲，此則余所最痛心者爾！然而廖先生雖死，尚有諸同志在。若諸同志認眞接受孫先生三民主義及遺囑，並且完成廖先生未完成之工作，猛力向前奮鬥，則廖先生雖死猶生。……同志俱握兵符，志在救國，若能秉承孫中山之遺囑，而感覺國家多難之前途，誓死以禦外侮，靖內難。救人民於水深火熱之中，固至今未晚也，諸同志勉之。”

“本年五六月間，余詢廖先生：‘現在內憂外患交迫而來，將何以應付？’廖先生謂：‘每至萬難之時，有一犧牲者出，則糾紛立解，而黨之組織愈加完固。民國九年，執信先生為黨犧牲，而黨因朱先生之死而愈固。’每當沉滯之際，有一犧牲者，則同志有激發而越堅其團結也。今廖先生已為犧牲者，同志是否因廖先生之死而激發，余不能不忍痛以觀其後矣。”

“廖先生自被囚兵工廠，已拚犧牲。迨國民黨改組，及孫先生死後，其刻苦更甚。其日常工作除睡六小時外，直無片刻休息，即食飯之時，亦左手提羹，右手執筆。當其死之前數日，有人密告，將有人不利於廖先生，先生亦付之一笑。謂：‘余無負於國，無負於黨，個人更不營私，不牟利，要暗殺便暗殺，余復何恤。’今則眞爲人所暗害，已爲世界弱小民族解放之犧牲。不過，余更重爲諸同志告，凡一革命，莫患於不守紀律，不重黨章，其次則爲團體渙散，組織不固。所以余敢掬其哀痛佈諸同志，竭其心命爲革命奮鬥，毋稍存私見，毋稍念私利，固結團體，一致進行，苟利於國，則吾舉家以殉亦所不惜。廖先生雖死，亦感諸同志於九泉之下而無憾矣。”

從媽媽之語，廖承志看到媽媽爲國家遭受外侮，國民黨組織不固，比喪父之痛更痛！

在廣東工農商各界公祭廖仲愷、陳秋霖的大會上，媽媽聲音沉重：

“廖先生廢寢忘餐，爲黨爲國，爲群衆謀利益，早置生死於度外，今日犧牲是先生之夙願，完了先生之工作。諸君今天到來追悼廖先生肉體之死，是追悼先生爲黨奮鬥努力之革命精神，望諸位繼續先生奮鬥努力之革命精神。”

“廖先生平居廉潔勤謹，有一次日常餐，廚子宰雞進食，廖先生問：現在一隻雞要用多少錢買？家人答以約一元餘。廖先生即吩咐道：一元之數在工農之家，可以用作數餐，我家不應如此耗費，以後常餐不可再需。由此可見廖先生之儉樸。”

會場裡嗚咽之聲不斷，繼承廖先生遺志的口號聲此起彼伏⋯⋯

在廣東軍政學各界公祭大會上，媽媽走上講台，面色蒼白、聲音鎮定：

“廖先生革命奮鬥精神，其精神不死，在後死者能繼承其志。”

“廖先生未遇刺之數日前，我聞此種消息，故告之於廖先生。先生笑答曰：'我與人無私仇，我平生立心爲民衆謀利益，盡忠國家，如此而遭小人之忌，夫復何言！且現社會惡濁事情煩多，死可以了我之責任，死又何恨。至犧牲爲國，我早具決心。'……"

過去，廖承志總在武俠書上看見"視死如歸"的勇士，無不是人高馬大、魁梧如金剛。此刻，他突然頓悟：個頭並不高大的父親，爲國爲民，早已將生死置之度外，活着，不爲自己私慾只爲國家社稷，才會有視死如"了我之責任，死又何恨"之氣宇軒昂的超然境界！

但是，在廣州舊省議會議事廳，在國民黨和國民政府舉行的追悼大會上，面對黨、政、軍、警各界來參加會議的代表，悲憤萬分的媽媽，不稱同志，卻以這樣的稱呼開場白：

"各位兄弟姐妹：

今天各位來此追悼廖先生，我實在很感激。希望各位追悼廖先生的死，更要追悼廖先生的精神，追悼廖先生的奮鬥和刻苦。廖先生之死爲什麼緣故而死？是爲着中國爭自由而死。試問今日中國的民族得着自由麼？得着平等麼？廖先生爲着這個問題，就要盡其力量去做國民革命運動，同時就要犧牲他的血去換中國民族自由。"

媽媽越說越激動，"自由"二字吐出，終於抑制不住滿腔悲憤之情，伏在桌上，泣不成聲。悽楚的嗚咽聲，經過擴音器，在空闊的大廳中回響，更增添幾分悲涼。廖承志心頭一驚，這是他第一次看見媽媽在公衆追悼場合流淚，他擔心淚泉打開，媽媽再無法控制自己壓抑多日的痛苦，便快步走上台，遞過一杯水，湊在媽媽耳邊輕聲說：

"您身體要緊，不說了吧……"

媽媽依然兩淚長流，但又堅定地搖搖頭，她接過杯子，喝了兩口水，努力鎮定着自己的情緒。五六分鐘的靜場，彷

63

彿過了很久很久，媽媽用手絹擦乾淨臉上的淚水，把披到眼前的短髮向後一抹，繼續她的演講：

"廖先生爲國民革命而死。爲何要國民革命？是因受着帝國主義不平等待遇，故聯合起全民反抗不平等待遇，以達平等自由之目的。……要知廖先生遭暗殺，雖然是一班兇手和反動派，還有帝國主義在後頭指揮。反動派是私仇，進一步還有國仇帝國主義者在，我們不只單記反動派殺廖先生，別忘記帝國主義者所嗾使。岳武穆有言：'文官不要錢，武官不怕死。'廖先生生前雖未有十分偉大功績，但不要錢，不怕死，可以對得起國民的。甚希望國民服膺岳武穆之言，實力做去，挽救中國危亡。……"

望着媽媽手上講稿微微發顫，廖承志知道，父親遇刺後，媽媽食不甘味，夜不安寢，心區常常鈍痛，她之所以一次又一次地堅持出席大會，重複那些痛苦的話題，目的只有一個，就是號召更多的人繼承父親未竟的事業，反對帝國主義，爭取民族自由平等，她寧可自己傷心傷神，也決不能讓父親的鮮血白流！更不能讓那些受帝國主義支持的殺人兇手逍遙法外！

廖承志自懂事以來，總認爲爸爸是革命者，媽媽雖說勇敢剛烈，但總以相夫教子爲主，並不曾入戰士之列。這一次，如此集中地聆聽了媽媽在大庭廣衆面前的講演，她對帝國主義不平等待遇的仇恨，對中華民族自由平等的渴望，對農工大衆生活現狀的關切，對孫中山先生"聯俄聯共扶助農工"三大政策的堅信，都證明媽媽是位名副其實的革命鬥士，是父親志同道合的戰友！

"致命本預期，只國難黨紛，贊理正需人，一瞑能無遺痛憾？

先靈應勉慰，使完功繼事，同魂齊奮力，舉家何惜供犧牲！"

這是爸爸遇害的當晚，媽媽一夜未眠，兩淚長流，研墨揮毫，親筆爲爸爸撰寫的輓聯，言簡意明，朗朗上口，廖承志過目不忘，但若說眞正明白此聯的深刻內涵，是現在，是貼近廣大農工商各界民眾呼吸之後！他更明白，作爲廖家的長子，此刻惟有挺胸抬頭，以堅強不屈的態度面對殘酷的現實，才能眞正寬慰親愛的媽媽！

是的，抱定爲國不懼死的態度，眼中的淚，化成了恨，化成了火！

東山百子路十二號，窗上圍着黑紗，時鐘的擺都停了，大門上還飄着白布的長條，一切都是那麼靜，只有火車站的汽笛聲在遠處聲嘶力竭地叫。牆上，廖仲愷的新掛上的遺像對着斜陽，他的眼睛似乎深沉地望着很遠的地方。

二十一年後，廖承志在《遙獻》一文中曾有過這樣一段回憶：

工人進來說：葉團長。

母親站起來，我也站起來。

一個人進來了，中等身材，剃光了頭，鼻子尖尖的，穿着一身灰色"正領西裝"。

他一進來，不說一句話，拉着母親的手，眼淚就像斷線的珠子似地滾下來。我們沒有說一句話，他也沒有說一句話。

這便是葉挺。

我們相對着一個鐘頭，沒有談些什麼。突然，他站起來了，對着我，向母親說：

"他會繼承他父親的事業的。"

我想："我會的！！"

上面是廖承志在寫葉挺。

然而，從葉挺的眼睛、葉挺信賴的斷語中，不是分明看見廖承志當年成熟的目光和內心深處子繼父業的錚錚誓言！

是的，乳鷹畢竟是鷹，經過血的風暴的洗禮，牠不會有絲毫的畏懼，只會展開雙翅，衝向遼闊蔚藍的高空！

第三章
浪跡天涯

一

日本

又睡在榻榻米上了。

擱下照片，熄了燈，身着寬鬆和服睡衣的廖承志，仰面看着天花板，久久不能入眠。

時間過得多快，上回他和姐姐跟隨父母到日本，在箱根的湯河原留影時的情景分明歷歷在目，可是，人間滄桑，光陰似箭，已是十年飛逝。枕邊照片上身着學生裝的男孩早已長了個，變了聲，儼然一個硬朗朗的男子漢，而頭戴禮帽，身着西裝，本是年富力強，才華橫溢的父親含恨飲彈身亡也已兩年有餘。

> "人生最重是精神，
> 精神日新德日新。
> 尚有一言須記取：
> 留汝哀思事母親。"

　　默吟着父親的遺詩，廖承志不禁一陣愧疚，眼角微微潮潤：海空蒼茫，遙距千里，不知年已半百，孤身隻影，在遙遠的揚子江邊、黃鶴樓畔，爲實現總理的囑託仍在不屈不撓的苦鬥的媽媽，此刻可曾安睡？身體是否健康？

　　記得母親在父親被暗殺後，嘆了口氣，說：

　　"也就替他爭取多活了三年就是了。"

　　她灑淚潑墨爲父親寫下的輓聯廖承志至今不忘：

> "致命本預期，
> 只國難黨紛，
> 贊理正需人，
> 一瞑能無遺痛憾？
> 先靈應勉慰，
> 使完功繼事，
> 同魂齊奮力，
> 舉家何惜供犧牲！"

　　當年，母親夜不安寢，在屋內久久踱步，吟唸出悼念父親的詩詞，廖承志句句縈懷：

> "輾轉蘭牀獨抱衾，起來重讀柏舟吟。
> 月明霜冷人何處？影薄燈殘夜自深。
> 入夢相逢知不易，返魂無術恨難禁。
> 哀思惟奮酬君願，報國何時盡此心？"

　　兩年多來，媽媽經受的打擊和傷害多麼沉重和巨大！

　　家仇未能報。

　　在緝兇的過程中，國民政府和廣州衛戍司令部本已先後捕押了重大嫌疑犯五十餘人，但終因特別委員會各懷打算，致使該案之主謀及兇手多未伏國法，"廖案"不了了之。

夜深人靜，媽媽凝視爸爸遺像淚水長流，喃喃自語：

"仲愷英靈若九泉有知，也將含恨無已！"

隔着門，聆聽媽媽字字含血凝淚的低吟，廖承志如尖刀剜心，他知道爸爸的英年早逝，在媽媽心中留下了無法彌補的創傷，他曾經把所有的希望寄託在抓住殺害爸爸的元兇，以血還血，報仇雪恨，方能解媽媽心頭之恨，媽媽流血的傷口才可能得以癒合。相反，如若找不出兇手，任殺人兇手逍遙法外，媽媽的心，就像傷口不斷被糅進鹽巴，永遠不可能止住血，停住痛。

然而，當可靠消息證實，謀殺父親的真正元兇，竟是胡漢民的親兄弟，而胡漢民洞悉整個陰謀，並在事後幫兇手逃脫！

廖承志雖然沒有去問媽媽，可他自己確實被驚獸了，真不敢相信自己的耳朵！難道真是胡漢民？！為什麼會是胡漢民？！

胡漢民是誰？他與廖家不是陌生人，更不是仇人，他是廖家的常客，他是姐姐廖夢醒的乾爹啊！

廖承志清楚記得：胡漢民經常到家中來，他對父親的態度那麼尊敬，那麼親密，對母親的畫藝稱讚不已，佩服不已。對姐姐夢醒疼愛備至，照顧備至，他臉上的笑容誠摯明朗，他眼睛裡的目光和藹坦蕩，談起孫中山先生的"三民主義"，他慷慨激昂，堅決擁護，似乎有這樣的決心：為實現孫先生的理想，不怕粉身碎骨，不惜肝腦塗地。

若不是志同道合，若不是有好感，有情誼，父母親怎麼會同意他當了姐姐的乾爹？！既是姐姐的乾爹，就算沒有血緣關係，也算得上至親至交吧，又怎麼能下此毒手呢？！

69

一葉知秋。"廖案"的草草結案，兄弟好友舉起屠刀，這個嚴酷卻又不容迴避的事實，像一副清醒劑，使廖承志對自己已經加入的國民黨，對曾宣誓隨時準備獻出自己一切乃至生命的國民黨，開始產生了極大的疑問。

國事更多憂。

媽媽爲堅持孫先生的"聯俄、聯共、扶助農工"的三大政策，耗盡心血，不遺餘力。

"中山艦事件"發生後，媽媽曾不顧全城戒嚴，冒險衝過崗哨找到蔣介石，流着傷心淚斥罵他說：

"總理死後，骨尚未寒，仲愷死後，血也未乾。你不想想，……你昨夜那樣對待蘇聯人，太背信棄義了！以怨報德違背了孫先生的主張，使革命前途衰落，你將何以面對孫先生？"

蔣介石理屈詞窮，只好撤去蘇聯顧問辦事處的軍隊，釋放了被捕的共產黨人。

同年5月中旬，蔣介石又在國民黨二屆二中全會上拋出了"整理黨務案"。媽媽等人看穿了他們的陰謀。在會上，她含淚痛斥這一方案：

"違反中山先生的眞意，中山先生逝世不足十五個月，屍骨未寒，你們這班不肖的黨員爲達到自私自利的目的，竟採用這樣的手段。這是反共、反對蘇俄、對工農不利的行爲。"

她越說越氣憤，竟至拍桌頓足。

媽媽一再表示：自己可以不做黨的中央執行委員等"官"，願以"一個黨員資格專心宣傳三民主義，更覺可以對得總理臨終囑託！"

然而，這一切努力均無法阻止國民黨的右轉！

1927年4月12日，蔣介石在上海公開叛變，對共產黨員和革命群眾舉起屠刀，寧可錯殺一千，不可放走一人。

同年7月15日，汪精衛在武漢實行"分共"，大肆搜捕和屠殺共產黨員和革命群眾，寧漢合流。

母親憤怒斥責蔣、汪背叛行徑，一面盡力保護同志和進步朋友，一面還毫無懼色地公開宣佈：

"在孫先生臨終前，我既然答應過他，矢志遵守改組國民黨的主張，遵守三大政策，……而且廖仲愷也曾為此付出了生命。我現在身負兩大重任，我絕不能違背他們的遺志。你們這樣反共反蘇，我要辭去國民黨一切職務，我要繼續與共產黨、蘇聯人來往。"

母親深深知道，靠國民黨和這些人，重新恢復"三大政策"是毫無希望的了，那怎麼辦？

她堅持讓一雙兒女出國。

她個人毫無出路，於是，她把滿腔悲憤，發洩在畫紙上。偶爾也畫些早年喜愛的虎、獅，但不多了，她專畫寒冬不謝、冷而彌香的松、竹、梅、菊……

還有誰比廖承志更了解母親內心的痛苦和需要安慰的心靈？可國難當頭，他遠離家門，無力盡孝，父親倘若在天有知，能否寬諒孩兒的失職呢？

想到這些，廖承志不免一陣苦澀。

大凡與廖承志有過交往，甚至從青年就熟，相交數十年、自認為對此君了解極深，可稱是知己朋友的人，都覺得在廖承志人生詞典中，沒有"傷感、愁苦"兩個詞，永遠是樂現、豁達、幽默。

其實正常的人，尤其能詩會畫的人，歷盡悲苦蒼涼之世，豈有不傷、不苦之理？只不過他自私地把愁苦完全留給自己，不願分一絲一毫給親人和朋友，乃至敵手。

無怪乎廖承志身後，歷來以目光敏銳著稱的老作家夏

71

衍，讀了老朋友不曾發表的數十首言志之詩詞，竟為其藏之極深的詩才和悲壯之情大為震驚！這當是後話。

"嘩啦"是隔扇門被抽動的聲音，接着是低低的告別聲，不用起身，廖承志也知道是姐姐的朋友走了。

自從父親遇刺之後，要說變化，姐姐廖夢醒變化最大。

起初，姐姐像被噩耗擊垮了，無論是誰提起父親，或者看見父親的照片，甚至一件父親常用的東西，她便會兩淚長流，泣不成聲。

廖承志非常理解姐姐對父親的不盡的思念，姐弟倆相比之下，姐姐聰明、文靜、體貼、乖巧，與母親剛烈要強的性格形成鮮明對照和互補，故與父親無話不談。每逢父母發生爭論，不管誰有理，她總是爸爸的保護神，護着爸爸藏進她的臥室，任媽媽怎麼敲門，她頂在裡面，嘻嘻哈哈就是不開，而且理直氣壯，這是以國民革命為重，她在保護"國寶"！弄得媽媽啼笑皆非，只能作罷！故而父親平日格外疼愛她！

瞧着姐姐整日悲痛欲絕的模樣，他真有點擔心，姐姐會不會從此失去心靈的支柱，再也不能直面慘淡的人生？！

不久廖承志便暗自嘲笑自己：真正是杞人憂天！

自從那位長得很帥、又有詩才的李少石經常來看望姐姐後，姐姐臉上悲痛絕望的神情逐漸消失了，恢復了青春的活力和堅定自信的笑容。

李少石原來也是嶺南大學的學生，和姐姐是同班同學。記得沙基慘案時，嶺南大學犧牲了一位老師和中學部的一個小同學，大家都很痛心，可是學校的外籍校長卻幸災樂禍，說：

"死得好，死得好！"

消息傳開，在同學中間引起極大的公憤！共產黨員和國民黨員一塊鼓動全校校工罷工，造成學校癱瘓。

校方惱羞成怒，明明知道廖夢醒、廖承志姐弟都是領導罷工的活躍分子，想趕走他們，又懾於廖仲愷在廣州的聲望，沒敢開除他們。只抓住廖夢醒傷風，曾去醫務室領藥的機會，藉口說姐姐身體很不好，照顧她回家休養。把責任全部推到共產黨身上，開除了李少石等三位共青團員。李少石離校後，不久便加入共產黨，成為職業革命家。

尤其是媽媽離開廣州，隨北伐軍到武漢去後，李少石常來家中，在家養病的姐姐和他一塊讀書，一塊談論時政。瞧他們形影不離、親密無間的樣子，廖承志對李少石戲以“姐夫”相稱。

姐姐羞紅着臉斥責：

“肥仔，休得胡言！”可看得出，她並不真的動氣。

那時的廖承志既與共產黨員有來往，也與當時的“國民黨左派”有來往。當時只覺得 CP 是革命的，自己擁護孫先生的三大政策，思想尚未定型。

“四一二”那天，廣州城內警笛似狼嚎、槍聲陣陣緊，國民黨反動派血腥鎮壓共產黨員的屠殺開始了。廖承志得知此訊，憤怒地掏出國民黨黨證，連同對國民黨執政者的最後一點幻想都撕得粉碎！

母親從漢口來信，催兒子火速離開廣州到德國去。

廖承志非常了解媽媽的良苦用心：

她知道自從他們的父親被害，尤其是兇手逍遙法外之後，一雙兒女早已經對國民黨失去了信心和希望，她知道“四一二”事件發生時，心愛的兒子像受傷的雄獅，當着許多人的面，怒不可遏、三下兩下撕毀了自己的國民黨黨證，下決心與國民黨決裂！那些嗜血成性的劊子手，能向仲愷打

1927 年，蔣介石發動 "四一二" 反革命政變後，廖承志憤然脫離國民黨，再次東渡日本。這是他和姐姐廖夢醒（左後）及日本朋友西村政子在日本京都嵐山。

黑槍，能向成千上萬的共產黨員和勞工大眾舉起刀槍，絲毫不顧忌社會輿論的斥責，濫殺無辜，血流成河，那麼，要想對付一個不足二十，手無寸鐵的孩子，那還不是易如反掌？！她已經失去了丈夫，決不能再失去兒女！是的，她與丈夫壯志未酬，孫先生的叮囑和託付，還要靠承志來繼承！她目前唯一能保護兒子的手段，只有讓他脫離腥風血雨的中國，去國外學本領，去國外等待時機⋯⋯

廖承志心裡清楚，只有照辦，才是對母親最大的寬慰。他離開廣州後先回到香港。他與姐姐商量，想先到日本把日文溫習一下，再到德國。如果能在日本學一段德語就更好，用他的話說，語言不通，生存都困難，又如何學習呢？

姐姐與李少石商量後，提出以"送弟弟去日本留學"的名義，要同廖承志一塊去日本。何香凝當然贊成。

到東京後，九月下旬的一個深夜，一群警察破門而入，他們不容分說，逮捕了廖夢醒和正與她談話的同學，接着又闖入廖承志的房間，把他也一塊抓走了。

這是廖承志第一次被捕。他並不知道自己今後的人生道路上還有更多更大的冤獄之苦，與以後的關押和拷打相比，這三十天只能算小菜一碟。可在當時，他真覺得是走進了人間地獄。

他和姐姐被隔離開來，關押在東京赤坂的拘留所裡，屋子狹小擁擠，又髒又臭。天亮廖承志被推進審訊室，彷彿要給這個半大孩子一個下馬威，日本警察虎視眈眈地逼到他面前，揪起他的前襟，連珠炮似地問道：

"你和你姐姐是不是共產黨員？"

"來往的都是什麼人？"

"你們爲什麼到日本來？"

廖承志也不驚慌，他用流利的日語答道：

　　"我們不是共產黨員，姐姐同什麼人來往我也不知道，至於姐姐之所以到日本來，是因爲我的母親怕我年輕不懂事，叫她送我一程。"日本警察惱羞成怒，揚起巴掌，左右開弓，連續猛搧廖承志七八個耳光，似乎還不過癮，又用帶釘的皮靴狠狠踢着承志的腿部，嘴裡還罵着：

　　"支那豬，快講老實話！"

　　自從降臨人世，廖承志哪裡捱過這樣的毒打？！他想起小學時的日本老師，也曾辱罵他支那豬，心裡頓時燃燒起強烈的民族仇恨！他咬緊牙關，不呻吟，也不說話。他記住父母做人的骨氣，決不當貪生怕死的軟蛋！

　　這一刹那，他突然特別惦記姐姐，警察如此獸性，他們肯定也會打姐姐！姐姐身體單薄瘦弱，性格直露，爭強好勝，過去在家不要說從沒遭受過毒打，就是稍微有點冤枉委屈，也像眼裡吹進的沙子，一丁點不能忍受。如今面對這種侮辱和暴行，姐姐能吃得住嗎？萬一……

　　一個月過去了，警察才讓廖承志和姐姐見面。握着姐姐的手，廖承志鼻子發酸，幾乎落淚，姐姐被打得鼻青臉腫，滿身是傷，不難看出，受盡了折磨。可是她神情顯得異樣的鎮定自若。警察查無實據，惱羞成怒地宣佈立即押送她出境。

　　在東京火車站，警察釋放了廖承志，他與被押解上火車的姐姐揮手告別，他決心留下來，他要學習理論，他要深入思考，今後自己的革命道路究竟怎麼走。

　　是的，他是要永遠繼承孫先生和父親未竟的事業，要救國救民，但他必須重新尋找一條屬於他的嶄新的革命道路。

　　東京神田中華第一樓的老闆伍瓊石先生，是廖仲愷、何香凝早年在日本留學和從事革命活動時期的老朋友，他爲人正直、熱情，對他們從事的反清救國活動十分同情，並給過很多具體幫助。因此，廖承志和廖夢醒來到日本留學，何香凝專門修一書信，拜託伍瓊石先生當自己兩個孩子的監護人。

伍瓊石先生得知廖仲愷先生已遭暗殺，何香凝雖是婦道人家，卻繼承夫志，繼續苦鬥，更增加了對老朋友的敬意。他熟悉中國文化，深知" 兒行千里母擔憂 "，便經常給何香凝寫信，告知兩個孩子的情況。特別是廖夢醒被遣送回國後，對廖承志，他過問得更多，更細。

此時，廖承志已入早稻田大學第一高等學院讀書。隔十天半月，他便要到神田中華第一樓看望伍瓊石先生。幾杯青酒下肚，幾盤熱菜見底，榻榻米上盤腿而坐的伍瓊石先生臉色微紅，對廖承志的問題是有問必答。廖承志對與父母在日本的那段生活，也彷彿有問不完的問題。

"先生，我是在東京生的嗎？我只是總聽媽媽說：' 你的出生地是大久保啊。'"

"你母親記得一點不錯！你的誕生地是大久保。"伍瓊石先生鄭重其事地回答。

"我記得，你母親生下你後，沒有奶水，託我們幫着給你找的乳娘，我還記得很清楚，你的那位乳娘叫阿葉，白淨瓜子臉，人很乾淨，也很剛強。"

"阿葉還健在嗎？她全名叫什麼？如果她還健在，我無論如何也要與她見上一面！"

"她叫什麼，後來到哪兒去了，我都不太清楚。"伍瓊石先生搖搖頭，又不解地反問道："你見她有什麼事？"

"阿葉是我的乳娘，這就是說，我兒童時代的一半血液是她賜給我的，我是靠她的乳汁長大的，對不對？我想看望她，對她當面致聲謝啊！"

77

伍瓊石先生眼睛裡閃動着讚許的目光：有其母必有其子，眞是知情知義的孩子！

"可惜你們家回國後，我再沒見到過她。"

"眞可惜！"廖承志充滿惋惜的口吻，突然他眼睛一亮："還記得小梅嗎？伍瓊石先生，就是在千馱谷，住在我們家隔壁那個人力車老闆的女兒小梅，頭髮總是向上梳個桃瓣髮髻，雙眼皮，一對烏黑的大眼睛，嘴邊常含着微笑的那個小姑娘？不記得了？"

伍瓊石先生沉默片刻，接着，所答非所問："我知道小梅躲過了那場可怕的大地震。"

"現在小梅家住哪？她在上學還是做事了？多快，按歲數算，她現在也有十八九歲，長成大姑娘了！"

"……"

"伍先生，是不是小梅出了什麼事？"從伍瓊石先生的難言的表情中，廖承志感到情況不妙，不禁追問道："伍先生，請您告訴我眞實情況，小梅是我童年最要好的朋友，也是我惟一的至好的女孩子……"

"小梅似乎當了藝妓。"伍瓊石先生想了想，最後結結巴巴地說出實情。

"在哪裡？"廖承志吃驚地追問。

"聽說好像是在柳橋或新橋。"伍瓊石先生含糊其辭地回答。

廖承志早聽說，柳橋那一帶，是東京高級的藝妓在籍之地，他像碩大的氣球，陡然被扎進一枚鋼針，用手支着猛然低垂下去的頭顱，長長地嘆了口氣，生活嚴酷，現實無情，又一次悲慘地撕毀了自己心中珍藏的最美好記憶中的重要一頁。

"承志，你……"

廖承志抬起頭，從伍瓊石先生眼睛裡看見了猜測和擔憂。是的，他是媽媽委託的監護人，他一直經常寫信，把廖承志在日本的生活情況如實地告訴何香凝，以緩解母親對千里之外，異國他鄉的獨生子惦念之情。

"是的，從我的內心來說，我真想見見小梅！但以她目前的處境，我去找到她，只會讓她難堪，讓她心裡難受，我還是在心裡為她默默地祝福吧！"

伍瓊石先生無言地點點頭。

"伍先生，請你再給我講講那時候我爸爸媽媽的事……"

伍瓊石先生講得動情，廖承志聽得投入，常常一坐，就到夜深人靜……

是的，這次回到東京，廖承志按着地圖，找到出生地大久保，到過彷彿還聽得見小梅笑聲的千馱谷，還從澀谷舊居，沿着青石板小路，走到青山六丁目孫中山先生的住宅附近。雖說地震的破壞，已使記憶中熟悉的街景，變得有些陌生，不過，望着依稀可覓的舊景，國民革命的艱難歷程，猶如歷歷在目。孫叔公、父親、朱執信等多少革命先輩，以鮮血祭奠事業，以生命為代價，探索着中國革命的道路，那麼曲折，那麼漫長，那麼艱辛……

若說革命，父母真是自己的啓蒙老師，他們追隨孫中山先生革命數十年的經歷，是廖承志最現實最生動的教科書。

許多東西，往往在失去之後，才更知道寶貴。

過去因為自己年齡小，父親工作總是忙，革命環境險惡時，他嚴守秘密不能講。成立國民政府後，他性格穩健，又從不好大喜功，不愛吹噓自己過五關斬六將的經歷。雖說與爸爸天天見面，對他，自己心裡也充滿敬意，但並不真正了解爸爸的許多過去。父親遇刺身亡後，從報上發表的許多回憶文章裡，他才真正認識了父親一生執着的追求和父親對國

79

民革命舉足輕重的意義，這也正是那些反革命右派分子非置他於死地的原因所在。

1905年9月29日，廖仲愷從香港回到日本，當晚，孫中山正巧在黎仲實陪同下來訪，黎仲實向廖仲愷、胡漢民等人講述同盟會成立的情況後，孫中山即對他們講解了"中國革命之必要與三民主義之大略"、"革命黨之性質、作用，黨員對黨之義務與犧牲服從之要求等"，並詢問廖、胡等人是否決心加入革命黨？

早就立志緊隨孫中山革命的廖仲愷，當即表示願意，經黎仲實與何香凝介紹，他宣誓加入了同盟會。

在加入同盟會這個晚上，廖仲愷第一次較爲詳細地了解了孫中山強調的"吾輩是爲解除最大多數人痛苦而革命"這一點，他十分贊成。正是這一思想，使廖仲愷成爲當時同盟會中積極宣傳"平均地權"綱領和最早介紹與探索社會主義學說的中國人之一。也正是因爲這一思想的指導和推動，他日後才會成爲眞正關心人民疾苦的國民黨左派領袖！

當時，廖仲愷特別受孫中山先生的信任。孫先生看過的新書，都給他看。他看了有什麼心得，就去和孫先生研究。互相印證發現，也就格外來得契合。

就在這年多天，籌款路過上海的孫中山，決定派一"英文"嫻熟之黨人長駐"天津法軍營中"，擔任"翻譯文件"和聯絡工作，並"設立機關"，"圖發展北方革命勢力"。當時胡毅生提出派廖仲愷最合適時，孫中山以廖辦事堅毅、果斷、認眞，英文又好，當即同意。並命胡"作書告之"。廖仲愷在日本接到孫中山的信之後，立即覆信表示：願意接受這一特殊的使命。

天津，當時是清王朝的京畿地區，眞可謂"虎穴龍潭"。廖仲愷以"不入虎穴，焉得虎子"的大無畏精神，暫且丟下在早稻田大學的學業，隻身前往天津設立機關。

當時，何香凝毅然支持丈夫成行，廖仲愷臨行惜別之時，何香凝題詩相贈，勉勵丈夫努力報國。詩云：

> "國仇未報心難死，
> 忍作尋常泣別聲。
> 勸君莫惜頭顱貴，
> 留得中華史上名。"

廖仲愷抵津後，積極與同情中國革命的法國軍官布加卑等接洽聯絡，並擔負同盟會天津主盟人，發展會員。後於1906年夏天返回東京，繼續求學。

1909年夏，兒子承志剛滿一歲，廖仲愷從中央大學經濟科畢業後，受命通過各種途徑設法進入清朝官府衙門，以合法職業為掩護，暗中從事革命聯絡工作和官府內部的策反活動。

這年秋天，他"與友人赴應清廷留學生試"考取法政科舉人，不久他被派往吉林省巡撫陳昭常幕下當譯員。

廖仲愷在東北一年多的工作，甚有成績。1910年歲暮，他在一首雜感詩中，叙述了艱險的鬥爭環境和自己的革命情懷。詩中寫道：

> "松柏勵初志，風霜改素顏。
> 遙知南嶺表，先見早春還。"

在此前後，何香凝在一首詩中寫道：
> "故國經年別，求學走他邦。
> 驅除韃虜賊，還我好邊疆。"

81

那年，廖承志還只是個蹣跚學步的"肥仔"。

1911年10月10日，武昌城內新軍發動起義，辛亥革命爆發。在民主共和革命風暴的衝擊下，封建專制的清王朝迅速走向土崩瓦解。湖北、山西、湖南、陝西等省獨立的消息傳到吉林，廖仲愷興奮萬分，他看到當時吉林反革命勢力較為強大，留下不能有所作為，立即隻身南下，投身到家鄉廣東的革命鬥爭中去。

廣東獨立後，成立了以胡漢民為都督、陳炯明為副都督、朱執信任樞密處總參議的軍政府。廖仲愷抵廣州後，先後擔任了廣東軍政府樞密處參議、財政司司長等職。廖仲愷這位專攻經濟學的革命家，以廣東為活動舞台，開始了他一生為革命理財和實際從政的活動。

在財政司長任上，廖仲愷廉潔自守，克己奉公。他只知以飽滿的熱情忘我工作，從不考慮積蓄私財，對於公款從不挪動分文。財政司工作過的職員撰文稱讚道：

"我們供職財政司十餘年，所見長官不少，然無一能及廖之精勤廉潔者！"

袁世凱竊權後，實際主持國民黨黨務的宋教仁，在上海車站被刺，廖仲愷就在宋教仁身邊，險遭不測。保皇黨的子彈絲毫沒有嚇倒廖仲愷，他繼續追隨孫中山。

各省起兵討袁，由於步調不一，各自為戰，"二次革命"很快失敗。廣州革命政府瓦解後，廖仲愷和何香凝分別倉促離開廣州去香港，港英當局視他們為"政治犯"，不許停留，於是廖仲愷夫婦再次去日本過政治流亡生活。廣州城內懸賞緝捕胡漢民、廖仲愷、朱執信、陳炯明等人，標明有緝獲廖仲愷者，"賞銀一萬元"。

袁世凱的暴斃及其帝制失敗後，從1917年5月開始，孫中山重新投入捍衛《臨時約法》和共和制鬥爭。廖仲愷積極協助。孫中山在廣州設立大元帥府，宣誓就任大元帥，廖仲愷被孫中山任命爲中華民國軍政府財政部次長，獨自擔負起了爲護法軍政府籌措經費、支持孫中山進行護法鬥爭的重任。

第一次護法運動失敗，廖仲愷夫婦離開廣州，又一次前往日本東京，之後幾年，他們在上海，與孫中山等一同認眞總結辛亥革命以來三起三落苦鬥及歸於失敗的經驗教訓，從理論上思索和探求中國民主革命的道路。

此時的廖承志隨父母與孫叔公，去東京，回上海，到廣州，開始嘗到一個中國人被列強歧視和欺侮的痛苦滋味。

蘇俄十月社會主義革命一舉成功，給孫中山和廖仲愷等人思想上很大震動，促使他們思考一個問題：俄國革命爲什麼在短期間能夠成功？中國革命卻長期奮鬥屢受頓挫、未獲成功？

這期間，以列寧爲首的共產國際及蘇俄政府對孫中山領導的革命鬥爭給予注視與關懷，並發佈對華宣言，宣佈將沙俄政府從中國強奪的領土與特權無償地歸還中國。

這些，深深地吸引了孫中山。使他產生了學習蘇俄革命，求蘇俄援助的想法，並開始與蘇俄代表和共產國際代表進行多次接觸與會談。廖仲愷作爲孫中山的得力助手，從一開始就參加了這一活動，成爲孫中山周圍最早潛心與主張“聯俄”之人。

廖仲愷對於蘇俄十月革命情況的了解，除了從當時許多報刊介紹外，更重要是來自於他同蘇俄代表直接的會見。1920年4月底5月初，廖仲愷在福建省漳州，第一次接待了蘇俄代表波塔波夫將軍等人。1922年1月下旬在廣州接待了孫中山介紹來的共產國際代表馬林。馬林會見過廖仲愷後，就

十分肯定地指出：廖仲愷是“國民黨的最重要的人物”之
一，是國民黨內的“左翼”代表。……

父親往後的事，已經長大的廖承志，都是親眼目睹，親
身經歷，十分熟悉：

再次奮力護法、身陷囚籠；

去日本熱河與蘇俄代表越飛談判，大力促成孫中山“聯
俄”、堅持“以俄爲師”；

國共合作，成爲孫中山“聯共”政策的忠實執行者、共
產黨的忠誠朋友；

擔任國民黨中央工人部長，熱情地支持工人運動，大力
扶助農民運動；

首創黃埔軍校之功業，“如果沒有廖黨代表，我們黨軍
無從發生，所以黨代表是我們黨軍的慈母”！

出任廣東省長，堅決鎮壓商團叛亂；

與反動軍閥相搏鬥，第一次東征的主要決策人與組織
者；

繼承孫中山遺志，捍衛三大政策堅定不移……

本來，國民黨內的右派勢力早就因廖仲愷竭力奉行與捍
衛孫中山聯俄、聯共、扶助農工的三大政策，而將他視爲眼
中釘，肉中刺。1925年7月1日，廣州國民政府正式成立，擔
任國民政府委員、財政部長、軍事委員會委員、省財政廳長
等職的廖仲愷又雷厲風行地統一財政、軍政，更招來軍閥、
政客的痛恨。

從八月初開始，廣州城內謠言四起，右派勢力故意將暗
殺計劃張揚出來，企圖恐嚇廖仲愷洗手不幹。廖仲愷認定
“生死由他去，革命我總是不能鬆懈一步的！”他甚至還拿
敵人的暗殺陰謀當笑話和朋友們說：“聽說他們暗殺的家
伙，是用盒子槍、手提式機關槍。我倒要嘗嘗它的滋味

呢！”直至遇害前數日，他還對前來通報消息的人說：“余無負於國，無負於黨，個人更不營私，不牟利，要暗殺便暗殺，余復何恤！”他還對汪精衛表示：“我們都是預備隨時死的，那有什麼關係！”

8月20日9點50分。

惠州會館門前。

敵人罪惡的子彈，永遠奪走了父親的生命！

對自己的一雙兒女，母親不止一次地說過：“反革命想強迫你們父親放棄總理的三大政策，特別是聯俄容共兩點，他沒有答應，想強迫他拋棄扶助工會農會的政策，他沒有答應，想強迫他做一個向侵略者求和妥協的奴才，他沒有答應。他不但沒有答應，他還奮鬥下去，……他不但沒有拋棄總理改造國民黨的精神，而且將它更堅持下去。於是他犧牲了！反革命派暗殺他的旗幟，就是如上述的‘反共產’。”

自從母親隨軍北上離開廣東之後，因為忙，也因為交通不便，與兩個孩子的交談較之以往少了許多。媽媽的活動和政見，廖承志往往是從《廣州民國日報》和《漢口民國日報》上讀到的。讀着屬於媽媽獨有風格的演說，廖承志就彷彿看到媽媽坐在面前，推心置腹地與自己講話。媽媽並不講多麼玄妙高深的理論，她常以生動的比喻，深入淺出地講明道理。廖承志每次讀完，總覺餘味無窮。他便用剪刀剪下，黏貼在一個硬面本子上，隨身帶到日本。每到夜深人靜，他常翻開細讀，幫助自己清理紛繁的思路。

父親是為反帝幫助工農而革命，帝國主義及其走狗恨他殺他，工農卻愛他，在他遇難處為他立碑。

“廖先生之死大家皆知為全國民眾求解放，為求全世界革命成功，而被帝國主義及其走狗所刺殺。人終有一死，但有輕於鴻毛，有重於泰山。廖先生今天流血犧牲，血是為全

國全世界而流的。廖先生生前幫助工農運動，彼固知工農群
衆受帝國主義壓迫甚深，又佔人數之大多數，欲求革命成
功，打倒帝國主義，非先幫助工農不可。今日工農群衆爲廖
先生立碑，紀念廖先生，希望工農群衆自己更加團結，更加
進步，即所以紀念廖先生。"

"廖先生在二十五年前與我東渡日本，從孫先生革命，
經過了許多千辛萬苦，才得到辛亥革命成功。及後袁世凱稱
帝，陳英士同志遇難。再次民國九年，粵軍回粵，民國十三
年楊劉驅陳，廖先生參與，最爲得力遂爲反革命所戕害。"

在黃埔同學會第一次懇親會上，作爲歷史見證人，媽媽
講得何等透徹：

"我們總理革了四十年的命，都沒有成功，就是自己沒
有軍隊，所依靠者，都是些土匪軍隊，所以總理才辦這個學
校。辦這個學校的目的，就是實行三民主義。我記得我在北
京時候，黃埔學生正在東江打仗，總理聽到東江人民非常歡
迎，心裡非常高興。3月12日，我到總理面前，總理問我黃
埔學生怎樣？我說：'黃埔學生很好，你不要憂慮。'所以
我們知道總理希望黃埔學生的心非常的切。現在我希望你們
黃埔同學不要忘記了總理臨終時的眷念；如劉震寰、楊希閔
等，他們不但不能實行三民主義，反藉總理的招牌來壓迫人
民，總理是非常痛心的。各位都知道現在中國人民都是受壓
迫的，我希望你們不要忘記了人民的痛苦，總理在天之靈也
就安慰。……"

"北伐不在人多，總理說：'只要精神一致。'武昌的
革命，只有數十人，就把滿清推倒。我們能團結一致，這次
北伐，馬上就可以成功。我們大家拿良心來想一想，去年我
們黨和我們的學校是怎樣？那時環境不同，大家都捐棄意見
來抵抗敵人；今年我們就不應該同舟共濟嗎？我們都在風雨

飄搖之中，我們應該同舟共濟才是，我時常在說話的時候，同志都說我是共產黨，我不管是不是，我承認總理容納共產黨加入國民黨，共產黨即是我們的朋友。我希望大家不要歧視共產黨，我們要同他們共同奮鬥，向敵人進攻，完成國民革命。"

二

然而，歷史是鐵面無私的法官。

蔣介石"四一二"對上海工人群眾舉起屠刀，對共產黨"寧可錯殺一千，不可放走一人"的仇恨；

汪精衛"七一五"對農民運動的鎮壓，讓共產黨員和革命群眾血流成河，這都無可反駁地證明，中國要實現孫中山的理想，靠國民黨是毫無指望！中國人民要想取得自由、平等和解放，只有借鑒蘇俄的經驗，依靠真心實意以中國人民幸福為最高利益的共產黨！

自從撕掉國民黨證之後，廖承志一直想尋找共產黨，希望了解馬列主義理論，這在白色恐怖的國內，幾乎是無法實現的天方夜譚，在日本，卻有這種可能性。這也正是廖承志想繼續留在日本的主要原因！

因為，日本東京早稻田大學，是日本民營大學，學校沒有大門，但是，按法律規定，政府警察不能進入學校之內。因此，大學裡學生言論、結社相對比較自由，學生中組織了各種"文化思潮研究會"，西方各種理論流派都可以研究，其中包括馬克思、列寧的共產主義理論書籍都可以學習和研究。廖承志積極參加了。

不久，他在同學中結識了中國留學生鄭漢先，交談中，他敏銳地猜到對方可能是共產黨員，只是沒點穿。後來經鄭漢先介紹，他參加了中國共產黨"東京特別黨支部"組織的"社會科學研究會"。

這個研究會分爲甲、乙兩個組，廖承志文化程度高，日文水平好，政治上比較成熟，參加了甲組，很快與同組的黃鼎臣成爲知心朋友。

這段時間廖承志集中讀了大量馬克思和列寧的原著，及日本學者有關社會主義的論述文章，鑽研得非常認眞。確實，他並非飢寒交迫走投無路，不革命就無以爲生，他有一腔愛國熱忱，希望祖國強盛，然而從三民主義到共產主義，從資產階級當權到無產階級專政，這其中還有一段不小的距離，他必須弄清楚什麼是奮鬥的目標，怎樣才能實現這個偉大的目標和理想，才會永往直前，寧死不動搖！

然而，時局和現實並非安靜的書齋。走出校門，警犬橫行，共產黨不合法，閱讀馬克思的書籍及有關雜誌更不合法。況且廖承志還有被關押的案底，又不安分讀書，經常參加一些演講會和聲討、抗議集會，在屁股後面生出個"尾巴"來，當然不足爲奇。

廖承志身着和服，腳蹬高高的木屐，雙手抱在胸前，大搖大擺走進街邊熱鬧的小飯館裡，也不問價，只招呼揀最好的飯菜端來。聽他那流利標準的東京口音，瞧他對價錢毫不在意的大方模樣，跑堂的手腳麻利，上菜迅速。廖承志有滋有味地細嚼慢嚥，餘光裡分明看見那縮坐在角落裡，只要了最便宜飯的"尾巴"，他只當沒見。

等自己飯飽湯足，叫過跑堂的夥計，往"尾巴"方向一擺頭，輕聲說了句：

"我的餐費由他付。"起身便走。

一出門，他機敏地閃進人群，回頭一看，小夥計正攔着

那個 " 尾巴 " 爭吵，他得意地咧嘴一笑，做個鬼臉，撒開大步，溜之大吉。

別以爲這是小說裡的杜撰，筆者在日本採訪早稻田大學的安藤敎授時，他向筆者回憶說，這是50年代，他第一次到中國訪問時，廖承志親口對他說的，當時甚至還報出了那家小餐館的名字。

在大學日本同學中，川村統一郎是他最可信賴的朋友。

廖承志第二外語選學的是德語，川村君選學的是法語，兩人並不在一個班裡，他們是在 " 文化思潮研究會 " 的活動中認識的。學習討論時，對時政、對理想、對人生，兩人都有許多共同的見解。當然廖承志更喜歡的是川村君正直、誠實的品格。

那時各種研究會印發的刊物大多是違禁品，警察在街上時常隨意搜身，尤其是對中國留學生格外查得緊，倘若搜出這類印刷品，遭受毒打事小，或抓進監獄，或押送出境，甚至槍殺，不明去向的事，屢有發生。

廖承志承擔着給新來日本的進步留學生傳送書刊的任務，自從小飯館那次瀟灑脫身後， " 尾巴 " 似乎長了眼睛，他常常被 " 尾巴 " 盯着，只能從學校徑直回家裡，他雖自嘲當局免費爲他僱請了保鏢，但也沒有冒風險去找留學生。因爲他很清楚，留學生都住在日本朋友家中，他若冒風險登門，不僅留學生有危險，還會連累日本朋友。

此時廖承志想到了川村君，他是東京本地人，去拜會朋友，串個親戚，是不會引起日本警察注意的。

研究會結束後，廖承志把川村叫到一邊，剛把情況一說，川村滿口答應。靠着日本朋友的幫助，廖承志每次都能順利完成任務。

一晃三十多年過去後，當中華人民共和國紅十字會代表

89

團第一次踏上日本國土時，擔任副團長的廖承志一到東京便打聽川村統一郎的消息。當兩個人終於見面時，廖承志緊緊擁抱了川村君，激動地向周圍的人介紹，說：

“這是我大學同學中最要好、最信賴的朋友！”

1991年10月31日下午，在日本東京新大谷飯店寬敞的客房裡，已經80高齡的川村統一郎先生向筆者談起廖承志，感慨萬千：

“我了解他，他很有文學才能，他對日本的文學了解很深，讀過明治時代、大正時代的許多有名小說家的作品，還有日本的傳統排句短歌，我想，他年輕的時候看的文學作品，比一般日本人還要多。”

“他日語講得流利，又熟悉日本人的生活習慣和感情，和他交往沒有與外國人交往的感覺，只有叫名字時，我才記起他是中國人。”

“他性格開朗，剛強，人又十分大度，對小事情不計較，對人感情也很深，具備男人的好性格，他對我那麼直率、真誠，我把他看成最可信賴的朋友，無話不談。那時我們日本經濟非常蕭條，工商業都不景氣，失業人不斷增多，知識分子為尋找新的社會制度，開始研究馬克思的理論，我們的研究會不僅一塊讀書，還組織一起去咖啡館或酒店，一邊喝着，一邊討論。他要在場，氣氛總是十分活躍。”

“他託我轉送的刊物和雜誌，多數是當時日本共產黨的印刷品，而日本政府正到處逮捕共產黨員，所以論他的身份，帶這種東西很危險，我幫他送時，也不與對方多講話，收書人說，謝謝，我說，再見。便分手。”

“要說他的家世，我是在他快離開日本時才知道的。”

“那回廖承志把我約到一家小酒館，兩人面對面坐着，他與我碰杯後，一飲而盡，然後輕輕對我說：

'川村君，我很快就要回國了，可能走時是秘密行動，什麼時候動身不能告訴你，請原諒。我們好朋友一場，今天提前與你辭行，說幾句知心話。'"

"這時我才知道他是廖仲愷的兒子，他批評只坐在屋裡研究理論爲書齋派，他認定馬克思列寧主義應該用以指導革命實踐，他將回國尋找共產黨，投身革命洪流之中，他還希望我也能這樣……"

是的，日本社會和現實生活也不容廖承志安安穩穩當個書齋裡的馬克思主義者。

1928年1月31日，廖承志接到學校通知，因"學費未納，長期缺席"被開除學籍。

其實，喜愛戲劇的廖承志非常明白其中的潛台詞是：

你參加各種社會活動太多！

半個多世紀後，鑒於廖承志對中日友好事業的巨大貢獻，或許也包含着，對20年代早稻田大學把廖承志"除名"之舉的反思或云"補過"。因爲事實證明，廖承志是位眞正主張中日友好的偉人，他最了解日本人長處、優點，又最知道日本人短處和缺點，算得上最大的知日派、日本人民的眞正朋友。1982年，早稻田大學正式授予廖承志法學博士的稱號。

廖承志因爲大腿骨折，未能親自去日本出席隆重的授予博士證書的儀式。等腿好些，剛能下牀，他在醫院裡立即興致勃勃戴上博士方帽，穿上博士黑袍，光光彩彩，笑吟吟拍了一張照片寄給母校早稻田大學。這才總算正式"讀完了"早稻田大學。

離開學校，廖承志積極參加中共"東京特支"領導的各種集會和抗議活動。

1928年3月12日，一些留日學生中國民黨反動分子，藉紀念孫中山先生逝世3週年的旗號，進行反共活動。"東京支部"為了粉碎這一陰謀，連夜擬寫了《對時局的聲明》和《告士官生書》，號召留學生反對蔣汪勾結，不要違背中山先生的革命精神，繼續革命，保衛祖國，不要被反動派所利用。兩個聲明都印成傳單。初次參加這種鬥爭的廖承志，搶着要求參加散發傳單的工作。"東京特支"批准他和葉中豪的請求。廖承志興奮得一夜未曾合眼！

第二天，紀念會在表山會館召開，因為會後有文藝節目，所以，不僅留學生來得多，附近許多華僑也都來到會場。樓上樓下都擠滿了人。廖承志早早去了，擠在樓上左邊過道裡，他興致勃勃的模樣，彷彿是急不可待地等着看文藝節目。其實，只有他自己知道，他的抱在胸前的雙手在出汗，心臟蓬蓬蓬地擂着戰鼓！他高度緊張，生怕錯過演出前關燈的那一瞬間！

會議桌終於抬開，場內電燈漸漸熄滅。就在人們眼前一片漆黑的那一剎那，廖承志迅速地從懷裡掏出傳單，向前一揚，雪花般的傳單，向樓下紛紛飄落。葉中豪與其他人也在同時大顯身手，一時間，猶如天女散花，會場裡飛滿傳單。燈一亮，人們立刻爭着搶傳單。廖承志也裝出很好奇，跳起身跟着搶。

那些反動留日士官生急了，找來日本警察包圍了會場，到處搜查。無奈查不到證據，只好撤出會場。文藝節目要開始了，葉中豪與另外幾個同學起身要走。

"不能走！"廖承志拉住他們，輕聲說。

"任務完成了，這種噁心的節目，我才不願看！"葉中豪剛才被警察盤問半天，正一肚子火。

"中豪，今天節目無論如何，就是噁心得想吐也要看完！"廖承志壓低聲音勸道：

　　"你以爲警察都走了？現在走等於送給他們一個證據，你不是來開紀念會的……"

　　葉中豪不相信："你們不走，我走！"誰知，他剛出門，手銬就咔嚓一聲把他扣住了，警察現場抓不到，就等在這裡抓嫌疑犯呢！

　　那天，黃鼎臣也在場，廖承志的勇敢和機智，他全看在眼裡。

　　一週後，"東京特支"決定"三一八"這一天開一個大會，紀念巴黎公社；紀念"三一八"天安門事件；紀念三八婦女節。會址選在"中國青年會"。貼了海報，發了通知，"東京特支"估計反動學生會來搗亂，於是組織人手，準備以牙還牙，保護會場。黃鼎臣第一個選中的就是廖承志。

　　"行！我有的是勁，一準能打贏！"廖承志一揮拳頭，朗聲答應："帶什麼武器？"

　　"不能帶武器，這樣日本警察找不到鎮壓的藉口。"看見廖承志一皺眉，黃鼎臣笑着說："我已經仔細看過了，會場上的板櫈是活動的，你們就用板櫈當武器！"

　　"好！我先去看看地形！"

　　3月18日下午兩點，黃鼎臣宣佈紀念大會開始。保護會場的糾察隊，都被安排在門口、主席台等重要地方，旁邊都擺着幾條活動板櫈。

　　反動學生派來一個偵探，是名士官生，腰上還掛着把佩刀。因沒想到進步學生的紀念大會準時開，破壞會議的大隊人馬還都沒到。第一個演講者在台上猛烈抨擊蔣介石違背孫中山三大政策，反人民反革命的罪行。那士官生再也按捺不住，突然跳上講台，拔出佩刀，就向演講者砍去！說時遲，那時快，廖承志立即撲上去攔腰一抱，旁邊的隊員舉起板櫈一砸，頓時把那個士官生砸昏在地。

　　黃鼎臣果斷制止了騷亂，讓會議繼續進行。最後貼標語、發傳單、呼口號，宣佈會議勝利結束。

　　黃鼎臣和廖承志等最後離開會場，他們到靖國神社那邊看看有沒有人被抓。遠遠看見反動學生的大隊人馬氣勢洶洶地撲向東京青年會。想想他們撲空一準惱羞成怒的模樣，廖承志做個歪鼻子的鬼臉，逗得黃鼎臣大笑不止。他對廖承志十分滿意，雖然還比較幼稚，但勇敢精神和鬥爭積極性卻是非常值得讚許的！

　　1928年5月3日，日軍悍然向山東進攻，屠殺中國軍民四千多人，交涉員蔡公時被割耳、挖鼻後殘殺，造成"濟南慘案"。

　　消息傳來，日本的留學生群情激憤，中共"東京特支"立即發起召開中國留學生聲討日本帝國主義侵略暴行。廖承志熱血沸騰了！他高舉起拳頭，大聲責問：日本軍隊憑什麼到中國大地上去屠殺中國人民？！主權安在？公理安在？

　　廣東留學生同鄉會集合起來了，廖承志高舉着一塊標語牌："為濟南慘案烈士致哀！"

　　安徽的，河南的，東三省的，許多省的同鄉會都來了！"東京特支"決定成立反日大同盟，把左中右各派都團結起來，"反對日本侵略中國，殺害我同胞，佔我濟南！""反對日本軍國主義！"

　　黃鼎臣擔任反帝大同盟組織委員。會上要推舉留學生回國抗日宣傳隊，廖承志躍躍欲試，希望參加。終因他是廣東旅日學生同鄉會的骨幹，需要他通過同鄉會，團結更多的人投入反對日本侵略中國的鬥爭而被留下來。

　　日本政府下手了，首先拘捕了黃鼎臣和"東京特支"的成員，立即押解上船，驅逐出境。廖承志跟到碼頭，不能上前講話，只能站在人群中目送。黃鼎臣看清廖承志臉上的表情：鎮定自若，義無反顧！他相信，即使他們都不在了，廖承志也將繼續鬥爭下去！最終，必定會成為一名真正的共產黨員！

那時，廖承志住在東京郊外的高寺，幾天後，他去附近中國留學生陳曼雲家串門，一進門，便看見好多日本特高科的特務在翻箱倒櫃地搜查，住在那兒的人都已經被逮捕了，不容分辯，特務立刻把廖承志也抓了起來，關押到東京荻窪警署的拘留所，一關就是將近一個月。

日本警察對廖承志進行了多次審訊，他就是咬定那幾句話：

都是中國留學生，又都是廣東人，時常來往，聊聊鄉情，其他事情什麼也不知道。誰是共產黨，更是一點不清楚。

對於是否參加“五三”抗議聚會的盤問，廖承志理直氣壯地回答：

“當然參加，每個愛國的中國留學生都參加的。”

警察惱羞成怒，劈頭蓋臉把他毒打一頓。

“說，還有誰參加了那次集會？！”

廖承志抹去嘴角的鮮血，不卑不亢地回答道：

“我認識的全回國了，其餘的一個也不認識。”

警察見他軟硬不吃，翻來覆去就這幾句話，派人去把廖承志家翻了個底朝天，也是一無所獲，無奈何，將他押往東京警察總局，由特高科頭目再繼續審問。

這次方法換了，特務並不動刑，只不斷追問廖承志曾與哪些日本人來往。

廖承志能上當？一塊參加學習、參加活動的日本朋友，像川村君等等，他一個不講。廖承志只報了姐姐的幾個同學的名字，都是一些不問政治的家庭婦女。最後靈機一動，他又大聲報出萱野長知的名字。

像觸電！在場的日本人都嚇了一跳。立即有個特務出去，在隔壁鬼鬼祟祟打電話。

廖承志暗暗得意。這正是他預料中的效果！因為萱野長知在同盟會和中華革命黨時代幫助過孫中山，並同廖仲愷、何香凝來往頻繁。廖承志初到日本時也確實到過萱野長知家中好幾次。而萱野和政界的犬養毅、久原旁之助等時常有來往。廖承志了解日本的國情，特務再惡，也怕權貴。

果然，這一招即刻見效！打電話的人回屋後，伏在主審特務耳邊嘀咕了幾句，那家伙垂頭喪氣擺擺手，就把廖承志放了！

廖承志腦子轉得飛快，明明知道身後長着"尾巴"，他故意不躲不藏，大搖大擺直往萱野長知家中請安。特務越是怕的，他越要讓他們牢記。討飯的都懂，打狗要看主人，他們能不懂？！別再想隨意"請君入甕"。

萱野先生的態度真讓廖承志感動。他並沒提及保他之事，也沒絲毫指責和埋怨，只是關切地詢問廖夢醒回國後身體怎麼樣？最後嘆了口氣，直截了當地表示：

"濟南那樣搞法我是不贊成的。"

廖承志所有認識的、被他認定是共產黨員的人都主動或被押送回國了，他下決心要尋找共產黨，投身到革命洪流中去，認為繼續留在日本沒有任何意義了，1928年6月下旬，廖承志乘船離開日本。

望着漸漸遠去的日本國土，廖承志百感交集。他在日本出生，前後生活了十二三年。他既吸過日本婦女甘甜的乳汁，又嘗過日本警察野蠻的耳光，既有萱野、川村、小梅等等老老少少、男男女女、各種行業裡值得永遠懷念、信賴的好朋友，又見過非常仇視中國人的小學老師、小學同學乃至

殘酷毒打屠殺中國人和中國留學生的日本警察惡棍。他精通
日本的俚語，熟知日本人的風俗習慣、飲食習慣乃至酷愛日
本人才愛吃的生魚片、＂壽司＂、＂生馬肉＂，用日本朋友
的話說，廖承志是最了解日本人的優點，也最了解日本人缺
點的中國人。

　　年近二十歲的廖承志目送日本島消失在蒼茫海天之間
時，當然不會料到二十年後會有一個被日本各界朋友公認
的、並永載史冊的＂廖承志時代＂。

　　但是，廖承志的這段生活經歷和積累，已經畫出了他的
生命軌跡，他將在中日兩國關係從戰爭到友好的＂通天河＂
上，架起一座讓天塹變通途的大橋！

三

97

西歐之旅

　　輪船起錨遠航，廖承志依在船舷，極目遠望，此番不再
是東渡，而是駛向大洋彼岸，語言、風俗、人情都十分陌生
的地方——德國。

　　不知爲什麼母親堅持讓他和姐姐去德國留學，他原本想
在國內，或重返日本，在這種熟悉的環境裡幹革命工作，似
乎他發揮的作用能大些。一則不忍傷母親的心，她老人家經
過很大努力才爭取來官費留學的機會。二來他服從中共中央
的委派，將轉爲德國共產黨黨員，參加中國語言支部的工
作，擔任德國國際海員工會執行委員。

　　當然，廖承志的公開身份是柏林第二大學政治經濟專業
的留學生。

　　在廖承志的檔案裡，入黨介紹人寫的十分明確：關鍵、

黃曇，加入中國共產黨的時間，雖然也都是他親筆填寫的，卻是"1928年春季"，或者是"1928年5月"等粗略的概念。

奇怪嗎？一點不怪！

在20年代末，在國民黨血洗南京路，徹底反共反人民後，申請加入中國共產黨的人，都是滿腔救國熱忱，隨時準備肝腦塗地貢獻生命的人，恐怕想做官、想發財、想得到實惠的人，都不會去敲共產黨的大門。凡是有決心去敲門的，便只增加了責任、風險和難以預料的艱苦人生。並非像今天與入黨俱來的有極強的榮譽感，是為人羨慕、為人稱讚的喜事。那時單線聯繫，接到被吸收入黨的秘密通知，激動和興奮不能與任何人分享，只需要記住自己的義務和責任，告誡自己隨時準備為理想貢獻出鮮血和生命。

廖承志從日本回國後，參加了反日大同盟上海分會工作，這是中共江蘇省委直接領導之下的公開的群眾愛國團體，任務是聯繫工商學界，宣傳抗日。

他負責對外宣傳和牆報的編輯工作，牆報就貼在光華大學的校園裡。廖承志多才多藝，能寫會畫，幹這個工作，得心應手，他編輯的牆報，文筆犀利，漫畫生動，深入淺出，感染力強，每期觀者甚眾。

當時，宣傳抗日便受到國民黨百般刁難，分會三番五次被催逼搬家，經費實在困難。廖承志眉頭一皺，計上心來。那些天，母親正催政府辦理他和姐姐去德國留學的申請，他把分會同事黃曇帶到家中，向母親介紹，這是他請的德文老師。

何香凝聽了非常高興，馬上拿出80元大洋給他當學費。

這筆錢真幫分會解了燃眉之急……

西去的航船上，熟悉的一切都變為過去，未來的廖承志將是什麼樣？廖承志在西歐奔波近三年，留在歷史上的痕跡是什麼？

一本英國出版的名爲《中國間諜》一書中提到，廖承志在鹿特丹港口，"在成員少得可憐的國際海員俱樂部裡反復講過暴動計劃……這次行動的最後失敗導致被荷蘭當局監禁兩個星期。"

"後來放逐到德國，在那兒很快又被警察逮捕再次被放逐。於是他去了莫斯科，在那兒僅停了幾天便返回上海。"

這裡有明顯的貶義，但也基本上符合歷史過程。

在海員中流傳的是這樣的故事。

與他有過接觸的老海員這樣誇他：

"廖承志對我們海員眞親，他這樣的人，讀書人中少見。"

"說來都是廣東人，同鄉，可他畢竟是廖仲愷的公子，不少吃穿吧，不缺錢花吧，還是留學日本的大學生，能懂好幾國的洋話。"

"我們算啥？洋碼子識不了一打，洋老闆把我們不當人看，幹的是全船最累最髒、最讓人看不起的苦力活計，工錢也是全船最低價碼。就算幹的與白人一樣數量工作，也沒轍。嫌少？滾蛋！四條腿的純種德國狼狗難找，兩條腿的中國苦力遍地都是。"

"稍不滿意，想打就打，想罵就罵，大家都想保住飯碗，誰敢出個怨言？！"

"廖承志到我們這兒來，不拿一分錢，不要一點禮，教我們從 ABC 開始學英語，給我們講家鄉現時的變化。他怕我們聽完課不懂，專門給我們海員辦了張報紙，半個月出一次，有道理，有國內新聞，有海員新聞，還有船上新近發生的新鮮事，最好看的是漫畫，少少幾筆，畫得活靈活現，沒文化一樣能看懂，也怪，不學不知道，一學就明瞭，講團結才有力量，大家按他教的辦法，擰成一股繩，向不講理的老闆評理鬥爭，嗨，還真靈。"

"他沒一般大學生那種清高牛氣，我們海員吃啥，他也能吃啥，我們海員愛去的地方他也去。和我們扎成一堆，要想抓他，不那麼容易呢！"

沒見過他的海員，不少都能繪聲繪色講幾個"老廖"的故事。

有一回，他匆匆隨乘客登船，向擦身而過、剛要招呼他的海輪服務生擠擠眼，輕聲說：

"有尾巴。"

心裡有數的海員張開手臂，攔住後面的人群，大聲嚷嚷着：

"別擠，別擠，100號以前的向前走，100號以後的在後艙。"

人群中擁前擠後一陣紛亂，等"尾巴"終於擠過人流，跟着的"目標"早已消失。等"尾巴"找到廚房，眼睛轉了幾個圈，竈邊有兩個炒菜的大廚師，池邊有兩個洗菜的夥計，身上白色工作服，髒兮兮皺巴巴，袖筒子高高捲着，正賣力地在泥水裡洗蘿蔔，屋裡沒一個閒人。便急忙往後跑去。

汽笛響了，船緩緩離岸。

"快瞧那家伙，哈哈，一副垂頭喪氣的倒霉樣！"

洗菜的兩個夥計目光一碰，忍不住大笑起來，其中一個脫下外衣，露出做工考究的黑色毛料西服，兩隻眼睛不大，忽閃忽閃頑皮地眨動着，雙手抱拳向竈邊作了個揖，學江湖好漢那樣唱道：

"謝謝師傅救命之恩，承志這廂有禮！"

　　有一回，廖承志去海員俱樂部開會，身後那個盯梢的還
真能耐，無論廖承志走快走慢，穿街走巷，他都不遠不近貼
着，像個甩不掉的陰影。那天廖承志穿一身黑制服，皮鞋擦
得烏亮。彷彿並不在意，悠悠閒閒走着。

　　在一段人影稀少的海堤上，他陡然轉過身，幾步逼到那
人面前，怒目圓睜，抬手左右開弓，狠搧了對方兩個耳光，
嘴裡用流利的日語高聲嚷嚷着。威嚴兇狠的口吻，似乎要把
對方撕碎吃掉。

　　那人完全給打蒙了。廖承志接着用生硬的漢語說道：

　　"我是日本特高科的，正在執行重要公務，你若再跟着
我，我就把你殺了！"

　　那人嚇得連連鞠躬道歉。廖承志大喝一聲："滾！"

　　那人跑得比兔子還快……

　　有一回，穿着破舊工裝的廖承志被特務盯上。他上船，
那人也上船，他鑽艙，那人也鑽艙，眼看已是山窮水盡，必
然被逮無疑。廖承志眉頭一皺，蹦出妙計。他知道底艙有個
海員聚賭的地方，閃身鑽了進去。

　　特務也跟着擠進了門。艙內燈光昏暗，兩張桌子圍滿賭
客，天氣炎熱，不少人赤膊上陣，翻牌的人神情極度緊張，
往往雙手緊壓着紙牌，只敢慢慢掀起一點邊，彷彿希望這一
動作還能招財進寶似的。周圍把賭運交給執牌者的人也不輕
鬆，桌上那一堆堆籌碼，像磁鐵石那樣勾魂，把他們眼睛誘
得賊亮，充滿貪婪和奢望。高度的神經緊張，能使人不覺冷
熱，不知時間，不注意周圍發生的一切。

　　特務圍着牌桌轉了幾個圈，沒看見一個局外人的模樣，
只有一個比一個更像渴望多多贏錢的賭徒！他汗流浹背，終
於受不了煙味、汗臭和炸耳的喧叫，無可奈何地離去。

　　他不相信那種不怕死的共產黨人有賭徒的本領，他哪裡

101

想到，剛才站在人堆裡，那個完全投入賭博激情，又嚷出牌，又嚷加注，兩眼放光的＂賭棍＂正是他尋覓的對象。為了工作，海員樂於去的地方，廖承志都去過，是為了與海員打成一片和進行工作方便，也為多一層可靠的保護色。

這些＂口頭文學＂生動且流傳甚廣，只是史料的真實程度無法考證。

如果更求實地說，剛滿20歲的廖承志，從事海員工作，他自身的收穫遠遠大於對歷史的貢獻。

早年，在廖承志還是個孩子的時候，聽孫中山先生說過自己當海員的故事，講過中國海員對國民革命曾做出過的巨大貢獻，每到一個港口，便為僑居各港口的華僑傳遞消息，宣傳主張，籌集資金，立下了不可磨滅的功勳。

在廣州上學的時候，他親眼目睹香港海員大罷工的威力，海員不上船，不開船，不卸船，不裝船，輪船碼頭大船挨着大船，像列隊抗議的集團軍，一堅持就是數十天，硬是逼着資本家走投無路，老老實實接受了工會提出增加工資的條件。

他加入共產黨之後，沒有像一般黨員那樣，被組織委派在白區或者根據地從事一項具體的情報工作或軍事起義，如果是這樣，中國歷史上出現的可能是另外一個模樣的廖承志。

黨組織充分利用國民黨公費派廖承志去德國留學的機會，把這個剛剛入黨，談不上多少理論，講不出多少經驗的小夥子接上了共產國際的關係，走進了國際海員生活和鬥爭的大環境之中，立刻打開了廖承志的心胸和眼界。

第三國際在歷史上的功過是非，並不是一句話能評定清楚的，然而，20年代末，組織各國工人階級，聲援世界各國人民反帝鬥爭這一點上是無可厚非，功不可沒的！

當時德國共產黨的力量很強，國際反帝大同盟在德國柏林召開大會，居住在德國的宋慶齡被選為大會的名譽主席。

到柏林後，廖承志身臨其境，更了解共產國際為什麼如此重視海員工作。

看，共產國際的決議和指示是通過海上客輪帶來，擔任共產國際執行委員和主席團委員的瞿秋白來信和由他起草的中國語言支部給共產國際和中共中央的匯報信，也是通過漢堡駛往各地的海輪傳遞的。世界許多國家有共產黨，但是多數是處於非法的地下狀態，無論把各國共產黨比作大洋中星羅棋佈的小島，比作堅不可摧的碉堡，還是比作共產主義宏偉大廈的一塊塊基石，那麼，定期隨船往返於世界各地的進步船員，就是以信仰和血肉之軀架起的鋼鐵大橋。像溝通人體的神經系統，及時傳達命令；也像遍佈全身的血管，把生命的動力和營養源源不斷地送到各個器官乃至人體最微細的組成部分——細胞。

103

起初，廖承志在柏林，從事海員工作主要是辦刊物，在《赤光》、《海員半月報》等報刊上發表文章，用中文介紹各國共產黨的政策，以便在講中國話的海員中進行工作。

一年後，他被派到漢堡，受國際海員俱樂部領導，經常登船直接接觸海員後，他才了解海員中的許多真實情況。因為中國海員多是廣東人，他鄉音地道，又沒架子，與海員交談起來有滋有味。他發現對於中國的事情，中國海員非常有興趣，對於自己的經濟條件，他們也感到極端的不滿足。可是他們的結論，卻是需要一個好政府，讓大家來發達。他們對於外國的工人，是仇視的，說："紅毛鬼子總沒有一個好。無論富的、窮的，都來欺負中國人。"

瞿秋白曾指示廖承志，利用父親廖仲愷的威望團結海員，廖承志只側面問起對國民黨的看法，海員們搖頭說不明白，總說：

"理他什麼黨，我們不管他。"

對於自己的組織等等，他們也沒有興趣。

這次談話後，廖承志大有一種放鬆之感：

他是廖仲愷的兒子，但是，他要用自己的才智和本領去工作去戰鬥，以自己的實績證明無愧於父親的英名，而非沽名釣譽，繡花枕頭一包草。

在給瞿秋白的覆信中，廖承志坦率地匯報了取消以公開自己身份團結海員的打算，並提出準備一個人辦份兩千字左右的小報，每半個月一期。有簡單社論，有各種新聞，而且圖文並茂，以提高他們的意識。

他隨船出過遠海，領教過狂風巨浪的滋味，深感自己才真正是生活中的小學生。

當巨型輪船像一片柳葉，時而騎着飛起的浪峰直沖雲天，時而順着急落的浪谷直墮地獄，心臟像被一隻魔爪呼地拾起，不等你適應，又猛地摜下深淵。讓你心驚肉跳，頭暈目眩，倒翻了五味瓶一般。至於那迎面撲來的巨浪，肆無忌憚地咆哮着、怒吼着、猛烈錘打在輪船指揮塔的前窗上，飛濺起的浪花越過高聳入雲的桅杆，俯衝向後甲板、後船舷，即便這時，飛浪仍像狂洩的激流，能席捲走一切未固定的重物，甚至大活人。

客艙裡彷彿到了世界末日，死寂一片，絕大多數乘客早已連膽汁都吐出，癱睡牀上，無力走動，廖承志還算適應，但也覺得兩腿發軟，渾身無力，見到平時最愛吃的紅燒肉也毫無食慾。

可是，船上的水手，仍然船前船後地奔跑。他們之中也有嘔吐的，只是吐完把嘴一擦，照樣幹活。侍應生穿行在各個客艙內，手裡提着髒物，腳下打着趔趄，嘴裡還哼唱着歌。

　　大師傅招呼廖承志吃飯。

　　望着油汪汪的葷餚，廖承志直翻胃，他急忙閃開眼睛，連連晃腦袋，彷彿再多看一眼，五臟六腑都會吐出來。

　　"人是鐵飯是鋼，一頓不吃餓得慌，小廖，要吃，一定要吃，吐不怕，吐了再吃嘛，不吃怎麼有精神呢？"

　　大師傅笑着勸他。其他夥計七嘴八舌，這個說：

　　"你可不是公子哥兒，甩手掌櫃，生了享福的命，你是個幹大事業的人，這點風浪就難倒了，還算個什麼英雄？天下最大的難，也大不了一死嘛，你想穿了，如果死都不在話下，還有什麼過不了的溝溝坎坎？"

　　那個說：

　　"就是這個理！我們行船的人，就是死也不當餓死鬼，吃得飽飽的，走一趟鬼門關，說不定閻王爺說，這些人吃得太多，長得太壯，陽壽未盡，還是罰他們回陽間受苦去吧，嗨，我們還得回來行船嘛……"

　　說的人笑，聽的人忍俊不禁，他們的大度開朗，他們的豁達樂觀，他們海洋一般寬廣的胸懷，蔑視一切困難的豪氣，都給廖承志刻骨銘心的記憶。

　　是的，多少年後，他都沒忘記那次波羅的海上遭遇狂風的經歷，沒忘記海員們笑談風浪給他對生活真諦的啓迪：困難、挫折、監禁、拷打，乃至死亡，其實都不可怕，可怕的是自己精神的崩潰，只要面對張牙舞爪的人生坎坷會笑，會唱，會樂，會忘，那便沒有渡不過的難關。人的生命只有一次，不過短短幾十年，能笑着往前衝的人，才是最會生活的人，才是最超脫，最幸福的人。

　　海員的情懷和對海員的深厚感情貫穿了廖承志一生。

　　建國之後，他身兼數職，忙得不亦樂乎，他仍主動請纓，主管外國海員工作。在國家經濟並不寬裕時，是他積極堅持在沿海城市建起了國際海員俱樂部。一是他知道海員漂泊十分辛苦，上岸後應該有個休息娛樂的場所，二來他也明白海員的作用：

他們是能走遍天下的"民間大使"，在五六十年代，美國對中國實行政治、經濟封鎖，西方世界與新中國建交國家寥寥無幾時，新中國建設和人民生活的真實情況，許多是通過海員把國內的報紙、刊物、畫報帶到與中國沒有外交關係的國家和華僑中間的。廖承志稱其為"建橋打樁"工程。

直至他晚年，身居國家領導人的地位後，凡是有國際海員代表團來訪，廖承志再忙也要安排見面，而且談得熱火朝天，久久不願結束。恐怕既有親切好感的舊情，還有繼續當學生吸收新鮮信息的目的。

與海員廣交朋友之後，廖承志變得更加瀟灑、更加豪爽和不拘泥小節。當年與他同在漢堡一個中國語言支部、現已從上海復旦大學退休的老教授董問樵先生回憶說：

廖承志聰明、好學、寫文章特快。有一回他從海員工會來找我，見面就嚷嚷：

"老朋友，我肚子鬧革命了，只是身無分文，怎麼樣，請我吃館子去。"

我一臉尷尬，平攤雙手，說：

"哥哥還沒寄錢給我，我也是兩手空空，不怕你笑話，我已經兩餐沒吃了。"

"那我請客！"廖承志一眨眼笑容滿面，拉着我就往外走。

我們沒去飯館，先進了當舖。他利落地把身上那件毛皮大衣脫下，往高高櫃台上一扔，人家給多少錢，他不討價也不數，抓起來就走。選了一家挺高檔的飯店，揀好菜要了一桌，幾乎花完了當大衣的所有收入，一邊催我："開動，開動！"自己則風捲殘雲般大吃大嚼起來。我好久沒見過這樣好的飯菜，一邊貪婪地往嘴裡塞，一邊擔心地問：

"你沒有大衣怎麼辦？"

廖承志喝口酒，頑皮地擠擠眼睛，輕聲反問：

"小老弟，冬天將盡，天一熱大衣往那放？請他們保管，不佔地方嘛！"

我被他那種滑稽的模樣逗笑後，他卻不笑了，一本正經地對我說：

"這事對我母親要保密，大衣是她給我買的，要她聽說讓我'吃了'，一定不開心，她不開心的事太多了，我不能雪上加霜。"

"那一瞬間，廖承志眼中閃動的深情，對母親極其孝順的口吻，我至今如見其人，如聞其聲。其實時光飛逝，斗轉星移，這都是六十多年前的事情了！"

何香凝為了給廣州仲愷農工學校籌募經費，1929年秋天離開上海經香港出國，在菲律賓、新加坡舉辦義賣畫展之後到英國，1930年1月抵達巴黎小住，6月，廖承志特去巴黎接母親乘火車往柏林。由胡蘭畦女士安排了何香凝的住處。

胡女士大革命時期，曾在何香凝領導的國民黨婦女部工作過。

1988年，廖承志去世五週年之際，年近九十的胡蘭畦女士曾撰文回憶過這段交往，稱廖承志："事母至孝，感情深厚"。

文章中說：

有一次，廖承志同志從漢堡來看望他的母親，發現何先生手上貼一塊膠布，他硬拉着媽媽的手坐下來按摩了一兩個小時。眞是體貼入微。

廖承志同志還千方百計使何先生高興。有一次，大家坐在一起休息的時候，他對何先生說：柏林比巴黎涼爽，在巴黎熱得狗都伸出舌頭直擺腦殼。

他這一突如其來的話，使得何先生和我們都大笑起來。

笑聲還沒停止，他又說：巴黎熱，莫斯科也熱，可是冷得早，不注意時，在高高興興參加了晚會回來，庭院中，大街上已是冰雪交加了，一不小心，就要跌靑屁股。

他說得正正經經，又惹得我們和何先生大笑起來。

每當何先生知道廖承志同志要從柏林來看望她時，她總是要親自去菜場買菜，並把從中國帶去的乾菜拿出來親手做給兒子吃。

記得有一次，何先生花了幾天工夫，畫成了一幅高山流水的水墨山水畫，她自己感到很滿意。她對我說：等承志來了，我叫他給畫個公仔（廣東方言，指人）在上面，他畫得好。

不幾天，廖承志同志從漢堡來了，何先生果然拿出那張山水畫來叫廖承志同志給她畫上添個公仔。廖承志同志看着我笑了。他說：那怎麼好？

何先生說：行！

我看何先生興致很高，就對廖承志同志說：

畫吧，一定很有趣，這麼好的山水，沒人欣賞多不好。

說得大家又笑起來。廖承志同志果眞拿起筆，在這張畫的山麓旁畫了一個拄杖而行的人，爲這幅畫增色不少。

何先生這時對我說：

我說承志畫得好吧，蘭畦你看看。這下滿堂人都笑出聲了。廖承志同志卻笑着搖腦殼。

總之，他們母子間的深情厚誼不是一般的，這是我最尊敬他們的地方之一。

……

1931年的初春，漢堡國際海員碼頭工人總工會派廖承志到荷蘭鹿特丹，做中國海員工作，並協助建立鹿特丹國際海員俱樂部。廖承志估計可能被捕，所以在漢堡動身前就把黨證留在漢堡。

他先從認識的少數中國海員着手，籌辦夜校，題目是敎英文，上午張羅會裡的工作，下午和夜間敎英文。中國海員把廖承志的名字和家庭關係傳開了，這樣中間和落後的海員都來了，夜校由十幾個人一下擴展到九十人。

開始廖承志認眞敎英文，爾後，逐漸增進宣傳內容，最後大講共產黨和國際海員碼頭工會的綱領和揭露蔣介石反動派，鼓勵打倒包工頭，爭取與外國海員同工同酬，同各國海員聯合起來等等。

鹿特丹的“五一”大遊行，有不少中國海員參加。“五一”遊行後不久，在國際海員俱樂部成立了“中華全國海員工會西歐分會”，有近百名海員參加。

這之後，夜校變成政治討論會了。廖承志主要的時間就同中國海員泡在一起，夜深就同中國海員住在行船館裡。

六月上旬的一天，廖承志同海員住在一起，拂曉時五六個荷蘭警察闖了進來，把廖承志和同廖一起從漢堡來的中國海員抓走了，關押在荷蘭鹿特丹警察署內的拘留所。這裡關押的大半是偷渡入境的，或無護照的外國人。

廖承志關的是獨房，放風時他留心一看，發現國際海員俱樂部的所有外國人都被捕了，後來才知道，“五一”節衆多外國海員的遊行，把荷蘭當局嚇壞了，國際海員俱樂部在他們被捕後也被封閉了。

　　廖承志是被一個大包工頭向荷蘭國民黨領事館告發的，由領事館向荷蘭當局提出逮捕的。廖承志在警察署被扣押了大約六個多星期。

　　扣押期間，廖承志只被審訊過一次。他沒承認自己是共產黨員，只說自己擁護馬克思主義，擁護共產黨的主張。他一口咬定自己是教英文的，其餘一字不提。警察也就沒有再問什麼，他也沒受什麼刑訊。警察曾讓他在一大疊"口供"上簽字，廖承志藉口不懂荷蘭文，堅決拒絕。

　　於是，警察蠻橫地宣佈把廖承志"驅逐出境"，並聲稱：

　　"以後永遠不許進入荷蘭，如發現偷入荷蘭，即處以六年以上的徒刑。"

　　廖承志對此提出抗議，荷蘭警察冷笑着說：

　　"看來你很有經驗。"

　　並不理會他的抗議。隨後把他押上密封的囚車，開到荷蘭國境車站。到了車站，荷蘭特務監視着他直到出了國境。

　　同年9月末，在漢堡，廖承志領導的兩條英國船上的中國海員罷工鬥爭取得勝利，全體海員參加了西歐分會。

　　沒過幾天，德國警察闖進了廖承志在漢堡的寓所，進行搜查，廖承志機敏地請來房東作見證，防止他們栽贓。德國警察冷笑道：

　　"你們都懂這一手的。"

　　結果，搜出幾個油印的《中國西歐海員》宣傳小冊子，搜查完畢把他帶到漢堡警察署。

　　這一回沒有拘留，他們不容分說，劈頭就"判處"廖承志：

　　"永遠驅逐出漢堡，如再發現你出現在漢堡市內及碼頭區域內，立即判處六個月以上有期徒刑！”

廖承志提出嚴重抗議，並質問根據和理由何在。他們答覆是：

“你自己最明白。”

廖承志隨即到國際海員工會和德共漢堡市組織報告了這件事。漢堡市議會共產黨議員在市政會上公開爲此事提出抗議，並要求取消這一“宣判”，這當然是被否決了的。這個事件的經過登載在漢堡德共機關報《人民日報》上。

廖承志告別了歐洲大陸，乘海輪經蘇聯回國，船過波羅的海，又遭遇巨大風暴。

面對狂濤巨浪，船身上下顛簸，左右搖晃，像一片隨時可能被撕碎的柳葉。24歲的廖承志久經風浪鍛煉，此刻在船內依然談笑風生，行走自如，食慾極佳，像一隻搏擊風浪的矯健海燕。

無怪乎回到上海，與在日本便認識的夏衍重逢時，眼光敏銳的夏衍的第一感覺是：

廖承志老練多了。但是愛開玩笑的脾氣沒變，愛吃壽司和日本醬蘿蔔的習慣也沒變。

第四章

因禍得福

一

她端坐在沙發上，睜大了眼睛坦然地望着他。心中盪漾着一種從未有過的感覺，是敬重？是傾慕？是欣喜？還是好奇？反正她覺得只要走進他的房間，就感到心裡別有一番溫馨和甜蜜。怪不怪？她可不是容易佩服誰的姑娘，班裡的同學常常說她太清高，太出格，分明是大家閨秀，偏偏不愛脂粉，愛好體育，她個兒高高，身材豐滿，動作乾脆利落，說話直來直去，沒有絲毫矯揉造作的模樣，極不像位富家千金小姐。

"阿普，你坐得舒服點，時間不會很短喲。"他左手托着畫盤，右手握着毛筆笑瞇瞇地說。

她點點頭，只自己想着心事。

因是鄰居，父親經亨頤要她經常去隔壁何伯母家幫幫忙。那天一進門，看見一個穿長衫的年輕人正與何伯母談話，平時不苟言笑的何伯母，此刻笑得好開心。見她進來，便介紹說：

"這是我的姪子，來看望我，他很快就走。"

　　阿普從老人眼中看到少有的喜悅神情，不願妨礙他們的談話，便先告辭了。

　　1933年3月28日晚上，何家傭人突然來敲門，她從睡夢中被父親叫醒，一起來到隔壁。只見兩個法國巡捕帶着一個雙手被銬着的年輕人。

　　這個年輕人穿一套舊西裝。她仔細一看，發現就是前些天見到的何伯母的“姪子”。

　　法國巡捕們押着年輕人走後，何伯母長嘆口氣，說：

　　“對不起，這就是我的兒子廖承志，我以前沒有告訴過你們。”

　　……

　　“承志，”想到這，坐在那兒的阿普很有點好奇地問：“你被抓走的那天，好像並不驚慌，相反，平靜的臉上似乎還有幾分得意，這是為什麼？還有，被押走之前，你還伏在伯母的耳邊悄悄說了幾句話，你們講得聲音小，又是廣東話，我聽不懂，是說什麼？”

　　“呵，你觀察還挺仔細！”

　　廖承志沒停筆，他看一眼還是小姑娘的經普椿，手裡繼續作畫，嘴上卻不無得意地答道：

　　“那天是我把他們騙來的，我當然開心！”

　　出於保密，他只簡單講了經過。

　　再說，他生性把名利看得很淡，從不喜歡過五關斬六將地擺譜，這其中的複雜過程，是1969年6月21日，他在被造反派隔離審查時所寫的交代材料中，作過詳細敘述。

　　從史料得以保留的角度來看，當年的造反派還應得一枚黑色“十字勳章”呢！

　　1932年初，廖承志從莫斯科回國，途經香港，在黨的交通站，與姐姐廖夢醒、姐夫李少石見面了。廖夢醒自從1930

年9月離開法國回國，姐弟倆已經快兩年沒見面了！久別重逢，廖承志緊緊與姐姐擁抱，廖夢醒淚水盈眶，她輕輕撫摸着弟弟變得寬大結實的後背，口中喃喃不住：

"肥仔，真想死姐姐了！你好嗎？"

"我不錯，你呢？姐，讓我好好瞧瞧你！"廖承志扶着姐姐雙肩，歪着頭眯起眼，細細端詳片刻："嗨！到底是當了新娘子，越長越漂亮了嘛！"

"好啊，肥仔，拿姐姐開起玩笑了，看我怎麼治你！"廖夢醒說着把手放到嘴邊哈哈氣，猛地伸到弟弟腋窩底下。

廖承志大笑不止，扭動着身子拚命躲閃。是的，他從小怕癢癢，長大後，能熬住敵人的嚴刑拷打，可是面對親人的撓癢癢，他依然是每"戰"必敗。

廖夢醒不依不饒，兩隻手繼續飛快地撓："肥仔，你說，還敢不敢取笑姐姐？"

"不敢了，不敢了！"廖承志舉起雙手，笑得連聲求饒。

英俊穩重的李少石站在一邊，他知道這對姐弟有極深厚的感情，開始只微笑觀戰，直到姐弟倆扭打到牀邊，他才忍不住招呼："夢醒，小心壓着囡囡！"

"囡囡？"廖承志轉身一看，牀上躺着一個黑亮眼睛的娃娃，正四腳朝天捧着奶瓶吃奶。"好漂亮的外甥女！像姐夫！姐，孩子叫什麼名字？"

"叫李湄，小名囡囡。媽媽還好嗎？"廖夢醒急切地轉了話題，一提到媽媽，她臉上流露出一種難言的愁情："她還生我的氣嗎？她會原諒我固執地離她而去嗎？當時組織派少石到香港工作，必須有個家庭掩護，所以……"

"媽媽挺好！醒姐，你和姐夫也不必擔心，當初媽媽不同意你們的婚事，也並非不滿意少石，她老人家只有你這一個寶貝女兒，她擔心你嫁個共產黨員丈夫，又會像她一樣擔驚受怕，更擔心中國革命前途莫測，時局如此混亂艱難，萬一少石有什麼不測，你再重複她獨守空房的命運。現在你們生米已經煮成熟飯了，她也不會再反對什麼。不過，要想讓她老人家眞正開心，我教你們一個最好的辦法，有機會去上海，一定帶上這個漂亮的小寶寶，你看吧，只要囡囡往咱媽懷裡一扎，小嘴‘親姥姥，好姥姥’地一叫，咱媽就保管沒氣啦！……”

“就你鬼點子多！”廖夢醒開心地笑了。

“這是眞的，俗話說，隔代親嘛！什麼時候把囡囡送到咱媽那去！老人家身體不好，我們又都不在身邊，她實在是太寂寞了……”

“行，只要有機會，我們一定帶上囡囡回上海看媽媽！現在工作特忙，不可能馬上回去，肥仔，你這次回上海，可要替我們多去看看媽媽，行嗎？！”

“那當然！”

廖承志答應爽快，眞正做到，實在也不容易。

二

回到上海後，廖承志擔任了中華全國總工會宣傳部部長、全國海員工會黨團書記。工作確實忙，但更主要的，是國民黨特務多如牛毛，四處橫行。共產黨潛入地下堅持鬥爭，條件惡劣，險象環生，爲了工作，也爲着媽媽的安全，廖承志極少回家，不過媽媽的情況，他常了解得八九不離十。辦法也簡單，不管多忙多累，工作再晚，街頭買回的

《申報》、《民報》等等，他都翻看得極仔細，媽媽的活動常有刊登：

1月24日，何香凝致電蔣介石等人，信中說："政府對日問題，則以鎮定出之。愚以爲如果鎮靜，不能使被佔之土地收復，未失之土地保存。惟我雖鎮靜，而敵之猛攻，仍有加無已。"

果不出媽媽預言，1月28日夜，尖厲的槍炮聲撕裂寧靜夜空：日軍由日租界突然向上海閘北、吳淞一帶進攻。駐守上海的蔡廷鍇、蔣光鼐率領的十九路軍，在全國人民抗日高潮的推動下，奮起抗擊，開始了淞滬抗戰。"一·二八"淞滬抗戰開始後，媽媽立即滿懷激情投入抗擊日寇活動。報上天天能看到媽媽活動的消息：

31日起，何香凝組織辦事處辦公，將60名救護隊員編爲7個分隊，分派到指定區域執行戰地救護任務；她指揮慰勞隊從早到晚接受、登記、分配與運送不斷湧來的慰問品與慰問信；她還率救護隊在租界設立難民收容站六十多處，收容與接待攜老扶幼的難民；她還多次親自接待前來送慰問品的工人、市民、小販、藝人、舞女等，對他們表示讚揚和感謝。

爲了救治前線下來的傷病員，何香凝與宋慶齡等人聯合發起募捐，在上海公時學校和政治大學以及蘇州等地設立了"傷員醫院"四間，"收容抗日受傷戰士約千餘人"，讓短期救護訓練班的學員充當醫院護理人員。何香凝多次親往傷兵醫院看望受傷的官兵，在分贈慰勞品時，特別注意官兵都分一樣多，勉勵官兵安心養傷爲國殺敵。

在蔣介石"攘外必先安內"政令下，作爲共產黨員的廖承志，身處白色恐怖之中，發動群衆投身抗戰無法像媽媽那樣公開奔走，大聲鼓與呼。他經常巧妙化裝，躲開街頭巷口的" 密探 "、" 包打聽 "等耳目，秘密地來到停泊在上海吳淞口的" 公平 "輪上指導學生和海員進行抗日宣傳活動。與他們一起商量如何在海員中以及通過海員向華僑和外國友人開展募捐活動和抗日宣傳工作，他還經常自己畫漫畫，撰寫標語傳單。

直到一天，他從報上看見，過度操勞使媽媽病倒了，咳嗽、氣促、胃痛、心跳。大家懇切地請她休息治病，她卻堅決拒絕：" 前方將士在浴血戰敵，在爲保家衛國犧牲生命，叫我閒在家裡？你們說得出，我可做不到！ "

廖承志對媽媽的身體狀況實在放心不下，那晚悄悄回家，正勸說母親時，阿普過來了……

這年7月，廖承志由中華全國總工會調到中華海員工業聯合總會主持工作。

那時上海處在嚴重的白色恐怖之中，黨的機關已接連被破壞。叛徒在街上見人便捉，全國總工會系統黨團中，已出了不少叛徒。

爲了不連累母親，不暴露身份，廖承志更少回家，偶爾回去，也再三叮囑媽媽不要對外人說出他們的母子關係。所以他與阿普第一次見面，老太太才會有了個" 姪子 "。

3月28日，照例是黨團書記羅登賢同志在全總主持接頭的日子，廖承志也要在這天領取海員總工會的經費。他準備先到離山西路不遠、僞裝成茶葉批發商號的海總機關看看，然後再去接頭。

一到機關門口，他看見門前人山人海，路邊還停着一輛黑色汽車，廖承志心裡一驚，肯定出事了！他冷靜地想了想，立刻趕回自己新搬進去的住所，這地方是在離山西路不遠的一條彎彎曲曲小巷裡的一間閣樓上，只有羅登賢同志知道。他對老羅有信心，這地方可以慢一兩天搬，相反，知道

117

海員總工會機關的有好幾個人，他對其中兩個信心不大，因此，海總機關必須迅速搬走！

那廖承志爲什麼還要往自己的住所趕呢？他想得十分周到、清楚，同志都窮，而且有好幾位還要養家餬口，機關一撤退，同志們的生活費用就失去着落，必須在分散前分給大夥一些錢。廖承志沒領到活動經費，他只能飛快地趕回家，把自己可以典當的一切都送進當舖，拿到一筆不多、但總能救救急的鈔票。然後，他又折回家，換上最後一件筆挺的西裝，戴上眼鏡，化好裝，再飛奔到機關，把典當的錢分給大家，並指定了今後接頭的地方，催促大家轉移。

安排妥這一切，廖承志回到寓所，可就是坐立不安。

此時的廖承志畢竟年輕，他左思右想，總希望是自己看錯了，他又仔細想了想那輛黑色汽車停靠的位置，好像並沒堵在機關門口，會不會是警察去隔壁的“燕子窩”（即暗開門的鴉片煙館）呢？再說，他心裡非常惦記與自己單線聯繫的羅登賢同志，便忍不住又回去探個究竟。

廖承志緩緩走到山西路口，他四處觀察了一下，機關問口已經沒有汽車，四處都靜悄悄的，十分安寧，不像發生什麼事情的樣子，他便徑直向機關走去，剛剛走到機關門口：

“不許動！”

守株待兔的特務一擁而上，把廖承志捉住了。

夜裡，在老閘捕房的半地下室拘留所內，已被關在隔壁的羅登賢同志狠狠批了廖承志一頓：

“你還去幹什麼？！”

兩人約定要一口咬定，我們是援助東北義勇軍的。此外，啥也不談。廖承志坦然，既已被捕，便只想如何對付敵人。

1933 年 3 月 28 日，由於叛徒出賣，廖承志被國民黨上海市公安局串通上海公共租界老閘巡捕房逮捕。這是當時刊登在上海《申報》上的一幅新聞照片，圖中右前為被捕後的廖承志。

　　寒風刺骨，夜不成眠。一同關着的陳賡在慷慨激昂地大唱國際歌。

　　廖承志觸景生情，詩興大發，沉思片刻，便高聲吟詠腦海中剛剛擬成的新作：

> "冷風掃葉煙漠漠，
> 枯骨荒墳觀魂魄；
> 鐵窗颯颯雪風浸，
> 笑望金陵帝星落。
> 少年頸骨自鏗鏘，
> 沐浴三番待環索；
> 英魂直上九重天，
> 邀得同胞醇醪酌；
> 九巡玉盞將盡時，
> 方捉民賊付炮烙。"

　　"好詩，好詩！"隔壁的陳賡拍手叫好。

　　等到牢內僅有他們三人時，鬼靈精陳賡悄悄說：

　　"小老弟，去閻王爺那兒報到，你還太早，快設法把你被捕的事通知何老太太，把事情鬧得越大，越有利於鬥爭，越有機會出去！"

　　羅登賢同志連連點頭，他說：

　　"小廖，陳賡的話有理，只要有一線希望出去繼續鬥爭，咱們就不該放棄！"

　　廖承志也覺得他們的話很對，經過一番思索，當夜，他便把這個主意付諸行動。

　　廖承志招手叫來門外的看守，彷彿不願讓隔壁聽見，湊近那人輕聲說：

"我願意帶路。"

他很清楚，如果特務知道他要帶他們去自己母親那裡，一定不肯，政界誰不知道，她是國民黨元老，對蔣介石、汪精衛，她都指着鼻子罵過，不要說一般人，就連蔣委員長恐怕也要讓她三分，如若告知抓了她的兒子，不是自找捱罵，自討沒趣嘛！

於是廖承志橫了心，先不說往哪兒帶路。

出了拘留所，照例剝光衣服搜身，一群英國特務來了，笑瞇瞇的，如獲至寶。一個年紀大的特務問廖承志：

"是去什麼地方？"

廖承志話說得挺硬：

"相信我，就跟我走，不相信，我回去。"

另一個特務說："由他，他似乎還不錯。"

一共七八個人，簇擁着廖承志，分開上了兩輛車。

上海的路廖承志很熟，他用被手銬扣着的雙手指點方向，向左，向右，一直開進法租界，他依舊向左，向右。到了康腦脫路他母親住的地方，便說："停車"。

特務們面露喜色，蜂擁而下。

一進門，何香凝立即起來，看見兒子手上有手銬，她全明白了，頓時大嚷起來。住在隔壁的經亨頤先生和女兒聞訊而來，目的很清楚：多一個有身份的證人。

同時，她又讓傭人撥通電話，法租界的巡捕房的頭子很快也被叫來了。

一個當法文翻譯的中國人看見何香凝嚇了一跳，趕快同押着廖承志來的那個頭子咕噥了一陣。

那頭子臉上一下變了色，立即下令全部退出。

廖承志的目的達到了，他春風拂面。

回到汽車上，那個老特務狠狠揍了廖承志幾拳，似乎不解氣，又接着搧耳光。

另一個職位高的一擺手，把他制止了，自己卻狠狠地直瞪着臉上還有孩子氣的廖承志，恐怕在懊惱自己怎麼上了這樣一個毛孩子的當。

回到拘留所，廖承志擦掉唇邊的鮮血，大聲模倣着特務們的腔調，告訴了老羅和陳賡整個經過，逗得他們哈哈大笑起來。陳賡還爲廖承志打氣：

"你要頂住，還有孫夫人哩！"

……

"那天我在媽媽耳邊說：'我住在家裡，您讓我去給東北抗日聯軍買茶葉的。'媽媽多聰明，她立刻明白了。哎，阿普，再堅持一會，行嗎？"廖承志從畫架後面抬起頭來詢問。

"行！"連經普椿自己都暗暗奇怪，一向好動的她，怎麼今天答應得這樣痛快？

阿普清楚記得，那天，父親從英租界的法庭回來後，在飯桌上連連誇讚：

"承志不愧是先驅之後，真是個有膽有識的好青年！"

從父親嘴裡，阿普知道廖承志在法庭上義正詞嚴地大罵叛徒：

"你們開口中央閉口中央，誰知道是什麼中央？"

"是馬桶公司的中央？"

"是叛徒公司的中央？"

"替抗日義勇軍籌款犯了什麼罪？"

"我做的事沒有錯，我也不需要什麼格外的優待。"

廖承志被引渡到上海公安局後，上海市長吳鐵城也來了。先打了一通官腔，然後掏出一張紙條，上面寫着：

"我脫離共產黨，服從三民主義。"

吳鐵城滿臉獰笑着說：" 你只要在上面簽字，就立刻釋放你。"

廖承志接過來，把這條子撕得粉碎，當面扔過去說："刀砍槍斃，悉聽尊便。"

吳鐵城氣得面色蒼白，惡狠狠地瞪着眼盯了好一會，跑出去了，大概與南京通電話。過了許久，又回來了，勉強裝出笑容，又拿出了第二張條子，上面寫着："我今後脫離一切政治活動"。

廖承志又把條子搓成一團，扔在痰盂裡，回答說：

"我怎麼能簽字呢？援助東北抗日義勇軍不是政治？抗日不是政治？不能簽！任何條子不能簽！"

吳鐵城氣壞了，跑出去，許久許久又回來，拿出了第三張條子，上面寫着"我住在上海，奉母家居。"又要廖承志簽字。

廖承志兩手抱在胸前，不屑一顧地駁道：

"我現在不是住在上海我母親家裡，難道是住在天堂上？在家自然侍奉母親，又何需簽字？"

經亨頤感慨地繼續講道：

"後來，是你何伯母，柳伯伯和我在那張條子上簽了字，吳鐵城才宣佈釋放了承志。"

父親稱讚的口吻是毫不掩飾的，最後又吩咐道：

"阿普，承志在家沒事，你可以常常過去陪他聊聊，也能向人家學點東西，別看他才25歲，懂三四國外語，是真有學問呢！"

於是，阿普每日除了繼續幫忙何伯母，買買日用品，料理料理家務，便到廖承志屋裡坐坐，一來二去，聊得很熟了，她佩服他能詩會畫，多才多藝，喜歡聽他說海外歷險，異國風情，那麼神秘，那麼有趣，真是令人神往。

　　其實，一直等過了很久以後，阿普才知道，廖承志對生活的描述，例來是有篩選的。他從不愛訴苦，更不願讓親人為他擔心，總是把痛苦留給自己，當然也絕不像有些人那樣擱在自己心裡，怨天尤人，折磨自己。他總像最有實力的投擲運動員那樣，"啪"地一聲，把痛苦扔向自己身後遙遠的地方去。

　　他總愛省略掉生活中的苦澀，用他獨特的視角，活靈活現的描述，滑稽幽默的語調，讓所有愛他的人聽了以後，得到快樂、輕鬆、安慰、幸福，而非其他。

　　當然，這還是當了廖承志妻子，並且又過了許多年，甚至是直到永遠失去他後，阿普才徹底頓悟的。許多東西，只有失去後才明白它的珍貴和意義！

124

三

　　一向不愛受管束的阿普，今天卻很聽廖承志的話。他說要給她畫肖像，她沒有一絲猶豫，爽爽快快答應。連她自己也奇怪，一向好動的自己，竟能如此安靜地坐上一個多小時！而且很愉快，很情願。

　　"承志，你走南闖北，捱打被抓，難道不害怕？"

　　"開始也害怕，後來見多了，知道怕沒用，不怕才能想出辦法。於是，辦法多了，更不用怕了，對不？"

　　"對是對，可我不行，"阿普嘆氣說："我連數理化都學不好，只能勉強及格哎。"

　　"喲，你還比我強呢，我上中學時，代數、物理都不及格呢！"

　　"真的？"阿普很吃驚："我以為你幹什麼都能幹好，

從不費吹灰之力呢！"

"我又不是神仙！"廖承志放下筆，招呼說："阿普，過來看看，像不像？"

兩人並肩站在畫架前，好一會沒吭聲，阿普第一次面對自己的畫像，也是第一次與年輕男性這樣靠近，她只聽見自己心臟撲通撲通跳動，活像京劇武生跑場時的緊鑼密鼓。

"像嗎？"廖承志小聲問。

阿普點點頭。

"送給你，要嗎？"

"要，謝謝你。"

"不，應該我說謝謝！"廖承志說得很動情，他非常自然地用雙手扶着姑娘的肩，又抬起左手把遮住姑娘眼睛的一綹短髮往上扶了扶，柔聲說：

"我謝謝你每天過來照顧我的母親，我喜歡你的直爽，坦誠，沒有矯揉造作的個性。看來我眞該給巡捕大人寫封感謝信，不是他們抓我，關我，好姑娘就在我家裡，我卻無緣認識嘛！"

阿普臉上泛起紅暈，嘴裡卻硬："你寫呀，我給你拿紙！"

她太明白了，自己是在以攻爲守，拚命掩飾內心的欣喜和羞澀。

廖承志哈哈大笑，他讓阿普在自己對面坐下，英俊的臉上出現一種少有的惆悵，語調深沉地說：

"阿普啊，其實我也有力不從心的時候，也有害怕的事情，要說現在，我最害怕的就是忠孝不能兩全。"

"如今國難當頭，我五尺男兒怎能總躲在家中？可是倘若遠走高飛，我又眞擔心母親身體和精神，她性格剛烈，寧折不彎，她中年喪夫，視我如命，這次爲救我，又幾乎拚上

125

老命。想到我走後，姐姐遠在香港，她老人家隻身單影，淒涼清苦，無人慰藉，我便覺內疚，無法忍受。

"如果有你在她身邊，看見你就像看見我一樣，我想，母親日子能過得有點色彩，你能答應我多給老人一點安慰嗎？"

"當然可以！"阿普回答得乾脆利索，也的確是她的真心話。這段時間為營救兒子，何伯母表現出來的膽量和勇氣，也確實是令她敬佩！

廖承志被捕的第二天，何伯母一早便擬好電文，差人向全國通電，電文鏗鏘有力，擲地有聲：

"全國軍事政治長官公鑒：小兒承志在滬，昨晚被外國捕房拘捕，但未悉拘在何處，余願與兒共留囹圄，惟不願留外國囹圄，要求解往華界，請查示覆。"

通電發出不久，即收到國民黨外交部長覆電，此外，監察院長于右任、華僑委員會陳樹人、居若文等均紛紛致電慰問，並答應設法營救。

宋慶齡女士得到消息，立即打來電話，詢問具體情形並表示慰問，很快在中央研究院召開了"中國民權保障委員會"執行委員會，討論此事，竭力營救。會後為此發表了"宣言"，這對營救廖承志起了重要作用。

3月30日那晚，何伯母因心臟病復發臥牀休息，阿普坐在一旁照料。

柳亞子先生匆匆趕來，說：

"有消息在傳，當局要轉解承志到南京，受特種刑訊。"

何伯母聽了，悲憤萬分，她當即決定扶病趕往公安局，自請入獄。

她病重，根本不能行走，便叫人用藤椅把她抬上汽車。

到公安局後，執意落坐在寒風凜冽的院內。

吳鐵城誠惶誠恐迎出門，何伯母憤怒斥責道：

"吾兒於民國十八年留學德國，攻政治經濟，倘未卒業，近因暴日侵凌，國難日急，認為此時應捨身報國，決非枯坐求學時期，遂激憤而返國，計到滬為時才二星期，余近多病，吾子海外歸來，常侍左右，平時常告以其父仲愷先生謀國之忠，殉國之慘，勖其努力黨國，勿忝父風，吾子亦能深體此意，刻苦求學。今奉余命去與友人接洽欲購茶葉，支持東北義勇軍抗日，何罪之有，竟遭你們逮捕，理由何在？"說到痛苦處，聲淚俱下。

吳鐵城無言以對，生怕事情鬧大，不可收拾，急忙回屋給宋子文打電話，宋子文已聽醫院說過，廖夫人的心臟病嚴重，若受刺激太大，隨時有性命危險。事關重大，他怠慢不起，便急電蔣介石。

憚於何伯母在民眾中的威望，蔣介石也只好同意釋放廖承志……

雖然沒有與何伯母同行，但對老人家無畏的氣概和愛子深情，阿普彷彿歷歷在目，感同身受。

"如果我希望你永遠不離開我們家呢？"廖承志握緊姑娘的手，眼睛裡閃動着灼人的目光。

姑娘羞紅了臉，咬着嘴脣沒說話。她顯得有些慌亂，猛地抽回手，分明點了點頭，又趕緊搖搖頭，像隻受驚的小白兔。

她矛盾極了，自己心裡一百個贊成，可畢竟這是終身大事，父母家教甚嚴，她若應允，父母反對怎麼辦？萬一……

正巧何老太太樓下招呼什麼，阿普急忙答應着，靈巧地閃出屋門，留給廖承志一串歡快的腳步聲。

　　這以後，經亨頤請何老太太帶廖承志一同去上虞老家做客，阿普忙裡忙外，招呼得特別細緻周到，她看媽媽總誇讚承志又能幹，學問又好，心裡別提多甜！她並沒想得太複雜，因為她剛滿17歲，還只是個思想單純，不知世道艱辛的中學生。

　　那是8月的一天，阿普走進何家，何伯母兩眼閃着淚光，直瞪瞪地看着她。她渾身一顫，急忙問道："伯母，出什麼事了？"

　　"肥仔走了，這是他留給你的一封信，"伯母遞過信，語氣緩慢，但很堅定地說：

　　"他昨晚臨走前才告訴我，我幫他收拾的行裝，我對他說，你走了這條路，就要走到底。寧願犧牲，也不要學那些無恥之徒，出賣組織，出賣同志。不要辱沒廖家的門風！"

　　"伯母！"阿普一想到這一別恐怕再不能相見，更懊惱昨晚心緒不寧無法入睡時，為什麼沒過來看看，越想越難過，越後悔，忍不住撲在何香凝懷中痛哭失聲。

　　那封承志留給她的短信中的一句話，阿普整整記了一輩子：

　　"如果你真正愛我的話，請再等我兩年。"

第五章

戴枷北行

一

這裡完全是另一番天地。

廖承志乘船、坐車、步行，經過幾個月的跋涉，裝聾、作啞、裝病，躲過多少次敵人搜查，最終因交通斷絕沒能進入中央蘇區，被中央改派往川陝蘇區。難懂的鄉音，不熟的工作環境，這不難，告別樓群林立的城市，行走在鄉間僻壤的小道，這也不難，難的是同志內部，尤其是領導層的不溝通和不信任。

他不再叫廖承志，改名何柳華，不曾聽他解釋過取名"柳華"的原因，是不是取柳樹不擇土地厚薄，不求環境優劣，遇土能扎根、見水能成活的頑強生命力的內涵？

對於張國燾為人專橫跋扈、獨攬大權的情況，在中央招待所待命時廖承志已略有耳聞，廖承志向中央提出去中央蘇區，只因交通中斷，中共中央決定派往川陝蘇區，並讓他隨身帶去了中央給紅四方面軍的指示信和《敵軍密碼電報破譯法》一冊。

廖承志並沒有參加中央指示信的起草，並不清楚信中的內容，更不知道自己帶去的信中，有中央領導同志對張國燾沒有堅持鄂豫皖根據地提出的嚴厲批評，當然就不曾料到，張國燾從讀完由他帶來的這封中央來信後，便把他看成了了解信的內容並受命來監視自己的異己，從心底已把他劃入了另冊。

張國燾也曾給過廖承志職務：川陝蘇區工會秘書長、反帝擁蘇大同盟委員長。

1934年初，在粉碎四川軍閥劉湘進攻根據地的"六路圍攻"戰役開始不久，廖承志還被任命爲紅四方面軍總政治部秘書長。

不過，多數時間裡，廖承志是在黨校擔任教員。不給你實權，諒你泥鰍掀不起大浪，教書匠翻不了天。

也怪，他上的課，有文化的愛聽，大字不識幾個的老粗也愛聽。

廖承志此時年僅20歲出頭，年輕氣盛，熱情洋溢。特別是入黨後一直做白區工作，常常是獨身一人戰鬥在敵人的刀光劍影之中，所以他說話處事往往小心謹慎。如今，第一次回到革命根據地工作，他如魚得水，如鳥歸林，感情上就像回到自己家裡一樣親切、自然和放鬆。況且他生性坦率直爽，許多話直來眞去，不會拐彎，更不會多個心眼，用保護色掩護和隱蔽自己。

廖承志有一條藏青布縫製的褲帶，針腳很大，帶子很粗，有幾個細心的人發現，廖承志多天穿棉褲紮着它，炎炎夏天，驕陽似火，穿單褲時，也紮着它，汗水一次次把腰帶浸透，他又不洗，藏青褲帶上已綴滿了一圈一道的白鹽花。

有回，鄭義齋趁廖承志下河洗澡，提起腰帶，放到鼻子前嗅了嗅，皺起眉頭大聲嚷嚷："哎，我說小廖，這褲帶又重又臭了，我給你扔了！"

　　"別扔！別扔！"廖承志急急忙忙從水塘裡爬出來，伸手把褲帶奪到手裡，這才拭身穿衣服。

　　"一條破腰帶，怎麼這樣寶貝？！"

　　"這腰帶的確是寶貝！不信你瞧，"廖承志把腰帶扯開條縫，鄭義齋湊上去一看，裡面有些紙幣，還有隻亮燦燦的金戒指。不覺大吃一驚。

　　"這是我離開家前一晚，我母親連夜親自給我縫的！"往事撥動了心弦，廖承志眼裡湧起淚花："我媽媽非常疼我，若從慈母之情，她只有我一個兒子，她真捨不得讓我離開她遠走高飛，她身體很不好，有嚴重的心臟病，這次母子告別，又是後會無期……不過，她一向憂國憂民，視國家興旺，人民安居樂業為己任，如今國難當頭，她送子遠征，又是必然之舉。"

　　"那晚，她一直沒睡，流着淚給我縫了這條褲帶，夾進去一百塊錢和這隻二兩重的金戒指，教我說：'必要時可防身，平時不要花了。'她還對我說：如果她萬一死了，在中南銀行還有些存款，必要時可以取用，她還把那銀行的保險號碼寫在她的照片後面，要我好生保存……"

　　廖承志講得坦然，講得動情，完全沒注意對方充滿疑惑和敵視的眼神。

　　是呀，絕大多數紅軍戰士，都是窮苦百姓出身，往往都是被地主老財欺壓剝削得無路可走，為吃口飽飯，有件衣穿跟上隊伍造反的！他們對有錢人，尤其是家中有錢，又讀過書，留過洋的人，往往有一種與生俱來的敵視和懷疑，因為按照他們的思維邏輯，有吃有喝，有錢有屋，放着城裡的福不享，到窮山溝裡受苦捱凍，如果不是有特殊目的，那圖個啥呢？！

　　有一位身經百戰，歷經千辛萬苦，解放後當了將軍的老紅軍，曾坦率地說過這樣一句話：" 參加革命前，我們多數都是目不識丁、代代務農的窮苦百姓，真不懂什麼革命道理。常常因為家裡太窮，實在沒有活路了，有隊伍從門口過，一咬牙，一跺腳，就去了，圖個啥？就圖吃飽穿暖。說實話，那天正好是紅軍從我家門口過，如果那天是白軍從我門口過，我也會跟上走的。至於革命覺悟，都是以後不斷學習，不斷接受教育才慢慢懂的。 "

廖承志當然沒有想到，母親給他縫製的這條腰帶，以及裡面藏的錢，當張國燾公開廖承志父母都是國民黨員之後，就被鄭義齋和另一個知道實情的黃超把廖承志當作是蔣介石派來的特務，還有大量活動經費的" 罪證 "給揭發了！媽媽給的這條腰帶，成了廖承志被囚的重要" 物證 "！

對自己如此坦率，對四方面軍黨內外存在的許多問題，他只要發現，便心裡怎麼想，嘴上怎麼講，暢所欲言，從無顧忌。按他的想法，黨內還有什麼可顧慮和隱瞞呢！

他常講，應該相信幹部的大多數。要大膽使用知識分子幹部，不應該在革命隊伍中不問青紅皂白亂懷疑，亂逮捕，更不應該亂殺人。

他認為，在白區工作的同志非常艱苦，危險，絕大多數對黨忠誠，對革命有着特殊的貢獻，回到革命根據地來不容易，應該信任他們，充分發揮他們的能力和智慧，不能把肅反搞" 左 "了。

他沒參加過土改，但他認定中央有關土改的指示精神是正確的，消滅封建地主階級，並不是把地富分子都殺掉，應該分一份田，給以生活出路。

在反" 會剿 "問題上，他說，通南巴地區地勢優越，群眾基礎好，在蔣介石動員川陝兩省國民黨軍實行重兵" 會剿 "的情況下，可以留部分主力在根據地繼續堅持，以便同出擊川陝甘邊區的主力相配合，從而堅持老區，發展新區，打破"會剿"，反對放棄通南巴、移師北就漢中的主張。

開始，張國燾並沒把廖承志放在眼裡，不就是個乳臭未乾的毛頭小夥子嘛！那次，廖承志在會上提出：省委的肅反是否"左"了？張國燾一拍桌，像威嚴的家長，連批帶罵猛吼幾嗓子，他也就不吭聲了。誰知後來，廖承志猶如腦後長着反骨，不斷提出與自己看法相反的意見，提就提吧，還專挑人多的時候，不顧及一點情面。這還不算，張國燾聽人匯報，廖承志在群眾中還經常模仿自己說話的語氣怪腔怪調、陰陽怪氣，逗得幹部戰士哄堂大笑……

時僅一年，張國燾認定廖承志和與他一同來的羅世文同志，是專門來四方面軍挑刺奪權的，絕不可能俯首貼耳，規規矩矩為臣。於是，一紙密令，派人給他和羅世文同志羅織了"莫須有"的罪名：因為是從白區過來，還有大筆活動經費，所以就是"蔣介石特務"！根本不聽他們申辯，秘密關押在巴中縣省委機關所在地東山後面的一座破廟裡。

133

個頭高大，濃眉寬臉的張國燾親自來到破廟，他提審廖承志，問話反反復復，總是這樣幾句：

"中央派你來執行什麼任務？"

"到底派你來幹什麼？"

對張國燾無視中央和與中央分庭抗禮的言行，廖承志十分憤慨，同時又為張國燾色屬內荏、做賊心虛的模樣感到可笑，便冷冷地說："我在上海搞地下工作暴露了，中央就派我到根據地參加武裝革命鬥爭嘛。因為去中央蘇區的道路不通，才讓我來接受川陝蘇區黨組織分配工作的。"

這樣的回答，張國燾始終不信，他下命令撤銷了廖承志紅四軍總政治部秘書長的職務。

說廖承志灑脫也行，說廖承志清高也好，他從來不在乎自己的官銜和地位。他既然選擇這條道路，就願以自己的才能和智慧，甚至自己的生命奉獻給追求的理想和目標。

權慾極強的張國燾實難理解，撤了官職的廖承志，依然能樂呵呵的，幹啥都熱火。讓廖承志負責的只是川陝省委第四次黨代會的籌備工作，說來都是些瑣碎的事務，可是看不出他有一點馬虎和牢騷。

寫紅紅綠綠的標語，上山砍松枝紮牌坊，設計大會會標，畫馬克思、列寧的畫像，樣樣工作他都拿得起。毛筆字寫得極快極好，領袖像畫得極為傳神。張國燾也不得不承認，在根據地還真難找這樣能寫能畫的人。

每當舉行慶祝活動時，年輕人演出文明戲，他在那裡幫忙排練，說是當導演，排着排着，他比演員都更投入，大家一拍巴掌，他興奮地跳上舞台，也成了劇中人。

開場表演時，廖承志逼眞、生動的模樣，不亞於專業演員。

於是，這便更讓張國燾不能放心：

他一個洋學生，一個城裡人，一口難懂的廣東口音，為什麼能與土生土長的當地農民，與大字不識一斗的戰士還有說不完的話？

他一個出身名門之後，一個有才幹有能力的人，一個在共產國際工作過，與中央裡的領導人都很熟的人，卻甘心被免去官職，從事微不足道的小事，若不是領受了特殊使命，若不是中央給過他特殊許願，若不是心藏深機妙算另有所圖，他何以能如此臥薪嘗膽？！

是的，往往心術不正的人，往往無才無德的人，一旦大權在握，因為內心的恐懼，無窮的嫉妒，總視知識和智慧為仇敵，視正義和奉獻為虛幻，總要玩弄手腕，除去眼中釘方得安寧！

　　巴中縣中學的操場，經過廖承志和四川來的一批地下黨員的精心裝扮，陡然變得喜氣莊重，正前方松枝紮起的牌坊上綴着"川陝省委第四次黨代會"的會標，主席台正面掛的是大鬍子馬克思、山羊鬍子列寧的頭像，寥寥數筆，畫像卻很傳神。這是廖承志的作品。兩側牆上斜貼着十多張長條標語：

　　"打倒國民黨！"

　　"打倒蔣介石！"

　　"粉碎川西會剿！"

　　"中國共產黨是窮人的黨、窮人的救星！"

　　這也是廖承志的手筆。

　　會場裡沒有椅子，整根的樹幹橫臥排隊，中間是坐正式代表，兩邊是列席會議的少共代表。

　　廖承志是正式代表，坐在會場中間，他從沒架子，又從不甘寂寞，會說笑話，又很會講故事，會沒正式開幕時，他自然成爲笑聲的源泉；會議正式開始後，二三百人唱起《國際歌》，廖承志渾厚激昂的男中音，猶如合唱隊裡的領唱。

　　大會究竟怎麼開，代表們都不清楚。

　　主席團突然宣佈，先進行代表資格審查。

　　"何柳華，父親是國民黨中央常務委員，母親是國民黨中央執行委員。祖上是大資本家。"

　　廖承志心裡一驚，如此歪曲介紹必有目的！他來蘇區一年多了，他明白，身處偏僻農村的廣大紅軍戰士，長期面對國民黨軍隊的圍剿進攻，在他們的概念裡，國民黨等於蔣介石，等於敵人，對於敵人除了滿腔仇恨，沒有其他感情可言。一般不可能了解國民黨內還分左派右派，更不會知道自己的父母是怎樣爲祖國的前途而流血、鬥爭。

　　他從不愛炫耀自己的家世，但他明白，現在如此介紹絕

135

非是爲他炫耀。

果然，聽到他這樣的家世，剛才還和他挨肩坐着說笑打鬧的同志，一下都向兩邊挪開身子，臉色變得很緊張。

"何柳華夠不夠代表資格？"

"不夠代表資格！"絕大多數貧僱農出身的代表出自樸素的階級感情，一齊高呼。

"不夠資格怎麼辦？"大會主持人有很明顯的引導意圖。

"撤銷代表資格！"當然又是一陣呼聲。

"撤銷代表資格後怎麼辦？"主持會議者大有置人於死地而後快的決心。

"由工農革命法庭審判！"人群中有人亮一嗓子，衆人也就隨聲附和。說時遲，那時快，四個身背馬刀，肩挎駁殼槍的警衛戰士衝進會場，兩人撐胳膊，兩人持槍押解，把廖承志推出會場。

廖承志此刻漲紅了臉，他是個心底善良厚道的人，他從不把同志往壞處想，待人寬容，不存芥蒂，不計較，不記仇，也從不介入黨內的人事紛爭，對所有領導不巴結，也不逢迎，只憑自己對黨和革命事業的忠心、才智努力工作。不過，他今天看得太清楚了，張國燾的確有蒙騙群衆，愚弄群衆，借群衆之手鏟除異己的卑劣用心，否則這件事怎麼可能這樣處理！

就在前幾天，張國燾親自審查過廖承志。

那天，爲了講清在上海被捕和出獄的經過，廖承志特別介紹了自己的父母親。父親對共產黨的信任和感情，父親最後被國民黨右派殺害的經過，母親在"四一二"政變後大罵蔣介石，爲救兒子以死相拚。得知廖承志明天即要離別時，母親叮囑兒子的話，他都原文複述了一遍：

"你走了這條路，就要走到底。寧願犧牲，也不要學那些無恥之徒，出賣組織，出賣同志。"

當時，張國燾還稱讚了兩位老人的骨氣，感慨說，你母親中年喪夫，身體又不好，你這一走，何老太太肯定是很傷心的。

廖承志點點頭，說："我也是擔心這個，所以走前給柳亞子先生留了一封信，託他多多關照我的母親。"

發現張國燾聽見柳亞子的名字時，眼睛裡流露出狐疑的目光，廖承志把柳亞子的情況介紹後，又乾脆把信裡的內容全文背出來：

"我覺得，與其偷生來安慰愛護我的少數的人們，不如失掉愛護我的人們的安慰——因爲大多數人的幸福是在前途等着，這是歷史的命運所給予人類的重擔：這重擔也許很重，但是我也只能這樣做了。如果世間眞有上帝其物的話，我只祈求他能減少我母親的苦痛。

"也許將來還有一日，可以在先生面前求恕我的不辭而行。如果先生不怪我在這樣的情形下面膽敢向先生請求的話，我只希望先生能夠在每月中花一些時間，如果這樣，我母親便不致如在無人島上了。

"也許將來，中國的孩子們不必這樣地離開他們的母親吧，能這樣，很多人的死便不是徒然的了。"

如果張國燾能介紹這些，不要全部，廖承志相信在場的所有同志都會動感情，誰沒有父母？誰不愛自己的父母？能叮囑兒子不學無恥叛徒的母親，即便是國民黨執行委員，也決非是革命的敵人！而是革命忠實的好朋友！

廖承志邊走邊想，看這形勢，羅世文同志也一定是在劫難逃。身後傳來一陣喊聲，他停住步，側身凝聽，果然是："把羅世文押下去"的喝令。

“老實點！”腰上被槍管猛一頂，沒防備，人打了個趔趄。廖承志望望身旁原本熟悉，總愛堆着笑容的臉，現在變得如此陌生、鐵靑且充滿仇恨，他禁不住淡淡一笑，心中暗暗告誡自己：

“如果說在國統區，宋慶齡、何香凝、柳亞子、經亨頤等位前輩都是本公子的保護神，如今在紅軍內部則正相反，沾上國民黨的邊，那便是‘洪洞縣裡沒好人’！”

“原本廖某人就不是躺在父輩懷裡享福的人，如今並非紅軍戰士不講理，而是領導層裡有人利用戰士樸素的階級感情借刀殺人！

“廖承志啊廖承志，看來，在革命隊伍裡，也要準備甜酸苦辣都嘗遍，捂着尾巴是神仙！”

廖承志被單獨囚禁在保衛局裡，除了不能自由行動外，吃住條件與九月受審時相比，要好一些。不過，如果他有選擇的權利，他情願住大牢。那裡沒有床，沒有被，但有人，能體味到人間的冷暖。

那一次，廖承志被推進一間屋，過了好一會，兩眼才適應屋裡的黑暗。他看淸楚，這裡窗戶很大，曾是敎室，本應充滿陽光，如今改成囚室，草簾堵窗，鐵鎖鎖門，屋裡又暗又濕。

墊着稻草的地鋪上，橫七豎八睡滿了人，有的陰沉着臉，有的唉聲嘆氣，還有的在低聲嗚咽。人與人緊挨着，可彷彿相距萬里，相互之間沒人敢講話。氣氛緊張又壓抑。

廖承志一向不甘寂寞，操着廣東口音的四川話問道：

“我說同志們，你們爲什麼都關在這裡？”

四周投來驚異、警惕的目光，無一人答理，廖承志明白了，他微笑着自我介紹，說：

“我叫何柳華，原來在白區工作，是黨中央決定我來這裡工作的，但張（國燾）主席不相信，說我家庭出身不好，一聲令下，就把我關押起來。"

廖承志拍拍身邊一個小戰士的肩，親熱地問：

"小兄弟，你叫什麼名字？爲什麼被抓進來？"

小戰士抬起一張滿是淚水的娃娃臉，哽咽着說：

"我叫汪乃惠，說我哥汪乃明是啥子'托派'，所以我也靠不住，就抓了我。"

"你哥也關在這裡？"廖承志四處張望。

"他已經被殺腦殼了！"汪乃惠突然撲倒在地，捂住臉放聲痛哭，一聲連一聲地吶喊道："我哥哥他不是壞人，我才16歲，我也不是啥子'托派'，我不願這樣等死，我家還有70歲的老母親，是她送我們兄弟三個都參加了紅軍，我們要是都不明不白被殺死了，她怎麼活啊！我不想死，我害怕死啊！"

廖承志把小戰士扶起，掏出手帕一邊給他擦淚，一邊說：

"小同志，你不要哭，不要怕，不管哪個朝代的英雄，都是流血不流淚，對吧？"然後，廖承志轉向大家說：

"同志們，我們都是來革命的。我們如果是一個眞正的革命者，就要一不怕抓，二不怕關，三不怕殺！這是對每個革命者的考驗。"

這不是平時上政治課，不管是官是兵，現在的身份都是囚犯。

這不是隔靴子撓癢，同樣的處境，同樣的委屈，廖承志鏗鏘有力的話語，像磁石一樣極有吸引力。

大家圍攏過來，你一言，我一語，講自己的家世，講自己的委屈，看得出，這裡的同志多是苦大仇深的紅軍戰士，也有幾位是地下黨的同志，對他們進行審查的罪名多是"莫

139

須有＂的。

從來不愛吹噓自己的廖承志很明白將心比心的力量，對於爬山跌倒的人，憐憫和撫慰只會減少他前進的勇氣，只有指明山峰的無限風光，鼓勵他繼續攀登，才是醫治傷痛，尤其是心靈創傷最有效的良藥。

他平靜地講起自己的經歷：

＂我出生在日本，從小受父母的教育和影響，十幾歲參加革命工作，宣傳馬列主義，宣傳中國革命，被日本當局抓過兩次，後被驅逐出境。

＂國內待不住，我跑到德國、荷蘭從事革命工作，在這兩個地方都被捕坐過監獄。只因爲他們抓不到我違犯他們國家法律的把柄，不得不釋放我。

＂後來，經過組織派遣，我到蘇聯學習了一段時間。學習結束後，回到黨中央，在上海做黨的工作。因爲出了叛徒，我被國民黨當局逮捕入獄。

＂是我的伯母從蔣介石那裡硬是把我要出來了。我今年25歲，從17歲參加革命活動，到現在八年時間，在國內國外就有五次被捕坐牢，加上這次坐我們自己的大牢，是第六次了，平均一年多一次。與在座的諸位相比，可以說是有點老資格了，對不對？＂

屋裡第一次響起一串笑聲，儘管有捂嘴的，有拚命咬嘴脣的，大家都不敢放聲，但屋裡的空氣明顯輕鬆了許多，是啊，與這位何先生比，我們不都是第一次嘛！

＂這八年來，不管是怎麼抓怎麼放，我就是堅持一條要革命！＂瞧大家放鬆些，廖承志又認眞起來：

＂同志們，爲了革命，我們要保持革命的骨氣，要能頂得住嚴刑拷打，要把生死置之度外，寧死不屈，視死如歸。在黨內，也要經得起各種審查，眞金不怕火煉，不管受了多麼大的委屈，就是天大的冤枉，也不能動搖我們對理想、對前途的信念，不能因此灰心喪氣，悲觀失望，喪失革命性。

「兩種監獄，兩種鐐銬，能不能毫無畏懼地頂住，對每個革命者來說，是能不能經得起考驗的試金石。不過，話是好說，做起來的確不容易！我講真話，自己心裡也常覺得憋得慌：如果說自己為黨，為革命吃敵人官司，坐敵人監獄，捱打受屈，倒不怕！因為這是為真理而戰，有理想支持着，可視死如歸！可是，被自己人抓起來，坐自己的監獄，這算什麼事？！越多想越覺得委屈、窩火，對不對？」

「是呀！昨天還是親兄弟一樣，今天就被當敵人，誰想得通！」

「就是！無中生有，隨便定罪，說打就打，說殺就殺，這算什麼嘛！」

「……」

廖承志等大家說完，又笑着開口了：「不過，每當心口發堵，火苗開始往上竄時，我就對自己說：他們對我這樣兇，是因為他們恨國民黨，錯把我當成國民黨了，並非和我過不去！只要把事情弄清楚，他們還會和我親如兄弟！既然我沒做過壞事，心中無鬼，事情總有查清的一天！對不對？常言說，只要自己不垮，任何人也不能戰勝你。你自己生氣，自己不吃不喝，結果傷害的是自己的身體，是幫助別人整垮自己嘛！沒有一點實際意義嘛，只有傻子才幹這傻事呢！我可是個聰明人！於是又樂了……」

「哈哈哈……」

一席話說得大家頻頻點頭，屋裡的氣氛從此活躍起來，大家圍着他問東問西，像遇見了老熟人，又像有了主心骨，恢復了元氣和生機。

不知是誰好奇地追問了一句：「你的伯母是誰？」

141

廖承志也不隱瞞，他深情地說："我的這位伯母就是孫中山先生的夫人宋慶齡女士。"

他沒再說及自己的父親廖仲愷和母親何香凝，因為他從不以他們的名聲和威望作為自己的護身符。

廖承志生性活躍，善於鼓動，他很會把政治內容在將心比心的談話過程中深入淺出地講清楚，廖承志又是個"好漢不提當年勇"的角色，他從不愛回憶和吹噓自己。那次審查在他的記憶中，只留下了大牢房熱鬧、有趣，只記得有個在白區搞過地下工作的小同志，被釋放前與他依依不捨地告別時問過：

"何大哥，今天要放我出去了，在外面，我能為你辦什麼事嗎？"

廖承志笑着指指自己的嘴，說：

"小弟，如有可能，別忘了給我們弄點'進口貨'。"

那時紅軍生活本來就艱苦，牢獄生活就更加苦，連鹽巴都吃不上。那小夥還真當回事辦了，不久，真弄了一些臘豬腳、臘豬耳朵送進牢房，十幾個人分着吃，一人也就那麼一小塊，可那誘人的香味，廖承志長這麼大，國外飯店也光顧不少，可似乎都比不上這點臘豬腳！

他難道不想託小鬼辦點其他的事？怎麼不想？！他曾一陣衝動，想託那位小鬼給母親帶封信，一兩年沒有他的消息，老人一定夜不安寢，非常思念；他還想給阿普帶封信，不知小姑娘長大些沒有，還是不是經常在母親身邊？閃念如閃電，瞬間消失得毫無蹤影，如此處境，他能給親人說什麼？！難道讓她們來分擔自己的委屈？於是，他把對親人的思念埋藏在心底，只以樂觀豁達的心境面對嚴峻的現實。

然而，那個送豬耳朵的小紅軍吳尚德（即吳瑞林）卻把廖承志在牢中的一席話記了一輩子。

他從"何大哥"身上，感受到一個眞正的共產黨員所蘊含的堅如磐石的力量，決心做一個眞正的革命者，做一個眞正的共產黨員，去經受各種最嚴峻的考驗，不管革命道路上有多少艱難險阻，都要無私無畏，百折不撓，爲黨和人民的事業奮鬥到底，萬死不辭，即使是殺頭，也決不半途而退，動搖變節。

十五年過去，到1951年，吳尙德與廖承志在北京飯店偶然重逢時，當年的紅小鬼，已是志願軍第四十二軍軍長。兩人見面，你給我一捶，我給你一捶，好不親熱！

吳軍長比廖承志年輕七八歲，他激動地回憶起往事，感慨當年若無廖公牢中開導，眞不知能不能堅持到北上抗日那一天！他一定要去王大人胡同看望何老太太。感謝她生了一個有才有德、勇敢堅韌過人的好兒子。

廖承志依然是快人快語：

"你去我家，歡迎，只是我們訂一個君子協定，見了我的母親，不要提我們兩個坐牢的事。"

"爲什麼不提？"吳軍長不解地問。

"我不想叫老人傷感。"

"難道這麼多年來，你從沒有向家人說過？"吳軍長十分意外，"對妻子也沒說過？"

"沒有！過去的事就過去了，何必還掛在嘴上，讓親人陪着心煩呢？"

吳軍長佩服地點頭：爲廖公的孝心，爲廖公的豁達。

確實，人是感情動物，就是再堅強的男人，也要有發洩和傾訴內心苦惱的時候，尤其是受冤枉和委屈後，總難免要耿耿於懷，向自己親人發發牢騷講講怪話。看來在嘻笑怒罵皆成文章的廖承志的人生字典中，找不到"訴苦""發牢騷"這個詞！

一

1934年底，被單獨看押的廖承志只是嘴巴悠閒，雙手從沒閒着，他會刻蠟版，於是書寫材料，設計宣傳標語，畫領袖畫像，甚至根據地的鈔票，都是出自他的設計並油印成文件和實物。

他懂得英語、日語、法語和德語，因而，爲紅色中華通訊社新聞台翻譯外國電訊，也是非他莫屬，不可替代的工作，外電只有晚上清楚，所以廖承志經常是通宵達旦地工作，十分辛苦。

廖承志沒有官癮，從不把地位升降放在心上，這可是在逆境中大大幫了他的忙。沒有個人榮辱的困擾，手頭的工作不僅不會成爲精神負擔，煩惱的根源，相反倒成了他雖被囚禁，仍能爲黨繼續工作的精神安慰，又是他身在牢房，對外面形勢了如指掌的信息來源。

常言無私方能無畏，或云最大的勝利莫過於戰勝自我，確實是很有道理的！

他知道自去年10月被迫進入長征的中央紅軍，1935年1月，在貴州遵義召開了政治局擴大會議，他雖然不了解會議實際上結束了王明＂左＂傾盲動主義在黨中央的統治，確立了毛澤東在全黨、全軍的領導地位的詳細情況，但他從外電及國民黨電台的報道中，從指揮藝術的靈活及變化，他感覺到中央領導層的變化，主力紅軍一改被動捱打的局面，處處主動，像牽住了國民黨軍隊的鼻子。

1935年3月，張國燾決定放棄川陝根據地，向西北轉移。廖承志也知道，這並非中央的決定，很清楚，是張國燾對革命前途悲觀失望，擅自作出的決定。

紅四方面軍強渡嘉陵江，進入劍閣縣，廖承志和羅世文等仍是被監禁着隨軍行動。

1935年6月，紅四方面軍在夾金山下，與翻過大雪山的紅一方面軍會師了！廖承志多麼高興，他彷彿看見兩股細流匯成一道滾滾巨流，兩隻大手攥成一個鋼鐵拳頭，革命力量將得到迅速發展。黨中央一定會糾正張國燾的錯誤，自己的"問題"也能徹底弄清，自己又能全身心地投入工作！

他像小孩子盼過年那樣，渴望着兩大主力的會合。甚至在夢中都笑醒過！是的，他畢竟只是二十多歲的小夥子，生在國外，長在國外，又在遼闊無比的大海洋上闖過風浪，他像無法缺少氧氣那樣渴望着自由和平等，比許多從農村參加革命的同志更渴望着被信任和尊敬。

不料，張國燾沒有執行中央關於分左右兩路軍北上創建川陝甘根據地的決定，在率左路軍到達阿壩後，公開提出南下川康邊境的計劃。

9月中旬率左路軍及右路軍的四軍、三十軍一齊南下，向川康邊境的天全、蘆山、大小金山及阿南地區退卻。

9月底，張國燾在康巴公開打起了分裂的旗幟，公然另立"中央"，自命爲"主席"。不久，又率領部隊向寶興、天全、蘆山進攻，百丈關大戰之後，張國燾被迫放棄向成都進攻的計劃，率領部隊退回天、蘆、寶地區周旋。

廖承志從外電中知道，黨中央八月一日發表了《爲抗日救國告全國同胞書》，向全國同胞呼籲：團結起來，停止內戰，一致抗日。他深感外敵當前，紅軍只有團結在中央周圍，才有戰鬥力量。自己雖被關押之中，也常利用起草文件的機會，向張國燾多次建議按黨中央的指示辦事，強調團結的作用和力量。

145

1935年12月，一個冰天雪地的寒冷日子里，張國燾召開大會公開宣佈：

"廖承志是反革命，永遠開除黨籍！"

一副冰冷的手銬，廖承志從"受審"升格爲被保衛部關押的"囚犯"。

夜幕降臨，燭光融融，摘去手銬，鎖上腳鐐的廖承志，像往常一樣，從警衛幹部手中接過一疊文件，在鋼板上擺好蠟紙，準備開始刻文件。

廖承志平靜地拿起第一頁，湊近燭光細看，突然，人像遭到電擊，腦袋陡然轟的一聲，他情不自禁地閉上雙眼，牙齒緊緊咬住嘴唇，用手支撐着桌子，努力克制着憤怒的顫抖，保持着身體的平衡。

他的理智告訴他，門外一定有眼睛，他知道一定有人希望看到他失態，他發狂，他鬧事，乃至精神總崩潰！他偏不讓這些人得逞！

然而，這樣的手法實在太殘忍，太傷人，兩行熱淚奪眶而出，掛在被光影籠罩着的廖承志的臉上。

是的，你不是吃苦不怕嗎？你不是撤官不怕嗎？你不是審查一年有餘仍然執迷不悟，總是言必維護中央嗎？我宣佈你是反革命，我開除你的黨籍，作爲黨的叛徒敗類，我隨時能處決你，看你還有本事再總提中央！而且我所作的開除你黨籍的決定，就要你自己刻蠟版，用你自己的筆跡，把你自己釘到黨史的恥辱柱上，讓你永世不得翻身！

你不是有種嘛？！你不是那種不怕死不怕苦不在乎做不做官的嗎？！可你畢竟是知識分子，知識分子最容易傷害的是心靈。好，我讓你自己刻寫開除自己黨籍的決定，讓你自己拿利刃一刀一刀去切削自己的自尊和心靈，讓你無法承受心靈的創傷，讓你不堪忍受對自尊的侮辱，讓你精神崩潰，讓你自己消滅自己，豈不是既方便又乾淨？！

是的，不能說這手不靈不狠。似乎從父親被害那日起，已經不再知道流淚是何滋味的廖承志，今天淚流滿面，男兒有淚不輕彈，只是未到傷心處，廖承志今天真是傷心萬分。

參加革命近十年了，無論在國內還是國外，無論工作多麼困難、多麼危險，無論是母子親情、纏綿愛情，無論是在大城市、在農村，無論是當領導、當小兵，他從未動搖過的，就是對黨對革命事業一片忠誠。

現在，張國燾踐踏否定的偏偏正是這點！而且他否定還不算，還要我自己也來否定自己，自己也來開除自己，作為一個共產黨員，難道連保留自己意見的權利都沒有了嗎？難道連維護自尊的權利也喪失乾淨了嗎？為什麼對自己同志，僅僅是有不同意見的同志，就要如此仇恨，如此殘忍呢？還有那牢裡關的，一路悄悄殺害的，只是因為不信任、有懷疑便草菅人命，隨意加害，只用狹隘意識能解釋通嗎？……

147

廖承志緊緊咬住下脣，嘴脣破裂滲出血珠，他似乎沒有知覺；他支撐着身體的雙手，情不自禁地握成拳頭，指甲深深嵌入皮肉，他也不知道疼痛！淚水像破了堤的洪水奪眶而出，是恨，是氣，是屈，是辱，是盼還是什麼，廖承志無法說清此刻的心情。一種不曾有過的委屈和懊惱油然而生，他再也無法熄滅心中的怒火，憤怒地抓起桌上那堆材料，狠狠往地下一摔：

去他的！士可殺不可辱，今天老子就是不刻了，我看你能拿我怎麼辦！

人往破木櫈子上一倒，腳一挪，"丁當"，腳鐐發出刺耳撞擊聲，聲音並不響，卻像炸雷，讓廖承志渾身一震，耳邊"丁當"之聲漸漸幻化出嘎吱、嘎吱的鋼鋸鋸骨的聲音，讓人毛骨悚然，白天衛生隊醫生爲傷員手術的情景，又歷歷在目：

一位前幾天與敵人遭遇戰腿部負傷的戰士，因爲無藥無繃帶，傷口又遭雨淋，嚴重感染，紅腫腐爛，引起高燒不退，如果再不鋸腿，生命就無法保住。

沒有酒精，沒有手術器械，一口鐵鍋沸水中，煮着一把鋸木頭的普通的鐵鋸；

沒有麻藥，更沒止痛針，給傷員灌了幾口燒酒，傷員自己拿出一條破舊的毛巾，悄悄咬在牙齒間，剎那間"嘎吱、嘎吱、嘎吱"鐵鋸鋸骨聲，傷員從牙縫中擠出的痛苦叫喊聲，給人的感覺，就像是走進了地獄，小鬼正用沒刃的鈍刀活生生地割肉，慘不忍睹。

"怎麼樣，能堅持住嗎？"看來，醫生的神經也幾乎承受不住了。

"我……行……"傷員的聲音虛弱卻絲毫不遲疑："我……不能死，北上……打鬼子……"

廖承志痛楚地閉上眼睛。

"哇……哇……哇"那個連名字尚未起的"小戰士"的哭聲，又隱隱約約響在耳畔，像刀扎心。那幾天，部隊行軍，他就跟在女兵隊後面，快近中午時，前面突然一片慌亂，路窄，後面隊伍被迫停住了，大夥揚起頭，七嘴八舌向前打聽原因。沒想到，答覆竟是一片女人的歡呼聲：

"快瞧，還是個帶把的！"

"眞棒，又多了一個小紅軍！"

"後面的男同胞，誰能貢獻點炒麵、布片？"

於是，在艱苦的行軍征途中，嬰兒的哇哇啼哭聲時常響起，哭聲像一曲生命的凱歌，吸引着大家暢想明天，展望未來，想到革命成功，勞動人民當家做主人的火紅年代，身上也不再那麼冷，腿也不再那麼酸，肚子也不再那麼餓，連自己手上那副冰冷的"大手鐲"，也彷彿不再那麼沉重。

第一次過草地。

飢餓、毒草、沼澤、寒冷，天天奪走一些同志的生命。

廖承志真正強烈地感受到：生與死原來像一對孿生兄弟，靠得那麼近，那麼近。

突然有一天，不知誰先發覺：怎麼好幾天沒聽到"小紅軍"的哭聲？！

"為什麼沒聽見孩子的哭聲？"

"他已經不在了！"最常抱着孩子的女紅軍聲音極小。

"餓死了？！"

搖頭。

"凍死的？！"

搖頭。

"病死的？！"

還是搖頭。

"到底出了什麼事，你他媽的倒是說話呀！"男人們着急，話就粗了。

女紅軍哇地一聲嚎啕大哭。急得一圈人又是道歉，又是勸慰，好半天，她才慢慢安靜下來，抽抽泣泣地說："是大姐自己把孩子埋了。……"

"什麼？！"周圍的人都驚獃了，不知誰脫口而出："我的媽，天下還有這麼狠心的娘？！"

"誰說大姐狠心？她是太愛我們姐妹了！她看大家乾糧袋越來越癟，可是為了不讓孩子餓着，大夥都不肯吃一丁點糧，全吃苦菜，把糧食集中磨碎給孩子熬粥吃。這幾天，大姐眼見着姐妹們瘦下去，其中還有誤吃毒菜中毒的，還有犧牲的。她急得掉眼淚，不能眼睜睜地讓個什麼事也不懂，什麼力也不能出的孩子拖累了大家。那天早晨，大姐趁大家還在睡，就把孩子抱出去，摟在懷裡親個夠，然後就一狠心，咬緊牙，把孩子埋了……"

　　天啊！爲了兩姓旁人，爲了沒有任何血緣關係，卻情勝親姐妹的同志，一個母親親手埋掉自己的親生兒子？！這是人世間多麼罕見多麼悲壯的一幕！很長時間，廖承志只要一閉眼，彷彿就能聽見孩子的哭聲，彷彿就能看見那位年輕母親往兒子身上蓋土那霎間的痛楚、絕望、悲慘的表情。

　　是作爲廖家獨子從小得到的母愛太豐厚？是他男子漢強壯身軀內太多善良、太多眞誠？三十多年後，他曾對一位著名電影導演說過這一悲慘但眞實的故事，最後曾感慨道：

　　"這些年來，我眞想畫出這位年輕母親的悲壯之舉，可是，多少次提起筆，一想到那場景，心酸得又放下了筆……"

　　直至"文革"後，被關在監獄裡的廖公，爲鼓勵女兒，曾作過一幅畫，是一位紅軍母親在給將要送給老鄉的親生兒子餵最後一次奶……

　　看來，給孩子一條生路，讓孩子有人收養，這分明是廖公的希冀和期盼，他只是擔心自己孩子不能理解現實的嚴酷，便給嚴酷的生活眞實，增加了一筆理想的色彩……

　　在蘇區被冤枉、被秘密殺害的同志；

　　打阻擊爲掩護部隊轉移犧牲的同志；

　　爬雪山失腳跌下萬丈深淵的同志；

　　過草地陷入沼澤再沒露頭的同志；

　　被傷痛、疾病折磨熬盡最後一口氣的同志；

　　還有那個連大名還沒起的"小烈士"。

　　一張張熟悉的、陌生的、年輕的、年老的、男人的、女性的面容……，像一朵朵血紅的杜鵑，鋪墊出一條漫長的曲曲折折的小路，伸向遠方，伸向天邊……

　　廖承志思緒萬千，感慨萬千，世上本來沒有筆直的路，只有曲曲折折的路，只要人正又何怕影子歪？！相信事實總是事實，紅的也說不成黑的！只要此志不移，開除也是枉然！

　　不知時間飛逝，長條椅上坐累了，稍微移動一下身子，腳下鐵鐐嘩啦一響，不禁百感交集，詩情奔湧，立刻伏下身去，鐵筆在蠟紙上龍飛鳳舞：

> 戴枷行萬里
> 莫蹉跎，
> 歲月多。
> 世事渾如此，
> 何獨此風波。
> 纏索戴枷行萬里，
> 天涯海角任消磨。
> 休嘆友朋遮面過，
> 黃花飄落不知所。
> 嗚呼，
> 軀殼任它溝壑填，
> 腐骨任它荒郊播。
> 宇宙寬，
> 恒星多，
> 地球還有億萬年，
> 百歲人生一瞬過。
> 笑，笑，笑，
> 何須怒目不平叫？
> 心透神明腦自通，

　　坦懷莞爾心光照；

　　繩套刀環不在手，

　　百年自有人照料。

　　一經宣洩，廖承志又恢復了往日的鎮靜和達觀，他將刻好的蠟紙拿起，湊近燭光，讓火焰聆聽自己的心聲，他的臉龐被火光映得紅彤彤的，呈現出淡淡的微笑。他突然產生一種強烈的願望：

　　等到革命成功，有條件時，我一定要像父母親那樣，把自己這些在血與火、生與死、愛與恨、怨與憤中誕生的詩篇，匯集成冊，讓我的孩子或成千上萬的中國孩子不要忘記過去，無論何時何處何種挫折，都能對未來充滿信心和進取的勇氣！

　　他開始刻蠟版，鐵筆運行流暢、快捷，在開除黨籍的文件中，他還特意把"何柳華"三個字刻得端端正正，誰是誰非，自有歷史公論。

　　桌上的文件很快全部刻完了。

　　廖承志招呼看守的排長，向他伸出自己的雙手。

　　排長彷彿沒看見，他低頭打開廖承志的腳鐐，又收拾起桌上的文件，出門時扔下一句話：

　　"這是一夜的工作量，時間還沒到，睡個舒服覺吧！"

　　門"砰"地一聲關上了，廖承志以爲再不會有的眼淚又一次奪眶而出。

　　是的，這個排長人前對他最兇，總是吆三喝四，推推搡搡。可眼前……

　　在牀上隨心所欲地翻動着身體，噢，沒拉沒扯的，眞舒服喲！

　　廖承志睡不着，自己和自己談心，其實，世界上還是好

152

人多，對不？排長過去對我狠，是把我當國民黨恨，處得長了，也了解了，還對我狠，那是狠給保衛局的頭頭看吧？否則，許多事情不可思議：

原先和自己一塊關過牢的紅小鬼吳尚德，那天悄悄送來一袋炒麵，怎麼能轉到我的手中？

還有那回在路邊休息，我肚子餓得實在難受，見身邊坐着的一個戰士，從口袋裡掏出一個餅子，噢，那香味的魅力，使我忘記了臉面和自尊，輕聲與他商量說，我給你畫一張像，你給我半塊餅子，行嗎？他竟答應了！我急忙鋪紙作畫，生怕他後悔，也怕站在不遠處的排長看見，畫兒幾筆勾完，那小鬼連聲稱讚：像，像，真像！果真如約分了半個餅給我，我狼吞虎嚥，抬頭一看，排長正好轉過臉去，當時慶幸他沒注意，現在想想，他一定看見，並且默許了，否則怎麼會又有過好幾次"以畫換食"的機會？

人間自有真情在，一陣陣暖意驅走寒冷，沁人心腑。被開除黨籍，並且由自己"宣判"的這一夜，廖承志精神沒有崩潰，沒有失眠，相反，他呼聲大作，睡得很沉很沉，很香很甜！

153

三

草地，照例應是綠茸茸，暖融融，平展展。這裡的草地，淤黑腐臭的積水遍地皆是，看是茫茫草地，卻隱藏着無底深淵，稍不留神，陷進去，越掙扎，沒頂之災降臨得越快！好在已經被走過了二次，那吃人不吐骨頭的陷阱，已經被插上了標記。

這天，廖承志跟着隊伍走上草地中的一個小山坡，他站定喘口氣，遠遠看見張國燾在前面與人談話。

那人身材不高，瘦削臉龐，脣邊留着八字鬍子，以前彷彿沒見過。當廖承志和部隊路過他們身邊時，突然，那人笑着迎過來，親切地問道：

“你是廖承志同志吧？”

“同志？”廖承志心頭一震，這個最親切又最一般的稱呼，他作囚犯一年多，又被開除黨籍，定成反革命“罪犯”，眞正是久違了。他無言以對，只點點頭。

“我是任弼時。”那人一邊自我介紹，一邊緊緊握着廖承志的手：“廖承志同志，你身體怎麼樣？工作還順手嗎？有沒有與媽媽聯繫過？……”

廖承志強忍着內心的激動，仍然是無言以對，只默默地點頭。

任弼時同志突然注意到廖承志衣服破破爛爛，手腕上有傷痕，（因過草地隨時有陷入泥潭的危險，故而未帶手銬）身後還跟着荷槍的士兵，立即吃驚地轉過身。向張國燾提出質問：

“這是怎麼回事？”

張國燾支支吾吾，十分尷尬、狼狽。任弼時同志嚴肅地對張國燾說：

“如果廖承志同志有什麼需要的話，我可以幫助他，請你告訴我。”

任弼時的這些話，不僅廖承志聽見，周圍的許多紅軍戰士都聽見了，廖承志感到溫暖、安慰，當然也有人深感困惑、不解。

其實，在廖承志和羅世文被非法關押後，黨中央和我黨駐共產國際的代表林育英就十分關注。

早在1936年2月，林育英同志即致電張國燾，批評他：

"鄂豫皖肅反頗多'左'的錯誤和擴大化……"

同時還明確指出:

"鑒於歷史敎訓,盼兄負責檢查,使擴大化、偏見與單憑口供刑訊等錯誤早告肅淸。廖承志、曾鐘聖(即曾中生)即使有反動嫌疑,亦須保全其生命,並給以優待,此爲代表團所切囑。"

在任弼時同志的關心和干預下,廖承志、羅世文和其他被張國燾關押的同志才恢復了局部自由。廖承志終於結束"纏索戴枷行萬里"的苦難歷程,只受保衞局目光的監視。

四十二年後,廖承志在爲周恩來總理八十誕辰紀念日所寫的一篇文章中曾詳細回憶過這段歷史:

"四方面軍同二方面軍進入甘肅、寧夏,到了黃河邊,周恩來同志一路打聽一些同志和我的消息。最後,在往寧夏預旺堡行軍的路上,周恩來同志碰到了我。

"我看到周恩來同志,心情萬分激動,自廣州一別,十年未和他見過面,十年前我見到周恩來同志時,我還是個中學生,十年後再見面時,我已經是個共產黨員了,但那時卻是個被張國燾開除了'黨籍'的人,在這種情況下見到周恩來同志,不知該怎麼辦。我心想,是躲開呢,還是不躲開?旁邊還有人押着我,如果我和周恩來同志打招呼、說話,我怕會給他帶來麻煩,因爲張國燾是個心狠手毒的家伙。"

"我正在躊躇的時候,周恩來同志走過來了,看見我被押送着,他臉上沒有任何表情,若無其事,也沒有說話,但同我緊緊握了手。"

"當天晚上,周恩來同志派通訊員找我到司令部去,我進屋後看見一大屋子人,張國燾也在。張國燾明明知道周恩來同志認識我,卻陰陽怪氣地問:

‘你們早就認識嗎？’

周恩來同志沒有直接回答他，卻轉而厲聲問我：

‘你認識錯誤了沒有？’

‘認識深刻不深刻？’

‘改不改？’

我都一一作了回答。

後來周恩來同志就留我吃飯，吃飯時，周恩來同志只和張國燾說話，也不再理會我，吃過飯就叫我回去。我敬了一個禮就走了。

周恩來同志考慮問題很周到，鬥爭藝術很高超，如果他不這樣問我，當天晚上我就可能掉腦袋。

自從周恩來同志把我叫去以後，我的待遇明顯改善，不久，我就被釋放了。”

依然是滴水成冰的嚴冬，依然是紅軍積極分子大會，廖承志笑容滿面，不住地向熟人打招呼，與伸過手來表示祝賀的同志們一一握手。

是的，歷史是公正的，被“開除”出黨整整一年的廖承志，今天終於又被宣佈恢復了黨籍！不圖官，不重名，不怕苦，不畏難，甚至連死也能置之腦後，而獨獨把黨的奮鬥目標視為自己生命，擱在自己心中的廖承志，今天怎麼能不心花怒放？！

確實，在那最艱苦的戰鬥歲月裡，共產黨員的稱號只是與責任、奉獻和犧牲劃等號的，而無其他功利的成分！

與廖承志同一命運的羅世文同志曾這樣說過：

“廖承志的生命，在當時，比一根懸着千鈞之重的頭髮還要危險。如果沒有周恩來同志的營救，那他的生命是很難說的。”

不過，沒聽說廖承志對周恩來救命之恩言謝之事，倒是

1936 年冬，長征到達陝北後的廖承志。

由廖承志自己口中傳出，在他恢復自由之後，他把裝着鋼板、鐵筆、蠟紙的布口袋端放在桌上，自己退後三步，雙手抱拳，恭恭敬敬，給布口袋作了三個揖。

是呀，張國燾之所以沒殺廖承志，除了他的家世，除了共產國際和黨中央的壓力，頂實際、頂重要的還是他會刻蠟版，會畫畫，張國燾在根據地要印行鈔票，都離不開他。

總說“苟且偷生”，其實“偷生”者未必“苟且”。最偉大的人，往往是最能忍辱的人。

而能忍辱生存者，能逢凶化吉者，幾乎被置於死地，又能絕處逢生者，除了胸懷大志，還因爲他具備特殊的、無人能替代的才能！

世間風雲變幻，天地萬事萬物，命運朝夕禍福。

乞求神靈、攀附權貴、怨天尤人、自暴自棄，最終都是空！

“技多不壓人”，眞正能改變自己命運的不是神仙、皇帝和別人，是你自己大寫的人生！

是你自己的志向！

是你自己的才能！

第六章
香港風雲

一

　　好痛快的起伏巔簸，好親切的濕潤海風，好漂亮的港島倩影，這一切是多麼熟悉，又多麼陌生！身着筆挺西裝，肩披黑呢大衣，一派英俊瀟灑紳士風度的廖承志，久久站立在船舷邊，極目遠望，感慨萬千：

　　現在已經是1937年尾聲，日子過得多快，自從歐洲回國至今，與寬闊的海洋一別便是六年，整整六年沒聽過大海深沉粗獷的呼吸，真想啊！當然，如果自己仍然生活在張國燾陰影之下，恐怕此生與海再無緣相見了。

　　年底，到達陝北後，廖承志被分配在紅色中華通訊社，專門負責外國電訊工作，紅中社遷到延安改名新華社後，廖承志不僅翻譯全部外電，而且擔負了編輯新華社廣播稿件的任務。同時負責綜合國際動態情況，供中央領導同志參考。為了加強對外報道工作，他還負責編輯《鬥爭》雜誌，闡述中共的對外政策。

　　要說工作條件，依然是十分艱苦，新華社全部人馬只有三個人，一個小小的破廟便是辦公室，沒有印刷廠，沒有鉛字，每天廖承志收聽並翻譯日本同盟社日文消息、塔斯社英文消息、法國的哈瓦斯通訊社的英文消息，加起來是六七千字，李柱國同志中文譯電九千字左右的稿件，向仲華同志包解放區所有來電綜合起來寫消息、寫評論也有兩千五百多字，每天這近兩萬字的內容，再全由廖承志刻蠟版。經常是通宵達旦地工作。

累嗎？也累，也不覺累！

爲啥？沒有精神苦惱和壓力！

每天晚上十一點至十二點的時候，毛澤東主席一定來，來看當天第一手的消息。

他來看國民黨的消息，看國際的消息，看來自解放區的消息。每天晚上毛澤東總和向仲華、李國柱、廖承志三個人在一起，坐上一兩個鐘頭，一面看，一面問一些問題，親熱隨和，高興起來，還一起"話當年"。自己的工作受重視，人格受到領袖尊重，古人尚且能做到"士爲知己者死"，宣誓爲黨的利益不惜犧牲自己生命的共產黨員，還會怕吃這點苦嗎？

廖承志的潛能不斷被充分發揮。他在新華社工作三個月後，被任命爲新創刊的黨中央政治理論雜誌《解放》週刊總編輯，又擔任了中共中央出版局局長，還繼續負責翻譯新華社的全部外電。

廖承志自從1937年4月擔任《解放》週刊總編輯，在不到半年的時間裡，他依據自己掌握的大量國際最新信息，在《解放》週刊上先後發表了22篇十分漂亮的國際時政評論，他的文章材料豐富，語言形象，說理充分，很受歡迎。

工作繁忙，一點不妨礙廖承志藝術天才的發揮，他酷愛話劇，沒有劇本，他與朱光同志根據回憶重新編寫《炭礦夫》，他演劇中的老礦工，相當成功；他還演過《阿Q》中的兩個角色。

美國名作家埃德加‧斯諾的前妻海倫‧斯諾，1937年5月
21日，在延安訪問過廖承志後，她對廖承志有一段十分生動
逼眞的描寫：

"他剛患過痢疾，病得很厲害，正在恢復，仍躺在炕
上，顯得異常消瘦。紅軍官兵住的房間，通常都打掃得一塵
不染，可是他住的這個地方到處是塵土，掛有高爾基、毛澤
東等人的畫像。……他不大願意讓我們給他拍照。他臉龐消
瘦，鼻子很尖，思維非常敏捷，說着一口漂亮的英語，操美
國口音。我在延安紅軍劇社裡，已經不止一次看見過他。在
一幕名叫《間諜》的劇中，他扮演西班牙軍官，在舞台上嚴
刑逼供不幸的共和黨人，把傲氣十足、慘無人道的佛朗哥軍
官表演得惟妙惟肖，以致使我擔心觀眾會一哄而起，把他毒
打一頓。後來，他在《阿Q》一劇中，還扮演過兩個角色，
他表演得非常成功。他說：'我什麼都會幹。'"

"我發現他的確多才多藝。他講德語、日語、法語、俄
語、英語和漢語。我們交談時，他不停地吸煙，手持蠅拍，
在他的炕上跳過來、蹦過去地打蒼蠅。他說，長征過草地
時，吃的東西很差。他丟失了他自己的那份炒麵，因而，靠
給同志畫像'混飯吃'。有人告訴我，他也是一位優秀的新
聞記者，曾經協助編輯過兩份雜誌，他的文采是眾所公認
的。他寫過劇本，搞過蝕刻畫、木刻畫、漫畫、油畫以及水
彩畫。他給徐特立等領導者畫過像。他不僅是一位優秀的演
員，還是有名的歌手和導演。他的乒乓球、籃球也打得不
錯，身體一直很好，每天工作十四個小時。他還是個水手，
會跳《水手號笛舞》，在延安榮獲極高的讚賞。有人告訴
我，他很謙遜，對人友好、無私，具有眞正的同志精神；他
是一位難得的組織活動家、傑出的演說家，是蘇區最富於幽

默感的人。在舞台上，他擅長扮演喜劇角色。爲了說明狗肉好吃，還是驢肉好吃，他同我們進行了長時間的爭論。他顯得非常西方化、美國化，工作、講話都很快。他還沒有結婚。"

看來，廖承志的這些特長，中共領導人也都看在眼裡。

"七七"盧溝橋事變之後，周恩來慧眼識珠，首先向中央提議，讓廖承志去香港籌建八路軍、新四軍辦事處。

一天晚上，毛澤東主席派人把他找去，見面便說：

"恩來同志很會選人，知人善任，我也舉了手，這是中央的決定！小廖，統戰工作很重要，政策性很強，你在國民黨那邊有許多朋友，你要團結左派，爭取中間派，擴大統一戰線，推動抗日救國運動。小廖，你到南京跟劍英同志先工作一段，熟悉熟悉'行情'，再到香港開分號！"

那天，毛主席與廖承志侃侃而談，直到夜深人靜。走出主席的窰洞，廖承志已經十分清楚自己的任務：

把中國共產黨堅持抗戰的主張，八路軍、新四軍浴血抗戰的事跡，向海外僑胞和國際友人廣泛宣傳；把海外僑胞和各國朋友熱情援助八路軍、新四軍的物資真正送到抗日隊伍手中。當然，利用香港特殊地理位置，搜集國際形勢最新動態，供中央參考，這是不言而喻的工作。

廖承志很興奮，任務當然是十分艱巨的，然而他充滿信心，大腦頓時轉動起來，一個個計劃和主意直往外蹦。他生性喜歡向困難挑戰，他不是玻璃缸裡渴望安寧的金魚，他是海底蛟龍，喜歡驚濤駭浪，他的生命彷彿就是爲戰勝困難創造神奇而誕生的。

"嗚—嗚—"輪船汽笛聲打斷了廖承志的沉思，抬眼一看，香港碼頭已經依稀可見，岸上人影晃動，尚分不清男女。可是，廖承志分明看見，人群的最前面，站着自己白髮蒼蒼的老母親！

整整六年，山南海北，生離死別，自己五尺男兒，已是
"三十而立"的年齡，尚且夢中常常與母親相見，母親年高
多病，怎麼會不思念投身槍林彈雨，幾年杳無音信的獨子
呢？

廖承志是1936年"西安事變"後開始與母親聯繫的。他
託去上海的王安娜給母親帶了一封信，一反往日大大咧咧的
個性，叮囑了好幾遍：

"我離開上海後，一直沒給母親信息，因此，這封信對
我來說是至關重要的。"一直沒有回音，他也不期望得到回
音，只爲給母親一點寬慰。

四個多月之後，廖承志突然"大豐收"，母親不僅寄來
了信，還寄來了筆、錶、衣服、手套和皮夾子！眞是"兒行
千里母擔憂"。

媽媽總是媽媽，想得多細多周到，只是她並不知道兒子
幾乎赤貧，根本不需要什麼錢包！至於東西拿來，立刻"共
產"之細節當然不必讓老人知道了。

誰知這以後，母親不斷帶墨水筆、毛衣等日用品不算，
不知誰向她老人家"揭露"了自己的醜事：

他和陳賡一對活寶，兩人太饞了，悄悄跑到倉庫去偷吃
罐頭。吃完了，還把蓋子原樣蓋好，兩人抹抹嘴，沒事人一
樣……

媽媽由此一定記起自己的肥仔是"饞佬"，於是茶葉、
牛肉乾不斷託人帶來。廖承志知道母親經濟不寬裕，必定是
苛刻自己。無奈寫信勸沒用，無法阻止母親對兒子疼愛的
心，若老人家看見夥伴們一窩蜂"哄搶""共產"牛肉乾的
那場面，一定要笑出眼淚來的！

那一天，毛澤東主席把廖承志叫去：

163

「小廖，你看，我收到一份上海送來的禮物。」

廖承志一看，一套上好的湖筆狼毫、一份畫集、一份雙清詞草。他心裡一熱，是母親帶給毛主席的。

「你母親的畫，充滿鬥爭之意，我雖不知畫，也覺得好。她老人家也真不容易，就你一個兒子卻不溺愛，把你貢獻給革命，你可要好好孝順老人家。有人馬上去上海，我給令堂大人寫了回信，你也寫封信一塊帶上，怎麼樣？」

「好！」廖承志接過毛主席手中的信，細細讀了一遍，其中一段話語重心長，他久久不忘：

「先生一流人繼承孫先生傳統，苦鬥不屈，為中華民族樹立模範，景仰奮興者有全國民眾，不獨澤東等少數人而已。承志在此甚好，大家都覺得他好，望勿掛念。……」

廖承志完全能想像出母親讀到此信時，熱淚盈眶又滿臉笑容、幸遇知己和悲喜交加的神情。

得知上海抗戰發動，閘北、虹口都已成為一片瓦礫場，廖承志非常顧慮母親的安全，他在給母親的信中寫到：

「我很想來看看你們，在如此的情況底下，自然你們也必定是很想見見我。可是戰爭已在進行了，一切的一切都只能為着戰爭的利益犧牲。……我個人，也唯有從工作的加緊中，遙祝你們的安全，遙祝你們的努力。

「這是使我難過的事，也更是使你們難過的事吧。但是整個中華民族的生存，也唯有依靠全國的母親們、女兒們、兒子們，能夠忍受當前的難過，能夠抹下滿眶的熱淚，去為祖國的命運拚至最後一滴血。我們母子之間，今日還能通信，可是連通信的可能都喪失了的，不知多少。我們只好忍受它，我們只好勇敢地接受這磨煉。也唯有讓我們大家，來擔受這重擔吧！

「持久的抗戰已經發動，經歷的折磨困難今天才在開

始。以後我們可能還要經受更大的磨煉⋯⋯讓我們到了鴨綠
江邊再慶祝家庭的團圓好了。讓我們在民族抗戰勝利的旗幟
下，再慶祝我們的會面好了！"

廖承志是在寬慰遠在上海的母親，也是在平抑自己思念
母親的心情。如今，因爲工作需要，黨中央派他到香港，闊
別四年的母子就要相見了，孝心極重的廖承志怎麼能不激動
呢？

廖承志是10月初到達西安的，他歸心似箭，沒在西安八
路軍辦事處久留，立即登上了東去的列車。到達南京，與南
京辦事處的葉劍英、李克農、童小鵬見面後，當天就請假去
拜謁中山陵，再去明孝陵近旁祭掃了父親廖仲愷之墓。

緩步沿着墓道坡梯向上攀登，恍惚間，廖承志彷彿看見
父親端坐眼前，依然是那麼精神矍鑠，目光炯炯。他兩眼濕
潤了，獻上手中的鮮花，深深地三鞠躬，無語地向父親訴說
着十多年來的思念和告慰：

父親，我參加了共產黨，無論是順境還是逆境，我都記
住您的教誨，"人生最是重精神"，從未辱沒家風，我一天
也沒忘記您的囑託："留汝哀思事母親"，我雖不能像姐姐
那樣常與母親相伴，可我的心，始終念着她老人家。如今國
難當頭，大敵當前，我不日將去香港工作，走之前，一定去
上海看望母親⋯⋯

然而，未等廖承志這一願望實現，10月底日軍進攻南
京。南京危在旦夕，中央決定南京辦事處撤退。辦事處只有
兩輛破舊的小汽車，廖承志和葉劍英、李克農、童小鵬等七
人分乘這兩輛"爛背騾子"，沿着南京、蕪湖、屯溪、南
昌、萍鄉、長沙之間的破爛公路，爬山過河，顛簸輾轉到了
長沙，"爛背騾子"徹底散架，只好改乘小火輪，往北去漢
口。這一路歷時兩個多月，備受風霜勞頓之苦。

　　數十年後，童小鵬回憶過這段經歷，在他的印象中，廖承志像一隻上緊發條，永不知疲倦的鬧鐘，在勞頓的途中，他風趣幽默，講笑話成串；艱苦的宿營中，他一會兒表演個小品，讓人笑痛肚子，一會兒唱支深情的蘇聯愛情歌曲，讓人沉浸在愛的海洋之中。在長長的征途中，使這支小小的隊伍，總是充滿歡聲笑語。

　　樂觀是一種了不起的力量，葉劍英同志稱讚廖承志是"人民藝術家"，大伙親切地叫他"俱樂部主任"，七個人精神抖擻地到達漢口，無一人掉隊，無一人生病，鬥志昂揚地投入新的戰鬥。

　　廖承志在漢口，又給媽媽和姐姐發了電報，姐姐很快回電。而給那個珍藏在心底的姑娘，無論是去信，還是拍電報，都如石沉大海……

　　岸上的人影清晰起來，奇怪，沒有白髮母親，彷彿向他頻頻招手的是一位亭亭玉立的年輕姑娘？！

　　天哪，是她！是自己朝思暮想的阿普！廖承志喜出望外，心臟陡然加快跳動，他忘情地揮動着雙臂，眼睛裡閃動着如醉如癡的笑意！

　　分別四年多了，廖承志從沒忘過阿普微笑的模樣。可是給母親帶去的一封信中，他隻字未提阿普，爲啥？當年離開上海時，他給姑娘留信，"如果你眞愛我，請等我兩年。"

　　自己一走四年無音訊，人家還能等嗎？後來，母親來信說阿普還在等，廖承志喜出望外，連夜給母親和姐姐去信："她能等待我這麼多年，我是想不到的，因此前函也沒有問，請先告訴她我身心一如昔日，她可以放心，我沒有負她。只是希望你和醒姐多多從思想上幫助她前進，將她往昔的小姐脾氣洗掉，將來我們可以在共同目標下一同努力。"

　　信發出去後，廖承志心裡無法平靜，阿普是個多麼難得的好姑娘！設身處地想想，一個名門閨秀，二十歲尚不出嫁，一心等的又是個來無影去無蹤的＂通緝犯＂，要承受多麼大的社會壓力。

況且，阿普的哥哥廖承志也見過，那是個吃喝嫖賭無一不沾的花花公子，當年看妹妹與自己形影不離，那位經大公子始終沒個好臉。

這些年來，阿普在家裡的日子也一定不好過，她能堅持等待這麼多年，對我是多深的感情啊！

廖承志無法抑制內心的激情，連夜筆走龍蛇，給阿普寫了一封情意纏綿的長信，傾訴了自己多年的思念和情感。

信剛寄出，廖承志便覺不能忍受郵途的漫長，必須立刻讓姑娘知道自己的愛慕和感激之情，他又趕緊去郵局給阿普發封電報，讓飛速的電波及早把自己的愛情和思戀帶給遠方心上的姑娘！

出乎意料的是，無論是滾燙的信還是言簡情深的電報，結果都是沉默，沉默，不盡的沉默。

廖承志茫然了，遠隔千山萬水，事情千變萬化，不能對話怎麼預測未來的發展？原以為吹燈沒戲了，萬沒想到，今天出現在香港碼頭迎接的，竟是自己日思夜想的阿普！

姑娘長高了，變瘦了，也越發俊秀！只是廖承志喜歡的大方、爽直的性格沒變，依然爽言爽語。

廖承志也不客氣，上車便逗趣：

＂阿普，是擺大小姐的架子吧？我給你寫過好幾封信，還拍過電報，為什麼不理我？＂

＂什麼？你給我寫過信？可是我一封也沒收到呀！＂阿普非常吃驚，略一沉思，恍然大悟道：

＂一定是我哥哥把信毀了，他和媽媽一直反對我等你，說你是共產黨，要不就在戰場上被打死，回城也是被通緝、被槍斃的角色，難道你願意當一輩子寡婦？"

"那經老伯的意見呢？"

"爸爸一直支持我等，他說承志是革命之後，有志青年，如果我能有這樣一個女婿，眞是我們經家的光榮！若不是爸爸態度鮮明，我能活着支持到今天？"

"那這次？……"

"說來也巧，"阿普笑得好甜："那天，我突然感到心亂，堅持去上海看伯母，趕到老地方，人去樓空！急得我直想哭，還好，鄰居出來告訴我伯母的新地址。我趕緊去找。一進門，看見伯母在整理東西，她說當晚乘船去香港，你也要去香港工作，問我願意不願意去，我說當然願意，可是我沒有票呀！伯母說，沒關係，你就作爲我的護士，和我住一個艙吧。於是我就來了！"

"這太好了！太好了！"廖承志一下把阿普攬在懷裡，毫不掩飾自己心花怒放的喜悅心情，連聲讚道：

"這大概就是緣分吧！感謝上蒼，讓天下有情人終成眷屬！"

1938年1月11日，廖承志和經普椿的婚禮在香港未里森三堡舉行，廖承志還尊重了母親何香凝的意見，身穿長袍，擺了一個茶會，旣簡單又樸素。

那一天，一向深居簡出的宋慶齡女士也來賀喜，她舉止端莊，笑容可掬，送給新娘兩塊精美的綢緞衣料，又親手把一條光閃閃的金項鏈掛在阿普的項間。

廖承志爲自己的新娘戴上了一枚閃着晶瑩光澤的鑽戒。五十五年後，那枚閱盡人間滄桑的鑽戒仍然在經普椿無名指上熠熠閃光。

何廖兩家的親朋好友紛紛前來賀喜。

廖承志穿行席間，問候、敬茶、致謝，禮貌周全。是的，這種歡快、融洽、隨和的氣氛，是家庭所需，更是他在香港開展工作所不可缺少的。

二

香港皇后大道中18號。一樓一底的臨街房，門面招牌四個大字"粵華公司"。

迎門櫃台裡，擺着一排鋥亮的鋁製大肚小口的茶葉筒，上面清楚標着"福建烏龍"、"浙江龍井"、"黃山毛峰"、"六安瓜片"、"蘇州碧螺春"……中國名茶多數都是榜上有名。

櫃台內五顏六色的茶葉筒，大大小小扁扁圓圓各具特色，十分醒目。此乃一家批發兼零售的茶葉店，貨色齊全、價格公道，每天有不少客商來往。

老闆娘姓陳，有名夥計叫陳新。

只有常來二樓"談生意"的潘漢年、廖承志、連貫清楚，這"粵華公司"就是八路軍、新四軍駐香港辦事處的機關所在地，陳新是一位烈士的後代，父親是在大革命時期犧牲的老黨員，老闆娘不是別人，正是他的母親，他母子是受地下黨派遣掩護機關的。

起綽號，這似乎是廖承志一生的極大嗜好。他起的綽號，往往是內含風趣，恰到妙處。辦事處成立，大家見面，廖承志眼珠子一轉，就笑稱辦事處是："五子登科"。

潘漢年笑着詢問："何以出此高論？"

廖承志笑瞇瞇地拍拍自己"小有規模"的肚子，搖頭晃腦地說："本人乳名肥仔，故而，'胖子'的美稱，非我莫屬。潘兄，您臉面不是一馬平川，有些小小的盆地，雅稱廣

169

1938 年 1 月，廖承志奉中共中央派遣，到香港組織八路軍辦事處，主持抗日民族統一戰線工作。廖承志（右一）在香港與保衛中國同盟中央委員會主席宋慶齡及其他委員合影。左起：愛潑斯坦、鄧文釗、廖夢醒、宋慶齡、塞爾溫·克拉克夫人、諾曼·弗朗斯。

林兄，俗語‘麻子’；連貫老弟，身材矮小墩實，平生恐怕最大的願望是長成高個子，故而該叫：‘長子’；至於高挑瘦長個的喬冠華喬老爺，則就反其道而行之，稱‘矮子’最合身份……”

連貫是位老黨員，在香港從事地下工作多年，交友甚廣，在華僑中有很多朋友，常言道：人熟是寶，黨組織把他調到香港八路軍辦事處工作，就是爲更多發動廣大僑胞，爲抗戰有錢出錢，有力出力。

連貫雖然是第一次與廖承志共事，卻十分喜歡廖公子幽默風趣的性格，此刻忍着笑反問道：

“胖子，你怕是數學不好吧，數來數去，只有四子嘛，何謂五子登科呢？！”

“這第五子嘛，”廖承志頑皮地眨巴着眼睛，嘴上拖腔拉調，腦子裡卻在緊張思索着。

趕巧，15歲的小陳新推門進屋送開水，喬冠華大手一拍，及時救駕：“你瞧，陳新是個孩子，豈不是五子登科齊也！”

171

“好！不愧是《時事晚報》的大主筆！”看得出廖承志十分欣賞這個有革命熱情，且才華橫溢，反應特靈的留德博士生。後來，爲了進一步加強宣傳輿論工作，廖承志建議成立中國新聞社，請國民黨十九路軍資助，由喬冠華擔任社長。南方局周恩來批准了這個建議，於是，第一個民間新聞社在香港成立，成員還有胡繩夫婦、胡一聲、鄭展等人。

香港八路軍辦事處在廖承志領導下，成爲中國共產黨深入國統區堅持團結抗戰的前沿陣地。

1938年秋天，蔣介石在武漢無端取締了“民先”等三個進步青年救亡組織。廣州國民黨頑固派立即如法炮製，在廣州開動了一切宣傳工具，污衊抗日進步團體，同時封閉了新華日報廣州分館。

　　廖承志在香港得到這一消息，與潘漢年緊急商定，自己立即趕到廣州去，召開一個由廣州各抗日青年團體、進步文化界及各界救亡團體負責人參加的招待會，宣傳抗日道理，爲新華日報廣州分館據理力爭，爲廣東抗日進步團體正名。

　　招待會會場設在哥倫布餐廳。

　　國民黨頑固派得知消息，決定蓄意製造事端，破壞這次集會。經過周密策劃，派出許多特務分子，隨着各界人士，早早混進哥倫布餐廳，分散在會場的各個角落。專等省黨部一個官員發出信號。

　　廖承志走進會場，進步青年熱烈鼓掌，雜在人群中的特務們則發出噓聲和怪叫。廖承志彷彿沒聽到那些嘈雜之聲，他也不上主席台落座，很自然地抱着雙臂，依在講台前，緊皺着雙眉搖搖頭，像對老朋友聊天似地大聲抱怨說：

　　"我說，這會場是哪位仁兄安排的？不怎麼高明噢！"

　　朋友吃驚，對手奇怪，會場頓時肅靜無聲。

　　"哥倫布餐廳環境可謂富麗堂皇，無奈是管理太差，這麼漂亮的地方，大白天竟也有老鼠出沒，吱吱亂叫，大掃雅興！"

　　廖承志話音剛落，品出味來的進步朋友們，頓時迸發出歡喜的笑聲和熱烈掌聲。那位國民黨官員氣得臉發白，可也只能打掉門牙往肚裡嚥，不能發出信號。是呀，人家廖承志罵的是老鼠，又沒點名罵國民黨，再笨的人，不能自認鼠輩呀！

　　招待會宣佈開始。一位學生模樣的青年人搶先發言，他控訴了國民黨在大學裡搞的法西斯軍訓，最後提出"我提議我們大家團結一致反對國民黨，反對軍訓！"聽衆席上立即響起喝彩聲和鼓掌聲。

　　廖承志沒有鼓掌，他敏銳地看出，發言者不是太幼稚，便是別有用心，不管其主觀願望是什麼，客觀效果都造成了反政府的傾向，等於授人以柄，給頑固派以破壞招待會的機會。

　　廖承志舉手揮了揮，會場安靜下來，他平靜地說：

　　"我不能完全同意這位先生的意見。大家想一想，現在全國抗戰，人人都有捨己衛國的職責，作為青年學生是要學會一些必要的軍事知識和技術，要準備武裝抵抗侵略，就應該參加軍訓，至於訓練中有什麼不太合適的做法，大家可以及時向當局提出改進意見，力求把軍訓搞得更好些……"

　　廖承志一番求大同存小異的發言，及時扭轉了大會的偏激情緒。事後瞭解，那個發言激烈的年輕人果然是省黨部的人，事先佈置給他的任務就是煽風點火，引導出反政府的極端情緒，讓特務們有藉口抓人。

　　點火不行，正面進攻。

　　頑固派的一個科長猛地站起身，盛氣凌人地指着廖承志逼問道：

　　"廖大公子，試問，你同意不同意中國只有一個抗日領袖，一個抗日政黨的說法？！依本人之見，中國抗日的領袖是蔣總統，中國抗日政黨是國民黨！"

　　面對挑釁，廖承志鎮定自若。他語調並沒提高，但字字句句鏗鏘有力：

　　"蔣總統是不是抗日領袖，國民黨是不是抗日政黨，四萬萬同胞自有公論，不用你我來爭論。至於中國還有沒有抗日的旗幟？誰是真抗日，誰是假抗日？四萬萬同胞心中也有桿秤，是能掂得出輕重分量的！"

　　"你是替共產黨招魂！共產黨破壞團結，共產黨是土匪，共產黨共產共妻，根本不抗日！"

173

　　發言的國民黨科長理屈詞窮，只好拿出了潑婦罵街的看家本事，以期激怒衆人搞亂會場，給埋伏在會場裡的特務下毒手找到藉口。會場裡刮起憤怒風暴，不少人激動地站起來，提高嗓門與那人爭論。

　　廖承志看見潛伏在樓梯口、牆角落的特務打手已經掏出木棍，如果再繼續混亂下去，他們立即會藉口維持秩序，大打出手，造成血案，後果不堪設想。說時遲，那時快，廖承志果斷地大聲招呼道：

　　"請大家安靜！"

　　會場突然安靜下來，大家的目光都注視到主席台上。廖承志慷慨陳詞道：

　　"大敵當前，這個大敵是誰？是日本帝國主義！我們要槍口對外，團結抗日！有人說共產黨不抗日，不，這不是事實，我們共產黨是堅決抗日的。我廖承志可以告訴各位，可以告訴廣東同胞，1935年我跟着紅軍從川中出發，長征兩萬多里路到達陝北，爲的是什麼，就是爲着擺脫國民黨軍隊的圍追堵截，開赴抗日最前線。剛才發言的這位先生，你連日本人槍聲、炮聲都沒聽過，居然侈談什麼共產黨不抗日，你有什麼資格？你剛才的講話，是破壞國共兩黨團結抗日的，也違背你們蔣委員長講話精神，你要考慮說這番話的惡劣後果，要對你自己的攻擊承擔全部責任的！

　　"大敵當前，我們共產黨一定堅持團結抗戰，絕不做破壞團結的千古罪人，只要不是漢奸，不是賣國賊，我們都會堅持求大同存小異，團結抗戰到底！"

　　廖承志一番演說旗幟鮮明，有根、有據、有理、有節，會場上不時爆發出陣陣掌聲和叫好聲。

　　負責指揮搗蛋的國民黨省黨部的官員臉孔慘白，尷尬地溜出會場，剛才還神氣活現的科長，此刻低下漲成豬肝色的臉。特務群龍無首，頓時黔驢技窮，再無法控制會場。

趁熱打鐵，廖承志以他渾厚的男中音起頭，會場內響起了雄壯的《義勇軍進行曲》。

> "起來！不願做奴隸的人們！
> 把我們的血肉，築成我們新的長城！
> 中華民族到了最危險的時候，
> 每個人被迫着發出最後的吼聲。
> 起來！起來！起來！
> 我們萬眾一心，
> 冒着敵人的炮火前進！
> 冒着敵人的炮火前進！前進！前進！進！"

廖承志代表共產黨義正詞嚴的演說，與道出心聲的義勇軍進行曲，給黑暗中的廣州青年心中，點起一支熊熊燃燒的火炬。

香港八路軍辦事處的工作開展得很有成效，不斷受到中共南方局和周恩來的好評。

廖承志利用香港出版比較自由的條件，與姐夫李少石一起，把毛澤東主席的著作《矛盾論》、《實踐論》、《論新階段》譯成英文，在香港雪街三達公司各印1000本。一部分書通過各種渠道投向國外，這大概是毛澤東著作第一次向世界發行。另外還在香港直接銷售，中環娛樂戲院左側的德忌笠街的李乾記英文書店就是代售點。雖說每部書僅售出幾十本，但畢竟在香港有了第一家出售共產黨領袖著作英譯本的書店。

香港是世界海輪來往方便的自由港，與海員有深厚情誼的廖承志，非常重視這條與世界聯繫的紐帶。他領導八路軍辦事處與海員工會建立了密切聯繫，通過定期航班，與英屬新加坡、雪蘭峨、檳城、霹靂、馬六甲、森美蘭、彭亨；荷屬棉蘭、沙撈越；法屬緬甸、安南等國家、地區的華僑取得聯繫，把由於日寇野蠻屠殺和掠奪，成千上萬的同胞在水深火熱中掙扎的眞實情況告訴海外廣大愛國華僑，爭取他們的同情和支援。

由陳嘉庚發起的"南洋華僑籌賑祖國難民總會"響應了廖承志的號召，在香港成立了救濟總指揮部，籌集了上百萬元的救濟款項，派專人送回家鄉救濟。

愛國僑領黃伯才、張郁才出資，黃志強爲隊長組成一個十三人的東江華僑回鄉服務團，取名"兩才隊"；愛國僑領官文森出資組織文森隊；吉隆坡各界人士捐款，黃義芳爲隊長，組成吉隆坡隊，以及"加影隊"、"士毛月隊"、"北馬來西亞隊"等華僑子弟隊伍相繼回國，參加東江人民抗日鬥爭。

另外，安南、暹羅（泰國）等地的華僑青年亦紛紛回到東江參加抗日救亡工作（簡稱"東團"）。華僑愛國的抗日熱情，慷慨的捐助和無私無畏的精神，都大大激發了故鄉人民的抗日積極性。

由於廖承志的努力，海外華僑捐款可以把款項直接匯給香港華比銀行，手續又簡單，又能取得華僑同胞的充分信任。

要香港一家銀行代收華僑給中國共產黨方面的捐款，不是那麼容易的事。華比銀行的經理鄧文田，副經理鄧文釗，是廖承志的表兄弟，廖承志以自己參加二萬五千里長征的親身經歷，向鄧氏兄弟介紹共產黨堅持抗日救國的決心，激發他們的愛國熱情，使他們甘願爲抗日出力。

於是，華比銀行以鄧家的出入口公司崇德行的名義，接收海外華僑匯給八路軍、新四軍的捐款。這樣的結果是一舉兩得，既保證了匯款匯物的安全，又達到了分籌分匯的目的。

過去南洋及海外僑胞支援抗日的捐款和物資，都是統籌統匯，寄交給國民黨政府，然後由國民黨政府分配使用。而實際上，這些捐款、物資一分一毫也分不到八路軍、新四軍手中。在與國民黨交涉中，毛澤東、周恩來早就提出分籌分匯的建議，如今正好藉此機會。廖承志與海外僑領磋商，立即取得了陳嘉庚等人支持。

廖承志又以新四軍軍長葉挺、副軍長項英的名義在《香港大公報》上刊登啓事，通告各界僑胞，凡是捐贈給八路軍、新四軍的款項和物資，一律由＂敝軍駐港粵代表廖承志收轉＂。於是，分籌分匯取得了順利進展。

海外華僑在香港八路軍辦事處的宣傳影響下，要求回國參加抗戰的青年人與日俱增，廖承志、連貫等同志又挑起向延安輸送愛國青年的重任，前前後後達千人以上。

香港八路軍辦事處在廖承志的領導下，成爲中國共產黨與海外華僑密切聯繫的堅強紐帶。

香港八路軍辦事處1938年1月成立，3月12日，爲辦事處機關作掩護的＂粵華公司＂就被港英警察查封，並抓走了連貫等七位同志。

香港旣是英屬自由港，島上除了八路軍辦事處之外，日本間諜、國民黨特務、漢奸走狗及西方各國的特工等各種政治勢力都在頻繁活動。港英當局出爾反爾，查封八路軍辦事處，正是爲討好和換取日本人對英國在華利益的承認這一政治目的所採取的卑鄙行徑，只因爲廖承志、潘漢年是八路軍派來的正式代表，影響面很大，不便逮捕他們，於是，就以連貫開刀。

香港，廖承志一面向港督楊慕琦提出抗議，又向周恩來
發出急電報告情況。

重慶，周恩來再次向卡爾遜將軍交涉。

在各方面的努力下，連貫被關押五十多天後終於恢復了
自由。

三

而立之年的廖承志，心裡十分清楚，處於秘密狀態下的
八路軍辦事處，要想在香港立穩腳跟，打開局面，滿盤活
棋，自己和潘漢年同志充其量也只是舞台調度或大型交響樂
團的指揮。

要能最廣泛地團結一切可以團結的力量，最大限度地調
動一切可以調動的積極性，最充分發揮各路人馬的聰明才
智，必須要有一面旗幟。

如果說要在國際友人和海外華僑中樹立一面旗幟，那麼
非宋慶齡女士莫屬！

廖承志從小敬重宋慶齡女士，然而，真正瞭解她豐富的
政治內涵和堅韌的革命品格，並且終生難忘的是1933年，那
短暫的不及半小時的每一分鐘。

1982年，宋慶齡去世之後，廖承志曾親筆寫過一段回
憶：

紀念宋慶齡同志的畫冊的前言，已把宋慶齡同志的光輝
形象刻畫得光彩奪目。她的革命的一生，尤其是風雨飄搖的
30年代，她艱苦奮戰，如千丈巨巖，頂住一浪高似一浪的衝
擊，在狂風暴雨中巍然屹立。

1933年春末，我由宋慶齡同志、柳亞子先生和我母親營

救，從上海工部局公共租界拘留所回到了家。記得是五月時節，宋慶齡同志突然出現在母親的客廳裡，那時候，她通常是不輕易出門的，而且我姐姐還在香港從事地下工作未回上海，因而不但沒有事先通知，連間接的招呼也沒有。可是她來了，只有一個人，這是從來少有的事。我母親慌了，趕快自己沏茶。她卻平靜無事地同我母親寒暄，一面向我眨了眨眼。我母親明白了，她託詞去拿糖果，回到了寢室。當時只剩宋慶齡同志和我兩個人了。

"夫人……"我不知從何開口，只好這樣叫着。

"不。叫我叔婆。"她微笑着說。

"是，叔婆。"

她面色凝重了，說話放慢了，但明晰，簡捷，每句話像一塊鐵一樣。

"我今天不能待久。"

"嗯。"我回答。

"我今天是代表最高方面來的。"她說。

"最高方面？……"我想知道。

"國際！"她只說了兩個字，隨後又補充說："共產國際。"

"啊！"我幾乎叫起來。

"冷靜點。"她說："我只問你兩個問題。第一，上海的秘密工作還能不能堅持下去？第二，你所知道的叛徒的名單。"

我回答了："第一，恐怕困難。我自己打算進蘇區。第二，這容易，我馬上寫給你。"

"好，只有十分鐘。"她微笑着，打開小皮包，摸出一根香煙，自己點了火，然後站起身子，往我母親客廳中去。我聽見她與母親低聲說了些什麼，然後兩個人高聲笑起來。

　　我飛快地寫好了，在一條狹長的紙上。十分鐘後，她出來了，我母親還躺着，她看見我已經寫好，便打開皮包，取出一根紙煙，把上半截煙絲挑出來，把我那張紙捲起塞進去，然後放進皮包裡。我不用問，還有什麼好問的？我只怔怔地望着她。她從容地站起來。

　　“走了？”我問。

　　她沒說話，指指客廳。我明白她和母親要告別。我輕聲叫：“媽媽！”

　　“知道了。”媽媽出來。她們手挽手到樓梯口。原來我母親住的房子，是同經亨頤先生合租的，二樓成了她的居所，樓下是著名的“寒之友社”，那樓下的客廳便是經先生以及一大群畫家常來揮筆之所。

　　“我自己下去。不要送了。”宋慶齡同志說。

　　“？”我母親眼睛瞪得很大。

　　“不要緊。安全的。”她有把握地說。然後慢步下了樓梯，走過廚房，也就出了何香凝公館的大門。她一笑，出去了，真利落。我有點緊張，問媽媽：“要不要等會兒打電話？”很明顯，如果她回了家，接通電話，就表示真的安全了。

　　“你這傻孩子！”我母親笑了。“你搞了這些那些，連這都不明白？我從來不打電話給她，她也從來不打電話給我，放心。”

　　我真的放心了，她也真的沒有來電話……

　　這一段回憶，埋在我的心裡將近五十年，從不敢同別人講過。

　　回想起來，回憶真有一大堆。兒童時代的，歐洲時代的，香港時代的，建國以後的………從她一生革命的長河中每個階段都可以看到，她一生是革命家，是鬥士，以共產黨

180

員自詡，而最後獲得黨證，是我們偉大的中華人民共和國的名譽主席。

……

廖承志知道，宋慶齡是尊重中共中央、毛澤東主席和周恩來副主席的意見撤離上海到香港來的。宋慶齡有獨特的政治地位，在國內外享有崇高的威望，有巨大的愛國熱情，與世界各國又有廣泛的聯繫，是發起組織國際統戰機構，團結海外一切可能團結的力量，爭取世界人民、海外華僑支援中國抗戰的理想人物。

所以，廖承志與宋慶齡商議後，決定由宋慶齡發起籌組創建"保衛中國大同盟"，簡稱"保盟"。

爲確保"保盟"成立後發揮更大的作用，從保盟的組成人員到保盟的宗旨、任務，廖承志和潘漢年都與宋慶齡一起逐條逐句進行研究，推敲。經過大量籌備工作，"保盟"於1938年6月14日，在宋慶齡九龍寓所小客廳裡宣告正式成立，總部設在香港西摩道21號。宋慶齡擔任主席，廖承志擔任了負責做實際工作的秘書長職務。

"保盟"的中央委員會中，有當時任國民政府財政部長的宋子文，任國民政府行政院長的孫科，有印度的賈‧尼赫魯，美國的保羅‧羅伯遜，克萊爾‧布思‧盧斯，德國的托馬斯曼以及國民黨內有威望的人士馮玉祥、顏惠慶等，宋慶齡還邀請了香港醫務總監司徒永覺的夫人海彌達‧克拉克女士任"保盟"秘書，香港大學教授諾曼法朗士任名譽司庫，原美國合眾社記者愛潑斯坦和新西蘭作家貝特蘭主管宣傳。

廖夢醒、王安娜、鄧文釗、鄒韜奮、金仲華、陳君葆、許乃波等都參加"保盟"中央的工作。

"保盟"的成立，爲中國人民和世界各國愛好和平的人民和海外愛國華僑之間架設了一座共同反對法西斯侵略戰爭的友誼大橋。

廖承志作爲"保盟"中央委員兼秘書長，一直參與"保盟"的領導工作。他與潘漢年不僅經常參加"保盟"會議，而且一起會見國際和平人士，如貝特蘭、斯諾、史沫特萊、弗朗斯等著名新聞記者，動員國際輿論和爭取國際組織支持援助八路軍、新四軍。白求恩事跡的介紹、斯諾《西行漫記》的報道、皖南事變、重慶大隧道慘案等新聞，當時在國內大多數人還不知道時，早已通過"保盟"辦的兩週通訊在國際上普遍傳開，引起巨大反響。

"保盟"廣泛地聯絡了世界各國進步友好人士，其中包括許多港英政府的官員、銀行家、工商界、文化界的著名人士，向他們宣傳中國各地的抗日救亡情況，介紹中國共產黨領導的抗日根據地軍民英勇鬥爭的事跡，爭取他們對抗日戰爭的同情和支持，把募捐活動搞得轟轟烈烈。

"保盟"成立一年時，就從各國朋友那裡爲八路軍、新四軍和抗日根據地募集捐款25萬港元，還有一大批急需的藥品和醫療器械。

新四軍缺少毛毯、蚊帳和藥品奎寧，派人找到香港八路軍辦事處，廖承志立即向"保盟"反映，於是，宋慶齡發起募捐"兩萬條毛毯運動"和緊急藥物援助。陝甘寧抗日根據地的第一輛配備流動手術室的大型救護車，第一架大型 X 光機，都是"保盟"捐助的。

"保盟"還動員了許多外國醫生，到抗日根據地參加戰時救護工作。如國際和平醫院的馬海德；印度加爾各答醫療隊的柯棣華、巴蘇華、愛德華、才克華、仇克華等大夫；奧地利的羅森塔爾大夫；德國的米勃大夫；美國的愛羅色大夫和加拿大的于文女士等。

這些國際主義戰士在各根據地救治了許多八路軍、新四軍的傷病員，並且在極端困難的條件下開辦了數十所國際和平醫院、醫學院和製藥廠，爲根據地培養了不少衛生工作者，在中國人民偉大的抗日戰爭中，立下了不朽功勳，這些國際主義戰士以鮮血和生命培育了中國人民和世界人民的友誼。

　　1941年7月1日晚，宋慶齡在香港灣仔莊士頓道179號英京酒家五樓主持“一碗飯運動成立典禮”。

　　這天，廖承志早早來到英京酒家，只見門前車水馬龍，冠蓋雲集，成千上萬的群眾圍聚在馬路上，翹首爭看宋慶齡的風采，香港當局不得不出動大批警察維持秩序。

　　宋慶齡梳着中國傳統髮髻，身着黑綢鑲邊旗袍，邁着輕盈的步子走到主席台上，迎着熱烈的掌聲發表演講，闡明一碗飯運動的目的和意義。許多聽眾爲孫夫人的話所感動，紛紛擁向台口慷慨解囊。坐在主席台上的廖承志站起來，大聲解釋：“等孫夫人講完，會後要進行義賣。”

183

　　當宋慶齡演講完畢，宣佈開始義賣時，廖承志激動地站起來說：“我們尊敬的孫夫人對保衛中國同盟開展一碗飯運動率先響應，這裡擺着孫先生生前珍愛的、當然也是孫夫人珍愛的墨寶和紀念品，當場義賣作爲捐獻……”

　　廖承志的話音未落，就有許多人擁向主席台，獻鈔票，遞存摺，紛紛捐助。不一會，便形成了富商巨賈，互相爭購，僵持不下的局面。廖承志靈機一動，立即宣佈變義賣爲拍賣，價高者得。於是，珍品很快被搶購一空。

　　聚沙成塔，集腋成裘，僅僅一個月的一碗飯運動純收入港元二萬餘元，國幣六千餘元，所有款項全部匯捐中國工業合作社，救濟傷兵難民。保衛中國同盟的歷史功績，宋慶齡女士的高尚人格永載史冊。廖承志猶如支撐“保盟”屋宇的棟樑，陪襯紅花的綠葉，他默默無聲，但功不可沒！

四

廖承志非常清楚香港彈丸之地，既有敵我友魚龍混雜之特點，又有人才濟濟消息靈通之優勢，要最廣泛地發揮各種人才的潛能和智慧，最大程度地調動一切愛國抗日力量的積極性，只有搞好對海內外的宣傳，打破國民黨頑固派的新聞封鎖，才能爭取國際朋友和海外華僑物資和道義上的支持，也才可能使＂八辦＂耳聰目明。廖承志看重宣傳的威力，他把《新華日報社論集》和我黨在重慶出版的《群眾》（紙型）在香港印刷，除在香港和菲律賓銷售外，還郵寄或託海員帶往世界各地的華僑團體、僑領、華僑學校，數量達兩三千份。由於其內容具體生動，很受歡迎。許多文章除了在香港報紙上轉載外，紐約的《華僑日報》、秘魯的《華商日報》、古巴的《前進月刊》、菲律賓的《菲島華工》等也紛紛轉載。

凡是不讓刊登中國抗戰消息的國家，如馬來西亞、緬甸、泰國等國，廖承志與同志們採取刻蠟版油印的辦法，秘密分送給讀者。

1941年1月4日，發生了震驚中外的＂皖南事變＂。在重慶，國民黨封鎖消息，迫使《新華日報》開＂天窗＂。

香港八路軍辦事處，則以最快的速度，通過自己辦的報紙刊物，把＂皖南事變＂眞相公諸於世，海外僑胞聞悉，異常憤慨，許多救亡團體和愛國僑領紛紛致電蔣介石和毛澤東、朱德，並公開發表通電、宣言和告同胞書，強烈抗議蔣介石集團蓄意製造＂皖南事變＂。

陳嘉庚的通電說：

"慰勞團南歸未逾一月，內戰又遍國內，鷸蚌相爭，漁人得利。呼籲'消弭內戰，加強團結'！"

菲律賓各僑團的電文說："豈可同室操戈，致使親者痛仇者快"，並要求國民黨"恢復新四軍並釋放葉軍長"。紐約的《華僑日報》、新加坡《南洋商報》和馬尼拉《建國報》等，不斷發表社論和評論，抨擊國民黨頑固派在海外報紙上散佈的種種違背事實的謬論。國內外的強大輿論壓力，對蔣介石收斂一下反共氣焰，繼續維持抗戰，不能不說起了一定的作用。

在香港八路軍辦事處的宣傳和鼓動下，一批批熱血青年陸續從桂林來到香港，要求去新四軍參加抗日鬥爭。80年代擔任過福建省委第一書記的項南同志就是其中的一位，抗戰中期，剛剛而立之年的廖承志，給他留下了永遠難忘的印象。

廖承志熱情接待了這一百多名青年，把他們安排在九龍，為了不讓特務注意，在他們住的旅館門口，廖承志掛起一塊"納爾遜廣告公司"的牌子。

那時的地下工作，都是黨員養黨，作為職業革命家的廖承志，生活費經常是從媽媽那裡"揩油"，而潘漢年則常由夫人的娘家給以接濟。八路軍辦事處根本拿不出給一百多人買船去上海的錢，連一天三餐的飯費也掏不出。

廖承志四處奔波，為他們籌集食宿及路費。

在等待的日子裡，雖然廖承志經常派人送些報紙、書籍，可是，一百多渾身勁沒處發洩的青年，總悶在屋裡沒事幹，難免想家，鬧情緒。

廖承志幾乎每天都要來看一次，他一出現，屋裡就充滿歌聲和笑聲。有一回，唱歌也提不起大家的勁頭，廖承志眨眨眼，雙手一揮，大聲嚷嚷道：

"哎，我們來疊羅漢好不好？！"

"好！太好了！"年輕人湊成堆時頂喜歡起哄。

"不過有個條件，辦法是我想出來的，我得爬在你們頭上，站在最高層！"廖承志又出一個絕招。

年輕人都哈哈大笑起來，七嘴八舌地叫道：

"老天，你那麼肥，不把我們壓扁了？"

"廖主任，您要摔壞了，誰送我們到新四軍呀？"

"行行行！胖子敢上，我們還怕什麼！"

於是，大家搶着靠到牆邊，廖承志和小青年們你蹲我爬地笑作一團，直玩到累得趴在地上喘粗氣才收兵。煩悶、思鄉之苦悶一掃而盡。大家真喜歡廖承志這個是官不像官、不知愁與憂的樂天派！

一天，廖承志給年輕人送來許多西裝：

"快穿上，廣告公司的夥計土裡土氣，會暴露。不過，魚和熊掌不能兼得，我這個窮老闆管了衣裝，伙食費就緊點，每人每天只有五個'仙'。"（當時輔幣，一"仙"，即一分錢）

小伙子們面面相覷：誰不知道，五個"仙"在街上只夠喝一杯咖啡！

"嗨，嗨，嗨，皺什麼眉呀！聽我的經驗之談。穿好你的西裝，拿上本小說，到安樂去喝咖啡。"

"五個'仙'一杯苦水，剩下的一整天怎麼熬？"

"哎呀，你沒注意嘛，每個桌子都有方糖嘛，糖是可以充飢的，你邊看邊喝，一直可以喝到天黑嘛！我多次試過，很有效！"

餓急了，項南就與同伴們利用這個辦法去揩老闆的油，果真，轆轆直叫的飢腸不再如刀絞般難受。

終於有一天，廖承志笑眯起雙眼：同志們，買票的錢湊齊了，爲了不被敵人發現，大家分批走！"

項南是第一批走的六個青年之一。廖承志把他們送進去上海的船艙裡，再一次重複了接頭地點、暗號，握別時很動情地說："我眞羨慕你們！陳毅軍長在蘇北已經開闢了新的抗日根據地，那裡正等着你們去大顯身手呢！祝大家一路順風，早日找到'四老闆'（新四軍的代稱）"。

"嗚—"輪船離港了，奔赴抗日第一線的願望終於實現了！可是，依在船舷邊的項南和其他青年兩眼含淚，仍向岸邊頻頻招手，他們永遠忘不掉自己走上革命隊伍的第一位啓蒙老師，那位心比海寬，堅定樂觀，且情同手足的廖承志。

"禍兮福之所依，福兮禍之所伏"。在國民黨反共高潮中，周恩來把在重慶、桂林可能遭受迫害的大批文化界、新聞界人士，包括知名人士夏衍、茅盾、胡繩、張友漁、韓幽桐、宋之的、戈寶權、胡風、章泯、蕭紅、胡考等撤往香港。于伶等人也從上海撤退到香港。這無疑爲廖承志創辦一份統一戰線性質的報紙和一些文化、文藝刊物，創造了最好的條件。

夏衍是1941年2月初，農曆除夕之夜從桂林飛抵香港的，第二天，就去找廖承志。老朋友上海一別，已經七八年未見面，夏衍發現，已做父親的廖承志，依然如往昔一樣，幽默風趣，愛開玩笑，逗人笑樂的習性一點不變。

"老夏，周公讓你到香港，可不單單是爲了避難的噢！"

廖承志簡要說出周恩來的考慮。

夏衍很快明白，周恩來要讓自己和小廖一起創辦一家報紙。利用香港這個地方，建立一個對外宣傳據點，讓香港同胞和散處世界各地的千百萬華僑同胞和外國進步人士，能有機會知道中國共產黨的方針政策，揭露帝國主義玩弄的＂東方慕尼黑＂陰謀，這是八路軍辦事處當前最迫切的任務。

對辦報，廖承志考慮得周到又巧妙：申請辦報的＂法人＂由表兄鄧文田擔任，他有香港華比銀行經理的頭銜，港方當局容易通過；報紙的具體經營由表兄鄧文釗負責，他對革命事業同情，對國家命運十分關心，又善於理財；報紙的名稱廖承志也已經想好，起名《華商報》。一方面是使報紙不要有太＂紅＂的色彩，鄧文田也確實是商人，商人辦報，工商界和一般市民不會恐懼排斥，報頭《華商報》三個字是從孫中山先生的墨跡中找出拼成的。辦報方針廖承志也講得十分明確：對內要求團結、民主、進步，反對分裂、獨裁、倒退；對外是反對英美對日妥協。當然要求＂有理、有利、有節＂。報社成立了編委會，每週一次，主要是討論國際形勢，至於報紙的版面之類的問題，則由辦報的眾書生們＂八仙過海，各顯神通＂。

於是，在國際形勢變化最劇烈的1941年，香港五花八門的報紙中，《華商報》以它那具有獨到見解的國際評論，名人薈萃的文藝副刊，吸引不少讀者。

廖承志代表中共不斷接受着廣大海外僑胞對國內抗戰人力、物力的援助，他也不斷用各種行動，想各種方法，感謝和溫暖着愛國華僑的心。辦事處的工作千頭萬緒，他卻從不放鬆這樣的小事：

凡是給八路軍、新四軍捐款捐物的海外僑胞，不論數額大小，一律回信致謝，並郵去收據。每過一段時間，還在報紙上宣佈名單，公開感謝。凡是要求不公開姓名的捐獻者，他要求同志們一定尊重其要求，廖承志熟悉海外華僑的生存環境和條件，不能強人所難。

廖承志還專門致電中共中央、南方局周恩來，建議以後對同情我黨的海外僑胞不必公開宣傳。當然也有例外。

陳嘉庚先生是很有名氣的愛國僑領，抗戰初期曾捐款幾十萬元支持國民黨政府抗日。1940年，陳先生率"南洋華僑慰問團"到全國各地慰問考察，當他瞭解到凝滿華僑血汗的捐款許多都未用於抗戰，而是中飽了國民黨政府官員的私囊時，極為氣憤，到了重慶，他又看到國民黨政府官員貪污腐敗，愈加憂慮抗戰前途。

陳嘉庚提出要去延安考察，卻受到蔣介石的種種阻撓和刁難。是陳先生一再堅持，力排障礙，才得以前往延安。

在延安，陳先生會見了毛澤東、朱德和其他中央領導人。他目睹延安共產黨人的精神風貌和延安軍民艱苦卓絕的鬥爭，開始認識到中國共產黨是救國的中流砥柱，對抗戰前途有了信心。

陳嘉庚回新加坡時，在緬甸、泰國等地向華僑如實報告他在國內考察的見聞和觀感，使廣大僑胞瞭解到國民黨統治區的黑暗，看到解放區的光明，把華僑的愛國運動，向前推動了一大步。

然而，國民黨駐新加坡的大使和總領事卻指責陳嘉庚接近共產黨，並煽動僑胞反對陳嘉庚，陰謀使其不能繼任南洋籌賑總會主席的職位。當時，英國當局也對陳先生不滿，使陳在南洋的活動大受限制，承受了極大的壓力。

廖承志立刻致電南方局周恩來，報告陳嘉庚返回新加坡後大受國民黨海外部攻擊的情形。認為陳先生愛國熱情實足欽佩，應大力支持。經請示中央同意，廖承志領導八路軍辦事處，除了發動廣大僑胞在報刊上寫文章表示支持陳嘉庚外，又以毛澤東、周恩來名義致電陳嘉庚，並在報刊上公開公佈。終於使國民黨倒陳的陰謀破產。

真誠的態度換來更真誠的支持。陳嘉庚先生在新加坡得到消息說：對《華商報》國民黨特務採取破壞承印、威脅報販等多種手段搗亂，致使《華商報》發行量從一萬份降到兩千餘份。

陳嘉庚立即派了自己的得力助手到香港開辦有利印刷公司，專門承印《華商報》。因為陳嘉庚的威望高，國民黨特務不敢隨意破壞，《華商報》一直出版至香港淪陷。

香港八路軍辦事處直屬南方局領導，廖承志又是南方局委員，與廣東省委並不存在從屬關係。廖承志並不因此建立自己的＂勢力範圍＂、＂獨立王國＂，經常主動與廣東省委聯絡，把中央和南方局的指示精神及時轉告。

他頭腦清醒，寫文章、發表演說，一直主張＂一切服從於抗戰＂，卻對王明大力主張的＂一切通過統一戰線＂，保留自己的看法。但他不是個出言激烈的人，他有他獨特的表現方法。

1939年1月，廣東省委書記張文彬來香港傳達中共六屆六中全會精神。當張文彬講到＂一切通過統一戰線＂時，廖承志在自己的筆記本上畫出一幅酷似張文彬面孔的＂菩薩像＂，下題＂阿彌陀佛＂四字，遞給坐在自己身旁的香港市委書記吳有恆看。吳也有同感，他又揮筆在漫畫上方補＂大慈大悲＂四字。

廖承志接過筆記本微微一笑，接着又三筆兩筆在旁邊畫出一幅漫畫肖像，註以＂孫悟空＂。筆畫簡單，十分逼真，吳有恆一眼便認出，這是去年底從香港返回東江，組織了惠寶人民游擊隊開展抗日鬥爭的梁廣同志。

的確，身穿西裝，整日周旋於上層社會進行統戰工作的廖承志，從來沒有忽視建立黨領導下的抗日武裝隊伍。一有機會和可能，他總表現出極大的興趣，給予具體的幫助。

日本侵略軍從惠陽登陸，他便支持梁廣回東江打游擊，惠安部隊的伙食、槍支彈藥等一切經費都是香港支援。不久，日本鬼子掃蕩，任游擊隊書記的曾生帶隊伍退到沙頭角，敵人追來，他們把槍枝埋起來到了香港。廖承志見了他們，便批評：「回去回去，唯武器論，恐日病。」第二天，游擊隊又返回大陸，繼續與日本侵略軍進行殊死戰鬥，直至發展壯大成為東江支隊。

原是十九路軍愛國將領的張炎，調任廣東省第十一游擊區司令後，積極抗戰，但國民黨政府不支持不信任，救亡工作遇到很多困難。他便找到香港尋求共產黨的幫助。廖承志知道這個消息，立刻親自與張炎見面。張炎提出要求，派學生隊支持他，廖承志答應了，很快組織了一個有26人的華僑回鄉服務團到南路發動民眾抗日。不久，南路各縣的民眾抗日救亡工作在黨的領導下，開展得蓬蓬勃勃。服務團同張炎的關係也相處很好，服務團正副團長被張炎聘用為政治教官，幫助培訓政工人員。

南海縣有一個名叫吳勤的人，是個江湖人物。廣州淪陷後，他到香港來找共產黨。廖承志親自找他談話，鼓勵他利用自己的特殊關係，回去發動群眾，組織武裝鬥爭。結果在黨的幫助下，吳勤搞起了二千多人的隊伍，後來成了「珠江縱隊」的主力之一。

1939年，葉挺和項英合不來，曾南下廣東，在香港找到廖承志，他來到香港八路軍辦事處，向廖承志提出成立游擊隊。廖承志一聽，非常支持，認定葉挺的旗幟一舉「搞它一萬幾千人沒問題」。而且說幹就幹，在深圳找了房子，警衛排也成立起來了。國民黨第七戰區司令長官余漢謀還下了命令，委任葉挺為「東南游擊縱隊司令員」。

後來，這件事被蔣介石知道後，他訓斥余漢謀說：

"娘希匹！這樣搞，不是在廣東又出個新四軍嗎？"余漢謀這才下命令取消。

<h1 style="text-align:center">五</h1>

1941年12月8日，太平洋戰爭爆發。日本軍隊突然同時襲擊珍珠港、中途島、新加坡、馬尼拉、香港。清晨8時，日本以12架轟炸機和36架護航機襲擊九龍機場，5分鐘之內即取得香港制空權。

日陸軍三萬多人，分兩路進入新界。香港的英軍雖然進行了抵抗，但孤立無援，12月25日，港英總督楊慕琦向日軍投降。

8日當天，廖承志接連收到延安黨中央和重慶周恩來發來的特急電報：要迅速做好應變準備，將留在香港的文化界人士和愛國民主人士搶救出來，設法經廣州灣的湛江或東江轉入後方安全地區。

第二天，廖承志又接連收到周恩來幾份電報：

"港中文化界朋友如何處置？尤其九龍朋友已否退出？"

"能否有一部分人隱蔽？"

"與曾生部及海南島能否聯繫？"

廖承志閱讀電報，彷彿看見周恩來同志此時此刻緊鎖雙眉、焦慮萬分的神情。廖承志深知時間的寶貴，必須乘日軍尚未立穩腳跟之際，全力以赴投入秘密大營救！

他的決心下得快，行動更神速。廖承志與在港的南方局的領導人詳細研究了撤退方案，並通知東江抗日游擊隊領導人立即派突擊隊潛入新界和九龍地區。

日軍進攻九龍時，廖承志已派人去九龍把能找到的文化人都送到香港，並爲他們尋找住處隱蔽起來。

與此同時，住香港的文化人和民主人士都接到廖承志派人送去的通知：立即搬家隱蔽。只與指定人聯絡，斷絕一切來往。一律改穿唐裝，以小商人、店員、職員的身份隱蔽，等候撤離香港的通知。

12月12日，英國記者貝特蘭找到廖承志，顧不上寒暄，直入主題，他說，港英當局想和中共在港負責人會晤，討論協同保衛港九的問題。第二天，在香港大酒店三樓，廖承志、喬冠華、梁上苑和港督楊慕琦的代表輔政司，以及聯繫人貝特蘭舉行了會談。

廖承志代表我方表示：＂我們的東江縱隊可以協同港英軍和加拿大軍隊保衛港九，但請英方提供必要的武器彈藥，當然主要是步槍、機關槍、子彈和手榴彈等輕型武器。＂

輔政司頻頻點頭，一改往日傲慢的態度，很誠懇地表示：＂我回去立即向港督報告，盡可能滿足你們的要求。＂

可是從此之後，如＂泥牛入海，沒有下文＂。

這種結果也完全在廖承志的意料之中：事情很清楚，英國人知道港九這塊彈丸之地是保不住的，讓日本佔領了，有朝一日，英美聯軍打敗日本之後，日本還得把香港交還給英國。而一旦中共軍隊進入港九，那麼戰爭結束之後，問題就複雜了。

不管當時港英當局是如何想法，或者是戰局發展太快所致，這次會談只是香港歷史上的一段插曲。

12月18日下午，日軍飛機猛烈轟炸香港後，廖承志還在哥羅斯宅大酒店樓下大廳裡，分批分組地會見民主黨派負責人和文化人士。拿出撤退方案和途徑徵求意見，確定負責人、聯絡地點、叮囑注意事項，分發了撤退所必須的經費。廖承志一改往日談笑風生的習慣，態度嚴肅地勉勵大家：

“這是一個非常時期，可能會碰到預料之外的險惡環境，那時如何處理，請你們自己作出抉擇。”

“無論什麼時候，都要珍視自己的歷史。”

1942年元旦，廖承志和連貫、喬冠華三人秘密穿過日軍的海上封鎖線，到達九龍，經游擊隊護送，乘船通過大鵬灣，至沙魚涌登陸，到達惠陽縣田頭山石橋坑，然後沿東江、粵北一線而行。一路向地方黨組織傳達中央指示，佈置安排接應疏散人員。

於是，一場聞名中外的秘密大營救拉開了序幕。

佔領香港的日軍怎麼也無法理解：他們明明掌握了數百名傾向共產黨的文化人和知名人士的名單，他們也曾夜以繼日地進行着大肆搜捕，封鎖海面、封鎖道路，彎有把握甕中捉鱉，可就是一個也沒捉到！

然而，歷時近二百天後，名單上的幾百人都出現在抗日大後方或根據地！眞令他們目瞪口獃，卻又無可奈何。

被營救出的八百多人名單及整個過程及多批人的歷險，已有《秘密大營救》的專著，無須多言。創造這一奇跡的功勳當然不僅僅屬於廖承志一人。然而，如若沒有廖承志領導辦事處扎實建立最廣泛的統一戰線和對東江縱隊的熱情支援，要完成這一危險和複雜的營救工作，創造出被茅盾先生稱爲：“抗戰以來（簡直可以說是有史以來）最偉大的搶救工作”的歷史奇觀，也是無法設想的。

半個世紀後，已經加入中國國籍的愛潑斯坦還記得廖承志的智慧：香港淪陷前夕，他正生病住院。日本軍隊張貼佈告並附有愛潑斯坦的大幅照片，到處捉他。是廖承志鬼靈精，生出妙計。他親自用一口嫻熟的英語，給《南華早報》編輯部打了個電話：

"我是一個英國商人，上次空襲，我親眼目睹《南華早報》記者愛潑斯坦先生被飛機炸死。"

報上立刻登出這則消息。

於是，以訛傳訛，日軍當然不會再去追捕一個死人。愛潑斯坦終於獲救了。

195

第七章

再落虎口

一

1942年5月30日。樂昌。

晚飯後，廖承志覺得挺熱，脫去上衣，只穿條短褲，準備沖涼。

"老陳"大門口傳來一聲招呼。當時廖承志的化名是老陳，他聽到口音很陌生，以爲是"交通"也說不定。剛開了一線門，幾枝手槍就像蜘蛛腳似的伸了進來，衝進門的人，一把抓住了廖承志，就往外拖，十幾個武裝特務押着赤背的廖承志，連衣服都不准他進屋穿，簇擁着他上了汽車。

汽車立即風馳電掣，車上坐着一個胖特務，臉上呈現出得意的奸笑，陰陽怪氣地說："鄙人姓范，范尙之，是蔣委員長請你。"

廖承志一言不發，心裡明白，一定是黨內出了叛徒，今天旣然被捕，權當調到了新的戰鬥崗位。不是嗎？

秘密大營救已接近尾聲，他知道在地下黨和東江支隊同志們共同努力下，已經從香港、九龍地區搶救出重要文化界人士和愛國民主人士三百餘人，並將他們安全護送到桂林、重慶等地。況且，他也知道自己的母親和妻兒都已安全脫險，妻子還生了一個兒子，母親高興極了！她老人家盼望自己有個孫子繼承廖家香火，已經盼了好多年了！

母親從不掩飾自己重男輕女的觀點，有人開玩笑說她是"新思想，舊觀念"，這也是不無道理的。

記得在香港時，妻子連着生了兩個女兒（其中一個出世不久就夭折了），母親就老大不高興，這次妻子又懷孕時，好幾位親戚或朋友來看望，發現阿普臉上孕斑明顯，肚子尖且不算太大，都向老太太道喜：

"這回您一定能抱上孫子了！"母親嘴角一撇，哼了聲，說："阿普哪裡生得出兒子，她媽媽生了十二個女兒！"母親一副可望不可求的表情，廖承志看得出，她從心裡希望有個孫子！只是按照中國人的傳統思維方式，急着想得到的東西，還是不要說破為上策，以免失望更甚和授人以竊笑的話柄。

阿普為此心裡老大不高興，枕頭邊，幾次撅着嘴向丈夫嘟囔過：

"我媽生十二個女兒，我也一定生不出兒子，生十二個女兒？！"

其實廖承志看得出，妻子嘴硬心裡也有些緊張，她當然更希望自己能給廖家生個兒子，是為廖家續上香火，也是為娘家掙個面子嘛！

有回，遇上阿普又唸叨，廖承志俯身把耳朵貼向妻子腹部，彷彿很內行地聽上片刻，然後一本正經地說：

"阿普，我看一定是兒子！"

"你怎麼知道？"妻子的興奮語調像唱歌。

"我聽他呼嚕打得比我還響！……"

"承志，你又瞎說！我打你……"

嘻嘻哈哈，小夫妻倆在牀上打成一團……

如今終於有了孫子，母親滿意，他這個當兒子的也可以毫無牽掛地奔赴新的戰場。

廖承志已經從特務的對話裡聽出，這夥特務是從江西來的。

汽車開到韶關，特務們前後左右押着廖承志上了一條小客船，一個自稱"負責"的特務走過來，頗似關心地說：

"廖先生，只要你寫封信給蔣委員長，承認錯誤，什麼位置都可以給你。"

廖承志怒目喝道："寫信絕對辦不到！我是正大光明的中國共產黨員，絕不想做你們國民黨的官。我等着的是你們的刀子什麼時候砍在我的脖子上！"

"不要執迷不悟！"特務頭子露出兇相："你再考慮考慮，否則你明白會有怎樣的後果。"

"沒有什麼可以考慮的，我什麼樣的後果都不怕！"廖承志頭一揚，回答得乾乾脆脆。

然而就在那一瞬間，他的目光與不遠處橋頭上站着的喬冠華相遇。看來老喬也一定看見了他，彷彿準備抬手招呼。廖承志急忙扭過頭，突然提高嗓門高聲痛罵道：

"你們想讓我當叛徒？做夢！嘿，你們可以把我的骨頭揀幾根交給我娘，只是休想讓我叛變！"

勸降者討了個沒趣，揮揮手"押走，押走！"自管下船去了。

廖承志用餘光目送已轉身離開橋頭的喬冠華，心裡一陣寬慰：

"老喬一定會把我被捕的消息告訴周恩來同志。好了，監獄，這是我的新崗位，這是我的新戰場，我早已做好犧牲的準備，根本就不打算活着出去。"對於下了這樣決心的人，敵人的任何恐嚇、酷刑，當然都是無濟於事了！

　　一個星期後，廖承志被押到大庚，由小河乘船到泰和附近，當夜即轉到馬家洲集中營。

　　廖承志被送進一間暗不通風的獨房，日夜加鎖。屋裡又悶又熱，餓極了的蚊子像重型轟炸機群，沒頭沒臉地向廖承志攻擊，弄得他整夜不曾合眼。

　　廖承志乾脆坐起，不停揮動衣襟驅趕蚊子，大腦開始審查自己："廖承志呀廖承志，這次被捕，不是國民黨特務多厲害，主要是自己太不謹慎！"從日本佔領的香港回到廣東後，雖然也知道還在國民黨的地盤上，也知道中統特務、軍統特務多如牛毛，也知道國民黨對共產黨員的迫害和屠殺一天也沒有停止過，可又覺得目前大敵當前，國共合作形勢也還過得去，從日本佔領的香港撤回廣東後思想就比較鬆懈。

　　"況且，總認為蔣介石對自己的母親何老太太也要謙讓三分，所以對國民黨特務的殘忍性沒有估計充分。再者，在香港搞'保盟'工作時，經常以公開身份出席各種集會，久而久之，秘密工作和公開的原則往往混淆在一起。

　　"這次到韶關後，自己把香港秘密大營救的收尾工作落實妥當，原本應該趕快去重慶，向南方局和周恩來同志匯報情況。可是，對母親安危的懸念；對即將臨產妻子的擔憂，拴住了自己的心，拖遲了自己的行期……"

　　忙時無暇，如今坐牢，時間充裕，往事猶如電影，一幕幕閃現在眼前，酸甜苦辣盡在不言中：那天，地下黨同志一臉喜色地敲門進來：

　　"廖主任，何老太太和夫人孩子都已經從香港脫險！"

　　"消息是否可靠？！"廖承志瞪大眼睛緊張地追問。

　　"絕對可靠！"彷彿為了證明消息的準確性，來人還講述了詳細的脫險經過：

廖夫人乘坐的機動帆船是1942年1月10日離開香港的，因為日軍當局嚴禁帶有機器的船行駛，在長洲外附近海面上，將拆下來的機器扔進大海裡。按地圖上距離，從長洲到海豐，如果順風順水，頂多需要一天就能到達，為防備意外，帶了三天的糧食和淡水。

誰知船一進大洋就遇上強風暴，波濤洶湧，失去機器動力的帆船寸步難行。大風整整刮了一天一夜，船上一百多人隨波逐浪，時而被拋上浪峰，時而又跌入浪谷，老人孩子大都暈船，不停嘔吐，個個被折磨得面如土色。

然而更糟的是，由於風浪作祟，大船既不能進港，更不可能靠岸，只能聽任在大洋中漂泊。一天，兩天，五天，七天過去了，糧食吃完了，淡水也喝完了，開始幾天，船上還能聽到孩子哭喊口渴肚子餓，待到第七天，大人孩子都已經無力呻吟，大多躺在甲板上，死寂一片。

獨有廖夫人端坐在船樓裡，想着古往今來，感慨萬千，不覺吟出絕命詩一首：

> “水盡糧空渡海豐，
> 敢將勇氣抗時窮。
> 時窮見節吾儕責，
> 即死還留後世風。”

死寂之中，老人家充滿豪氣的吟誦，如春雷聲聲，給瀕於絕境中的人們以鼓勵和寬慰。

第七日中午，風頭總算掉了個，終於可以揚帆起航，大陸遠遠在望，船老大劉永福估計，只需半天就能到達海豐！

大家的歡呼聲剛剛揚起，只見遠處一隻快船向大船逼來，粗暴的叫罵聲和乒乒的亂槍聲，又一次把人們推向死亡的邊緣。

　　廖夫人與柳亞子仔細分辨着對面船上的說話口音，不像是廣東本地人，倒像是閩南口音，兩人都判斷是國民黨散兵演變來的土匪隊伍。

　　劉永福緊張地問：“廖夫人、柳先生，怎麼辦？”

　　“告訴他們何香凝在船上，柳亞子在船上，要搜就過來搜！”廖夫人毫無懼色，這樣出生入死的場面她早就領教過，事到臨頭，必須鎮靜！

　　“你們是什麼部隊？廖夫人、柳亞子先生都在我們船上。不要胡來！”

　　“廖夫人和柳亞子先生在船上？！”對方顯得有些意外，說話已經不像剛才那樣咄咄逼人：“我們是蔡廷鍇將軍的部下，是抗日游擊隊，能否請廖夫人出來見一見？”

　　原來，蔡廷鍇部屬一直對廖仲愷、何香凝這兩位國民黨元老十分敬重。

　　廖夫人從船樓裡走出來，雖說經風雨摧殘，老人家面露憔悴之色，可她挺胸拔背，氣宇軒昂的氣質沒變，她雙手扶定船舷，放聲說道：

　　“我就是何香凝。我們是從日本佔領下的香港逃出來的，現在船上一百多同胞斷了糧斷了水……”

　　“我明白，廖夫人！”對方兩腳一碰，恭恭敬敬行了個舉手禮，“請您稍等！”

　　快船掉轉頭去了，靠了岸。不一會，另一條快船向這邊駛來，還是那位領頭的，他讓人指揮士兵往船上搬東西，自己走進船樓，向廖夫人遞上一封慰問信和一隻燒雞、一袋奶粉。原來，他們真是十九路軍的散兵，自己拉起了抗日游擊隊。

　　帆船甲板傳來了喧鬧聲，廖夫人、柳亞子走出船樓一看，是游擊隊員運過來幾大籮筐的番薯，總有好幾百斤重，還有七八桶淡水，船上飢渴難忍的人群沸騰了，孩子們搶着啃番薯，對着桶喝淡水，老人婦女們嗚咽出聲，不停抱拳作揖，感激救命之恩。

望着此情此景，柳亞子先生淚水盈眶，他仰面喝盡杯中清水，揮筆即席作詩一首：

　　　　"無糧無水百驚憂，
　　　　中道逢迎艇艋舟。
　　　　稍借江湖游俠子，
　　　　只知何遜是名流。"

　　（舟中糧水絕盡，忽值游擊隊巡邏小艇聞廖夫人在，乃得救濟，並貽炙雞、乳粉，余惟優游伴食，深以為感。）

帆船乘風破浪向目的地——海豐前進了。

船抵油尾港，海豐縣中共地下黨聯絡員上船接下廖夫人婆媳、孫女和柳亞子父女。柳先生父女被送到山區老根據地九龍洞；廖夫人祖孫三人在一處農家隱藏了5天。廖夫人看到地下黨沒有經費，十分艱苦，執意要自己出面向國民黨縣銀行借錢。老人家說：

"你們如此困難來接待我們一家，我心裡過不去。"

"我們擔心您被國民黨發覺，恐怕不安全。"

"你們盡可放心，國民黨裡敢向我下毒手的官員，恐怕還沒出生！"

果然，由地下黨控制的鄉公所公差帶着何香凝親筆信去縣銀行借款，銀行當即付給法幣五百元，第二天，國民黨縣黨部請保安二團派兵前去迎接。

保安二團團長叫丁龍起，是黃埔四期學生，見到何香凝，"啪！"地一碰腳跟，行了個標準軍禮"師母，我代表全體官兵歡迎您！"

廖夫人眼角濕潤了，一定是想起了當年擔任軍校黨代表的丈夫。

縣委同志是與廖夫人悄悄告別的。暗中安排了打入縣府做秘書工作的地下黨員關照老人，並及時向地下黨匯報廖夫人一家情況。

丁龍起用轎子把廖夫人一家抬進團部，把老人安排在上房，還設了崗哨，飲食起居照顧得可謂是周到細緻。

國難當頭，廖夫人一刻也閒不住，她時常找保安團官兵聊天，宣傳孫中山的三大政策，號召堅持國共合作，團結抗戰。

住不多久，廖夫人決定去韶關。一則是海豐地方太偏僻，無法與愛子肥仔聯繫，二則阿普即將臨產，此地醫療條件太差。

路經興寧時，意外遇上了國民黨中央執行委員羅翼群。羅先生早年加入同盟會，追隨孫中山先生奔走革命。他參加過北伐，討袁護法，東征討伐陳炯明，歷任軍政要職，深受孫中山先生信賴。最近他也是才從香港脫險，回到自己故鄉苑塘村。

苦難跋涉途中遇老友，羅翼群先生興奮至極，執意挽留廖夫人一家，把她們請進羅家小樓，照顧十分熱情、周到。

廖夫人不願接受羅先生的饋贈，自己又拿起畫筆，只是託羅先生代為推薦出售，以賣畫為生。她很固執地說：

"我誰也不靠，就靠我自己這雙手。我這個委員，早已經不拿蔣介石的造孽錢，我可以賣畫為生！"

羅翼群深知廖夫人品格清高，一身傲骨，便不在桌面上再提及資助之事，只是盡力向鄉紳推薦賣畫以幫助廖夫人。

203

此時何香凝早已是名蜚海內外的著名畫家，不少鄉紳紛紛登門，以求到廖夫人的墨寶爲家門之榮幸。

廖夫人天天作畫，她畫獅吼，畫虎嘯，把自己滿腔的悲憤，對國家的殷切希望，對兒子不盡的思念，統統融於畫中。一幅幅畫卷，彷彿變成老人家生命的一部分。

那一天，突然狂風怒號，暴雨如注，小樓被颶風搖晃着，發出"嘎嘎嘎"可怕的撕裂聲，屋頂的瓦片如狂風中的落葉，紛紛被捲起、拋出，只是雲那間，樓上各個房間與狂怒的天空中間，只剩下一個魚骨般的屋樑。

在狂跑的村民中，羅翼群吃驚地發現沒有何老太太！他慌忙差姪兒羅蘊源去找。

"阿嬤！阿嬤！你在哪裡？"羅蘊源呼喚着推開何香凝的臥室，眼前的情景讓他目瞪口獸：

何香凝端坐在沒有屋頂的房內，頭上頂着一條厚厚的紅洋氈，雙手緊緊抱着一大卷畫，任頭頂瓦片四飛，身下雨水成河，她都無所畏懼，只是全身心地護着那一卷寄予理想與希望，又是賴以維持祖孫三代生活的畫……

"謝謝！謝謝！"廖承志一下把對方用力攬住，歡喜的淚水奪眶而出，多少天懸在空中的那顆心，終於放平了。自從在廣東抗日游擊總隊的掩護下，廖承志與連貫、喬冠華一同撤離香港之後，就再沒有了家人的消息，不安和惦念一直苦苦折磨着這個大孝子的心。

是的，從理智上說，他是香港八路軍辦事處的領導，是日本鬼子逮捕的重點目標，應該服從組織，盡早撤離香港，可是以兒子的身份，自己安全撤離，而母親、妻子和女兒仍留在已被日本人佔領、每日濫殺無辜的香港島上，慚愧和內疚之情死死纏繞着他。

一向樂觀的他，竟也常常噩夢不斷：兇殘的日本鬼子端着雪亮的刺刀，向孤立無援的蒼蒼白髮的老母親胸口刺去，挺着大肚子的妻子拖着女兒在前面驚恐地奔跑，身後獰笑狂叫着的日本兵慢慢舉起"三八"大蓋，女兒哭喊着："爸爸，快來救我……"

心急如焚的自己明明想衝過去救助，誰知兩腿像灌了鉛，怎麼也提不動；他焦急地想高聲喊叫，無奈嗓子嘶啞竟發不出聲來。

每回從噩夢中驚醒，他都是心跳如飛，冷汗浸衣，然後是長久的失眠，他十分清楚，結婚成家，這意味着自己一身兼有三重責任：既是母親的兒子，又是妻子的丈夫，還是女兒以及妻子腹中尚未出世的孩子的父親。雖說國難當頭，救國當先，但是男子漢大丈夫對家庭應承擔的責任，他是一刻也不能淡忘。

廖承志的憂心不是沒道理的。

205

那是最後一次走進九龍的家。他習慣地大聲招呼：

"媽，阿普！"

"是肥仔！"母親多皺的臉孔笑成一朵盛開着的菊花，她老人家把兒子摟進懷，廖承志則像小時候耍嬌似的，用腦袋在母親胸前拱，老人格格格地笑得好甜，嘴裡不停埋怨着：

"肥仔，你把媽媽忘了吧，怎麼老不回家來看我們。"

"哪能呢！媽，我今天是來接你們的。"

"上哪裡去？難道日本人要進攻九龍？"街上從深圳擁過來的難民已經日漸增多，老人敏感到問題的嚴重性。

"一定會進攻的。"廖承志認真地點點頭："英國說要堅守香港，但面對的日本人，兵力強大，香港很難長久守住，估計日本人這兩天內就會攻佔九龍，我們要趕快離開這裡，先去香港再說。”

“孩子都睡了，要不明天……”阿普試探着問。

“不行，媽媽身份引人注目，一定要盡快過海。”

母親一言九鼎：“肥仔，媽依你！”

廖承志手腳利索地收攏日常用品，阿普忙去搖醒孩子，二人攙着母親快步出門。

九龍與香港的交通已經開始管制，尖沙咀渡船只准軍方人員使用。憑着手上那張同陳策將軍一同約見英軍駐港司令時領到的通行證，一家才得以安全過海。

此時，蔡廷鍇將軍已經離開香港，房子空着，只留下兩個傭人照看。往日兩家常有來往，如今見何香凝一家來住，當然十分熱情。媽媽總算有地方安身，廖承志心中略覺寬慰。

“媽，我得馬上走，周副主席又親自拍來電報，組織撤退的工作不能有一點漏疏，還有好多事等我去處理……”

“媽懂，你去吧，去吧！”何香凝把兒子攬進自己懷中，用手指輕輕梳理着他那頭亂蓬蓬的烏髮，又柔聲叮嚀着：“肥仔，你自己要小心。”

“我會，媽您就放寬心。”廖承志緊緊依偎着母親，不無歉意地說：“只是撤離香港時，我恐怕不能來送您了，到時候會有人來招呼。”

“這你不要擔心。”媽媽兩眼炯炯如炬，回答肯定有力。後來聽到母親的消息，果真生薑還是老的辣！

日軍與英軍又激戰了幾天，孤立無援的香港失守。

日軍佔領香港島後，日夜戒嚴，禁止居民隨意上街，街上一律不准逗留，遇上日本巡邏隊檢查，行人一律雙手抱頭，蹲在街邊，如果稍有舉手抬足，立即開槍。一些日本崗哨，每遇閒極無聊時，還用活人當靶子，借以取樂。把和平城市變成了殺人場。

另外，日軍還在大街小巷內，大規模地搜查愛國民主人士，逮捕抵抗力量。

那天，日軍突然包圍了蔡將軍的院子，一名少佐領着幾個日本兵闖入院裡。

正在作畫的母親聽到院內動靜，迅速收拾起筆硯，用眼神示意阿普鎮定，待日本兵撞進門時，她神態安然地正往桌上的茶杯裡倒水。那少佐滿臉狐疑，用日語喝道：" 老太婆，你是幹什麼的？ "

不等翻譯官開口，母親用嫻熟的日語回答：

" 我是給這家看房子的，那是我的媳婦和孫女。 " 她在日本生活過多年，知道日本人也重鄉音鄉情，尤其是在異國他鄉。

" 哦？！ " 日本少佐略覺意外，仍在追問，語調卻明顯緩和些： " 這家主人呢？ "

不難判斷，日本少佐已經不懷疑這個衣着樸素的老太太是傭人身份，母親更坦然地用日語答道：

" 已經走了十多天了。 "

" 上哪兒去了？ "

" 聽說是到南洋。 "

看來，少佐對已經消失的房子主人不再感興趣，他盯着面前的老太婆，不無好奇地追問道：

" 你的日語講得不錯嘛，哪裡學的？ "

" 是在日本學的。 "

" 噢？你還去過日本？ " 少佐緊繃的臉上略微露出少許笑意。

" 是呀，我在東京開過茶葉店，就在澀谷。 "

恐怕是鄉音勾起少佐思鄉之情，他略一點頭，手一揮，帶着日本兵出門去了。

聽不懂日語的阿普，心裡像藏隻小鹿，她緊緊摟着女兒，眼睛一直沒離開日本兵閃亮的刺刀。直到看着日本兵撤出去，她才長長喘了口粗氣，對何老太太充滿敬意：如果不是婆婆沉着且會日語，眞不知道一家老小怎麼才能躲過這一關呢！

打入敵人內部的地下黨同志冒着風險送出消息：日本人已經得到何香凝先生、柳亞子先生及家人還滯留在香港島上的情報，即將大舉搜捕。

看來，母親住在蔡將軍家已經不再平安，必須與柳先生盡早轉移！廖承志心急如焚，無奈正忙着安排各路撤退之事，無暇分身，況且自己又是日本特務張榜點名緝拿的對象，白天壓根不能公開露面，倘若冒險前往，萬一被發現，只會給母親及妻女增加危險。他壓抑住自己惦念之情，立即派謝一超同志去敲母親的門。

延至夜半，謝一超才回來。

"怎麼樣？沒出事吧？"廖承志急切地抓住小謝的手。

"廖主任，你放心，老人家已經從銅鑼灣避風塘安全上了劉永福的船。我又趕着把柳亞子先生和女兒安全送上老劉的船才回來的。""柳夫人爲什麼沒走？！"廖承志十分意外。

"柳先生說，如果全家一起走，人多目標太大，他讓妻子與其他孩子暫留港島，僅帶女兒無垢同行，臨別時，柳先生流淚賦詩一首，心情十分淒楚。"

"相比之下廖夫人眞是令人敬佩！"謝一超話鋒昂揚起來："她沒像柳先生那樣悲涼，我到家中一說：廖主任要我通知你，日本人已經得到消息，正在四處追查你，請馬上跟我走。消息這麼突然，老人家沒說二話，馬上讓您夫人收拾日常用品，自己折疊和整理書桌上的畫。我知道這些都是夫人的得意之作，光絹繪的獅子、老虎的畫軸就有十多個。老人一邊捆一邊介紹：這些絹繪畫軸都是仲愷在世時最喜歡的。爲了安全我不得不說：夫人，我們出去時只能提個小皮箱，餘下的東西，我回頭再派人來取。看得出老人真是捨不得，她眼睛潮潤了，手在畫軸上撫摸着，真像撫摸着自己的孩子一樣。說走，老人快步出門，再沒向書桌回頭。等柳亞子先生見到廖夫人，看她依然如此鎮定、充滿必勝信心的模樣，不禁眉頭舒展，大筆一揮，又即席賦詩一首，就在你手中第二頁。」

廖承志翻出詩作又唸道：

"一姥南天顧命身，

千魔萬怪敢相櫻。

劫餘仍遣同舟濟，

攬轡中原共死生。"

（廖夫人偕行）

廖承志欣慰地笑瞇起眼睛，他緊緊握着謝一超的手，連聲說着：謝謝！此刻，安全藏身在大船上的母親，和屬於她特有的堅強、鎮定的神情，廖承志彷彿歷歷在目……

"廖主任，先別謝！"謝一超臉上呈現出愧疚的模樣："我真對不起廖夫人！等我把柳亞子父女安頓好，再去蔡將軍府上取畫時，老遠就發現門口有日本兵站崗了！"

"日本人佔領了蔡府？！好險，再晚一步，我母親妻女就可能落在日本人手中！只可惜了母親那些畫，那可是她老人家多年的心血。"

"是啊,我把這個消息告訴廖夫人時,她老人家懊惱半天,哎,早知如此,我真該讓老人先帶出幾軸也好!……"

嗨,人安全就是萬幸嘛,老人健在,什麼畫畫不出來!對不?"

不懂畫的謝一超終於釋然點頭笑了。

懂畫的廖承志心裡仍覺痛惜,她十分清楚,母親畫風已經改變,那些父親生前極喜歡的絹繪獅子、老虎等,母親已經再找不到當年畫畫時的靈感,嚴格說已經算得上是母親嶺南畫風的絕筆,況且多次搬遷,多次篩選,留下的都是父親在世時最珍愛的幾幅,如今遺失,如同失去珍藏着父親許多往事的念物,母親痛惜之情,一定更深切、更長久,這真是一種無法彌補的損失……

五月花紅柳綠,五月喜事成雙!

母親歷盡艱險,輾轉千里,終於安全抵達韶關。

妻子阿普有孕在身,無法承受多次驚嚇和長途跋涉顛簸之苦,留在羅翼群先生家中,生下了孩子!而且是個白胖胖的大兒子!

哈哈,婆媳倆的心境,在那一來一往簡短的四字電文中,表現得淋漓盡致:

從產房被推出來的阿普,見到守候在門外的羅翼群,急切說出的第一句話是:

"老伯,麻煩您給我婆婆拍個電報,只要四個字:已生麟兒。"

雖不在妻子身邊,廖承志也能看到妻子阿普臉上得意的神情。也難怪。母親重男輕女得厲害!

阿普生下大女兒廖堅時,親戚朋友紛紛上門送賀禮,母親一概不收!她說得也是道理:"廖家添丁添口都是喜,如今抗戰，前方戰士需要寒衣，我只收背心。」

不幾天，廖家客廳內堆起幾百件棉背心，母親讓人捆捆紮紮，一併送到了香港八路軍辦事處。

阿普心疼女兒，不免向丈夫發幾句牢騷：媽媽做得這算什麼事？女兒啥也沒得到。

廖承志明知這是母親對孫女的另眼，只是不願掃妻子的興，他抱起女兒親了又親，嘴裡念念有詞道：

「瞧我乖女兒多能幹，剛到這個世界，就能獻給前方浴血抗戰的八路軍、新四軍叔叔阿姨這麼多禮物！」

等阿普生下第二個女兒廖虹時，有半個多月，母親臉上冰冷如霜。甚至當着阿普的面，對親戚中的小一輩開導說：

「你將來娶了老婆不生兒子，就應該趕緊去娶姨太太。免得到老家中沒人續香火，後悔莫及啦！」

阿普氣得掉眼淚，廖承志只能勸慰妻子別往心裡去，母親的確重男輕女，她也是看多了險惡世事，才特別盼望有個孫子。他還向妻子講述起那段難忘的記憶：

父親被暗殺不久，母親就在家門口拉起一面潔白的大旗，上面是她老人家親筆書寫的五個醒目大字：「不朽的靈魂！」

來家中採訪的美國女記者安娜·露易斯·斯特朗被這五個大字深深震撼，她對母親激動地說：

「我欽佩你們沒有在死的恫嚇面前退縮！」

母親神情莊重，語調深沉有力：

「女人畢竟比男人更重要，要是全世界的男人突然間都遭殺害，婦女們的身體裡總還有遺腹子的，從而又會產生出一個新的世界。但是，如果所有婦女忽然都遭殺害，那麼整個地球上的生靈，就會永遠停止延續了。」

聽完這段話的譯文，女記者一下撲過來，緊緊擁抱着母親，含着激動的淚花說道：

"廖夫人，您說出了真理！不朽的真理！"

從這個意義上說，母親又是最珍視女性，最看重女權的，不是嗎！

妻子理智地點頭，感情總還是受不了。

聽說母親接到阿普的電報，張嘴呵呵笑着，淚珠卻如珍珠泉，對着父親的遺像，她雙手合十，喃喃自語道：

"仲愷，仲愷，你要是泉下有知，可以安心了，我們廖家終於有後了！"

她傾囊而出，掏出自己僅有的二百元法幣，擬好一紙電文，催人趕緊送往郵局。

電文也是四個字："速來曲江"。

兒子是5月2日誕生，廖承志自己是5月30日被捕。

他還不知道任性的妻子接到母親電報，竟決定"拿拿架子"，硬是在興寧歇了兩個月再去曲江。

他也沒看見妻子抱着兒子進門後，母親幾步上前，幾乎是從媳婦手中搶過孩子，也不管屋裡還有旁人，急匆匆作出的第一個動作，就是去解開嬰兒的襁褓，直到看清哇哇啼哭的嬰兒的確長着"小麻雀"時，她才老淚橫流，仰天長嘆：

"仲愷，我們有孫子了！你在天之靈，可以心安了！"

然而，廖承志太熟悉母親的心境：雖說喜得孫子，卻也無法減輕她老人家對兒子的惦念的痛苦：

母親中年喪夫，兒子又總往刀光劍叢中行，她不能干涉兒子的追求，只會日思夜想，夢繞魂牽。

自己總是忙，撤退香港時，竟不能陪伴母親身旁，老人顛沛流離，擔驚受怕，至今住無定所，當兒子的如何心安？

於是，廖承志決定在韶關多住幾日，等候母親、阿普、大女兒廖堅和尚未見過面的兒子合家團圓，歡歡喜喜，同去重慶。

沒成想……

再說，廖承志也有保衛中國大同盟秘書長的公開身份，他考慮在國統區等待一段時間，大概不要緊吧……一個兒女情，一個"不要緊"，問題往往就產生了。這些深刻教訓，將來如果有機會回到重慶、延安，一定向組織和同志們好好檢討……

二

耳邊傳來一陣窸窸窣窣的響動，把廖承志從回憶中驚醒，他定定神，一拍牀板，"嗵嗵嗵嗵"，一陣急促細碎的腳步，分明踩過自己的身子，又跳下牀去，消失在牆角黑暗處。廖承志判斷是幾隻老鼠！隨後，屋裡又恢復了一般死寂。廖承志點點頭，臉上露出一線笑意，無聲地自言自語：不能否認，反動派在對付共產黨人、對付愛國人士方面是有"進步"了。

過去往往是七八個人關押在一起，大家還可以背着他們交談，互相勉勵。現在不同了，它把你一個個隔離起來，讓閉塞、孤獨和寂寞包圍你，同時可以用一些人把你包圍起來，甚至指使看守，故意裝出同情的面孔，利用你急於和組織、和同志、和家屬聯繫的心情，假意說我很同情你，我可以轉達。在這種情況下，如果放鬆警惕，就會造成很大的損失。自己必須時刻注意這一點。

廖承志思索着自己的鬥爭策略："既然捉到我，蔣介石要殺掉我是易如反掌，可是就他的如意算盤，還是把我'爭取'到他的營壘裡，對內對外的影響更大些，他又知道我並非談虎色變的等閒之輩，一定會先不殺你，而是從精神上肉體上折磨你，五年十年地關着你，把你身體拖垮，把你精神整垮，讓你對他俯首帖耳，俯首稱臣。好，我絕不讓你的如意算盤得逞！"

第二天清晨，死寂一片的集中營裡，突然響起一個激動人心的男中音：

"起來！不願做奴隸的人們！

把我們的血肉，築成我們新的長城！……"

每個牢房的窗口，陸續出現一張又一張吃驚、振奮或百感交集的面孔。

在這之前，集中營裡是絕對不允許唱歌的。

早幾天看守就忙着騰房子，說抓了共產黨的一個大人物，要單獨囚禁。昨晚見押進來一個中等身材的人，氣宇軒昂，對特務滿臉傲氣，恐怕就是今天唱歌的人！

"不許唱歌！不許唱！"看守大聲喝斥。

"中華民族到了最危險的時候，每個人被迫着發出最後的吼聲。"廖承志根本不理睬，他索性自己打着拍子，引吭高歌：

"起來！起來！起來！我們萬衆一心，

冒着敵人的炮火前進！

冒着敵人的炮火前進！前進！前進！進！"

當自己唱完最後一個字時，廖承志突然聽見不遠處也響起悲壯的國際歌：

"起來，飢寒交迫的奴隸，

起來全世界受苦的人！……"

廖承志心裡分外震驚：從熟悉的沙啞聲音不難聽出，這是張文彬同志！他也被捕了？！看來地下黨領導層一定出了叛徒！必須設法通知南方局和周公！要盡早除掉叛徒，減少黨內損失！一支歌聯絡上一個同志，會不會還有其他同志？

廖承志淸淸嗓子，又唱起了《黃水謠》、《延安頌》、《黃河頌》，頓時，唱和的聲音從四面八方傳來，匯成一曲洪亮動情的大合唱。

廖承志興奮地直晃拳頭，看來，這裡除了張文彬同志，還有其他堅持着的同志。

特務惱火透了，可是上面有命令，對這個廖某人不許罵，更不許打，只得陪着笑臉說好話：

"廖先生，您有什麼要求儘管提出來，我們好商量嘛。"

"我要看書！我要畫畫！"

"行，行，行！"特務應得很乾脆，不一會兒就從窗口遞進來幾本雜誌。

廖承志接過來一看，不是黃色畫報，便是反共的小冊子，他大罵一句："給我擦屁股還嫌髒呢"！話音沒落，一抬手將書全從窗戶裡扔了出去。弄得特務非常狼狽，又趕緊遞進筆墨紙硯，連聲說：

"您要的書我們再找，我們再找！"

廖承志不再唱歌，他安靜地坐在桌邊，從容研墨，沉思片刻，便在桌面鋪開的白紙上畫起畫來。

特務從監視孔裡一直觀察着廖承志的神色，眞無法思議！瞧他那副出神入化、專心致志的模樣，彷彿不是坐牢的囚犯，而是穩坐自家書齋的畫家。

"廖先生，開飯了。"中午，一個看守打開牢門，遞過一碗飯的同時，塞進廖承志手中一個紙團，輕聲說："是涂振農先生讓我交給您的。"

"涂振農？"廖承志反問道："他在哪兒？"

215

「他是與張先生一起進來的，他關在前邊小院裡，能出來散步。」說完便匆匆走了。

飯裡淨是沙子，還挑出一隻死蟑螂，這似乎並不影響廖承志的食慾，三下兩下吃完了飯，便上牀悶睡。

監視孔外的眼睛累了，歇了。

廖承志打開手心裡的紙條。一張紙，很簡單，只有四個字「堅持到底」。沒有簽名，但一眼能認出是張文彬的手跡。另一張是涂振農的。洋洋灑灑寫了一大篇。先介紹了送條的看守叫姚寶珊，為人忠厚、正直，完全可以信賴。然後是自我表白的長篇大論《我不能叛變的八大理由》，最後還寫了一首長長的銘誌詩。

廖承志讀完長信，立刻敏感到涂振農可能動搖了！否則為什麼滿腦子想着「叛變？」叛變還有「能」與「不能」？「八大理由」之外如果想出第九條理由怎麼辦？是不是就可以叛變了？

廖承志對涂振農產生了懷疑，對姓姚的是真是假，便也未可真信。他判斷張文彬同志的紙條，為何寫得如此簡單，一定也是對姓姚的保持警惕。不管怎樣，一定要小心謹慎！

所以，當姚看守進屋收碗時，廖承志也塞給他一張紙條，輕聲叮囑一句：「交給老張。」

姚看守點頭出去了。

不一會兒，頻頻咳嗽、骨瘦如柴的張文彬便收到「廖胖子」的回條，內容也是四個字：「準備流血」。他蒼白的臉上現出了寬慰的笑容：「好機敏的胖子！」他忍不住輕聲稱讚。

從此，每天早晨，高亢的男聲二重唱便在馬家洲集中營上空迴盪。

「起來！不願做奴隸的人們！把我們的血肉，築成我們新的長城！……"

　　歌聲像起牀號令，又像衝鋒的號角，給被囚禁在黑暗中的一百多名"犯人"注入了生命的活力和直面慘淡人生的勇氣。不知是誰透露了消息，大家很快就得知唱歌的人便是國民黨元老廖仲愷的公子廖承志。

　　廖承志是"囚犯"中的共產黨員和無辜群衆都熟悉和尊重的一面旗幟，此刻，大夥更爲他的浩然正氣所振奮、所感動。

　　白天，廖承志牢裡十分安靜。監視孔裡眼睛看見的、上送的報告裡寫着的總是那幾個內容：

　　"早晨：唱歌。飯後：作畫、寫詩、看書。"

　　看書的權利，也是廖承志鬥爭來的。

　　不是不給看書嗎？好，我就老是唱歌！反正，老子既來之，則安之，死都不怕，還有什麼可怕的？！

　　終於，特務讓步了——他們若不能停住廖承志的歌聲，又如何維持其他牢房的秩序？特務從同院關押的犯人手中，給廖承志找了一些軍事書籍，如克勞塞維茨的《戰爭論》，法國福熙的《論戰爭》，德國魯登道夫的《機械化戰爭》和《坦嫩貝格會戰回憶錄》等書。

　　特務報告上還記着："午後，看書，或轉抄唐宋詩詞，還有許多時候，他會長久地盯着牆角，美滋滋地自言自語。"

　　別的牢房裡，哭的，罵的，唉聲嘆氣的，吃不下，睡不着，急着聯繫家人保釋的，甚至甘願寫悔過書的，啥樣的都有，總是哭喪着臉，度日如年。

　　那個和廖承志一起唱歌的張文彬是個硬骨頭，多次酷刑不招。回到牢裡總是靜靜地躺着，神情嚴肅，沒有一絲笑容。

惟獨廖承志奇特，瞧他臉上常露微笑，看書時專心致志，一坐半天不動。研墨作畫時，搖頭擺腦，十分陶醉。他的確有時盯着屋角，看着看着還會自言自語，嘻嘻哈哈地笑。

監視孔裡的眼睛好奇，也注意看了，奇怪，不過是幾隻窸窸窣窣的老鼠，他到底笑什麼呢？

再者，特務們真沒法理解他為何能吃得下，睡得着。原想國民黨四大公子之一，又是從香港繁華世界過來，還不是從小養尊處優，吃香的、睡軟的，享夠了人間福分。按說，只要讓他在牢裡稻草鋪上一睡，跳蚤一咬；讓霉米飯裡的沙子、蟑螂一倒胃口，不用上刑，兩天就會求饒。

萬沒想到的是，廖承志每次把米飯裡的沙子，蟲子往外一撿，照樣大口大口地吞嚥，另外，廖承志捉起跳蚤還蠻內行，捉住一個，就用拇指的兩個長指甲用力一捏，嘴裡還唸唸有詞：「叫你為虎作倀！叫你為虎作倀！」

1942年秋末，一天姚寶珊進來送飯，他輕聲說：

「廖先生，我再不願獃在這人間地獄了，我要到延安去，尋找嶄新的生活，你若要帶信請早做準備。」

廖承志點點頭，沒吭聲，心裡卻一陣激動。被捕近四個月了，與外界音訊全無，也不知母親和妻兒是否安全，是否健康？得不到一點他的消息，她們不知有多擔心！是應該給親人趕快帶封信。沒猶豫，廖承志提筆疾書。

三

1943年，一個風淒雨冷的漆黑夜，韶關城邊一間破舊竹屋的院門被咚咚敲響。一個年輕婦女把門僅拉開一道縫，警惕地盤問：

"先生，您找誰？"

"我是從江西來的，我找何老太太。"門外大漢操着山東口音："讓我進去再說。"

"何老太太已經睡了，您明天再來吧！"年輕婦女冷冷回答說着就要關門。

"您是廖太太吧？"來人急切地詢問："我帶來了廖承志先生的信！"說着抽開傘把，小心翼翼拉出幾張紙，遞給門裡的婦人。

經普椿接過信紙，一眼認出丈夫那熟悉的字跡，趕緊開門請來人進屋，興奮地大聲向裡屋招呼："媽，有人帶來承志的信！"

是的，自從去年夏天得知廖承志又被國民黨抓去，何香凝曾多方打聽，始終不知道兒子的下落。

她急着想到重慶質問蔣介石，可是要乘飛機去，韶關當局總說機票買不到，要坐汽車吧，今天說不能，明天說不能。倒是市長大人親自出馬，送來"蔣委員長"贈送的十萬元安家費。何香凝分文未取，怒斥來者。她十分清楚是蔣介石不敢面對她的質問。

"何老太太，我叫姚寶珊，原來是廖先生所在監獄的看守，受了他的教育，才下決心去延安參加革命。"來人急匆匆地說：

"我先找到連貫先生，是他告訴我您老人家的地址，白天不能來，只好晚上打擾，我不便在此久留，廖先生的情況信中都說明白了，您老快些想法子救人要緊，我走了。"說罷，便告辭出門。

何香凝雙手微微發顫，禁不住淚流兩行，多熟悉的筆跡，多剛強的話語，彷彿肥仔音容笑貌，躍然紙上：

媽、椿：

我現在江西泰和附近馬家洲名叫青年訓練所的集中營中。生活仍沒有問題，只是他們逼迫我投降，是可忍孰不可忍？倘必要時惟有寧死不辱而已，希告各友放心。我的事倘能設法則設法，否則不必過於勉強。只望你保重身體，不幸時勿再以我為念！椿：新生的孩子倘健在，可名為繼英，取繼續英勇事業的意思。你必須好好地撫養孩子們。另外廣東的現狀已一團糟，以後任何人冒我的名來找你的都是假的，希注意——

除了有我的親筆跡。獄中無事詠幾首，以備臨事轉呈。

肥仔

一九四二年九月三日拜別慈母

（一九四二年九月三日）

半生教養非徒勞，
未辱雙親自足豪。
碧痕他夕留播眾，
不負今晨血濺刀。

訣普椿

（一九四二年九月三日）

往事付流水，
今日永訣卿；
卿出革命門，
慎毋自相輕。

白髮人猶在，
莫殉兒女情；
應為女中豪，
莫圖空節名。
廖家多烈士，
經門多雋英；
兩代鬼雄魄，
長久護雙清。

"肥仔，"何老太太撕心裂肺，淚如泉湧："肥仔，媽的好兒子！你沒有辱沒廖家氣節！要挺住，媽就是拚上老命，也要救你出來。"

經普椿盡力安慰老人："媽，承志是飽經風雨、見過世面的，不會有事，您去休息吧。"

待回到自己屋裡，她緊緊抱着熟睡的兒子，喃喃低語："兒子，爸爸有信來了，他還問起你，給你起名字，可憐，你們父子還沒見過面，也不知道幾時能見，還能不能見面？……"

大滴大滴的淚珠滑落在不滿週歲的兒子白淨細嫩的臉蛋上。

廖承志給黨組織，給周恩來同志的信卻遲遲未動筆。

其實，他被捕近四個月來，他最想念的就是遠在抗日前線的戰友們，同志們。他有滿肚子的話想向黨組織匯報，想向周恩來同志傾訴啊！

"古人云：慷慨就義易，從容就義難。一點不假！敵人對自己不審問，不動刑，是用拖的辦法來折磨自己的鬥志。廖承志我立誓死都不怕，這點雕蟲小技又奈我何？這點真可以請黨組織放心。

可是，從內心深處來說，我又多麼渴望自由，渴望回到延安，回到革命隊伍中去工作、去戰鬥，因爲對於我來說，生命的意義就在於創造的刺激，我寧可戰死疆場，累死在工作崗位上，也不願這樣閒獃着，讓生命白白逝去。

當然，我不斷勉勵自己：

'生命誠可貴，愛情價更高，若爲自由故，二者皆可拋！'敵人只要一天不放我出去，監獄便是我的戰鬥崗位，至死，我廖承志也絕不會背叛黨！"

可是，每當鋪開信紙，廖承志又冷靜下來。反復琢磨費思量：

這姚寶珊帶信，到底是眞是假？

不錯，姚寶珊這一段時間一直爲他們三人傳遞條子，老張的紙條仍然只是那四個字"堅持到底"，廖承志回條也四個字"準備流血"，而涂振農最近的來條豪言壯語明顯少了，情緒低落，動搖的跡象越來越明顯，可是姚寶珊畢竟是涂振農介紹來的，到底可靠不可靠？能不能信任他？萬一是個圈套，豈不是危及黨組織的安全？……這是廖承志絕不願發生的事！

一向辦事果斷的廖承志，思前想後，考慮再三，比給母親的信整整晚寫了二十五天時間，最後決定還是試一試，信裡不寫別的，只是表示決心，就是叫特務看了也沒有什麼。

於是，廖承志提筆凝思片刻，把心中的千言萬語濃縮成一封很短的信箋：

渝胡公：

我於五月卅日被捕，現在泰和附近的所謂靑年訓練所中，其中一切，紙上難述。希望你相信，小廖到死沒有辱沒光榮的傳統！其餘，倘有機會，可面陳，無此機會，也就算了。就此和你們握別。中國共產黨萬歲！

志九月二十八日

信寫完了，仍覺言猶未盡！廖承志目光掃到桌上的那堆漫畫，陡然眼睛一亮，對，捎上幾張漫畫，這可是我生活的真實寫照！漫畫共八張，四張是自己的吃住寫實：

瘋狂的蚊子圍攻肥仔；

肥仔瞪大眼睛從飯裡挑石子、蟑螂；

肥仔坐馬桶上也逃不過蚊子叮咬；

小木盆前肥仔站着用毛巾擦澡。

另四張是生活趣聞：

肥仔陶醉於自己的歌聲中，一對黑鼠驚訝地指着他，是稱讚？是震驚？還是無奈？皆可仁者見仁，智者見智！

一對身着新婚禮服含情脈脈的小老鼠從他被子上興沖沖走過，肥仔美滋滋地為牠們唱起了《結婚進行曲》……

廖承志從不自認英雄，更不愛自誇自己當年勇。晚年一次高興，當姪兒鄧廣殷問他："您是一個那麼愛熱鬧的人，國民黨卻讓你獨自一人坐牢，而且一坐四年，是怎麼熬過來的？"

廖承志笑了，他這樣回答道："噯，我愛交朋友啊，而且也會交朋友啊，連人人討厭的老鼠也能交朋友。獨自關在監獄裡，長年見不到一個人，苦悶得很。我就用剩飯放在屋角，引來小老鼠，小螞蟻，大蜘蛛，我看牠們吃，看牠們玩，用我豐富的想像力，走進牠們的世界，編織出一個個美妙動人的故事，讓我好開心好開心，忘記了淒苦孤獨，始終保持歡樂的心境。"

是的，積極樂觀的精神，是人生財富之首，而內心乃個人自己能完全控制的唯一的東西。不是人人都有內心世界，儘管人人都有心。廖承志在被囚禁的日子裡，仍能諧趣橫

223

生、童心融融地追求一切美好的東西，在生死未卜的境遇中，還自得其樂地神馳於詩情、畫意和童話仙境之中，這種豐厚的文化修養和神奇的想像力，這種樂觀精神和豪放坦蕩的秉性，創造出這樣的奇跡：

廖承志一生坐牢七次半（"文革"軟禁，他本人戲稱半次），生命中平均每七天有一天被囚禁，不自由。本是多麼坎坷，多麼痛苦，多麼悲慘的人生，可是所有認識他的人，甚至很熟的朋友，都沒見他愁眉不展，牢騷滿腹過。直至生命盡頭，人們記住的永遠是他幽默樂觀的談吐，豪放開懷的朗朗笑聲！

厄運，只能扼殺精神軟弱者，而對精神積極樂觀的人則永遠無法施展邪威！

據諸華等同志回憶，當年負責南方地下黨工作的方方同志曾說過："廖承志、張文彬和涂振農三個人給組織的信，姚寶珊確實都送到了。當時讀完三個人的信，我便產生一個強烈念頭，我斷定結局一定是這樣：廖承志沒事，張文彬犧牲，涂振農叛變。因為同在一所監獄，同受一種精神折磨，廖承志能苦中找樂，醜中找美，精神耐熬；張文彬身體不好，總想犧牲，精神太苦太累，難於持久；涂振農再三表白、再三強調不能叛變的八條理由，可見他內心動搖，腦子裡有一千條、一萬條想叛變的念頭！"

四

看來，特務也明白光是關着，對廖承志毫無用處，於是江西大特務馮琦（即徐錫根）親自來提審了：

"你現在想怎麼樣？"

廖承志坦然一笑，反問道：「你們想把我怎麼樣？」

「你想怎麼樣就怎麼樣，如何？」馮琦擺出一副寬宏大量的模樣。

廖承志圓睜雙目，大聲罵道：「沒什麼可談的，你們用刀子也罷，手槍也罷，白天黑夜我都等着！」

馮琦滿面惡氣地走了，對付廖承志的辦法也頓時變了。

連續幾天，每到夜半三更，特務便開鎖踢門，把廖承志從牀上拖起，幾個人兇神惡煞一般圍在四周，儼然一副押赴刑場的態勢。第一次廖承志高呼口號，準備慷慨赴死，誰知拉出去轉了一圈，又被送回來。廖承志心如明鏡，是恐嚇。

等到第二次、第三次，特務如是這般重演，廖承志笑眯眯，一副求之不得的模樣。

「你笑什麼！」特務火了。

廖承志擠擠眼，話音帶笑：「我能不笑嗎？你們白天不給我放風，晚上卻來這麼多人陪我散步，雖說曬不到太陽有點可惜，現如今夜夜能身披月光，也很詩意啊！」

恐嚇看來也無效。

還是半夜三更，特務簇擁着出門，不再「逛」荒郊野嶺，直奔縣城排場酒樓，雞鴨魚肉，白酒管夠。去多少次，廖承志都從不客氣，他筷子如穿梭，一口一塊紅燒肉，還專揀白花花的肥肉。他大碗喝酒像喝水，特務喝趴下幾個，他還沒事人一樣，嘴裡嚷嚷着：「再來斟酒呀！再喝呀！」是呀，特務哪是他的對手，他當過海員，早就練出海量！

「喝」又沒「喝」出名堂。

這天，牢門開了，正在作畫的廖承志抬頭一看，喲嗬，進來一個眉清目秀，身段苗條算得上十分漂亮的女人。他心中暗笑，只不動聲色：「小姐，你到這來幹什麼？」

「我是被抓來坐牢的，就關在你的隔壁。」聲音甜美，溫柔：“你的歌唱得眞好，我好感動喲！”

廖承志只管自己畫畫。他心裡有數：一定是特務查看自己的漫畫，發現我畫過古裝女子，他們當然不懂我在追求美與情的意境，自作聰明地以爲我廖某人在大城市裡過慣了，想女人了，便企圖用女人來引誘我。眞是機關算盡！所以，他根本不理睬那個女人。

至晚，那女人被帶走。第二天，又被送進來，如此多次。廖承志總不理睬。

這天，那女人再不甘被冷落，主動地發起進攻，她嗲聲嗲氣地說：“你的畫畫得眞好，聽說你在日本生的，到過許多國家，對嗎？”她用纖纖細手輕輕搭在廖承志肩頭，故意讓飄散開的秀髮在廖承志的臉頰上磨來蹭去，撒嬌般地嘟囔着：

“人家那麼關心你，你怎麼不理人啊？”

廖承志拋下手中的筆，像趕蒼蠅一樣推開那女人的手，起身抱臂與那女人相對而立，不無嘲笑地說：“你這位小姐對鄙人這麼有興趣嗎？”

那女人諂媚地一笑，毫不掩飾地挑逗着：“你不應該做和尙，該出山了。”

廖承志擠擠眼，搖頭晃腦地調侃道：“我做和尙不錯啊，天天有你這個尼姑看一看，很好嘛。”

那女人滿臉通紅，自知無趣，以後就不再來了。

嗚呼，美人計又落空！

兩個月後，廖承志聽說涂振農“出去了”，這自然暴露了他叛徒嘴臉。既然從狗洞裡出去，還能不當走狗？1943年春天，涂振農和兩個特務一起走進廖承志的牢房，開口便說：“你們的共產國際解散了，你該想一想你自己的前途。”

　　廖承志拍案而起，義正詞嚴地說："共產國際解散算不了什麼！有我們的中國共產黨，有毛主席，我的前途光明得很！你們要開刀就來吧！"

　　涂振農只好灰溜溜地走掉了。

　　1944年春初，張文彬病重了。廖承志得到消息，就鬧着要去看他。特務死活不肯。廖承志就絕食。特務知道這位"廖公子"能玩命，生怕弄出人命，無法向上頭交待，只好答應。

　　廖承志進了張文彬的牢房，心一下被揪緊了，老張已經瘦得只剩下一層皮，躺在木板上，不大能說話了。廖承志緊握着老張的手，大聲對他說：

　　"文彬同志，你安心先去吧，我隨後也會跟上你的。無論反動派怎樣把我們滅屍銷骨，黨是總會有一天知道我們的，最後勝利是我們的。"

　　張文彬同志蒼白乾瘦的臉上露出微笑，暢快地點了一下頭，用顫抖的手同廖承志緊緊握了一下。特務就催促廖承志回去。

　　第二天，看守來送早飯，像是自言自語：

　　"哎，那邊的張文彬半夜死了，天一亮就扛出去了。"

　　廖承志猛然如雷電擊頂，渾身顫抖，他突然扔下飯碗，扒在牢門窗口，放聲大哭，淚如傾盆。文彬一走，在這人間地獄裡，只剩下自己一個人了。他再也沒有了解的同志，對同院的人都要取懷疑態度，對任何人都要保持高度警惕，他真正是名副其實地孤軍作戰了！這是廖承志在敵人監獄裡第一次，也是最後一次流眼淚。

　　廖承志不再和任何人聯絡，他拚命讀他能找到的、可讀的軍事書籍。沒有書讀就畫畫，寫詩，唱歌，在與世隔絕的環境中不停地忙碌着，他認定生命的價值在於創造的刺激，

227

無事才會發愁心煩，而大忙人往往是最快樂的人，因爲他沒有時間去想自己的快樂與否。這樣又過了一年。

1945年夏天，同院的人不知道哪裡聽來的消息，說廖承志在中共＂七大＂被選爲中央候補委員。有人悄悄告訴他，廖承志壓根不相信。他不知道姚寶珊已把他的信送交周恩來，也不知道周恩來、董必武和八路軍駐重慶辦事處工作人員看到他的漫畫後，立即向國民黨當局提出強烈抗議，要求迅速釋放廖承志、葉挺和一切政治犯。更不知道在延安召開的中國共產黨第七次代表大會上，他廖承志是以最高票數被選爲33名候補中央委員的第一名！黨了解和信賴自己忠誠的戰士！

蔣介石也在做最大的努力。

廖承志畢竟是國民黨元老廖仲愷的兒子，他的名字就是一面旗幟，況且，他本人又是學貫中西，才華橫溢的有用之士。若能讓他反共，給中共當頭一棒，當胸一刀，是步＂將軍＂的好棋！

蔣經國奉蔣介石之命曾前來集中營勸降。雖有聯牀夜話之雅，廖承志卻毫不爲之所動。江西＂中統＂看管三年有餘，廖承志依然故我，沒任何悔改之意。

1945年底，蔣介石命令＂中統＂把廖承志移交軍統看管，關押到重慶歌樂山＂中美合作所＂，他希望洋人的特別刑訊方式能創造奇跡。

廖承志被押出集中營，門口兩輛汽車，車上全是國民黨軍官，掛着軍統符號。準備就義的他才明白，自己已經從中統轉到軍統手中，汽車押至贛州，便有人說讓他給蔣經國寫封信，說要求與他＂談話＂。廖承志冷笑一聲，斷然拒絕：

＂我給他沒有什麼信好寫的，更沒有什麼好談的。＂

不過，廖承志後來還是給蔣經國寫了一封信，但已經是

36年後的事，那是後話。

幾天後的一個深夜，廖承志被押上飛機，一直送到歌樂山渣滓洞。

又是9個月過去了，軍統也是軟硬兼施，機關用盡，蔣介石得到的報告依然是：廖承志毫無悔改之意。走卒黔驢技窮，老將只好親自出馬。

廖承志對這段經歷曾有過生動詳盡的記述：

"我在'白公館'度過了1945年的元旦和春節，周圍有兩排武裝的軍統'水陸交通調查隊'監視着。暮春時候，軍統特務忽然帶了個裁縫來給我量身，過了幾天送來了一套簇新的中山裝來。我不明白是怎麼一回事，反正來了就穿上，穿上新衣帽捱一刀也不俗。"

"後來才知道蔣光頭要我去'談話'，但這事不知怎麼又拖下去了。……"

"1945年夏末，9月初光景，確切的日期記不起來了，軍統特務要我'出去'一下，我以爲要下手了。到了山腳，有一輛汽車等着。特務押我上了汽車，裡面坐着個大胖子。汽車開動了，大胖子才向我自我介紹說：'鄙人是毛人鳳'，並說：'蔣委員長要看看你。'"

"我想了一下，也好！當面痛快地搶白這反動派頭子一頓，出一口鳥氣再說。那時我萬萬沒想到毛澤東同志會親自到重慶來，而蔣光頭要'看看我'，是想在毛澤東同志到重慶之前，引誘我投降，給我黨出洋相，那時我當然不明白這些的。"

"汽車轉入重慶，兜了一大陣圈子，才到了一個坐落在山上的大洋房裡，進了客廳，蔣光頭早在了，遠遠坐在一角，給我的位置是另一角落，相距三十多米遠，中間還有兩個特務，毛人鳳坐在一旁。我在肚子裡只管笑。"

“蔣介石獰笑滿面，先開口：‘你的身體怎麼樣？’”

“我說：‘我的身體怎樣，你還不是頂清楚的？’”

“他的面孔發紅了，囁嚅了一會兒，又說：‘你現在想怎樣？’”

“我斬釘截鐵地回答說：‘我活着是中國共產黨黨員，死做中國共產黨的鬼！’”

“蔣介石又臉紅了，這回他動了肝火了：‘你這樣做對得起你的父親嗎？’”

“我回答說：‘我這樣做才真的對得起我的父母。那些滿口掛着我父親的名字，雙手沾滿鮮血，同殺害我父親的人稱兄道弟的人，對得起我父親嗎？’”

“蔣介石這回滿面通紅了，隨後奸險地鎮靜下來，又裝出笑容說：‘我滿想把你留在我身邊，但是……你有你的組織關係，就很不方便。’”

“我立即說：‘這是絕對辦不到的事！這種想法趁早收回去的好，兩得其便。’”

“蔣介石停了一會，又說：‘我如果放你出去，你又回到你們的人那邊去了——這樣我就於心不忍。’”

“這句話話中有話，我嚯地站起來，大聲問道：‘那又要打仗了？你又要打內戰了？’”

“蔣介石大概沒有想到我會說這句話，一直戳到他的痛處，他一時回答不出。我回轉身就走。”

“這時候特務們慌了，蔣介石也站起來，這回全是寧波話了：‘還有話，勿忙。’”

“我說：‘沒有什麼可以談的了，我洗乾淨脖子等着！’我頭也不回，大踏步出去了。”

“毛人鳳趕緊跟出來說：‘你何必生這樣大的氣？再進去，談談。’”

“我一面走一面說：‘沒有什麼可以談的。’”

“毛人鳳說：‘你最好再考慮考慮。’”

“我說：‘沒有什麼可以考慮的。你要動手，現在就請！’”

“毛人鳳奸笑着說：‘哪裡……哪裡……’”

“我以爲這回反動派眞要動手了，可又把我押上汽車，一溜煙開回歌樂山頂。我後來才知道，在這前後，葉挺同志也被蔣介石叫去‘談’了一陣，也給葉挺同志搶白了一頓，這是葉挺同志出來以後親口告訴我的，我們彼此還大笑了一陣。”

“這之後，回到山頂，生活可變了，每頓飯大魚大肉。我以爲這是‘送命榮’，便也大吃大喝，管他娘。這樣又過了幾個月。”

“到了1946年1月22日，軍統特務又突然叫我收拾東西。我以爲又要轉移地方。那時同屋住的叫楊英傑，是特務，卻小聲說：‘你要放了。’我自然不相信他的話。可料不到他緊接着來一句：‘出門時小心飲食’，說完立即出去了。”

“我半信半疑。‘出門時小心飲食’，可能放毒。難怪一清早就沒有開飯，連一碗水都沒有，渴得要命。”

“到了歌樂山，我準備着特務如果要我簽什麼字，填什麼表格，就同他們大鬧一場，不料都沒有。卻有一桌飯，有很多燒餅催着勸我吃。又端來一碗水。我一看，渴得要命，不禁呷了半口，卻發現水底有黑色沉澱物。我立即記起那姓楊的特務的話，吐了出來，不再喝下去了。特務還是拚命勸。這樣糾纏了好一會，他們看見沒有辦法，才由一群特務圍着上了車。”

“這回是吉普車，一直開到一所大樓，我抬頭一看，是

‘政協’的招牌。進了門，看見邵力子，特務們就都走開了。”

　　“邵力子同我談話，這時我仍警惕着，以爲誘降者又來了。如果口袋摸出來什麼條子之類，我是準備給他一個耳光的。但他沒有。”

　　“不久，聽到有人上樓梯，接着一聲咳嗽，那是周恩來的聲音，我才放下了心裡的石頭。周恩來把我帶到八路軍辦事處，這回算結束了國民黨反動派4年的監禁生活，當眞回到革命隊伍歸隊了！”

　　“我回到辦事處，就把一切經過向周恩來報告了，董老，還有其他許多同志也在場的。”

　　因爲這是“文革”中廖承志的一份“交待材料”，對敵鬥爭方面的內容是十分詳盡眞實生動的，他沒有心境去回憶、去抒發自己走出囚籠時欣喜若狂的激動心情。

　　1978年，廖承志在周恩來逝世兩週年後，正逢周恩來的誕辰之日，他回憶過當年的情景：

　　1946年1月22日下午，廖承志由重慶歌樂山頂被押送到舊政協邵力子的辦公處。他以爲自己罵過蔣介石，肯定又要轉移到別處繼續監禁。忽然，他聽到樓下有人咳嗽，多麼熟悉的聲音！是胡公？！眞是胡公嗎？！廖承志渾身血液都沸騰起來了，激動得說不出半句話。

　　周恩來一進門，見到廖承志，哽咽着叫了一聲“小廖！”便搶上一步，伸開雙臂把廖承志緊緊擁抱在自己懷裡。

　　面對國民黨近4年折磨，不曾掉過眼淚的廖承志，此刻如同見到日思夜想的兄長，更緊地擁抱着周恩來，孩子般地淚如傾盆，痛哭失聲。

　　原來，共產黨經過不斷交涉，特別是1945年8月毛澤東應蔣介石的邀請到重慶談判，國共雙方代表簽訂了"雙十協定"，蔣介石表面上不得不同意"召開政治協商會議"，"釋放政治犯"等條款。

1946年1月10日，政治協商會議開幕後，中共代表團又據理力爭，要求立即釋放廖承志、葉挺等。同時，宋慶齡、何香凝也不斷向蔣介石提出要求，迫使蔣介石不得不下令釋放廖承志。

1月22日，是廖承志出地獄的一天，也是中共代表團最熱鬧的一天。

紅巖村，石階上人擠滿了。一輛小車停下來，鼓掌聲、鞭炮聲震動了山城，連過路的公共汽車內的乘客也探出頭來觀望。身着西裝，手握自製竹根煙斗的廖承志從車裡鑽出來。

呵！瘋狂地鼓掌！熱烈地擁抱！奪眶而出的淚雨！閃着淚花的微笑！

233

鄧穎超大姐親切地走上前去迎接他，童小鵬立即搶上前給他們兩人照了一張合影，並給廖承志單獨照了一張。照片記下了他當"囚犯"的痕跡：一頭長髮和小鬍子，一根用竹根做的小煙斗。

那一霎間，已成為歷史的真實寫照：廖承志身着西裝，神采奕奕，左手握着自製竹煙斗，右手緊緊攬着鄧大姐的右肩，噙淚歡笑，好英俊，好幸福，好暢快！

廖承志出獄後和重慶中共代表團成員鄧穎超在代表團駐地合影留念。照
片中廖承志手中的小煙斗是他在獄中用竹根自製的，鬍鬚也是在獄中留
起的。

第八章
是官非官

一

1946年7月，中共中央任命廖承志爲新華社社長。此時，他人還在南京中共代表團工作，可新華社的同志們已經喜歡上他，並急切盼望這位新社長的到任。

原來，這年4月8日，中共政協代表王若飛、秦邦憲（博古）、原新四軍軍長葉挺、解放區職工聯合會籌備會主任鄧發等乘飛機自重慶飛往延安時，在山西省興縣黑茶山地區失事遇難。延安《新華日報》編發了一期紀念"四八"烈士的特刊，報紙由四個版擴大到十八個版，編輯們徵集和組織文章，修改和規劃版面，幾乎一個星期沒合眼。

文藝副刊編輯溫濟澤，收到一份發自南京中共代表團的稿件，作者不是別人，正是廖承志。標題是《遙獻》。

這是廖承志爲葉挺及其愛女揚眉不幸遇難而作的紀念性散文。溫濟澤讀着讀着，淚水奪眶而出，同志們爭相傳閱，一個個都被打動，被震撼！那字裡行間充溢着的深摯眞切之情，既深沉含蓄又起伏迭宕，眞正令人心碎，久久不能遺忘。

　　"都過去了，都過去了……他們永遠不會回來了。只留下了他們的話——他們說過的話，未曾說完的話，這些話依然留在我們的心中，直到永遠。"

　　"他們變成了灰了——在我們自己解放區的大地上。這些灰，必定就肥潤了那裡的土地——年年由每塊泥土上長出血紅般的花叢出來。"

　　"我低下頭來了，揚眉的鞋子又在那裡——漸漸這鞋子上面長了腿，多了一段灰色的工裝褲，上面又添上兩截乳紅色的小小手臂——兩條小髮辮，玫瑰色的面頰……"

　　"我陡地站起來。我說：'揚眉，你告訴爸爸，告訴王伯伯，博叔叔，鄧叔叔，告訴他們安心，我們還活着呢！！'"

　　在所有回憶文章裡，尤其是領導幹部的回憶文章裡，廖承志的這篇散文獨樹一幟，讓人大有耳目一新的感觸，特有感情特有文采故而也特有魅力，加上廖承志的傳奇般的經歷又多有耳聞，年僅三十五六，已經當選爲中央候補委員，這樣的人來當社長，怎麼不令人神往呢？！

　　45年後，在北京木樨地24號樓，已是古稀之年、童顏鶴髮的溫濟澤同志向筆者回憶這段往事，依然非常動情。他忘不掉廖承志社長第一次召開社務會議的情景。

　　本是第一次見面，奇怪，廖承志彷彿與大家都是久別重逢。他瘦削的臉上滿是和煦的微笑，與迎接的同志沒有穩重矜持地握手，只是與這個拉拉手，與那個拍拍肩，笑着重複問着對方的姓名、老家何處，隨和地拉着家常。

　　一位梳着整齊分頭的男同志走過來，他向廖承志伸出自己的雙手，這是下級拜會上級時一種典型的恭敬態度。

　　說時遲，那時快，廖承志沒向前伸手，他眼睛頑皮地一擠，把兩隻大手猛然伸到對方腦袋上，惡作劇地用力一揉，老天，剛才還是平整油亮的分頭，此刻變成一團亂麻。逗得滿場笑聲成片。

跟在身後的是位紮小辮的年輕女同志，顯然是擔心新社長對自己也來這樣的突然＂襲擊＂，只見她咬着脣，忍住笑，兩手下意識地握緊自己精心梳理編起的小辮。

可能是對女性比較尊敬，廖承志這次略顯客氣點，他只是輕輕扯了扯女同志的小辮，故意怪腔怪調地叫着：＂小女兒，你好啊！＂四周又被激起一陣陣歡笑。

待新社長與每個同志都握過手，一個原本很莊重、很簡單的歡迎場面，變得像開了一次團拜聯誼會，說笑聲不絕於耳，此起彼伏，感情交流自然融洽，分不清誰是領導、誰是群衆。

＂新官上任三把火＂，新社長到職，召開中層幹部會，這事習以爲常。廖承志也召開中層幹部會，只是他一開口，講話就顯出與衆不同。

傳達中央的指示精神，廖承志言簡意明：爲配合宣傳，社裡需要組織寫幾篇什麼文章，提綱挈領、清清楚楚，有心人看着錶，僅短短15分鐘，新社長就用他那帶有濃重廣東口音的嗓門大聲宣佈：＂會議到此結束，散會！＂

像被孫悟空施了定身法，會場裡竟無一人立起。

大概廖承志看出了大家吃驚的神情，他一攤手，大大咧咧地說：

＂諸位仁兄，我還有什麼沒說清楚嗎？＂

＂社長，您對文章的要求還沒提呢！例如，每篇文章用什麼形式，大致寫多少字數……＂

廖承志聳聳肩，不經意地說：

＂至於文章怎麼做，你們去按照中央的方針八仙過海，各顯神通，你們想怎樣寫就怎樣寫，寫成什麼形式，多少字數都根據需要自己決定。以後這樣的會每天開一次，每次15分鐘。這下大家都明白了？好，作鳥獸散！"

前面分明講的是濃重廣東口音的官話，末尾五個字卻用了字正腔圓的京劇道白。

幹部中有人吃驚地互相交換着眼神，分明在驚訝新社長怎麼這樣不嚴肅？習慣於領導提出詳細寫作要求的編輯記者也都怔怔地看着他，還是沒人離開座位。廖承志一定看出大家的困惑，他站起身，向大家一拱手：

"怎麼，你們還沒坐夠？我可要出去方便方便了！"話音沒落，他已經率先開門出去了。

在這之後直至進城，和廖公朝夕相處，大夥沒覺得是和一個很威嚴的領導人在一起，他走到哪兒，哪兒就揚起笑聲。編輯記者中，平時稱呼他什麼的都有，中年人一般都叫他小廖，年輕些的叫他老廖，社裡的勤務員，小鬼都喊他302（代號），就是沒人喊他首長。

一

工作起來，廖承志又是非常認眞且高效率的。

有一回，在清涼山辦公室裡，溫濟澤正在編稿子，廖承志進來了，問及稿件情況和群眾反映。

溫濟澤說："今年內，'四八'烈士紀念特刊，是在群眾中反響比較強烈，比較持久的，尤其對您的《遙獻》一文，至今還有人從前方或敵佔區寫信來，覺得文章寫得很特殊，讀《遙獻》，像看一場場話劇、一幕幕電影、一張張照片、一組組雕塑，合上書本，那身穿工裝褲、笑瞇瞇的小揚眉，依然鮮活地立在面前，讓人心動，讓人難忘。"

　　“確實，如果說別人寫的是政治文章，而你小廖的文章沒有大段的生平、大段的議論，僅寫了一個小孩，可發表後，感染力卻比前者強烈數倍！你眞會做文章，人們是從你對一個孩子的愛，品味出你對‘四八’烈士的深厚感情和繼承遺志的決心。”

　　廖承志臉上表情嚴肅，眼神凝重，沒有一句謙虛和客套之詞：

　　“濟澤，如果你也有我那一段感情的跌宕，就會明白《遙獻》不是做出來的文章，它是從我心靈深處流淌出來的奏鳴曲、交響詩⋯⋯”

　　廖承志不能自抑地搓動着雙手，目光投向窰頂，彷彿忘記了周圍的一切，完全陷入往事的回憶之中：

　　那是多少個讓人心動、讓人落淚、讓人痛苦、讓人刻骨銘心的日日夜夜⋯⋯

　　1月24日。李少石墓前。

　　寒風淒厲，廖承志淚灑黃土，他撫碑低吟：

　　姐夫，想不到香港一別，竟成永訣，你與醒姐如此恩愛，卻無法相伴白頭，天理有多不公！

　　醒姐說，囡囡（李湄）至今拒絕接受父親已經不在人世的事實，她常常向同學誇讚自己父親如何愛她，疼她，親她，每天送她上牀後，爸爸總是坐在牀邊，輕輕拍着她，給她講好聽動人的故事⋯⋯她說得那麼逼眞，說得那麼投入，同學們對她羨慕極了，每次到家裡來時，總是東張西望，要囡囡把爸爸請出來⋯⋯

　　可是每當夜裡，囡囡用被子蒙着頭，緊緊抱着你的照片，嗚咽着，呼喚着：爸爸，我的好爸爸，你快點回來吧，女兒想你呀⋯⋯

　　是的，囡囡總沒擺脫喪父的哀傷，爸爸往往是女兒認識異性的第一模特，也常常是女孩崇拜的第一個異性。潛移默化的深遠作用，有時竟會成爲女孩選擇對象的標準呀！

囡囡特別愛你，這我很清楚。

記得在香港時，囡囡常拿着你的照片對我說：

舅舅，你瞧我爸爸多帥！他是世界上最英俊、最有才華、最富有愛心的爸爸！不知道天上是不是有牧師說的上帝，如果眞有，我想向他說聲謝謝，謝謝他給了我一個世界上最優秀的爸爸！使我成了世界上最幸運的女孩⋯⋯

今後，我一定代你去愛她，疼她，更要鼓勵她！

廖承志說到做到。

8月25日，值廖仲愷先生被刺殉難21週年忌辰，廖夢醒特帶囡囡從上海趕來前往廖墓致祭。第二天，廖承志坐在囡囡對面，三筆兩筆勾出一幅漫畫。

“囡囡，舅舅送你一幅畫。”

囡囡毫無表情地接過畫。

畫面是這樣的：

一個胖子笑眯眯地坐在椅子上，兩隻手撐在大腿上，彷彿在頑皮地眨巴着眼睛。仔細分辨，那不知憂愁的大臉盤上，不難找到舅舅廖承志的影子。

“撲哧！”失去父親後，囡囡第一次笑。

“等等！”廖承志又搶過囡囡手中的畫，在畫的右側，豎着寫了一行題詞：

“革命者的神經，不要像纖維一樣，應該如鋼絲一樣！因此，經常笑；經常頭向着天，永遠不要消沉！”

囡囡終於擺脫了喪父的陰影，倔強成長。

風裡，雨裡，這張漫畫整整伴隨囡囡46年，至今仍然珍藏着。

“文革”期間，廖承志被造反派隔離審查，李湄曾託舅媽悄悄把這張畫帶給舅舅，希望他經常笑，永遠不消沉，神經像鋼絲一樣堅強！

3月。重慶。黃昏過了。大家都忙起來。黃磚牆上歪歪斜斜地貼了一些標語。其中有一張："歡迎爸爸—揚眉！"

一輛車停下來。鼓掌聲，鞭炮聲——一個灰白頭髮的人由車裡鑽了出來。呵！瘋狂地鼓掌，擁抱！有些同志忘形地抱着對方跳起舞來了。

進了屋子。一個兩條小髮辮，穿工裝，臉色像牛奶似的小小人兒，撲過去了。

"爸爸！"

"揚眉！"

一切景象都模糊起來，好像沉在水裡——每個人的面頰上，都掛着幾顆淚珠……

3月底。香港。夜深人靜。一個穿美國軍服的人輕輕敲門。不會講中文，遞上一封電報。白髮老人讀罷，淚眼模糊，從牀上叫起一雙孫兒女，上飛機，直抵廣州。

廣州。李章達先生的家。客廳裡，廖承志坐立不安。汽車響，衝出門，攙下白髮慈母，母子擁抱，兩淚長流。還是老人心細，回身招呼："乖孩子，叫爸爸，快叫爸爸！"兩個瘦弱睏倦的孩子，眼睛裡充滿了陌生和驚恐。廖承志一下攬過自己不曾見面的兒子，用力親吻着他那白嫩的臉蛋，彷彿要把愧欠孩子多年的父愛全部補償給他。

"爸爸，我臉好痛！"

"爸爸你鬍子好硬，好扎人喲！"

"肥仔，別那麼用力，瞧，孩子臉都扎紅了！"

滿屋笑聲。是那麼爽朗，那麼親切，這是人間最幸福，最動人的歌聲！

　　4月7日。傍晚。明天就要到延安去了。阿普興沖沖收拾好簡單的行裝，和衣靠在牀上，睡着了，臉上還浮着對解放區神往的笑容。天快亮時，廖承志開會回來，推醒妻子，告訴她，組織決定他們去南京，今天不去延安了。阿普心痛地催丈夫上牀睡覺，自己去機場爲葉挺等人送行。廖承志太睏，想想昨晚已經在司徒慧敏家中與鄧發、葉挺夫婦聚過，還答應揚眉幫她保管好她的紅皮鞋，便上牀呼呼大睡。誰料想，此一分手，竟成永別！爲自己的貪睡，沒能再見葉挺夫婦和可愛的小揚眉最後一面。他不知懊惱痛斥自己多少次！直至今日，想起這些，仍然一陣陣心痛！……

　　一咬嘴，廖承志陡然從沉思中醒來，他望着溫濟澤，無限感慨地說：“我們死去的好同志太多了，我們幸存者的擔子很重很重！”

　　溫濟澤點點頭，深感廖承志的文章是心聲的體現，他內心世界多少傷痕和悲憤，父愛和友情，痛楚和決心的凝煉，所以文章才會那麼眞摯動情！

三

　　1946年冬天，蔣介石撕毀親自簽訂的“停戰協定”，發動全國內戰。1947年初，在對解放區的全面進攻失敗之後，把進攻重點放在東西兩翼，一頭是山東解放區，另一頭就是延安和陝甘寧邊區。他下令胡宗南集中國民黨軍16個旅（約24萬兵力）向我陝甘寧邊區大舉進犯。

1946 年 9 月廖承志返回延安。當時的環境極其艱苦，廖承志依然十分樂觀，保持着旺盛的革命鬥志。

　　當胡宗南的軍隊逼近延安時，新華社所在地清涼山，也是敵機狂轟濫炸的重點目標之一。

　　經常是飛機剛過，爆炸聲未停，山坡上，被重磅炸彈削下的黃土滾滾，窰洞內，被震落的塵土飛揚，廖承志已經帶着警衛員，爬上清涼山，從一個窰洞走到另一個窰洞，檢查有沒有同志受傷，有沒有機器受損。依山建築的窰洞，頂部足有三四丈厚，猶如天然防空洞，爲萬無一失，往往窰洞內還挖了防空洞，因而常常是有驚無險，新華社的同志從沒發生過傷亡，工作也從沒因此中斷過。廖承志曾在大會上豪邁地說：

　　"轟炸無損於延安！"

　　黨中央的戰略方針是在運動中消滅敵人的有生力量，不計較一城一地的暫時得失。因此，準備主動撤出延安。

　　早在1946年11月，中央軍委副主席周恩來同志就召開戰備會議，研究如何保證新華社在戰爭情況下廣播不中斷的問題。廖承志參加了這個會議。他對周恩來同志細密周到的設想和會議最後形成的決定十分讚賞：在延安東北一百多公里的瓦窰堡建立第一線戰備電台，在黃河以東（從晉綏，晉察冀，晉冀魯豫三個解放區中選一個地點）建立第二線戰備電台。撤出延安時，由瓦窰堡接替，瓦窰堡不能使用時，由河東接替。總之，電台工作一天不能中斷。廖承志回新華社傳達，一句"狡兔三窟"讓同志們對上級決策，心領神會。

　　兩個月後，周恩來同志在延安王家坪又一次召開會議，專門研究新華社的戰備工作，具體落實使中文廣播、口語廣播和英文廣播在任何情況下都能做到不中斷，並且要加強對外廣播的功率，使我們的信息傳向全世界。

　　1947年3月初。春寒逼人。中央已經明確決定，由副總編輯范長江率領一支隊伍，跟隨毛主席、周副主席在陝北與敵人周旋。廖承志帶領新華社主力隊伍，跟隨朱德總司令東渡黃河、準備去太行山區設立編輯部及電台。

廖承志率隊撤離延安。傍晚，上路前，他又去新華社舊址檢查了一遍，臉上是滿意的微笑。主動撤離，的確從從容容：

在延安居家過日子，個個窰前雞崽追逐，窰後母豬哼哼，如今，雞已烘燜成雞鬆，豬也趕着上路，裝鹹菜的罈罈罐罐已被砸碎，有些心細的同志，連遮陰的棚子也用力拉倒。至於帶不走的大批書籍，同志們早已搬進山灣窰洞堅壁起來，啥也不給敵人留下。

看來，朱總司令所說："要取得戰爭勝利，就不怕打爛罈罈罐罐"的戰略思想，不僅同志們能理解，連牽着毛驢，幫部隊運行李的老鄉也能接受。

女同志愛動感情，部隊出發後，有的一步三回頭，遙望着清涼山那熟悉的窰洞，忍不住悄悄灑下惜別之淚。趕牲口的老鄉卻大聲寬慰："姑娘，沒關係，這是毛主席安口袋，讓耗子鑽進來，好打。"

廖承志不禁感慨，面對這樣的領袖，這樣的軍隊，這樣的百姓，蔣介石怎能不敗！

畢竟是多年和平生活，又帶着全部家屬，男男女女，老老少少的，還要預防敵機跟蹤追擊，時常是夜行軍，廖承志要操心的瑣事很多，可這一切都不是他最大的心病，有這麼多同志幫助分憂解難，沒有過不了的火焰山。

廖承志騎在馬上，腦子裡始終考慮着昨晚毛主席、周副主席代表黨中央佈置的任務：

延安的廣播電台一停播，晉冀魯豫的陝北廣播電台聲音就接上，保證陝北電台的聲音不中斷。部隊臨出發前，周恩來同志又特地趕來，態度異常嚴肅地交待：

"小廖，這次到晉冀魯豫解放區以後，必須事事向黨中央請示。不能有半點含糊，明白嗎？！"

"是！"一向舉止隨意的廖承志，今天腳跟一碰，規規矩矩給周副主席行了個標準軍禮。軍中無戲言！廖承志十分清楚，毛主席和周副主席三令五申"陝北電台的聲音不能中斷"，這絕非是小題大作，周副主席的臨別叮嚀，也並非是對我小廖不信任，因為這的確是一個帶戰略意義的重大問題，不能有半點疏忽大意！

1946年4月底，中央決定新華社和《解放日報》合併，實行以通訊社為主體制。因為當時的形勢已逐步明朗，蔣介石已決心發動內戰。一旦內戰爆發，報紙的出版和發行比過去更加困難。要及時向全國以至全世界宣傳我黨我軍的方針政策和立場，溝通各解放區的情況，只有依靠無線電廣播這個最便捷的工具。

因為預見到這種情況，毛主席及時提出"全黨辦通訊社"，把建立從中央到地方的新華社通訊網，作為對付蔣介石發動全面內戰的重大戰略措施之一。

對於輿論工作的重要性，蔣介石也是非常清楚的，抗日戰爭時期，儘管國共合作，他對共產黨在重慶辦的《新華日報》都有嚴格的檢查制度，經常逼迫報紙"開天窗"，目的十分明顯，他沒有勇氣和膽量讓廣大人民群眾知道事實真相。

記得去年5月，自己隨周恩來同志乘坐馬歇爾的專機從重慶到南京後，對外是中共代表團的發言人之一，在代表團內部則擔任《新華日報》南京分社的社長，並着手籌備出版南京《新華日報》（重慶《新華日報》作為中共四川省委機關報繼續發行出版），後因遭國民黨有關方面的百般阻撓，未能辦成。

如今，和談破裂，中共代表團撤出南京後，共產黨的一切報刊都失去了合法地位，國統區的人民無法再看到我們的報刊，就連其他各解放區也因被封鎖，郵路不暢，無法及時讀到延安編發的《解放日報》。

現在，我軍又主動撤離延安，即使到了太行山，新華社能很快恢復過去的報紙印刷數量，報紙的發行工作依然非常困難。要說任何力量也無法阻擋的，只有永不消逝的電波。

不論是解放區、國統區的人民，還是國外的廣大愛好和平、民主、自由的華僑和國際朋友，要準確地了解中國的真實情況和中國共產黨的主張，只有通過收聽我們的電文廣播、口頭廣播或英文廣播。

廖承志搞過多年地下工作，尤其是1937年離開延安後的九年多，無論是在香港工作，還是被關在監獄中，什麼時候不能及時聽到黨中央的聲音，就如同行走在陰沉的黑夜裡，無法辨清方向，就如沒娘的孩子。是的，既然黨中央把新華社交給廖承志負責，把當時向中國、向世界宣傳的，幾乎唯一的通道交給廖承志把守，他就要用自己最大的努力，把非常時期的陝北廣播電台的節目辦好！這是一切工作中最重要最關鍵的大事！須臾不可大意。

時間錶已成為歷史的永恆。

3月12日，蔣介石下令轟炸延安，國民黨軍隊開始進犯延安。

3月14日，廖承志率領新華社和《解放日報》大部分同志撤離延安到瓦窰堡。而在延安堅持工作的只有二三十位同志，他們堅持到3月16日廣播完畢，於17日夜與毛主席、周副主席一同撤離延安。

當天，瓦窰堡的戰備電台即接替廣播，保證了第一次轉移時廣播不中斷。當胡宗南部隊竄入延安時，我們的電台仍然以＂新華社陝北電＂和＂陝北新華廣播電台＂的呼號向全國全世界宣傳：蔣介石必敗，中國人民必勝。

因爲廣播電台發射台離前線很近，敵機不斷地來騷擾和轟炸。爲了不讓敵機偵察出電台的所在，電台白天停止播音，每天夜晚，它的聲音立刻響亮地傳到四面八方。這聲音堅定沉着，充滿希望，使聽衆懂得，黑暗必將消逝，黎明不久就會到來。

3月27日，一部分在瓦窰堡堅持工作的同志，在極困難的情況下，出版了《解放日報》最後一期才停刊；

3月28日，廣播電台的同志，一直堅持到深夜，播完當天最後一批稿子，埋藏好帶不走的機器和器材，才從瓦窰堡轉移。而當時，國民黨部隊離廣播電台所在地只有十多公里，兩名女播音員也和男同志一樣，揹着行李和工作所必需的物品，連續急行軍三十小時，才擺脫了敵人的追擊。

3月29日深夜，由晉冀魯豫解放區涉縣新華社臨時總社接替廣播，在轉移途中，＂陝北新華廣播電台＂只停播了三天。

半個月裡，廖承志領導新華總社全體同志，按照黨中央的要求，安全撤離延安，保證廣播不中斷，堅持到太行山區臨時總社接替，圓滿地完成了任務。他臨危不亂，指揮若定，未雨綢繆，患難與共的大將風度和深入作風，使同志們更加喜歡和信任這個胖乎乎，笑呵呵，是官不像官，或云是官非官的廖社長。

太行臨時總社接替工作後，廖承志率領新華總社人馬，編成行軍序列，離開晉綏解放區的三交鎮，開始向太行山轉移。

這支代號＂崑崙支隊＂的三四百人的隊伍，老弱婦孺佔的比例相當大。廖承志總是帶着支隊隊部和行政大隊走在隊伍的最後面。

　　爲了解決各隊帶孩子的女同志們的困難和照顧體弱多病的同志，他一路騎着馬前後奔馳，煞是辛苦。

　　大家心疼他，可又希望他前後跑。更喜歡社長走在自己的隊伍裡。眞怪，有廖承志在，艱苦乏味的行軍變得輕鬆了許多。

　　大夥愛聽廖承志隨口說出來的趣聞軼事，幽默笑話，"302"，"302"，親熱的招呼聲不絕於耳，連孩子們也這樣叫他。

　　"七一"前夕，廖承志率領新華總社到達太行山區涉縣東西戍村，完成了撤出延安的大轉移。

　　總社開始工作後發出的第一條特急新聞，就是劉鄧大軍在魯西南強渡黃河，舉行大反攻的勝利消息。廖承志像塊磁石，把各路人馬都吸引在一個奮鬥目標上，那就是全面開展工作。

249

　　8月1日，成爲總社全面開展工作的新起點：總社恢復兩種述評及業務通報，並新設兩千五百字的新聞情報（即《參考消息》），每日供各方面及運動中部隊指揮員參考用。同時每日發一千五百字專供前方部隊的簡明新聞。接收外電的能力，已恢復到延安時的規模。

　　新華社太行時期，正是我人民解放軍從戰略防禦轉入戰略反攻的階段。各野戰軍先後組成前線記者團負責軍事報道工作。

　　廖承志看到戰局的迅速發展，立即決定建立前線通訊體制。新華總社根據華東前線和中原前線的經驗，草擬了在各前線部隊成立野戰分社的工作條例草案，通告各地試行。後來又根據戰局發展和野戰軍部隊的不斷擴大，逐漸發展成爲野戰總分社（野戰軍一級）、野戰分社（兵團一級）、野戰支社（縱隊一級）的體制，造就了大批英勇、果敢、刻苦、勤奮的軍事記者，出色地完成了對偉大的人民解放戰爭的報道任務。

廖承志認定：" 廣播千秋，後來居上 "。

他對英文廣播和口語廣播傾注了極大的關心和重視。

總社的電訊設備原本就落後，搬到太行山區後，又多了高山屏障，短波的收音效果很差，外文組的同志手抄國外英文電訊，難免缺漏。缺字母，缺詞少句的情況是常有的事。

廖承志無論多忙，每天都要到英文組去轉一轉，看一看大家。他時常搖晃着手頭審定的英文稿，很風趣地說：

" 你們這些電訊簡直是天書！"

大夥兒心領神會，社長之所謂 " 天書 "，意義雙關。一則這些電訊是電務處同志們費了多少心機從天上收來的；二則這些電訊非常 " 奧秘 "，是很難讀懂的，有如 " 天機不可洩露 "。而眼下，爲了當好黨中央的耳目，自己每天的翻譯工作不正是在閱讀 " 天書 "，在 " 識破天機 " 嗎？！頓生的一種自豪感和神聖的責任感、使命感，推動着同志們你追我趕更刻苦更準確地工作着。

當然，作爲社長，廖承志決不只滿足 " 天書 "。他果斷地決定，派出一個記者組到冀中河間去。一方面把那裡從平津兩地收集到的有關國民黨統治區的材料寫成消息，經冀中分社電台發總社，一方面把收集到的平津兩地報刊趕緊送往總社。

與此同時，廖承志也派人去山東，同華東總分社商量如何收集蔣管區報刊。由於採取這些措施，國民黨統治區的消息來源得到了改善。

廖承志還不失時機地把新華社的觸角向國外延伸。

在他的直接關注下，新華社第一個國外分社於1948年春在布拉格建立。不久又在倫敦建立了分社。當時這兩個分社的主要任務就是抄收和出版新華社的英文電訊稿，擴大解放區在國外的影響，同時，也廣爲收集外界信息，供中央參考。

廖承志"涉外的野心"是越來越大。

他已經不滿足於英文電訊稿報道，一到太行山就積極籌備英文口語廣播。1948年9月中旬正式開始播音。北平、天津、青島、南京和上海都可聽到英語廣播，不少外國記者，就是依據這些英語廣播，了解並傳播我黨的主張和我軍的勝利的。

當時中文的口語廣播，一天最長的要播出三個半小時，主要播音時間是晚上。所有要播的稿件，廖承志都要親自審查，他總說：

251

"這是口頭廣播稿，我只是看不行，請你大編輯也當廣播員，讀給我聽。廣播裡的文章若不口語化，怎麼吸引聽衆？"有時他自己聽了還不放心，擔心書卷氣太足，過於文縐縐的，不適合普通戰士和一般幹部的收聽水平和習慣。他聽編輯讀稿時，經常叫上妻子阿普和警衛員小戰士一塊聽，聽完了，讓他們提提意見，一次次改掉那些生僻空洞的詞彙，讓廣播稿更加朗朗上口。

爲了安全，播音室設在離開總社八十多公里的小村落裡。廖承志對他們非常看重，許多好消息總是最先告訴他們：

從國民黨佔領區的上海、南京、重慶、台灣等地不斷傳來消息，我們的地下黨同志，冒着生命危險，抄收延安新華廣播電台播發的最新戰報，連夜刻蠟版，印成傳單，夾在晨報或者書刊中，在學校，在工廠傳遞，在城市大街小巷裡張貼。多少反對內戰，渴望和平的人民群衆看到這樣的消息，欣喜若狂，猶如茫茫黑夜看見了閃亮的燈塔。

一些進步學生、進步作家乃至上層人士，往往無法克制自己內心的渴望，每當夜深人靜，撥動自己裝配的收音機，在眾多電波的干擾中，耐心尋找那個微弱、飄浮的聲音，幾乎每回聽到“XHCR”的呼號時，就如同與親人久別重逢，熱淚奪眶而出……

胡宗南部隊佔領延安後，第一仗青化砭戰役，活捉敵人好幾千。當部隊向俘虜宣傳政策時，不少國民黨兵都說：“我們收聽你們的廣播，你們優待俘虜的政策我們都知道。”

從前線作戰部隊不斷有喜訊傳來：廣播裡聽到的最新戰況、重要消息和評論（其中不少是毛澤東主席親筆為新華社文字廣播和陝北電台所寫稿件）使部隊士氣大振，越戰越勇。

尤其令人興奮的是，往往部隊衝進敵人司令部時，敵人的副官、文書還在抄錄我們陝北電台公佈的戰報。“你們也聽？！”我們的戰士非常好奇。

“長官要我們天天聽，”對方也坦然相告：“長官說你們的戰報準確，我們到底被俘多少人，丟失多少槍，多少子彈，就靠抄你們的消息。”

“上頭不查？”

“查？南京總參謀部自己都抄呢！”

我們的情報部門送來消息：范漢傑放下武器後，在我們的廣播電台發表談話，堅決反對內戰，號召蔣軍官兵放下武器。蔣介石正在屋裡收聽這段廣播，雙眼冒火，牙關緊咬，是啊，還有什麼比愛將反目更讓他氣惱和心煩的呢？

突然，宋美齡的寵物——那隻雪白的鬈毛獅子狗，抖動着脖圈上的銀鈴，一步三跳，歡快地跑進來。蔣介石正在氣頭上，陡然拔槍，向小狗連射數發子彈。妻子的寵物，代替范漢傑倒在血泊之中。

至於已被國民黨宣佈為" 為國捐軀 "，甚至開了追悼會的軍官的親屬，又依據陝北廣播電台的指引，找到自己丈夫的事例更是屢有發生……

陝北廣播電台不僅成了我軍指戰員最好的朋友，也成為瓦解敵軍和摧毀蔣家王朝的重型炮彈。劉鄧大軍過黃河以前，劉伯承、鄧小平同志到過電台。1948年，陳毅同志也來過電台。每次廖承志都親自陪同，並請他們給廣播電台同志講話。

1948年除夕，準備廣播毛澤東同志為新華社寫的新年獻詞《 將革命進行到底 》，廖承志親自騎馬跑了八十多里路，看望播音員和機務員，同他們一起過年，還向他們宣講了這篇獻詞的重要內容和意義。

253

四

平日與同志們相處，廖承志說說笑笑總沒個官樣，他做的一些事，常逗人發笑，也令一些人看不慣。

1948年" 七一 "新華社裡有兩對青年男女要結婚。

中午，廖承志在自己家裡置備酒菜招待，下午舉行簡單儀式，廖承志即席講話。新房裡貼滿了同志們寫在各色紙上的賀詞與祝願。最顯眼的是廖承志送的漫畫。

廖承志畫了兩幅漫畫，分送給兩對夫婦。每幅畫都是一男一女，胖瘦不一。題詞用了當時的土改術語

送胡小為和趙棣生的一幅寫的是" 抽肥補瘦 "（當時胡胖趙瘦）；

送給蕭希明、陸冰夫婦的題詞是"土地還家"（因爲蕭與陸早年認識，分別多年，一塊搞土改時才會面）。大夥讚稱：漫畫形象生動，題詞語意貼切。

時過四個月，又有一對青年男女，即廖蓋隆和李蓬茵喜結良緣。

廖承志在他們的結婚申請報告上，用紅筆龍飛鳳舞批了七個大字：

"非常恭喜，祝幸福！"

在婚禮上，主婚人廖承志開頭的話都中聽：

"小兩口要更加勤奮地工作，要爲打倒蔣介石，建立新中國，多作貢獻；要做肩並肩地爲共產主義事業長期奮鬥的革命伴侶。"接下去廖承志又"不正經"了：

"還沒有找到意中人的男王老五、女王老五們，不要再蹉跎歲月，獨守空房，孤身單影，哀嘆自憐，要主動進攻，積極尋覓，找準目標，窮追不捨，不達目的誓不罷休！有沒有這個決心？！"

"有！"青年們掌聲笑聲響作一片。

當然也有人不以爲然。

尤其是廖承志贈送新婚夫婦的漫畫：

新婚夫婦的身子扭在一起，分不出你我，下面四隻腳穿着同樣的軍鞋，上面兩個興奮歡快的頭像，神形酷似，誇張而又逼眞。標題竟是《油條》。

年輕人喜歡得連連叫好，爭着搶着貼在新房炕頭最顯眼處，而且像吃錯藥似的，只要瞟一眼，就忍俊不禁，嘻嘻哈哈笑個不停。

廖承志也和大家一塊笑，還不停地說：

"哎，哎，哎，不要急，我的漫畫多得很，你們誰找好愛人，我就給誰畫，不敢保證形似，但一定神似嘞！"

254

當年廖承志在新華社，並非比比讚揚之聲。在民主生活會上，也曾有同志很嚴肅地向廖承志提過意見：

"廖公太愛開玩笑了，總是打打鬧鬧，不像個領導的樣子，希望注意改正。"

廖承志沒有針對這條意見表態，但在總結會上他這樣說過，而且也是十分認真的口吻：

"我這個人呀，到死那一天，也要講一個笑話，再自己跳到棺材裡去。"

看來他是固執己見，絲毫沒有循規蹈矩、幡然悔過之意。

但對有些事情，廖承志是愛擺社長架子，大包大攬，毫不謙讓。那便是對來自上面，尤其是中央的批評。

1947年9月9日，廖承志致電陸定一並中共中央暨工委朱德、劉少奇、陳伯達，表示對最近總社發佈的消息中的許多錯誤負完全責任。檢查錯誤的根源：是由於對美帝對蔣改變態度的用心作了錯誤估計，加上工作粗枝大葉所造成，請求中央予以處分。這樣做還不算，廖承志還把中央指示的電文全部付印，分給每個編輯，以自己的錯誤教育全體編輯，希望今後少犯錯誤，不負中央重託。

如果僅此而已，上級領導滿意，下面群眾稱讚，可謂兩全其美，也算功德圓滿了吧。廖承志卻並不就此打住，他又直截了當向上提出自己的建議：

業務上採取具體切實措施以防止發生錯誤，並希望工委宣傳部今後能對每個重要問題都予以指點。

1948年5月底，廖承志就在土改宣傳中所犯的"左"傾錯誤向毛澤東、周恩來當面檢討，當面聆聽批評。

四個月後，又在給毛澤東主席的書面檢討中，深刻反省了自己："組織觀念薄弱"，"粗枝大葉，主觀主義，自以

255

爲是，而又其實懂得極少，加上組織原則模糊……這些劣點，正是我這一年來在太行時期犯了許多原則性錯誤的根源。"

其實，在新華社工作的老同志都淸楚，那些"左"的錯誤，並非廖承志的創造，如果想推卸責任，他都能找出批准這種提法的領導。他畢竟是有近二十年黨齡的老黨員了，在事關大政方針的問題上，他絕不會自作主張。只是廖承志不習慣推卸自己該負的責任，更沒有見風使舵，乘人之危的毛病。

有位老同志這樣評介廖承志：

他在下級面前不以爲自己是上級，就盛氣凌人；

在上級面前又不以爲自己是下級，就唯唯喏喏。

一律平等坦率待人，這是他的特殊品格！

新中國成立在即，萬事開頭，百廢待興，外交、統戰、僑務、共靑團等等更多的工作，迫切需要廖承志這種心胸極寬，有戰略眼光、有魄力的幹部去開拓，去創造。

更偉大艱巨的事業，正向廖承志頻頻召喚呢！

第九章

十指彈琴

一

天安門城樓，往日紅牆金瓦，古樸肅穆，今天紅旗獵獵，人聲鼎沸，變成歡聲笑語的海洋。

1949年10月1日。下午3點。

新中國的開國領袖們，笑容璀璨，步履穩健，先後登上了天安門城樓。

中國各民主黨派代表，中國各界人民群眾代表，幾乎都是平生第一次登上天安門城樓，能有居高臨下俯瞰浩大雄渾遊行場面的殊榮，使這批偉大歷史瞬間的見證者們熱淚盈眶、興高采烈。

廖承志陪同母親何香凝一道登上天安門城樓。歷盡苦難滄桑、始終如松如竹如梅般堅挺的何香凝，今天也無法抑制心中的激情，握着宋慶齡、周恩來、陳毅等等熱情伸過來的手，嗚咽出聲、老淚橫流，「中山先生的遺願終於實現了！」

「中華人民共和國中央人民政府成立了，中國人民從此站起來了！」

257

　　毛澤東主席洪亮激動的湖南口音在廣場上迴盪，禮炮齊鳴，國歌雄壯，鮮艷的五星紅旗冉冉升上萬里晴空，匯滿人群的天安門廣場和東西長安街上，歡聲雷動，歡歌如潮。

　　廖承志滿面激情，雙目潮潤，翻騰的思索張開了翅膀。

　　在碧空雲端，他分明看見了魁偉慈目的孫中山先生和眉頭舒展的父親廖仲愷，他分明看見了張文彬、葉挺、鄧發、李少石和千千萬萬張熟悉的臉，幾代人的夢寐以求，幾代人的浴血奮戰，才換來了民族獨立的這一天！才爭到了人民當家做主人的權利！

　　作爲活着的幸存者，不惑之年也正當年，汲取着他們的精神和力量，爲了新中國的興旺發達，盡智盡力，乃至自己的生命。

　　以理想構成自己生命的主旋律，最虔誠、最忠實的理想主義者，這是中國共產黨第一代革命家最大的共性。

　　是的，廖承志已經在半年前，在1949年3月召開的中共中央七屆二中全會上，遞補爲中央委員，論年齡，廖承志是中央委員中最年輕的幾個人之一。於是乎，中央交給他的工作似乎都與靑年有關。哈，還有什麼比幹自己喜歡的工作，接觸喜歡的人群，更讓他開心的事呢？！

　　廖承志如魚得水，如鳥入林，幹得津津有味，好開心好開心！

　　靑年人喜歡自己的領導，活潑且有朝氣，有水平卻又自然坦誠。廖承志的爲人和個性，很快博得了靑年們的喜愛和尊重。

　　1949年的一個早晨，《人民日報》的年輕女記者王金鳳，急匆匆地趕到團中央，旁聽團中央常委會。會議已經開始了，她來不及摘下挎包，趕忙找個位置坐下。

　　當時已經是團中央副書記的廖承志，向滿頭大汗的王金鳳擠擠眼睛，輕聲說：

"哈，小姑娘，你遲到了。"

接着他便低下頭，在自己的小筆記本上飛快地寫着。金鳳心裡有點敲鼓：恐怕是記下自己遲到的情況吧。

會議休息，廖承志走過來，遞給金鳳一張紙：

"我送你一件禮物。"

金鳳低頭一看，竟是一幅漫畫式速寫：

一個戴眼鏡的姑娘，頭髮蓬鬆，身揹挎包，手拿紙筆，翹着腿，在微笑。旁邊還寫着："王金鳳小姑娘肖像"。

老天，把自己畫得那麼醜！姑娘一下窘得臉發燒。

榮高棠對廖承志高聲說：

"小廖，你把記者都羞得臉紅了，罰你再畫一張自己的像，讓我們大家開開眼界。"

廖承志爽聲允諾，坐下就畫。不一會，像畫好了，他遞給金鳳：

"請看，這是我的自畫像，送給你消消氣吧。"

王金鳳接過一看，紙上畫的廖公挺着一個大肚子，兩手捧在前面，端然正坐。旁邊也有一行題詞："姓廖的老頭自畫像"。姑娘忍俊不禁，其實她知道，廖承志同志不過四十剛出頭。

大家又說笑了幾句，廖承志才又正色說道：

"我不是和金鳳同志開玩笑。我把一個工作中的青年記者速寫下來。請看，她身揹挎包，一手拿筆，一手拿筆記本，隨時準備把新中國正在發生的驚天動地的變化記載下來，這不是很有意義的嗎？"

年輕姑娘這才被廖公這幅寓莊於諧的漫畫深深打動，她把這張漫畫珍惜地夾在筆記本裡，竟珍藏了四十多年！

"文革"中，當金鳳被無辜關進監獄失去自由後，沒有

259

書讀，沒有報看，也沒人交談，回憶往事成爲她最大精神生活時，這段人生插曲：廖公那張漫畫以及寓莊於諧的鼓勵，就像貝多芬那首柔美動人的月光奏鳴曲，時時撫慰着她的心……

而拿到過廖承志漫畫、且也珍藏着一段溫馨回憶的中外年輕人，卻又是數不勝數。

廖承志擔任了中華全國民主青年聯合總會的主席，他也作大報告，也向全國青年戰士、農民、工人、學生和文化界、教育界、自由職業者中的青年提出各項政治任務。

同樣說任務，不同的人有完全不同的效果。他是比青年代表們胖些，可與代表們一塊手拉手跳起集體舞時，放聲唱，歡快跳，調子和諧，步子合拍，輕鬆又愉快！

他是中共中央委員，是老紅軍，又是老黨員，可他說起自己的不足之處，卻是那麼坦蕩，那麼直率，沒有一點遮攔和掩飾。不少人都聽過他“坦白”自己說謊的錯誤。

“諸位，我今天要以親身的經歷奉勸你們，千萬別說一句假話！”

廖承志總是這樣開頭，使聽者的注意力一下被全部集中起來。然後他一本正經地說：“那天晚上，我忙到後半夜一兩點，躺下就睡着了。我睡得又甜又香，突然，牀頭的電話鈴響了，我閉着眼抓起電話，只聽電話裡面問：‘廖承志同志在嗎？’我還沒從夢中清醒，迷迷糊糊地應了句：

‘廖承志同志不在。’就把電話擱下了。”

“不一會，電話又急促地響起，此刻我已經清醒些，接起電話，立刻聽到一個異常熟悉的聲音：‘你不是小廖嗎？怎麼說你自己不在？’”

“哎呀，老天爺，這不是周總理的聲音嗎？我完全從夢中驚醒了。”

「總理嚴厲地說：‘ 我說小廖啊，你怎麼能當面對我撒謊？不是急事。我半夜裡能找你嗎？幸虧我聽得出是你的聲音，不然豈不耽誤大事？’總理交待了要我辦的事，我立即起身，幹到天亮，又趕到團中央開會，我是想彌補一下自己夜裡的過失。」

「我這一輩子，也就這一回，說了假話，偏偏被總理抓住。我要引以爲戒。今後即使在睡夢中，也保證絕對不說一句假話。」

對於這樣坦蕩眞誠的領導，靑年人願意交往，願意信賴。

二

261

不知是團中央委派，還是毛遂自薦，1949年春天，中國靑年藝術劇院成立，廖承志兼任了劇院的院長。

見面的那一天，全院的演職員安靜坐好，等待新院長作指示。

廖承志往台上一站，兩手撐着講台，對準話筒，講出了第一句話：「我叫廖承志，體重二百斤……」爽朗淸脆的笑聲在會場裡飛揚，是對新院長的認可，也是對新院長的歡迎。

是啊，文藝工作者的心靈特別敏感、細膩，他們比常人更渴望尊重與平等，看看是一句笑談，卻一下縮短了新院長和大家的距離。從此，廖承志以普通一員的身份生活在這個剛剛進城，還不習慣於城市生活的集體裡。

廖承志這個院長當得特來勁，特認眞，有點空就到劇院來，還眞一板一眼地辦事情。

　　要演出好戲，就要有好演員。他親自邀請金山、張正宇、張瑞芳這些享有盛名的藝術家到青藝來工作，同時由吳雪帶着夏衍的親筆信，從上海請來石羽、路曦、王班、姜祖麟、張逸生、陳永、胡辛安、江水、邵華等一大批藝術家。

　　當時，文藝界來自原解放區和原國統區的兩支隊伍會師，他號召"用兩個拳頭建設劇院"，奠定了中國青年藝術劇院藝術發展的組織基礎。

　　"要努力使青年藝術劇院成為全國最好的劇院，要不斷有示範性的戲劇演出。"廖承志提出這樣明確的口號，可不是原則上說說，他參加劇院準備上演的第一個劇本的討論，一改以往爽朗直言的性格，廣泛聽取意見，反復思考、琢磨，提出自己具體詳盡的看法，使青藝上演的第一個劇目《愛國者》，一炮打響。

　　他帶着演員去工廠體驗生活，排演出反映工人以當家做主人的姿態發展生產業績的話劇《英雄母親》。

　　廖承志讀了老舍先生解放後第一個劇本《方珍珠》着實激動，他握着劇本激動地說：

　　"一把三弦，一把四胡，一副拍板，由江南到江北，從五湖到四海，這樣人物有多少？恐怕有幾千幾萬，他們聯繫着的群眾有多少？恐怕有千百萬。在舊社會裡，他們被剝削，被踐踏，大人先生老爺小姐看不起他們，但是廣大的工人農民卻歡迎他們，他們餓着，凍着，流着眼淚，受盡苦難，一直到人民的炮彈把蔣介石和美帝的牢籠轟塌了，他們才翻了身，他們現在重新拿起了三弦、四胡、拍板，聯繫着千千萬萬的群眾，他們唱的是自己的感情，他們博得的是人民的掌聲。老舍先生的劇本《方珍珠》就是描寫這樣的一群人物。"

　　廖院長這番出口成章，富於激情的演說，被記錄下來，印成了《方珍珠》一劇的說明書。到劇院要排演《保爾·柯察金》一戲時，他與演員們一起琢磨劇中人物思想發展，甚至請求導演讓他扮演冬尼亞丈夫，他只要求擔任 B 角，給他一次表演的機會。後來只是因爲忙，未能如願。

有時太累了，他就在辦公室的沙發上和衣躺上一會；晚上演出結束後，劇院外面，街邊亮着油燈的小餛飩攤上，他和演員們一樣，坐在長條橙上，有滋有味地吃着大碗餛飩。不一樣的是，他總吃得又香又快，而且要雙份。

有回被《人民日報》社的一位記者碰上，她吃驚地輕聲問：

“廖公你一個人來的？”

廖承志調皮地眨眨眼，用嘴朝後面一呶，小聲說：

“有人跟着我，叫他們來吃，死活不同意。上回民主生活會上還批評我一頓。唉，下次小組會上，我又少不得要做檢討。老闆，味道不錯，再來一碗！”

263

廖承志的辦法也眞多。他堅持劇院要同人民保持密切的聯繫，便與鐵道部長簽訂協定，以靑藝爲主，組建了爲廣大鐵路員工服務的“靑年文化列車”，沿着鐵路線，把文藝送到四面八方。抗美援朝戰爭爆發後，列車從南方調頭北上，直抵鴨綠江畔、長白山麓，冒着敵機轟炸，頻繁進行演出。

與此同時，還去井岡山和陝北老革命根據地，去給那裡的人民演出，使黨員擴大了生活經歷，鍛煉和培養了一批批新演員。

廖承志在靑藝當了四年院長，他的音容笑貌和記錄在卷的主張，至今仍有着鮮活的生命力。

建國初年的中國人民面前，不僅有歡慶解放的鑼鼓和鮮花，還有冰天雪地炮火紛飛的抗美援朝戰場。

廖承志奉中央之命，率領中國人民赴朝慰問團575人，冒着敵機的狂轟濫炸和瘋狂掃射，來到朝鮮抗美鬥爭前線，慰問朝鮮人民軍和中國人民志願軍。

臨行前，周總理再三叮囑：

"小廖，抗美援朝正處在十分緊張的階段，慰問團裡的田漢同志，還有許多各界著名人士，一定要好好保護他們。"

慰問團穿行在戰火之中，時而去朝鮮人民軍，時而去中國人民志願軍，戰地拜會過金日成同志，志願軍總部看望過彭德懷元帥。不是將軍的廖承志，總是表現出超常的鎮定自若。遇到防空警報，甚至飛機俯衝到頭頂，他那樣冷靜、沉着地招呼大家先躲進防空洞，然後自己才躲。就是在躲，也時常站在防空洞外邊，觀看飛機的動向。遇上志願軍空軍衝上藍天，迎戰美國飛機時，他常常像過年愛熱鬧的孩子一樣拍着大巴掌歡呼：

"好，又一架美國禿鷹屁股冒煙了！"

"哎，真可惜，我們志願軍的飛機還是太少……"

確實，兩個多月的活動中，廖承志和同志們，不僅把後方人民的抗美援朝的熱情和許多慰問品帶給了浴血奮戰在前線的廣大志願軍戰士，而且從志願軍戰士身上學到了許多優秀品格，同時在不斷捱炸的過程中，突出感受到志願軍還沒有打破美軍的空中優勢，我軍還需要更多的飛機和大炮。

回國後，廖承志無法抑制內心的衝動，立即寫了一篇題為《難忘的一課》的戰地隨筆，發表在七月號的《解放軍文藝》上，以抒發自己的感想和思索：

"我要說出我從朝鮮回來的感想。"

"確實，我在朝鮮看到了許多事情。而這些，要是不跨過鴨綠江，是不容易這麼深刻地體會到的：忘我的工作，革命的英雄主義——是勇敢和智慧的結合，是樂觀主義和鋼鐵意志，是衝破一切困難的決心，是樸素的作風，是謙虛的態度……”

“整個朝鮮是個鐵流。從鴨綠江到北緯三十八度線，從東海岸到西海岸，都是這麼一個鐵流。”

“這個鐵流表現着中國人民的優秀的兒女對於革命事業的無限忠誠，對革命勝利的無限信心，對人民力量的絕對信賴，和對自己的鄭重和深刻的責任感。”

“這樣才能產生最高度的愛國主義和革命英雄主義。能夠用無限的勝利信心來貫徹他的實踐——這就是樂觀主義。”

“樂觀主義者的面前充滿了光明的前途，對於他沒有克服不了的困難。什麼憂鬱，什麼感傷，什麼煩惱，什麼神經衰弱，什麼廉價的眼淚，什麼庸俗的愛情，對於他都是不存在的，沒有意義的。他記憶着過去的黑暗，但是他更面朝着太陽。而當着太陽光芒四射的時候，黑暗的影子是全部消失了。整個朝鮮就是這麼一個樂觀主義的巨人。”

265

“這種樂觀主義的氣概，在中國人民的武裝裡是有他悠久的傳統的。”

“在長征的時候，在過草地的時候，在爬雪山的時候，在反掃蕩的時候，在最艱難的日子中，就是這種樂觀主義，貫穿在我們人民解放軍指揮員戰鬥員心中。大家昂起頭來走勝利的路。”

“我們在朝鮮所看見的就是這種樂觀主義的傳統在發揚光大，在開花結果。”

“我們從朝鮮回來了，我們上了畢生難忘的愛國主義的一課。”

"跨過鴨綠江，回到祖國的懷抱裡來，一切是這麼親熱，一切是這麼值得熱愛。"

……

"建議文藝工作者該寫這麼一個樂觀主義的鐵流。這個鐵流裡面，每一個人都是昂起頭的，挺起胸膛的，充滿着活力的，而沒有一個人的頭是往後看的。這裡用不着專心專意去刻畫落後表現進步。因爲大進軍的隊伍裡每一個成員都是往前進的。"

"寫吧！"

"寫大進軍吧！"

"讚美樂觀主義！"

對樂觀主義的讚美，是廖承志從朝鮮回來的收穫，也是他自己革命生涯中一次深刻的體驗！

與此同時，廖承志還提出："是否可以開展一個捐獻飛機大炮的運動。"

黨中央立即讚許。於是，全國報紙、電台就在全國人民中宣傳開來。

萬衆一心，聚沙成塔，短短幾個月，數十架飛機和數百門大炮，代表着全國人民的決心和心願，源源不斷地運往朝鮮抗美前線。

50年代，廖承志擔任中國人民保衛世界和平委員會副主席、世界和平理事會常委，還是中國亞非團結委員會主席。

他作爲中國保衛世界和平的使者，多次出國，跑東跑西，馬不停蹄。在莫斯科、布拉格、維也納、華沙、柏林，在斯德哥爾摩、赫爾辛基，在新德里、科倫坡等許多地方，廖承志參加爲民族獨立、爲世界和平的各種國際會議和進行友好訪問。

　　他在錯綜複雜的形勢下，思想敏捷，抓住中心，旗幟鮮明，機動靈活，使許多代表能支持或同情我們的觀點。

　　廖承志能堅定執行中央的既定政策，他又有高超的鬥爭藝術、豐富的中外歷史文化知識，熟練掌握了日語、英語和德語，還能講些法語和俄語。

　　他經常與哪個國家代表交談，就用哪國語言，完全不需要翻譯。在大會上自己發言自己翻譯。許多國際會議的重要文件，也是在他參加下寫成。他往往成了會議上一位最活躍、最吸引人的人。

　　不過實事求是而言，廖承志也並非處處吸引人，他當華僑事務委員會的副主任後，着實沒少招人煩，招人怨。

　　新中國成立後，九百六十萬平方公里土地上，農民轟轟烈烈搞土改，把地主的房屋、土地分給貧下中農，這是深得民心，打倒封建剝削的大好事嘛！

　　廖承志組織了幾個工作組到廣東、福建等僑鄉調查土改情況後，自己親自代表僑委向中央提出：

　　華僑的情況必須有特殊的政策：按土地法規定，留下中農的土地數量外，其餘部分，應該分掉的就分掉；可是華僑的房屋，包括地主、富農的房屋，一律給予保留，凡是已經分掉的華僑房屋一律應該退回。理由也很簡單：

　　華僑的房屋大部分是從國外寄錢回來蓋的，並不是他們靠土地剝削而來的，況且，家鄉的房屋在海外的華僑的心目中，就是他們的根，沒收華僑地主的房屋，解決不了幾戶貧農的問題，卻如同挖掉了華僑的根，傷害了他們的感情，給海外國民黨留下了造謠惑眾，挑撥離間的可乘之機，從戰略眼光來看也是有百害而無一利。

　　中央經過慎重考慮，贊成並下發了這一文件。

　　廣東省華僑最多。土改沒收的華僑房屋也最多，海外華僑的意見當然也就最大。

廖承志親自來到廣州，參加廣東省土改會議。會上，爭論十分激烈。

當時省委一位分管土改工作的書記，明確表示：

對這個政策我們不理解，貧下中農不歡迎，我們也不歡迎！再說我們省委已經研究過了，分掉的房子無法收回，請中央修改政策。

廖承志據理力爭，分毫不讓：

必須堅持中央的政策，正因爲我們領導的思想不通，所以下面謬誤之事愈演愈烈，許多地方不僅收去的房不退還，更有甚者，把僑眷扣起來，然後逼他們寫信給海外的親人，要他們趕緊寄錢贖人。

廖承志緊鎖雙眉，態度十分嚴峻，在省委領導層的會議上，他是堅持原則，寸步不讓的：

"據我們得到的消息，海外華僑收到這樣的家信，十分寒心，也十分惱火，國民黨乘機煽動華僑反共情緒，還組織了華僑在聯合國控訴共產黨扣留人質，敲詐錢財，不僅口頭聲討，還拿出家信，白紙黑字，鐵證如山，影響壞透了。"

"不要忘記，東南亞的許多華僑，都是小商小販，都是勞動人民，在抗戰最苦的歲月裡，他們曾慷慨捐錢捐物，甚至送親人回國參加抗戰！對於和我們共產黨共過患難的老朋友，我們怎能卸磨殺驢，過河拆橋呢！？"

然而，廖承志的觀點並不容易爲大家接受，會議上爭吵得很兇。

也不怪，建國初期，在轟轟烈烈的土改運動中，當然是"'左'比右好"，怎麼說"左"也只是方法問題，而右則是立場問題，誰願意與地主站在一邊呢？！

官司又打回中央。

當時管這項工作的是書記處書記鄧小平同志。

小平同志受中央委託，親自給廣東省委打了電話：

"中央這個政策是中央常委會討論並制定的政策，一個字也不能改，要堅決執行，無條件地執行！"

當年的廣東省委的主要負責人明確表態：

"對中央的指示堅決執行。暫時退不出來的房子，先打借條，將來一定還。"

只是往後，一個運動接着一個運動，風風雨雨又風風雨雨，直至1978年，廣東省當年佔去的華僑房屋仍不曾退回，這曾使廖承志非常難過。

他在中共中央十一屆三中全會上還說過：

"這個賬必須要還，我們要不還，我們搞好華僑工作是不可能的。而且是我們欠人家的賬，在這個問題上我們是有錯誤的，對華僑房子問題，不要從經濟利益上去看，要從戰略上去看，這是牽涉團結國外幾千萬華僑的一個根本問題。"

廖公晚年還多次提到：

"時至今日，這些房子還沒有退，我對不起華僑老朋友，真是至死不能瞑目！"

三

秘書回憶起建國初年，廖承志的活動日程，每天都是滿打滿算，從統戰部開完會，又奔和大，從和大離開，又去中僑委，一輛車子滿北京城轉。每月他的汽油用量最多。

他沒有辦公室，腋下夾的皮包，就是他的辦公桌。凡是找不到單位落實的外事方面的事，周恩來就打電話找小廖。

269

雖是用專線，電話也常常是追好幾個地方，總是：

“剛才還在，現在已經離開。”

周恩來說他：“你不能猴子屁股總不落座嘛，成立個廖承志辦公室”。

一向手特緊的周恩來，批給廖承志一筆不小的款子，蓋起一幢四層樓的辦公室，廖辦佔了一層，廖承志才算有了固定的落腳地方。

廖辦成立後，有一個專門管港澳工作的班子，說班子，也就兩個人。諸樺是個江南姑娘，因在香港讀過書，搞過地下工作，從廣東省委調到廖辦。她每天的任務之一就是翻閱港澳全套報紙，了解港澳情況。年底要做第二年訂報計劃時，她考慮有少數小報根本不登國際國內新聞，只有港聞和副刊，沒有什麼參考價值，刪去幾份既可省外匯，又可省時間。於是開了個訂閱報刊的目錄，建議刪去《紅綠日報》等幾種報紙，她很負責地向廖公請示：

“廖公，您看明年我們是不是少訂幾份港澳報紙？”

“小姑娘，說說道理。”廖承志對女同志似乎多一些耐心和客氣。

諸樺如此這般說了一番。

“你這個清教徒！小報就沒有參考價值了？！一年裡面有一兩個消息有用的就值得了！報紙一份不能少訂，我每天都要看。”

很久以後，有一次，廖承志恰好在《紅綠日報》上看到一篇有用的東西，他還專門把諸樺找來指給她看。

廖公每天忙得團團轉，什麼時間看這幾十份報？諸樺心裡很納悶，不過，她是個穩重幹練的姑娘，她沒問出口，只努力去做自己本分的工作，要在每天收到大半尺高的港澳報紙中，更認真更耐心地尋找線索和有價值的材料。

270

與廖承志形影不離的秘書和警衛員淸楚首長的閱讀本領和習慣：報紙刊物白天通通放在汽車裡，車子一開動，廖承志就開始翻看報紙，車內只聽他"嘩嘩嘩"翻報紙的聲音，至於車窗外發生的一切，他是毫不注意。

一天忙完，回到家，總要到半夜十一二點了，他有兩件事是雷打不動的：

第一，先去母親房裡道個晚安。

何老太太也是多年的習慣，每晚非等兒子回家，看着肥仔把自己特爲他留下的點心小吃，狼吞虎嚥，風掃殘雲般"消滅"乾淨，她這個當母親的才算完成了一天的任務，才能安心去睡覺。

第二，上牀開始看報看雜誌。

廖公臥室裡的電燈亮到幾點才滅，秘書已經無法知道。他自己精神緊張了一整天，再也支撐不住，常常是腦袋一貼枕頭，便呼呼酣睡，總覺得一夜只是一眨眼。

271

偶爾夜裡兩三點起來方便，廖承志屋裡仍然燈火通明。

每天早晨，秘書最頭痛的事是叫廖承志起牀。

走進廖公臥室，從牀上到地下，猶如天女散花，到處是港澳報紙和日本報紙：不必奇怪，首長一向是看完一份仍一份，看完仍完，倒頭便睡。於是牀上牀下，皆是報紙。

收拾起這些報紙並不費事，難的是如何把熟睡的廖公叫醒。

入睡晚，廖承志總是服用安眠藥，藥勁不過，鬧鐘放在他耳邊叫，他也不醒。可是，往往上午的活動日程最滿，一個活動推遲，個個都需要順延。秘書時常三次兩次叫不醒廖公。常是答應一聲，換換姿勢，翻個身又呼呼大睡。

知道廖公是太累，秘書不忍心再叫，只好向有關單位託個理由，讓廖公多睡會。

　　遇上到政治局開會，或者周恩來召集的碰頭會，實在不能遲到的，秘書只好又搖又晃，連拖帶拽，硬把廖公從牀上弄起來。

　　就這樣，往往等他馬馬虎虎洗漱畢，三兩口吃些早點，上車時，完全清醒的廖承志一看錶，開會時間迫在眉睫，他這時才知道着急，一個勁催司機：

　　"快開，快開！"

　　紅燈明明亮了，心急如焚的廖承志，也執意讓司機闖過。

　　所以，每位給廖承志開過車的司機給首長提意見時，有一條是必不可少的傳統意見：

　　"廖公總愛睡懶覺，上車就要我們開快車，闖紅燈！不僅違反交通規則，而且也很不安全。"

　　說起來像是笑話，根據廖承志的級別，他的車可以換成"吉姆"。秘書向他報告了有關規定後，廖承志直晃腦袋：

　　"換什麼車！不換，不換，我坐什麼車不一樣上班？坐車還講三六九等，真莫名其妙！"

　　秘書換了個角度："廖公，北京交警只要見到'吉姆'車，一律開綠燈。"

　　"真是這樣？！"廖承志一歪頭，眨眨眼睛反問道。

　　"我啥時候對您說過假話？！"

　　"那就換，趕快換！"廖承志爽朗答應。

　　秘書忍不住想笑，他太了解自己的首長：

　　廖公從不在意自己的待遇和地位，他不是看上"吉姆"車能顯示自己的身份，而是看上它不吃紅燈、能開快車的特殊待遇。

　　恐怕因爲開會遲到，廖公沒少受周總理批評，可是他改不掉看書看報到半夜的需要和習慣，也改不掉睡懶覺的習慣，如今＂吉姆＂車能幫助自己＂闖紅燈＂，豈不是雪中送炭？！這才眞正是擋不住的誘惑呢！

整個50年代，廖承志同時擔任的職務，排個並不完整的名單，也是十分可觀的：

中國靑年藝術劇院院長；

中國新民主主義靑年團中央委員會副書記，兼聯絡部部長；

中華全國民主靑年聯合總會常務委員、主席；

中央廣播事業管理處處長，兼任北平新華廣播電台台長，英語廣播部部長；

中華全國新聞工作者協會副會長；

中蘇友好協會理事；

世界民主靑聯理事會理事；

中國人民政治協商會議第一屆全體會議主席團成員，後當選爲政協委員；

華僑事務委員會副主任委員；

聯絡部副部長；

統戰部副部長；

國務院外事辦公室副主任；

中國人民保衛世界和平委員會副主席；

中國亞非團結委員會主席；

國際記者協會大會的中國代表；

外交協會理事；

中國人民保衛兒童全國委員會副主席；

中國人民赴朝慰問團團長；

中華全國體育總會副主席。

……

273

　　廖承志作爲祖國忠實的兒子，在他的各個崗位上，爲母親傾注自己的全部智慧和能力，以他特有的眞情和坦誠的魅力，在廣泛團結世界各地的廣大華僑和港澳台同胞、推進消融冰凍三尺非一日之寒的中日兩國關係以及在保衛世界和平，反對大國沙文主義的鬥爭等各個方面，起到了獨特的作用。

1949 年 5 月在北京舉行的中華全國青年第一次代表大會上，廖承志當選為中華全國民主青年聯合總會主席。會議期間，廖承志陪同中共中央主席毛澤東與代表見面。

第十章

最知僑心

一

"這下我們祖國有希望了，我們華僑有靠山了！"

這樣的感慨往往伴着滾燙的熱淚，掛在回國觀光團的華僑代表的嘴上。自從中華人民共和國成立以後，尤其是公佈廖承志輔佐母親何香凝，出任中華人民共和國華僑事務委員會常務副主任之後，廖承志通過各種渠道，向海外廣大華僑發出邀請：

祖國的大門永遠向海外僑胞敞開！

熱烈歡迎海外的炎黃子孫回國探親觀光！

是的，百聞不如一見，只要親眼目睹新中國的面貌，美國封鎖禁運也好，國民黨造謠謾罵也好，都會在事實面前被徹底擊潰。抗戰時期陳嘉庚訪問延安後的變化，便是最好的例子。

頓時，深圳羅湖橋上增加了不少身着西裝，眼含熱淚，腳步匆匆的"南洋來客"。

那時新中國剛剛成立，百廢待興，北京只有幾家不大的飯店，華僑來了，吃住行非常困難。在北京，還能安排在居民四合院裡，緊緊巴巴保證兩人住一間房，沒有廁所，在院子裡挖出幾個長方形洞，席棚一圍便成了蹲坑；至於南洋人天天沖涼的習慣，是無法照顧了。

到外地去參觀有時連住宿都無法解決，有幾次組織觀光團去東北、去山東、福建參觀時，萬般無奈，只好把華僑代表安排住在火車上，白天外出參觀，晚上回列車上睡覺，半夜要上廁所，還要下火車，到站台上去方便。

那時回國觀光的華僑，絕大多數是在僑居國有一定身份和家產的僑領，這樣的接待條件，對他們來說是太差勁了。可是，他們個個興致極高，讚美之聲不絕。

有些當年參加過這種＂旅行＂，至今仍健在的老華僑，儘管後來多次回國，儘管吃住行的條件越來越方便，越來越講究，可是說起最留戀，最難忘的還是這一段生活。

用他們的話說，到祖國各地走走，讓人激動，國家窮困面貌不是一天能改變的，可是中國人的精神面貌卻起了翻天覆地的變化，那麼團結，那麼振奮，那麼充滿自信和自尊，再沒有自卑自賤的奴才模樣。有這樣團結一心的人民，還有什麼困難克服不了呢？

至於從外地轉回北京後，華僑代表有三件大事是必須辦的：

看故宮，爬長城，聽廖公報告。

不少老華僑回憶起當年情景，都發自內心地感慨道：如果在北京沒見到廖公，沒聽到廖公的報告，那就等於這趟沒到北京！

只要是有華僑觀光團來北京，廖承志出面作報告這是常事。他作報告，從來不是唸稿子，手裡也不拿稿子，人往講台前一依，笑瞇瞇地開講。哇，好熟悉好親切的廣東方言。再說，他站在那裡一講幾個小時，沒聽他說一句：我們共產

277

黨要求怎麼樣怎麼樣，你們華僑應該怎麼樣怎麼樣的＂洗
腦，訓誡＂的官話，說的都是坐在會場裡的華僑代表最想聽
的話，最關心的事，就像一個久別重逢的故鄉人，在與自己
拉家常一樣入耳，暖心。他開場白就說熱烈歡迎，絲毫不帶
假客套，因爲他總是首先強調：

　　＂我們祖國今天之所以能取得這樣偉大的勝利，是有諸
位的一份功勞在裡面的。……中國人民在長期艱苦的鬥爭
中，用毛主席的話說，就是當太陽被烏雲遮住的時候，曾得
到海外廣大華僑有力的聲援和支持。＂

　　然後便會從抗日戰爭、解放戰爭、一直到當時正進行的
抗美援朝戰爭，如數家珍般地說出廣大華僑人力物力的支
援。

　　＂我們應該誠懇地感謝各位華僑代表，並希望各位代表
把我們的謝意帶到國外去，轉達給廣大的僑胞。＂

　　接着他會說國際方面的事，用自己在朝鮮、在蘇聯、維
也納等地的親眼見聞，彷彿一下在大家面前展開一張巨幅世
界地圖，讓華僑第一次強烈感到：

　　近百十年來，在＂西洋鬼子＂和＂東洋鬼子＂面前從來
只會跪着求饒，只會割地賠款的＂東亞病夫＂，現在不僅站
直了身子，挺起了胸脯，還能把長着鋼鐵翅膀、＂鑲上＂鋼
鐵牙齒的高鼻子美國佬打得鬼哭狼嚎，不得不坐回到談判桌
上來！

　　多少年來總是捱打，總是受氣的祖國，如今能在地球上
昂起頭，挺起胸，不受人擺佈，這是一個多麼了不起的變
化！

　　＂新中國在世界政治舞台上已起着決定的作用，連英國
方面也承認：要想解決世界事務中的任何一個問題，如果離
開了新中國，那就一個問題也解決不了。＂

　　因爲祖國軟弱，在海外備受歧視的廣大華僑，每當聽到這裡，便會情不自禁長時間地鼓掌，那經久不息的掌聲，盡情抒發着廣大華僑揚眉吐氣，大快人心的眞實感情！抒發了對創建和領導新中國的中國共產黨最眞摯的愛戴和信賴！

　　至於講到國內的任務工作，廖承志莫非有透視眼？有顯微鏡？或者能掐會算？否則怎麼華僑代表凡是心裡關心的事：不管是痛苦的事，煩惱的事，氣憤的事，嚮往的事，甚至自相矛盾，自己都說不淸道不明的事，廖公都知道，他從不迴避，坦誠相告，能立刻解決的當然解決；無法立刻解決的，也說明將調查研究，制定政策，逐步解決，讓華僑聽得又驚詫，又歡喜，又感動。

　　歲月飛逝，時間過去幾十年了，許多老華僑還珍藏着那個時代的記憶：

　　"我們到北京，一定到王大人胡同，看望何老太太和廖公。我們尊重何老太太，把她當成一尊神來拜見；我們去看廖公，則是把他當成好朋友當成自己的代言人，這些年來，若不是他撐着爲我們華僑說話，我們還不知道要多受多少罪。"

　　廖承志當然不是神，他雖說也在國外生活過，了解一些華僑的處境和心理，但是他成功並不只靠過去的本錢。他自己，也要求他的部下，尤其是搞政策研究的同志，確確實實把調查工作搞得廣泛深入，細緻入微。

　　每回觀光團來，廖承志就對僑委的同志下"最後通牒"：

　　都下去跟團！和代表們一起活動，一起參觀，一起聊天。

　　夜深了，華僑代表們累了，睡了，僑委的同志的屋裡還亮着燈，每個人都在一字一句整理白天搜集來的意見。按照廖公的規定：必須連夜整好謄清，第二天早晨八點半以前，送到廖公辦公桌上。即使廖承志今天還有許多其他部門的工作安排，他也讓秘書取來帶在身邊，抽空閱讀，於是，他總能最及時了解回國觀光華僑代表的心結。

不過，真正重要的情況，許多都是來自他自己的調查，當然他沒時間隨團活動，要求見他的華僑絡繹不絕，他幾乎不曾藉口工作忙，拒絕一次求見。是的，他從不願放棄一次了解情況和做工作的機會。

蟻美厚是泰國華僑，他1949年6月接到廖承志的邀請信，從泰國輾轉回到國內。廖承志這個名字，他早聽叔叔蟻光炎說過。蟻光炎是泰國著名僑領，抗戰時期，廖承志曾派人去找他聯絡華僑捐款捐物，支援八路軍、新四軍抗戰。

擔任泰國中華總商會會長的蟻光炎，愛國心極強，立即組織籌款，並很快通過銀行轉到香港。後來，他還親自去香港送錢，見到了廖承志。從香港回到泰國後，他信心倍增，逢人便講：抗戰一定成功！正因為他支持抗戰，後來被日本漢奸暗殺了。

蟻美厚沒被嚇倒，繼承了叔叔的遺願，繼續與地下黨保持聯繫。當解放海南的第四野戰軍剛剛登島，蟻美厚派去的運輸船便也趕到，為青黃不接幾乎斷糧的海島，運來了7萬斤大米。

鑒於蟻家兩代人為革命作出的貢獻，廖承志代表政府邀請蟻美厚回國參加政協會議。

第一次見面就富有戲劇性。

王大人胡同。小飯廳。一碗熱騰騰的陽春麵，幾碟家常小菜。

廖承志剛拿起筷子，何香凝老人坐在桌邊，兩手拄着拐杖，不像要進餐，好像在參觀。蟻美厚急忙想退出去，心裡直敲鼓：

廖公在進餐，秘書怎麼讓我進來攪擾？

"老蟻，進來嘛！"廖承志抬頭看見了："來吃碗麵？"

"我吃過了。"向老太太問候過的蟻美厚一邊落座一邊回答，臉上表情仍不自然。

"那請你等一下，就好！"廖承志大口吃着，又快又香。轉眼，碗裡只剩麵條湯了。廖承志一飲而盡，他沒放筷子，吧嗒吧嗒嘴，像小孩子訴苦似地說：

哎，說我胖，只讓吃一碗，老蟻，你瞧你多可憐，一頓只有七口麵，七口啊！"

何老太太被逗笑了，就在她一仰面這眨眼工夫，廖承志的筷子伸向菜碟，夾起一塊通紅油亮的大肥肉，迅速塞進嘴裡。

"肥仔，少吃肥啊！"何老太太發現，立刻皺眉搖頭，大聲招呼。

281

"不吃了，不吃了。"廖承志放下筷子，頑童似地直晃腦袋，毫不掩飾滿臉的得意，拉上蟻美厚："走，我們去談工作吧！"

兩人笑着離開飯廳，不知怎麼，剛才還有些忐忑不安的蟻美厚，此刻已經像回到自己家，前面引路的也不是什麼首長，只是分別多年的老朋友。他的心完全輕鬆、愉快了。

這一談就是大半夜。

蟻美厚老人生前曾向筆者談起多年來與廖公的交往，依然情真意切，回味無窮。

"我去找他，從不必擔心時間合不合適，不必顧慮話怎麼樣說合適，他總讓你感到很輕鬆，總吸引你講出自己全部心裡話。

　　“廖公知識淵博，政策清楚，馬上能答覆的問題，他立即答覆，從不含含糊糊。若不能答覆的，他也如實對你說，並讓你再過多久，找誰落實，從沒有半點推卸和敷衍。”

　　“他跟人談話很輕鬆，但給人留下的印象很深，能讓人一輩子忘不掉。”

　　現任全國政協委員的徐四民先生，當時是緬甸僑領。

　　50年代，美國敵視新中國，對中國採取經濟封鎖政策，美國第七艦隊一直在台灣海峽遊弋，中國為了打破封鎖，走向世界，與各國建立友好睦鄰關係，除了乘火車經過蘇聯境內去東歐，再轉往日內瓦、赫爾辛基等國際集會地，就是經東南方惟一一條國際民航路線，即中緬班機先到仰光，再轉乘國際航班出訪世界各國。

　　廖公曾五次陪同國家領導人，宋慶齡副主席、周恩來總理、陳毅副總理等等，出訪緬甸或從緬甸經過。

　　那時國民黨特務活動猖獗，曾多次採取伏擊、暗殺、下毒等手段，企圖加害於中國領導人。因為當時中國與緬甸沒有外交關係，對宋慶齡、周恩來、陳毅等等國家領導人的安全保衛工作，皆是廖承志請僑領出面，組織大批華僑列隊歡迎、安排專門飯店接待，物色專門廚師做飯等等做了很多保護工作，才保證每次出訪安全、順利，取得巨大成功。徐四民先生參加過不少這類工作，因而與廖公熟悉。

　　廖承志每回去緬甸，或者徐四民先生回國，只要市場上有，徐先生總要給廖公找幾個品種上乘的榴蓮“解解饞”。

　　榴蓮是一種熱帶水果，素有水果之王的美稱。它外形長得像隻肥大的刺蝟，剝開後像一葉葉小舟，每一葉“小舟”裡含着三個或兩個奶黃色的果肉。果肉像鮮奶油那樣芬芳香甜，但卻有股強烈的異味。不要說中國許多人不願嗅榴蓮的異味，就是緬甸一些高級賓館，也禁止客人將榴蓮帶回房間。

周恩來總理向來強調＂客隨主便＂，出國訪問時，總是非常尊重所在國風俗習慣。可是，宴會之中，只要看見主人端上榴蓮，他便彬彬有禮託詞避開——他根本無法忍受那股比臭豆腐還臭的氣味。

可是，一見席間上榴蓮，陳毅、廖承志喜笑顏開，兩眼放光，迎上前去，大口大口，吃得津津有味，還讚不絕口。

往往宴會上吃過，廖承志還不過癮，他悄悄向徐四民打招呼：

＂徐老四，你再幫我和陳老總搞些榴蓮來吃，宴會上吃那麼一點，把肚裡的饞蟲都引出洞來了嘛！＂

徐四民忍着笑如實告知：

＂你們住的是高級賓館，不允許帶榴蓮進飯店，怎麼辦？＂

廖承志兩眼一眯，晃晃腦袋，計上心來。他伏在徐四民耳邊，如此這般一說。

不一會，廖承志房間臨街的窗戶打開了，一條細繩放下去一個精巧果籃，街邊等候的徐四民立即將準備好的榴蓮放入，小籃迅速上升。等徐四民轉個圈又來到賓館樓上時，陳毅、廖承志早已把個大榴蓮消滅乾淨，廖承志特有意思，沾在手指頭上的榴蓮汁他還不捨得洗掉，正用舌頭一個指頭一個指頭地舔着，那神態像個頑皮的孩童。

然後，他手腳利落地把房間所有的窗戶都打開來，把果皮放回小籃子裡，再從窗戶外放到下面，望着＂接應＂的人提着果籃小跑着離去，廖承志向身邊的徐四民擠擠眼睛，不無得意地問：

＂怎麼樣，我們飽了口福，也沒有污染賓館的空氣，兩不耽誤，對不對？＂

話剛落音，大家都忍不住哈哈大笑。

此刻，廖公突然想到什麼似的，一臉認眞的模樣，說：

"徐老四，我們兩個合營一家'進出口公司'好不好？"

"主要經營什麼？"徐四民以爲廖公開始談工作，收起笑容問。

"你呢，專門負責由緬甸出口榴蓮，我則專門管'進口'。"廖承志說着，還兩手往嘴裡做着手勢，惹得屋內笑聲成串。

徐四民先生回憶這些往事，不無感慨地說：

"面對這樣的領導人，我們當然無話不談。往往我們講起讚揚的話時，廖公總說，這些都是我們應該做的，自己人不要說客套話，還是提提問題。每回不把我肚裡的話全部掏盡，就不讓我走，尤其是批評的意見。"

二

對華僑的政策，不是僑委一個單位說話就能算數的，往往牽涉到許多部門，如外交部、統戰部、聯絡部、外貿部等等，又常常與許多現行政策產生矛盾。

如土改政策，統購統銷政策，當時華僑回鄉探親後，反映到廖承志處最多的問題，一個是家眷被劃地主，沒收房屋問題，再一個就是僑匯問題。

50年代，帝國主義封鎖僑匯，不允許華僑寄錢回來。當時中國正抗美援朝，美國還專門制定了條例：

嚴禁華僑寄錢回大陸，凡是寄錢者便以違犯法規處置，要判刑入獄。其他東南亞國家，因爲美國的壓力，對華僑寄錢回大陸，也採取了種種限制。

　　然而，任何限制都割不斷海外華僑與大陸親人的親情，為了家鄉妻兒老小能有飯吃，華僑便想辦法，託當地錢莊把錢款轉到香港，再由香港轉到國內親人手中。冒着風險，曲折輾轉，錢總算寄到家鄉。

　　可是，讓他們不能理解、倍覺心痛的是：親人寧可餓飯，也不敢去取這些錢，為什麼？

　　原來，鄉幹部說：收取僑匯，就是接受剝削，是與資產階級劃不清界限。絕大多數僑眷，明明手頭沒錢，養家餬口極需要錢，卻迫於無奈，含淚把錢退回海外。

　　廖承志親自召集會議，把外交、外貿、統戰、僑務及各省的有關部門領導請來，詳細地把大夥不熟悉的華僑情況介紹給大家聽：

　　到國外去的華僑，多數是廣東、福建省的貧苦農民，他們在家鄉無法生活，才背井離鄉，他們遭受種族歧視嚴重，生活環境十分險惡。往往是在唐人街開洗衣店，開餐館，多數是小本經營的勞動者。

　　目前，廣東、福建的華僑家庭，大多數是以一人在國外掙錢，妻兒在國內生活為主要形式。為什麼？就是因為在家鄉，他們有自己的房，也有一些地，一人在外掙錢，寄錢回家貼補一下，還能維持。如果把一家老小搬到國外去，一人所掙的錢，就無法支付房租，無法維持一家的生活。

　　可是，從建國初期一直到1955年，年年發文件，年年有告狀，許多地方就是抗着不落實，原因五花八門，歸結起來是一句話：錢是資產階級腐蝕劑，有錢了，僑眷就不願吃紅苕了，要出高價去買細糧，高價買糖果，破壞了統購統銷政策，使資本主義有了生長的溫牀……

　　廖承志很清楚原因：

　　這是均貧富的農民意識，絕對平均主義的思想在嚴重作怪。這不僅是在群眾中間，更主要的是在幹部隊伍中間，認爲解放了，翻身了，那麼就應該有瓢水也分着喝，共同富裕，就是同步水準，誰也不能比旁人強些。美國封鎖我們，這並不可怕，可怕的是我們自己的幹部把來自國外的一切都視爲洪水猛獸，都看成資產階級的進攻，都當成階級鬥爭的新動向。結果自己封閉自己，把海外僑胞推給敵人，這旣是過河拆橋，傷害了曾經支持中國革命的廣大僑胞的心，也是斬斷了我們新中國與海外進行民間來往的一條重要渠道，自己把自己的“民間大使”推向彼岸，自己把現成的“友誼橋樑”毀於一旦，這樣，受損的不光是廣大僑眷的利益，更主要的是國家的長遠利益。

　　況且國家萬事待興，多麼需要外匯，華僑把爲養家寄來的外匯，每年就是一億美元，實際上是無形幫助國家把美國經濟封鎖撕開一條口子，是爲國家增加了一筆很可觀的外匯收入啊！

　　從不顧慮別人說三道四的廖承志，不斷把華僑反映的眞實情況向中央寫報告，一有機會，他便請周恩來總理接見華僑代表，讓總理親自聽到眞實的情況。

　　一向辦事耐心的周總理也沉不住氣了，他把廖承志、僑委的其他領導和政策研究室的同志一起找去，非常生氣地問：

　　“怎麼下面還在爭論華僑寄錢回來，接受僑匯是不是剝削，是不是合法的問題？這是多麼幼稚的問題！你們不會告訴這些人：假如你們認爲這是剝削，不允許僑眷收僑匯，那就讓你們發錢給他們好了，發錢給他們吃飯，發錢給他們穿衣，行不行？”

　　“幾百萬僑眷，你們將從哪裡出這份錢？！反正我周恩來這裡拿不出這個錢的！這些人眞是幼稚得很！爲什麼華僑寄錢回來就不行呢？爲什麼你們親屬在農村，你們寄些錢給親屬，贍養親屬都可以，爲什麼華僑寄錢贍養自己的家屬就不允許呢？這是什麼道理呢？！"

廖承志知道周恩來十分淸楚問題的癥結：

在我們的許多幹部中，對外部世界，尤其是資本主義世界，都看得漆黑一團，華僑寄美元，就是寄資本主義糖衣炮彈，華僑在許多貧下中農出身的幹部眼裡，是與資產階級劃等號的，是入另冊的，對待不是敵人，也是敵嫌的僑眷，如何談得上人之常情呢？！

討論到最後，周恩來總理總結說：

"已經發過很多通知了，也下達過很多內部指示，都不解決問題，我看，還是用我的名義，發一個保護僑匯的命令，不是可執行可不執行，而是命令，必須執行。"

於是，一張"保護僑匯命令"在廣東福建僑鄉廣爲張貼，命令的最後署名是：政務院總理周恩來。

命令中明文規定：

華僑接受僑匯是合理合法的，是利國利民的。他們對自己的合法收入，具有所有權，可以用於自己的生活家用，也可以用於家庭的婚喪嫁娶，至於是否存款，完全根據華僑自願。

周總理簽署的命令，華僑有據可依，僑匯問題才逐漸合法化。

然而，一波未平，一波又起。

其實也不奇怪，舊的矛盾解決了，新的矛盾又產生了。當時全國實行統購統銷，糧油副食品都是計劃供應，僑眷收到海外親人寄來的錢，也買不到東西。於是華僑紛紛往家寄餅乾，寄罐頭，寄黃油，增加了許多運輸郵遞的負擔，僑匯明顯地降下來了。

　　僑委陪同華僑歸國觀光團代表活動，聽到不少意見和建議：

　　現在國內為爭取外匯搞國家建設，每年還要出口牛肉、豬肉、大米等副食品，我們想方設法帶回來的也是外匯嘛，為什麼不能照顧一下我們的家眷，讓他們買一些呢？

　　僑委研究政策的同志覺得有道理，提出了一個方案：

　　僑眷可以根據所持僑匯的多少，發給僑匯證，根據僑匯證上記錄的數量，供給他一定數量的糧、油、糖等屬於統購統銷的物資。

　　這個意見剛拿到桌上，僑委內部就通不過。

　　面對國內的大氣候，搞僑務的幹部自己也十分緊張，惟恐犯右傾機會主義的錯誤，惟恐自己滑到資產階級一邊去。因此，反對的理由也很簡單：

　　這個方案是反對統購統銷！你的屁股坐到哪裡去了？你的立場站到哪裡去了？你還是不是共產黨員？你的黨性到哪裡去了？……

　　帽子如冰雹劈頭蓋腦，而且一頂比一頂嚇人。

　　所以，這個方案便被壓下來了。

　　偏偏起草方案的女同志是個責任心極強的人，她認為這個方案沒錯，不應打入冷宮。一次開會，遇上廖承志，她就掏出準備在包裡的方案，講了華僑的意見和請求，也講了僑委同志的意見和爭論。廖承志靜靜地抽着煙，聽得很專心，很仔細。

　　是的，廖承志確實有粗心的時候，特別不是他主管的案子。

　　一回，下面送來一個案子，他手頭事情多，大致翻了一遍，便打了個勾送到周恩來處。

不久，周恩來一個電話把他叫到西花廳，指指剛從他那裡送來的案卷，問：

"小廖，這個案子你看了嗎？"

"看了，同意。"

"人家提出的是意見完全相反的兩個方案，一個是派代表團，一個是不派，同志哥，你能都同意？！"

一聽"同志哥"這特別稱呼，廖承志明白周總理是真生氣了！

周恩來對周圍同志一向總是親切地稱呼：某某同志，只有對你非常生氣、十分不滿意時，才會語調嚴肅稱呼"同志哥"！而且，周恩來一貫最討厭下級強調客觀原因，為自己開脫，廖承志趕緊連聲檢討：

"總理，我錯了，下次一定仔細。"

不過，憑心而論，凡是廖承志主管的事，他總是十分用心，從來不含糊。

這次關於發僑匯券的問題，他覺得既合理合法，又方便可行，便大筆一揮，批了"同意"二字，上送周總理。

很快，周總理同意，批給財經委主任李先念。

李先念組織人力，專門審定和充實了這個方案，不久，便成文下發執行了。

當海外華僑從報上看到一篇香港記者的報道，知道自己國內親友能憑僑匯券買到國內緊俏副食品和紡織品時，真是意外之極，感動之極。僑匯很快又開始回升了。

一回，廖承志在新僑飯店設宴招待港澳同胞。

酒酣飯熱，廖公脫下外衣，露出貼身穿的襯衫，那是一件白裡泛黃的土布襯衫，後背和肘部都補着好幾塊新補丁。他穿着這件打補丁的襯衫，周旋於港澳富商大賈之間，態度自然從容。如不是親眼所見，在座港澳同胞誰會相信：一個中國共產黨的中央委員，一個身兼十數職的高級領導人，在他筆挺的呢外套裡面，會穿打補丁的襯衫呢！

記者由此得出一個結論：

新中國的領導人，是最受人民敬仰和愛戴的領導人。看到這則報道的華僑，想到為保護他們的利益日夜操勞的廖公，自己過着如此清貧的生活，有這樣的人為官，國家哪會不昌盛呢？

許多華僑談起，自己身為富商，建國初期，卻完全信賴和傾心於立志消滅剝削制度的中國共產黨。

矛盾嗎？奇怪嗎？

其實，說破後一點也不矛盾也不奇怪，不是因為我們被赤化，而是我們被中國共產黨中像毛澤東、周恩來、廖承志這樣的領導人的品格和魅力所感化，是的，我們是從愛他們，信任他們而信任和擁護共產黨的。

不過，華僑也有很生廖承志氣的時候，甚至拒絕廖承志發出的回國觀光邀請。

三

1950年國慶節前夕。

"老蟻，就你一個人？陳老先生怎麼沒來？"

廖承志奇怪地問進門的蟻美厚。陳老先生即是泰國老華僑陳振敬先生。

蟻美厚面有難色，不過意地說：

"廖公，他沒有來。"

"噢？是什麼原因？身體不好？生意走不開？還是受到什麼壓力？"

　　蟻美厚一起搖頭，最後的回答很令廖承志意外：

　　"陳先生很生你氣，他不願回來！他在香港對我說：老蟻，過去國民黨不要我，現在勝利了，國家解放了共產黨也不要我，這樣做不對嘛！"

　　廖承志明白了，這是關於華僑雙重國籍問題引起的誤會和矛盾。

　　華僑國籍問題，早在新中國成立之前，中央還在石家莊，在研究建國以後僑民的基本方針時，就開始討論這個問題。

　　當時就爭論得很厲害，明顯分為兩派：

　　一派認為，華僑要積極參加當地革命。

　　另一派則認為，華僑沒有參加當地國籍，不應該參加當地革命，因為參與當地革命，必然影響國家之間的關係。

　　各說各的理，爭論異常激烈，沒有形成統一的意見。

　　中央委託廖承志負責研究這個問題。

　　建國之後，廖承志組織人員經過研究，這一條得到中央的認可：

　　對於華僑的政策，應該服從我國的共同綱領，華僑不應該干涉所在國內政，應該遵守所在國政策法令。這是個根本問題，是制定華僑政策的基礎。

　　隨着東南亞各國的紛紛獨立，關於華僑國籍又產生了新的問題。從多次召開的華僑代表座談會上，廖承志和僑委同志聽出廣大華僑中的大多數人，對自己的國籍問題都覺得很為難：

　　祖國是我們華僑的根，過去國家很弱小很貧窮時，我們都保留了中國國籍，現在我們祖國獨立了，開始走上富強的道路，我們要脫離中國國籍參加人家的國籍，我們內心也很過不去。但是，從我們切身利益來說，我們要生存，我們就必須參加當地國籍。

廖承志態度早就十分明確。

1950年，蟻美厚參加完國慶慶典，趕回香港。見到陳振敬便說：

"老陳，廖公請不動你，他讓我專程來香港和你談。"

"還是要我參加泰國國籍？你不必白費口舌！"陳老先生沉着臉，話說得一點沒商量餘地。

"老陳，廖公讓我勸你好好想一想，他是爲着你的事業啊，國家是愛你啊！廖公說，你不加入泰國國籍，就不能做地產，不能辦實業，許多生意做不了，還怎麼發展呢？爲了你的事業發展，他才建議你盡早加入泰國國籍呀！"

"哎！"陳振敬深深嘆了口氣：

"廖公愛我的心，我不是不明白，可是，我是個中國人，我能光爲自己賺錢，爲自己發展，就不愛自己的祖國嗎？！我這樣做，我會覺得愧對國家，別人也會罵我不愛國的呀！"

"廖公說了，你在泰國得到發展，爲促進中泰兩國之間的友誼多做工作，這樣，你就當上了溝通兩國人民感情的民間大使，中泰兩國睦鄰情同手足，這對中泰兩國均有利，你何樂而不爲呢？"

一席話情眞意切，猶如一股暖流注入心田，陳振敬只覺鼻子發酸，眼眶潮潤，他不再猶豫，朗聲答應道：

"好，有廖公這句話，我來做。"

陳振敬一帶頭，泰國華僑紛紛加入泰國國籍。

至於華僑怎樣才叫愛國，廖承志經常向大家說起毛澤東主席與老同學張國基見面時的一席談話。

筆者未能找到廖承志講話的原稿，但有幸在張老生前，聽到已是98歲高壽的張國基老人親自回憶了這段珍貴的史料。

張國基是毛澤東主席的同班同學，比毛主席的生日小111天。

1954年，他在印度尼西亞接到廖承志的邀請，回國參加全國人民代表大會，他看毛澤東主席工作很忙，不便打擾，本想等會議結束後，再去登門看望老同學。

那晚，致公黨請他吃飯，酒至半酣，突然廖公來電話找他：

"張國老，您飯吃完了沒有？"

"還沒有呢，有事？"

"對，現在有點事情，請你快點回來，好不好？"

"好，我就回來。"張國基向席間好友告辭，趕回新僑飯店，在大廳裡就遇上了等候的廖承志。

"到樓上我房間去坐一坐？"

"不要了，現在我們一起上車。"至於上哪，車過了北京市委大門，眼看就到中南海時，廖公才笑盈盈地輕聲說："毛主席要找你。"

"噢？你怎麼不早點告訴我？"

張國基十分意外，忐忑不安地說："我本想開完會再去看他，我什麼也沒準備啊！"

"你去好了，毛主席等不到會議結束，是他自己提出馬上就要見你的。"

屋裡只有三人。

兩個自從1927年分別一直沒再見面的老同學——毛澤東、張國基；一個陪坐旁邊，一直像記錄員不斷地認真往筆記本上記着毛主席講話內容的，是廖承志。談話從晚上八點開始，一直進行到深夜十一點多。

毛澤東十分戀舊，他還記得過去不少老同學老朋友的名

字，知道其中有好幾位目前也在南洋，便打聽起他們現在做
什麼事情，家庭境遇如何，有何打算，有何困難等等情況，
問得很仔細，話題接連不斷。

張國基時常搖頭，回答說：

"真抱歉，他的情況我不知道。"

"他的家事我不清楚。"

可能是他發現了毛澤東疑惑的目光，便解釋說：

"潤之啊，您不知道，我們在海外左派右派也是分得很
清楚的，就如同水火不相容，從不通信，從不來往，連電話
也不打的。所以，看看同住一個城市，我們也如同隔着銅牆
鐵壁，什麼也不知道。"

"噢？！"毛澤東撣掉手中的煙灰，搖搖頭，很直爽地
說：

"老同學，我看這樣不好，應該互相聯繫，不要老死不
相往來嘛！我們都是中國人，都是炎黃子孫嘛，對不對？"

"況且，左派右派也不是一成不變的，即使是右派，他
們中間也有開明的，對不對？"

"我們主張愛國不分先後嘛，只要心裡愛國，我們並不
計較他門口掛什麼旗，掛紅旗是我們的朋友，即使為生存，
掛粉紅旗，掛灰旗，甚至掛白旗，也可以是我們的朋友。"

"總之，朋友多多益善，你們在海外，一定要多交朋
友。歡迎大家都到國內來走一走，看一看，是好是壞，耳聽
為虛，還是要自己眼見為實嘛……"

時間過了數十年，張國基老人還清晰記得當時見面情
景。他對筆者說：

"我過去認為做人，就要清清白白，與人交往，向來是
分得清清楚楚，從不知道還要做團結工作，和毛主席談過話
後，我就照他說的話做了。"

“回印尼後，我不僅與進步人士接觸，也和各方面的人士聯繫。”

“那天我只顧聽得入迷，近三個小時的談話，我只記住了幾句，廖公眞行，他一直在記錄毛主席的談話，他做事都是按中央部署，中央怎麼部署他怎麼辦，華僑就跟着他怎麼辦。”

確實，廖承志熟悉、了解華僑的實際情況，他總是能設身處地從華僑實際境遇來考慮：華僑採取什麼態度才能生存，絕非想當然。

廖承志50年代兩次到日本，一次到印尼雅加達。參加萬隆會議，多次到緬甸等國，他親耳聽見，親眼看見，華僑爲掛五星紅旗被當地反華勢力毆打，警察只作沒看見；一些參加歡迎中國代表團的華僑，一旦被混在人群中的密探拍去照片，便會被叫到警察局受到警告：你親共，小心你飯碗！你難道不想在這裡做生意了嗎？……

廖承志總是是反反復復對廣大華僑說：

“愛國不分先後，僑胞愛國熱情只要放在心裡，只要你們能生活得好，能遵守所在國的法令，與當地人民和睦相處，並爲促進所在國與中國之間的友誼做出積極貢獻，這就是眞心愛國。”

在日本時，他先用廣東話講了這個意思。

台下有掌聲，但表情淡然，看得出，有一半以上的人，只是出於禮貌才拍手的。

陪同的人湊過頭來解釋說：

“廖公，這裡有不少是幾代旅日，還有不少人是來自台灣，他們聽得懂日語，但不一定聽懂廣東話，我來翻譯。”

廖公搖搖頭，爽快地說：

“不用了，我日本話自己可以說的。”

廖承志再一張口，眞是流利標準的東京口音！

不僅口音，連表達的方式，也是日本式的，台下反應熱烈起來，不時爆發出經久不息的掌聲和讚嘆聲。

廖承志說的這些話，看來似乎平常，可當年曾使多少華僑感動得熱淚橫流，解開他們心頭多沉重的包袱喲。

身爲華僑，漂泊異鄉，誰不愛自己的祖國？我們是擁護中華人民共和國的，可是，身在異國，爲養家餬口，都從事着各種各樣的生意，要與台灣聯繫，要靠當地政府批准，人家要逼我們掛國民黨旗，他們之間有外交關係，我們如果不掛，他就來干涉，馬上就要遭到當地政府和國民黨特務的壓力，失去生活的保障，甚至家人生命也會受到威脅。

有了廖公這句話，他們放寬了心，華僑總會不再參與當地的政治鬥爭，集中精力保護華僑的利益，凡是有利於兩國人民友誼的事就去做。

1968年。日本神戶遭受了一次強颱風襲擊，建於海邊的一座八角塔樓“移情閣”被颱風吹倒。

“移情閣”是一位姓吳的老華僑出資建起，一直用作孫中山紀念館，裡面陳列着大量孫中山先生在日本從事革命活動時的珍貴照片和文物。起初生動地反映了中日兩國人民源遠流長的深厚友誼。

“移情閣”在日本發動侵華戰爭時期，曾被日本軍部接管，戰後，華僑聯誼會會長陳德仁先生多次出面交涉，才從日本政府手中要回來。經過修整，重新開放，接待了很多參觀瞻仰的觀眾。如今被大風吹倒，很明顯，重修“移情閣”光靠華僑聯誼會的財力是遠遠不行的，而當時日本政府與台灣尚有外交關係，也不支持愛國華僑宣傳孫中山的革命業績，所以也不會出錢，只有號召廣大華僑慷慨解囊，積極捐款，聚沙成塔，才可能辦成這件事。

　　然而，神戶華僑總會幾個會長都參加過歡迎廖承志的活動，被人們記住是"赤色分子"，凡是有些財產的，和台灣有貿易聯繫的華僑，都不敢，也不願與他們打交道，更別說響應他們出面發起的號召了。

　　這時，林同春會長站出來說話了：

　　"移情閣"是我們華僑的驕傲，我們華僑齊心捐錢，再把它修起來。

　　也怪，他說了話，一呼百應。

　　也不怪，他始終記住廖承志的話，把愛國的熱情放在心底，只要對華僑發展事業有利的事，他不受政見影響，一概積極去辦，與當地政府，與台灣貿易界，都保持着正常的良好的關係，所以，他號召辦的事情，許多華僑總是積極響應。

　　像這樣辦成的促進兩國人民友誼的事，一件件，一椿椿，成年累月地積澱，就像一條條、一道道的涓涓細流，終究匯成了滾滾洪波，中日兩國關係正常化，旅日華僑是發揮了不可磨滅的貢獻的。

297

　　筆者站在神戶海邊的"移情閣"前，院子裡有七八個身穿黑色燈籠袖衣褲的年輕人，合着歡快的鑼鼓點，在練舞獅子。從服飾，從動作不難看出他們定是炎黃子孫。

　　筆者走進當年廖公參觀過的神戶同文學校，正逢學校組織活動。

　　禮堂裡，孩子們唱的是"花籃的花兒香，聽我來唱一唱，……南呀泥灣……"

　　廚房裡，家長們準備的是一份份熱騰騰的餃子、花捲……他們可能還是華僑，也可能已是日籍華人，這並不重要，重要的是他們熱愛中國傳統文化，在異國他鄉沿襲和傳播着中國文化，這不正是表達出他們對祖國那份永遠不會淡忘和割捨的深情嗎？這便足以告慰廖公在天之靈了。

四

廖承志在爲《人民日報》所寫的社論裡，在黨的八次全國代表大會上的發言中都再三闡明了黨對華僑問題的政策，在現實生活中，他所主持的僑委爲華僑子弟回國讀書創辦了多所華僑補習學校。

建校期間，他曾親自交待：華僑學生多數是從東南亞回來，喜歡赤腳，喜歡沖涼，造學生宿舍時，地面一定要平整，每兩個宿舍要有一間沖涼的浴室。

優秀的教學質量，良好的生活設施，給華僑學生到校如到家的親切感，像磁石一樣吸引了許多海外赤子。

在60年代，僅北京華僑補校，一年裡最多時錄取三千多學生，經過短期的中文補習後，便考入全國各地的大學。他們學而有成，除少數返回僑居國外，絕大多數留在國內參加社會主義建設。

廖承志還擔任過暨南大學的董事長和華僑大學的校長，他十分關心由僑領陳嘉庚創辦的福建集美學村，盡最大的力量解決他們的困難。

在風雲變幻的國際大背景下，東南亞一些國家先後出現排華浪潮，廖承志依靠廣東、福建省委和各有關部門的配合，積極安置被驅趕回國的難民的生活和工作，先後在全國開辦了86個華僑農場。他還親自去海南島視察華僑農場。

然而，60年代，"階級鬥爭一抓就靈"的思想佔了壓倒一切的優勢，從上到下，人們似乎都接受了這一個觀點：

革命就是吃苦，吃苦才是革命。生活富裕等於變修，變質，是資本主義才追求的東西。至於西方世界，早如一具腐屍，通體沒有一點可取之處，所以來自那個世界的人，不是敵人，也是特嫌，最好的，也只能是思想極落後分子。

於是，即便是中央早已制定好的華僑政策，隨着反右派，反右傾運動的步步緊逼，也受到了巨大的壓力和衝擊。

一天，擔任外辦副主任的廖承志，手拿一份僑委的處分決定，走進方方同志的辦公室。他一反往日笑瞇瞇的神態，口吻很嚴肅地說：

" 我不同意這個處分決定。是的，關於保護僑匯的方案是這個同志越級提上去的，可是也是經過中央批准的嘛，而且爭取僑匯也不是爲了個人利益，還是爲了國家嘛，怎麼能上綱爲反對統購統銷，並以此爲罪狀定爲右派呢？ "

方方同志沒正面回答廖公的問題，只是長嘆一聲：

" 哎，廖公啊，我們不能老是照顧華僑，如此下去，不知道哪一天就也要把你請下來了。 "

" 老方，我們應該實事求是嘛，人家的閒言碎語，不要去理它，沒關係嘛！ "

" 你當然……可我們…… "

是的，面對階級鬥爭大潮的衝擊，誰也無力阻擋。那時何止是僑委，全國各地對歸僑幹部都提高了警惕性，都戴上了有色眼鏡，許多歸國華僑就因爲 " 海外關係 " 這一條，就被當成特嫌懷疑，不能入團，更不能入黨，內部控制使用。以至於從來大大咧咧、坦坦然然的廖承志，也曾發出這樣的感嘆：

我做華僑工作，一直有當小媳婦的感覺。

不過，他始終不是個俯首帖耳的小媳婦。

1962年，毛澤東主席向全黨、全國發出 " 千萬不要忘記階級鬥爭 " 的嚴正警告。

　　廖承志在廣東省、廣州市直屬機關科以上中共黨員幹部大會上，竟然大膽提出：

　　"海外關係"的提法不符合馬克思主義。

　　廖承志站在主席台前，坦率的程度令滿場震驚：

　　"談到海外關係，最嚴重的是我。"

　　"我向你們交待，我在香港有多少親戚呢？如把我的表姐妹、表兄弟、表姑丈、表姨丈通通算在一起，恐怕有四百多個。這就是我的‘海外關係’。"

　　"如果眞正是根據這個‘海外關係’的話，我這個華僑事務委員會的主任，還要捱審查嘍。但是中央並沒有這樣做。"

　　"我這個人水平很低，過去工作犯過許多錯誤，有許多缺點，上過資產階級的學堂，學會了兩三句這個文，那個文，因此，中央感到還可以用，有時候也派給我國際活動的任務，我就抱着這麼個‘海外關係’大搖大擺地進行國際活動。"

　　"旣然我可以有這個‘海外關係’，那麼別人有‘海外關係’爲什麼就解決不了呢？！"

　　"現在‘海外關係’流毒不淺。第一，只要他有‘海外關係’，參加黨困難了，參加青年團也困難了，甚至結婚也困難了。在機關工作，一旦發現‘海外關係’，馬上就考慮這個人下放勞動，這是第二。第三，如果收到信，收到僑匯，那問題就大了。儘管說‘我不要啦，我不要了’，但不行，到了晚上，一個穿黑衣服的很神秘的人就會來問：‘你這個錢是從哪裡來的？’我看，這種情況不能再繼續下去了！"

　　"‘海外關係’這個說法是錯誤的。如果他在海外有國民黨關係的話，那麼，這個關係就不叫做‘海外關係’，而是國民黨關係。就是國民黨關係，也要區別清楚是歷史的問題，還是現行的問題？無差別、無分析地把回國的華僑當做‘海外關係’來處理，戴着有色眼鏡，屁股坐在檔案上面，不看他思想發展，不看他的進步，不看他們覺悟程度，這樣不好。這是對華僑工作的最大損害。”

“‘海外關係’這個看法，毛主席老早就批駁過。在我們保衛工作、肅反領域裏，曾經有這麼個說法：隨着社會主義建設發展，階級鬥爭就越加尖銳，反革命就越多。毛主席就駁斥了這個看法。華僑情況怎麼樣？”

“事實說明在華僑愛國力量壯大之下，華僑裏面反對革命的不是越來越多，而是逐漸縮小，我們何必擴大化呢？”

“‘海外關係’反映一個心理，就是毛主席說的兩個字‘怕鬼’。有怕鬼的思想，總感覺到華僑是個‘鬼’，總感覺到港澳是個‘鬼’，接近這麼一個‘關係’，渾身就感覺不舒服，毛骨悚然，總想多方加以限制。這是見鬼思想。”

“現在我們科學界的尖端人物還不是有‘海外關係’嗎”我們全中國有名的科學家恐怕絕大多數都是從海外回來的。所以對‘海外關係’這麼個提法，現在要重新說一下，參加會議的同志，拜託，拜託，大家對‘海外關係’這條，應把它乾淨、徹底、全部地消滅掉。即使在國外是國民黨特務，也得作具體的分析，弄清楚他們究竟是怎樣的關係。不然，‘海外關係’滿天飛，我看害人不淺。人事部門的同志們也要拜託、拜託，對‘海外關係’這個問題，不要關起門來，做文牘主義的文章，得具體去看，要分析。要爭取這些人。這些人都是包括在百分之九十以內的。否則，我們要犯嚴重的錯誤。”

廖承志的這番拜託之詞，講得真真實實，坦坦蕩蕩，場內坐着的幹部臉發熱，鼻酸楚，眼含淚，以熱烈的掌聲道出自己的震撼、感激、激動、溫暖的心緒和情懷。

廣東省、廣州市本鄉本土的幹部，查查自家家譜，不與海外沾親帶故者，恐怕是鳳毛麟角。面對越逼越緊的"階級鬥爭爲綱"之風，"海外關係"弄得人們惶惶不可終日。

那會兒，找起廣東福建工作落後原因，往往擺在第一條就是：

毗鄰港澳，階級鬥爭複雜；華僑太多，"海外關係"複雜。

於是，凡是鮮爲人知的海外親戚，都被自己統統抹去。相比之下，廖公不僅承認自己龐雜的海外關係，而且公開指出"海外關係"的提法不符合馬克思主義。這要有多大的膽識和勇氣！

如果說當年搞階級鬥爭爲綱，是一次次襲向華僑的滾滾狂濤，廖承志的講話只能算一股小小的、溫暖的回流，它無法擋住狂濤無情的衝擊，更不可能根本改變華僑的地位，也未能讓"海外關係"的提法眞正見鬼去，儘管如此，他的講話在廣大華僑、僑眷的心裡卻建立起對明天的希望：

只要廖承志在，共產黨裡就有了解我們華僑的人，就有與我們華僑心靈相通的人，就有爲我們華僑說話的人，就有我們華僑赤子之心終見天日之時。

是啊，中國的華僑和歸僑，戀鄉戀土戀國之癡情，是世界上很難尋覓的。爲國家甘願拋棄自己一切海外財產，甘心忍受一切清貧和辛勞的品格、毅力，也是世界罕見的，他們不在乎物質的匱乏，只求精神上多一點信賴，多一點理解，多一點尊重，多一點一視同仁。然而僅是這一點，廖承志也無法給予。只不過他深信時代會進步，爲這一天的盡早到來，他甘願做一個不討人喜歡的、不屈不撓的"小媳婦"。

第十一章

民間暖流

一

北京的早春，陣陣黃塵時常迷住行人的眼睛，但卻遮不住大地披上的綠裝。

1952年5月，西城區宣武門附近，名副其實、細細長長的頭髮胡同裡，一座清靜的四合院內，住進了第一批進入新中國的日本客人。

他們一行五人，並非直接來自日本，而是拿着去法國的護照，繞道巴黎，先到莫斯科參加國際會議，其間接觸了中國代表團，並接受了邀請，毅然訪華的。

廖承志此時正在朝鮮，沒能會見這第一批進入新中國的日本客人。因為在同年9月，由宋慶齡、郭沫若等發起，在北京召開亞洲及太平洋區域和平會議。周恩來總理交待廖承志等同志負責籌備這一會議。當時參加這一會議的有亞洲、澳洲、南北美洲等太平洋沿岸各國各方面人士，其中既有共產主義者，也有民族主義者、和平主義者。

為了開好這次會，揭露美帝殘害朝鮮人民大搞細菌戰的罪行，廖承志第二次進入依然硝煙彌漫的朝鮮，組織一些世

303

界著名的科學家深入現場調查，取回了確鑿的證據，把美國
使用細菌武器的罪行揭露於世。

　　廖承志從朝鮮回到北京，中央已明確由他負責有關日本
的工作。在北京飯店設立了廖承志辦公室。

　　擔任接待組組長、參加接待第一批日本客人的孫平化同
志，是個忠厚誠實的東北人。他領導下的接待組，劃歸廖承
志管，此時，已經陪着參加亞洲及太平洋地區和平會議籌備
會的第一批日本朋友，搬進了北京飯店。因爲房間緊張，他
白天忙工作，晚上沒有地方休息，就在廖公辦公室臨時搭了
張行軍牀。

　　第一次見廖公，孫平化詳詳細細匯報了前段時間接待日
本客人的情況。廖承志一邊聽一邊點頭，對這幾位客人的勇
氣稱讚不已，他看着客人名單，富有詩意地說道：

　　"老孫，你作爲歷史見證人，請記住，在中日關係史
上，應該永遠留下他們的名字：帆足計，日本社會黨衆議
員；高良富，女，參議員（綠風會）；宮腰喜助，改進黨衆
議員。他們是第一批不怕犯法，推開中國大門的勇士！"

　　孫平化認眞地點點頭。因爲他知道，當時的日本政府嚴
禁日本代表團和公民到中國來，對日本人民同所謂"共產
圈"國家的正當往來施加種種限制，以違反"簽證法"等莫
須有的理由，拒發簽證。對自行設法或間接成行者，回國之
後還要大興問罪之師，進行法律追究。所以，帆足計等幾位
朋友到中國來，是冒了很大風險的。

　　"老孫，"廖承志眨眨眼睛，不無調侃地問："你還眞
有點水平，講出了日本人也聽不懂的日語！"

　　孫平化臉上一陣發燒，他剛才匯報情況時，老老實實講
了自己出洋相的經過：當日本客人乘坐的伊爾14小飛機停穩
之後，孫平化登上飛機，用自己本來就不怎麼好、又多年沒

說的日語，向客人寒暄了幾句。

不想，幾位日本客人茫然互視，一臉困惑。慶幸的是，中國國際貿易促進委員會的冀朝鑄反應極快，他立刻走近客人，以流利的英語說出：

"有朋自遠方來，不亦樂乎？！"

五位客人頓時興奮地鼓起掌來。

孫平化事後聽客人說："孫先生講的日語，我們聽不懂。"

"廖公，我應該檢討……"

"老孫，你有什麼可檢討的？要我看，還應為你立一功！"廖承志一下打斷孫平化很誠懇的自我批評，出人意料地說：

"你給我一個重要提醒：趕緊把眼睛睜得大大的，廣招天下聖賢，組織一支日語口語過硬、熟悉日本國情的強有力的翻譯隊伍，今後我們與日本打交道，毛主席等國家領導人接見時的翻譯，都要有第一流的水平。老孫，做日本工作，可不是一時一事，你我準備幹上一輩子，好不好？！"

305

"好！"孫平化爽聲答應。真怪，分明是第一次與廖公見面，可心裡卻覺得是可親可敬的老朋友，否則怎麼會這樣和諧，這樣投緣，心口一致，心甘情願跟隨廖公一生幹日本工作呢？

開會期間，由於經常到廖公處匯報、研究、請示和商討，朝夕相處，孫平化負責的日本接待組的同志與廖公很快都熟悉起來，廖承志常常突然伸出手，在落座自己身邊的孫平化腦袋上一揉，原本梳理得挺整齊的分頭，一下變成了亂草窩，逗得大家笑成一團。

亞洲太平洋地區和平會議籌備會勝利結束後，大家都覺得，這麼大的事辦完了，應該慶祝一下，眾人相互推舉，要

“敲”廖公一頓。大家夥兒寫了張紙條，夾在文件中送到廖公辦公桌上。

廖承志讀文件，讀出這樣一個“照會”，忍不住哈哈大笑，他喜歡部下與自己親若家人的感覺。絲毫沒猶豫，“東來順”一頓涮羊肉，吃得大夥兒大汗淋漓，眉開眼笑。

廖承志分管的對日工作開展起來了，起初連間辦公室都沒有，他並不在乎，他果真把眼睛瞪大，從聯絡部、統戰部、和大等單位物色了幾個能人。有從延安時期就從事對日宣傳和教育俘虜工作的趙安博，在延安工農學校學過日語，也做過日本戰俘工作的王曉雲，也有日語流利的蕭向前等同志。只要一有任務，他就把這幾位骨幹找來，形成他的工作班子，以至於逐漸在人們心目中，甚至在與中國交往的日本朋友中，也把趙、孫、王、蕭這四個人看成廖承志的“四大金剛”。

306

對日工作不斷擴大，隊伍的搜尋並沒結束。

“哦？小孩，你是在日本士官學校畢業的？”廖承志第一次見到吳學文，就這樣頗有興趣地問他。

那是1952年，吳學文已經是個29歲的大小伙子，聽廖公叫自己小孩，覺得吃驚又感到親切，便笑着點點頭。

“好！”廖承志一拍巴掌：“你搞日本工作挺好，小孩，你準備幹一輩子吧！”

“一輩子？”吳學文驚訝地反問，原先他以為只是開國際會議，日文翻譯不夠，臨時抽他來幫幫忙，從沒想要用一生的精力投入。

“對，你要準備幹一輩子。”廖公也不多解釋。

吳學文出於下級服從上級的本能，點了點頭。但是，真正弄懂對日工作的長期性，則是在很久以後，特別是自己也確實幹了一輩子之後。

王效賢，一個文靜清秀的姑娘，北大外語系日語專業四年級學生。1952年春天，孫平化陪同日本第一批客人參觀北大時，她曾代表校方出面接待。她舉止落落大方，日語熟練流暢，日本客人聽着頻頻點頭，一臉滿意的微笑。孫平化回來就向廖公推薦。

"好啊！"廖公是快人快語，"我們這個隊伍裡很需要年輕姑娘，去，把她借來。"

好，廖公這一"借"，就是整整四十年，當年二十剛出頭的姑娘，如今已經是花甲年紀，只是她文靜的氣質沒變，工作的內容沒變，依然一口十分流利的日語，是中日友好協會的一位能幹的副會長。

1953年暑假，安靜的北大校園裡，突然響起急促的廣播聲。

"林麗韞同學請注意，林麗韞同學請注意，聽到廣播後，請你馬上到教導處來，有急事找你，有急事找你。

圖書館裡，一個正在埋頭看書的年輕姑娘吃驚地抬起頭，她身材嬌小，眉目透着南方女孩的清秀，她是從日本剛剛回國的僑生，北京沒有一個親人，所以暑假仍留在學校裡。

"王大人胡同一號，華僑事務委員會。"林麗韞按照地址，從北郊趕到東城，意外地見到才從日本回國護送骨灰的神戶華僑總會的副會長，自己日思夜想的親生父親林水永！

她也第一次見到慈祥親切的何香凝老太太和胖乎乎、笑眯眯的廖公。

"女兒，"廖承志出口自然地招呼林麗韞："聽你爸爸說，是你自己堅持要回國內來，你是台灣籍人，為什麼沒選擇回祖籍呢？"

307

　　"國民黨鎮壓'二二八'起義，壓迫和屠殺台灣人民，我不願去。毛主席說：中國人民從此站起來了，我是中國人，我要站起來做人，我就要回自己的國家參加新中國的建設。"

　　"眞是乖女兒！"廖承志大聲稱讚，"女兒，現在你剛好放假，幫忙我們做做翻譯工作，好不好？"

　　"當然好！"林麗韞眞覺得廖公像自己的父親一樣，可親可近，對於孝心極重的姑娘來說，除了一個"好"字，絕不會說出第二個其他的字。

　　一個"好"字，改變了林麗韞當農業科學家的志向，近四十年來，她一直在爲中日關係正常化和中日兩國的友好交往盡心盡力地工作。

　　林麗韞出生在日本神戶，說一口很純的關西味的日語，清晰、柔和、動聽、準確，被周恩來總理讚爲"帶蘇州口音的日本話"。

　　周總理曾明確要求外交部：

　　"我與日本方面的會談翻譯，必須要由林麗韞和王效賢這兩個同志擔任。"

　　她榮幸地成爲接觸到中日幫交正常化全過程，以及兩國最高層談判機密的極少數中國人之一。

　　如果說前面幾位從事對日工作，還存在廖承志作爲上級領導，有權調動指定的內涵，那麼下面兩位生命軌跡的改變，則完全是由於廖承志的品格和魅力。

　　1952年12月，在維也納舉行世界和平會議。身爲日本參議員的西園寺公一，以去法國辦事爲由，經瑞士的蘇黎世輾轉抵達維也納。

　　走進和平會議的會場——象徵着音樂城市維也納的音樂

廳，這位出身日本名門望族的中年人（其祖父曾輔弼明治、
大正、昭和三代天皇，被稱爲“最後一位元老重臣西園寺公
望”、父親則與大正天皇同班同學。後來，他在宮內省任職
期間，又曾跟隨裕仁天皇赴歐洲一些國家遊歷過。）竟被滿
目綠色的裝飾物，潔白的和平鴿會標感動得熱淚奪眶。世界
85個國家、1880名代表和觀察員、來賓與會，在戰前根本不
可能有如此衆多的各階層人士，爲了和平目的從四面八方匯
聚一堂舉行會議。

尤其看見用德、俄、法、中、意、西、阿拉伯等八種文
字書寫的大會會標，那熟悉親切的方塊字“世界和平會議”
幾個大字時，他的心情更爲激動。

他熟悉中日已有二千年的交往歷史，大部分時間是友好
相處的。但也確有干戈相見的時候，不過那與友好相處的漫
長歲月相比，應該說是短暫的、微不足道的。戰後，日本吉
田內閣敵視中國，而他一直認爲相鄰兩國之間關係惡化，不
但對中國，而且對日本也是非常不幸的。日本與美國友好相
處固然是重要的，但是，中國是一個更近的鄰邦啊！

西園寺公一極想去中國，大會結束後，他專程從維也納
追到捷克首都布拉格，在福羅拉飯店，他終於找到了事務繁
忙、來去匆匆的廖承志。

“你在百忙中撥冗見我，深表謝意。”在一間會客室
裡，西園寺公一首先開口。

“哪裡，哪裡，朋友來訪嘛，任何時候都歡迎。”廖承
志操一口流利的日語親切地回答。

廖承志在國內就知道，1949年10月1日，毛主席在天安
門城樓上宣告新中國誕生，僅隔十天之後，西園寺公一就參
加了日本召開的日中友好協會的籌備會，第二年的國慶節這
天，日中友好協會舉行了成立大會。他當選爲一名理事。他

們這些有識之士，看準了這一事實：

如果日中成了友好國家，貿易就會增加。中國剛建國不久，為了建設國家一定希望和日本發展貿易，日本也正處在剛從戰爭的廢墟上站立起來的時期，雙方互有需要。

據日本廣播報道，在日本開展的日中友好運動中，連保守黨的政治家和實業家也參加進來了。

當然，這次大會，廖承志又親自聽到西園寺公一對新中國表達的敬意。

那是和平大會的最後一天，中國代表團團長郭沫若舉行晚宴，各國代表四百多人應邀出席了這個盛會。會上，各國代表團團長都作簡短致詞。

輪到日本代表團團長致詞時，團長不見了，臨時由西園寺公一當了替角。西園寺公一沒有準備，可講得真切動情，看得出是心裡流出的肺腑之言：

“日本由於發動了戰爭，曾使出席大會的所有人士遭受到直接或間接的巨大不幸。今天我能有機會向各位由衷地表示歉意，感到高興。日本人決心不再重複昔日的過錯，願為東西兩大陣容的和平充當紐帶，為謀求人類的幸福而盡綿薄之力。我相信在各位的激勵和幫助下，我們日本人民也能擔當起捍衛世界和平的使命。”

西園寺公一的話音剛落，會場裡掌聲雷動，郭沫若團長立刻走過去，與他長時間地熱烈擁抱……

廖承志也在熱烈地鼓掌，心裡琢磨：西園寺公一很可能將是個可以信賴的朋友。

現在，西園寺君主動找上門來，廖承志稱聲朋友，當然情真意切，絲毫沒有應付和客套的意思，況且語言又無障礙，他便主動詢問起已經回日本的帆足計等幾位先生的近況。

西園寺公一似乎有些意外：廖承志的日語發音完美無疵，語彙格外豐富，腔調又是連地道的東京人都自愧不如的江戶口音，特別是日本明治時代的一些用詞，現在一般日本青年人都不知道了，而廖承志卻能運用嫻熟！真是恍然若異鄉遇故人和知己一般。他不再有任何顧慮，直截了當地提出：

"我很想訪問中國，特來求你幫助。"

廖承志聽後高興地說：

"西園寺公一先生，我們一向歡迎各國人士來看一看從長期遭受侵略和壓迫中解放出來的中國，現在全國人民團結一致地努力建設自己的國家，搞好建設的重要條件是和平。世界上所有的國家都應該停止擴軍備戰。倘若把這些錢都用在建設方面，就能夠提高人民大眾的生活水平，使所有人的生活過得更好。"

"中日兩國關係，過去有過不幸的年代，這是令人遺憾的。你在維也納晚宴上致詞時，對日本過去的過錯表示了反省和歉意。我對你的良知感到非常高興，並且我願把你講的那些話看做是正在走向新生的日本多數人的心聲來加以接受。"

他最後說："歡迎你到中國來，親眼看一看中國，我們可以開懷暢談。"

就這樣，西園寺公一戰後首次訪問中國的事就定了下來。從此，他視廖承志為摯友，對廖公無話不談。於是，促進日中邦交正常化，成為廖公和西園寺公一生命中的重要旋律。

按時間順序，西園寺公一是1952年底到中國的，算是第三批日本客人。但是，從50年代至70年代，為爭取中日邦交正常化的20年間的風風雨雨中，從他所發揮的作用來說，正如周恩來形象地稱呼和評價的那樣：不愧是"民間大使"。
這當然是後話。

　　據西園寺公一先生回憶，他1952年底到中國，為日中友
好做的第一件事，就是協助高良富等日方朋友，與中國方面
洽談日本戰敗時在混亂中留下來的日本僑民回國的問題。

　　日本發動侵略中國戰爭的惡果之一，是大批日本僑民流
落在中國，日僑和他們在日本的家屬海天一方，妻離子散，
萬分痛苦。中國政府和人民對這些日僑的處境十分同情和關
懷。1950年新中國紅十字會成立後，立即着手研究這個問
題，並同日本紅十字會保持接觸。

　　1953年2月，中國政府委託中國紅十字會邀請日本紅十
字會、日中友好協會和日本和平聯絡會三個團體的代表來北
京會談，廖承志參加了會談全過程，經過多次商討，就協助
日僑回國達成了協議。日本紅十字會這時便提出準備邀請我
紅十字會代表訪日，廖承志代表中方當即接受。此後兩年中
間，中國紅十字會在有關方面的支持與配合下，協助兩萬六
千多名日僑和四百多名被特赦的日本戰犯返回自己的故鄉。

　　中國方面友好的舉動，在日本人民中產生了極大震撼，
掀起了一場推動中國紅十字會代表團訪問日本的運動。在此
運動推動下，日本紅十字會一再發出正式邀請，日本參眾兩
院相繼通過了邀請決議。這是中國紅十字會代表團1954年金
秋訪問日本的歷史背景。

　　1954年10月30日，日本東京，羽田機場。下午近6時，
四百多人圍聚在候機大廳裡。人群裡舉着一條橫幅"歡迎中
國紅十字會訪日代表團"。身揹照相機、手拿錄音機的記
者，在歡迎人群中來回穿行，手中的話筒一會兒伸向這位知
名先生，一會兒轉向那位活躍女士，顯得十分忙碌。這畢竟

是中華人民共和國成立後，中國出訪日本的第一個代表團。儘管是以民間團體的面貌出現，可代表團的團長是中國知名人士馮玉祥的夫人、中國紅十字會會長李德全女士、副團長廖承志——中國重要政府官員之一，這不能不引起新聞界極大的關注。

一個高挑身材，面容英俊的年輕人，不聲不響地站在人群中，他兩眼緊盯着外面的停機坪，心已經飛回天津那座難忘的小樓，想起那個難忘的不眠之夜，廖公與自己的那次推心置腹的交談，那次徹底改變了自己人生道路的交談！

1953年6月，申請歸國的旅日華僑，經過殊死鬥爭，終於登上從日本出發去天津接日本僑民歸國的“新安丸”號，踏上回歸祖國的路程。東京華僑總會負責實際工作的副會長陳琨旺先生隨船同行。

“陳琨旺先生，”歡迎宴會上，坐在他身邊的趙安博輕聲叮囑：“你快吃，三十分鐘後，到外面去，有人接你，不要回來了。”

陳琨旺心裡有點緊張，但依然照着辦了。

果然有人帶路，上車，下車，一幢紅磚牆的別墅洋房，一個很大的會客廳，一位身體略胖，穿着短袖衫，臉帶笑容的中年人，見自己進來，“哎呀”一聲，快步過來緊緊拉着他的手，說的話，又急又快：“小孩，你可來了，真讓我們擔心死了！”那神情，真像父親見到生離死別的孩子。

旁邊一位女士恐怕看出了陳琨旺臉上的困惑，笑着介紹說：“這位您不認識吧？他就是廖公。”

“廖公！？”陳琨旺簡直太意外了，臉上流露出欣喜若狂的激情：他早知道廖公的名字，知道他是華僑最親的人，渴望早日見面，誰知船一到天津，就被告知廖承志不在，心裡直懊惱自己與廖公無緣，壓根兒沒想到廖公會在這裡見他。

　　再說，如果光從裝束上看，面前的廖公也不像天津街頭見到的中國人，更像僑居國外的華僑。所以他根本沒往廖公身上想。

　　"與日方的事都已安排妥，由別人去辦，說我不在天津，我們才有時間坐下來好好談談，對不？"

　　廖承志讓陳琨旺坐下，兩隻大手始終握着他的手，兩眼充滿關切的神情：

　　"小孩，你們鬥爭得眞勇敢，就是太冒失，太隨便！我眞擔心你們若被抓起來怎麼辦？"

　　"廖公您都知道？"陳琨旺聲音有些發顫。

　　"知道，知道，我天天看日本報紙，聽日本廣播，你們把火車站佔領了，把火車也攔截了，報紙上天天通緝你們，我們怎麼不着急？我們眞擔心你們鬥爭失敗，如果鬥爭失敗，我們在國內沒有辦法幫忙啊！兩個國家沒有外交關係，我們紅十字會，頂多打打電話，提提抗議，要求日本政府釋放你們，他們還不是可聽可不聽嘛……"

　　聽着廖公的批評，這種愛心比責備更濃更深的批評，猶如一陣陣暖流向陳琨旺心頭沖來，已經多年不知道流淚是啥滋味的五尺漢子，竟眞像孩子一樣淚如雨下。是的，陳琨旺第一次眞正體會到，新中國是華僑的母親，因爲只有母親才會對海外遊子，有這份關切，這份惦念，這份厚愛，這份深情！

　　他突然意識到，時間珍貴，不能錯過這次向親人傾訴的機會，急忙抹掉眼淚，急匆匆地講述了這次鬥爭的經過。確實有些風險，但華僑佔着理，心又齊，不僅在日本老百姓那裡得到同情，在日本國會裡也得到同情。另外，因爲自己在大學是學法律的，知道怎樣利用法律的邊緣部分，進行合法鬥爭，往往反被警方同情：他是守法的，他是願意協助政府辦好這件事的。所以這次回國，還是日本有關方面提名，希望東京華僑總會派他隨船同行，幫助做工作的。

廖承志聽得很專心，臉色也漸漸平靜下來，待陳琨旺講完，他仍然堅持自己的看法：

"小孩呀，不管怎麼說，你們在日本採取這樣的鬥爭方式：佔領車站，像罷工一樣，也還是太冒失了，這是頭一回，也只能是最後一回，你們以後再也不要這樣搞了，好嗎？"

與其說是商量，不如說是命令，與其說是命令，不如說是深情，陳琨旺心暖口服，頻頻點頭。

此刻，他從口袋裡掏出一疊紙，雙手鄭重地遞交給廖公，說："這是隨船回來的全部華僑名單，為了國內接待和使用方便，我們把回來的華僑按地區、年齡、專長進行了分類，提供國內使用時參考……"

"這很好！這很好！"廖承志喜形於色地誇讚道："小孩，你們連這個都想到了，真是不簡單，真是不簡單！"

看來廖承志是真喜歡面前這個小孩，他一伸手又把陳琨旺頭髮揉成亂草窩。

陳琨旺真像個受寵若驚的孩子，臉上興奮得發紅發燒，嘴裡喃喃地說：

"這是應該的嘛，周總理不是號召海外華僑回國參加建設嘛，我們做這點組織工作還不是應該盡的力嘛。"

"小孩，告訴我，你們的組織是什麼組織，你們平常學習什麼？"

陳琨旺一一詳細匯報。

"好啊，"廖承志笑着站起身，從櫥裡拿出一瓶外國

315

酒：“聽說你愛喝威士忌，國內沒有，我讓他們想法找來一瓶洋酒，來，我們乾杯，還是隨便喝？”

“廖公，我不行了，太累了。”是的，陳琨旺說的是實話。東京華僑總會只有十個人，就為這次組織旅日華僑歸國，為了把幾百個人的情況搞清楚，他已經熬了多少通宵，人是睏極了，雖說只有29歲，可已經感到心力交瘁。

說實話，他也到了該成家的年齡，他本已經定下目標，回日本後，重新按自己專長找份工作，當律師，慢慢開間律師事務所，有地位，收入高，過上安定舒心的日子。

廖公自己抿了一小口酒，很動情地說：

“是啊，你第一次回國，本該讓你好好休息，到處走走、看看。可是……

於是，廖公開始侃侃而談。

陳琨旺聽得入了迷，原來在日本感到搞華僑總會工作時，總覺得各種問題，像一團找不到頭緒的亂麻，心裡總是沒着沒落的。廖公一席話，像把神奇的魔梳，亂麻一綹綹梳成了整齊的辮子，既整齊又清亮。華僑總會的工作主要是搞好華僑內部的團結，維護華僑的利益。要學會團結大多數，善於團結大多數，只有這樣，我們華僑總會才可能有力量，有威信，為中日兩國人民友好和兩國關係正常化發揮積極作用。……

夏天，天亮得早，窗外傳來鳥鳴，天邊已經泛白。

毫無倦意的陳琨旺，此刻只恨天亮太早，他彷彿還有一肚子話想和廖公講，他又多希望再聽廖公說上半天，他知道此一別，不知何日才有機會與廖公見面。

但是，有一條他是知道的：當他開始集中全部注意力聽廖公的指示；當他一條一條把廖公叮囑刻進自己腦海中；當他點頭承諾了廖公的"拜託，拜託！"時，他已經對自己下了命令：

"好了，鐵板釘釘，一輩子爲華僑服務！"

二

日曆再往前翻十年，在1954年10月30日，當客機開始在羽田機場降落時，飛機上乘坐的中國紅十字會代表團的成員——尤其是年輕人，彷彿是第一次奔赴戰場，心跳加速，面色發白，強作鎮定，神情很不自然。

這畢竟是新中國到日本的第一個代表團。

大家都清楚記得，離開北京的頭一天上午11點，周恩來總理在中南海接見了赴日代表團全體同志，周總理詳細交代出訪任務：

"這是戰後我國派往日本的第一個民間代表團，主要任務是促進中日兩國發展友好關係，向日方說明我國願意和日本和平共處的和平政策和友好態度，商談繼續協助日僑回國，對於旅日華僑，要鼓勵他們熱愛祖國，增強團結互助，同時也要尊重日本的風俗習慣和法令，不參與當地的政治糾紛。"最後又強調說：

"李大姐你帶的這個團啊，只要到東京就是勝利。小廖，你要輔佐李大姐，一定要把這個團領導好，把中日友好的工作做好，也一定要提高警惕，注意安全。把第一次出訪日本的任務圓滿完成。"

大家知道不是總理杞人憂天，當時的國際形勢的確嚴峻。中國紅十字會代表團應日本民間三團體邀請將赴日訪問的消息一傳開，美國反對，台灣反對，日本右派也反對，與中國沒有外交關係的日本政府，能不能對代表團安全負責？
還是個未知數。

另外，還有情報傳來：只要廖承志踏上日本國土，台灣
立即派刺客前往，格殺勿論。

被當做"格殺勿論"對象的廖承志，似乎並不介意自己
的安全，代表團出發前的一天，他西裝整齊地把全團同志集
合起來，態度認真地說：

"幹什麼？今天我不幹別的，只請諸位穿上各自準備好
的出國'行頭'，我們來預演一下。"

代表團裡最年輕的一位，就是從大學挑來的王效賢。她
接到出國的通知，心裡別提多激動，想想自己的主要任務，
是為團長李德全當翻譯，應該衣着嚴肅、莊重，所以準備出
國服裝時，特意做了兩套藍色的列寧裝。此刻，她充滿信心
地穿起一套，第一個走到廖公面前。

"這就是你做的出國服？"廖公瞪大眼睛，不無驚訝地
問。

"是的。"姑娘點點頭。

廖公撅起嘴，腦袋晃得像隻撥浪鼓，語調毫不客氣：

"女兒，這套衣服，留着進棺材穿吧！你趕快去重做，
挑兩塊碎花軟緞，一塊紅，一塊綠，量體做兩套可身的旗袍
再來見我！"

果然，出國後，戴着金絲邊眼鏡、一襲黑色軟緞旗袍、
臉上總浮着溫和微笑的團長李德全大姐在前；身材苗條，面
容清秀，穿一身大紅碎花旗袍的王效賢隨後。一位雍容華
貴、沉穩安詳；一位青春撲面、美麗俊秀，無論出現在群眾
集會上，開座談會，還是參觀學校、醫院，出席早餐會、午
餐會、茶會、晚宴，都緊緊吸引住在場的日本朋友和聽眾的
視線，給日本朋友留下了"新中國婦女是真善美化身"的深

刻印象。報上連篇累牘的反共宣傳不攻自破。

50年代，中國尚沒有去日本的直航飛機，中國代表團必須經香港繞道去日本。

在香港，廖公還一招一式地敎全團同志學吃西餐，怎麼拿刀，怎麼拿叉。爲的是去日本後，客隨主便，吃西餐時，不至於出洋相。

「不要把吃飯看成是小事，這裡可有個外交禮儀問題，我們是新中國的代表，處處要注意禮節，不要出洋相！」

代表團走下飛機，衆多記者蜂擁而上，熒光燈閃成一片，長長的黑家伙一直戳到團長、副團長的嘴邊。

李德全團長莊重平穩地說：

「爲促進亞洲和平作出努力是當務之急，兩國要友好，雙方都要做現實的努力。……」

廖承志雙手疊放在略微隆起的小腹部，態度自然瀟灑，湊近麥克風，以流利地道的江戶口音，用日語大聲回答記者有關初訪日本的感受：

「中國的大文豪魯迅先生說過：『世上本沒有路，走的人多了，也便成了路。』只要我們走下去，自然就會開出條中日友好的大道。』我感謝島津先生去年爲中日友好開出的道路，今天我們受到各位熱烈歡迎，我願意爲進一步擴大中日友好而努力！」

不知是爲他純正的日語，還是精彩的回答內容，掌聲、喝彩聲頓時響成一片！機場外面，隱約傳來反華反共的口號聲，看來日本政府出動警察還是阻攔了右翼反華勢力靠近中國代表團。

代表團從東京到京都，每天都像打仗：六點半起牀，便開始早餐會、座談會。午餐會、茶會，與歸國日僑見面，與

319

華僑代表座談。

李德全團長特別喜愛孩子，她去參觀學校、幼兒園。廖承志除了排得滿滿的接見，談話，還安排了許多尋找、會見老同學、老鄰居、老朋友的活動，恨不得一天二十四小時不睡覺！

神戶的華僑總會特意派人趕到京都：

祖國第一次派親人到日本，神戶華僑總會已經準備開華僑大會熱烈歡迎，能否請廖公光臨？

可是京都華僑朋友得到消息：台灣的一些破壞分子，可能在路上伏擊廖公的汽車，爲了安全，請廖公還是不要去。

廖承志卻笑呵呵地連聲說："那麼多朋友等我，去，當然得去。"說着就去上汽車。

翻譯吳學文立即搶着坐在汽車左邊，因爲他聽華僑朋友介紹，一般行刺的子彈都是從左邊射來。

汽車飛馳，車內，吳學文瞪大眼睛，精神高度緊張地注視着前方，手心都沁出冷汗。他沒注意廖公啥時不說話的，只是突然聽見身邊響起一陣均勻的鼾聲，他轉頭一看，老天，廖公雙手疊放在隆起的肚子上，歪着頭，閉着眼，呼嚕打得高一聲，低一聲，睡得好香，好沉！

吳學文不出聲地笑了，也怪，廖公的鼾聲比鎮靜劑還靈，剛才一直怦怦亂跳的心臟，此刻像大家閨秀出門，穩穩當當。

在日本停留的十三天裡，代表團訪問了東京、名古屋、京都、大阪、神戶、橫濱六大城市，還在藤澤市參加了聶耳紀念碑揭幕式，遊覽了旅遊勝地箱根。所到之處，日本朋友、愛國華僑自動組織起來的"保護層"，一起追隨。

往往夜深人靜，緊張活動一天的代表團，在旅館裡已經沉沉入睡，這時，在旅館附近的華僑和日本朋友便燃起篝火，不斷喝着濃茶，輕聲唱着《東京—北京》、《和平之歌》，竭力驅趕着疲勞，徹夜守護⋯⋯

參加各地歡迎集會的群衆有七萬多人，沿途和夾道歡迎的群衆不下數十萬人，在東京，代表團住的旅館門前，歡迎的人群始終不斷。代表團乘坐火車自東京去名古屋時，沿途的車站及原野上都有人打着中國國旗、日本國旗和紅十字會旗致意。東京一地就有九十多個團體要求與代表團座談或會見。

日本全國各地給代表團發來的賀電、賀信和其他信件近4000封。來信內容熱情、懇切，有的對日本軍國主義侵華戰爭給中國造成的損害表示歉意，有的希望加強中日經濟和文化交流，還有人要求兩國人民自由來往。送給代表團的禮品重達十餘噸，其中有在街頭徵求行人每人縫一針而製作的千人針和平鴿和集體簽名的紅旗，還有紀念章、醫療器械、書籍、影片、食品等。

東京一個女學生發起了歡迎李德全贈送兩萬隻紙鶴運動，每隻紙鶴裡都寫有和平、友好的詞句。東京特地舉行了送禮的儀式，有70多個團體200多人參加。日本著名學者、和平人士柳田謙十郎對中國代表團團長李德全、副團長廖承志說：

"日本人民如此盛大地歡迎外賓還是頭一次。"

有人稱這次中國紅十字會代表團出訪日本，是一次全方位深層次的大交往，此話並無誇張之處。

日本天皇的弟弟三笠宮和弟媳高松宮妃以日本紅十字會名譽副總裁的身份會見了代表團。

日本內閣厚生相草葉隆園會見代表團時說："中日兩國應該互相來往。"他希望中國方面同日本政府多打交道。

國務大臣安藤正純在衆議院議長堤康次郎的招待會上

321

說：“我覺得只有中日兩國之間友好，才能保證亞洲的和平。”這是新中國代表與日本政府官員的首次接觸。

日本各黨派、團體領導人都與代表團就國際形勢和兩國關係交換了看法。

日本國際貿易促進協會副會長田島正雄在大阪經濟界歡迎會上說：“促進日中兩國的貿易關係是日本現在最大多數人一致的輿論。”

文化界著名學者和大學校長會見代表團時都表達了對中國友好的情誼，指出中日恢復正常關係對東方與世界和平的重要性。

佛教界曾爲搜集和送還我國在日殉難烈士遺骨盡了很大努力，這次以大谷瑩潤先生爲首的慰靈實行委員會又在東京邀請中國代表團參加了中國殉難烈士聯合慰靈祭。

日本新聞界爲中國紅十字會代表團的訪日舉行了13次記者招待會，通過電台及電視台進行了轉播。幾乎代表團所有活動都以頭版頭條報道。

當時在日華僑有四萬多人，絕大多數熱愛祖國。他們在東京、神戶、大阪等地都組織了大規模的歡迎會，代表團在各種場合反復向華僑說明周總理關於華僑要遵守所在國法令、不參與當地政治糾紛等指示精神，不僅教育了華僑，也受到日本方面歡迎。

熱情的東道主日本紅十字會，在島津忠承會長領導下爲代表團做了周到的安排。

參與協助日僑回國事務的日中友好協會和日本和平聯絡會的朋友們更是日夜操勞。

以西園寺公一先生爲代表的訪問過我國的著名人士，熱情參加歡迎活動，給予代表團很多幫助。

這次訪問突出體現了中日兩國人民要求友好相處的共同

願望，揭開了中日關係史上新的一頁。從此，中國各界代表團陸續訪問日本，更多的日本各界代表團訪問中國，從民間到官方，逐步增加共識，終於取得突破，在1972年實現了中日關係正常化。

三

廖承志似乎壓根兒不記得自己的官階、身份。

一到東京，凡是要求接見的日本人，也不問其身爲何職，是官，是商，是民，通通是來者不拒。白天日程滿了？晚上嘛！晚上也滿了？早晨一塊喝醬湯，西餐我不欣賞，日本的醬湯讓我想了好多年了！怎麼，在外地？去，當然去！……

總之，24小時，只要睜開眼，沒躺在牀上，廖承志都能見來訪客人。

日本一位女作家有吉佐和子，很有名氣，很有才氣，也難免有點狂氣。

有回訪問中國，在對外友協舉辦的歡迎酒會上，面對衆多中國著名作家、翻譯家，她舉杯致詞時，藉着幾分醉意，對着麥克風說：

"我用日文講，這裡只有廖先生有水平給我翻成中文。"

廖承志頑皮地眨眨眼睛，兩手一攤反問道：

"那我不就成翻譯了嗎？"

滿堂皆歡時，他已經大步走到女作家旁邊了。

現任早稻田大學教授的岸陽子女士，第一次到中國來時，還只是個學中文的大學生，年輕沒經驗，宴會上，連乾兩杯茅台酒，天暈地轉。廖承志要讓自己的汽車送她先回飯店。

岸陽子直搖頭：" 不行，不行，我還要當翻譯呢！"

" 翻譯有我還不行？ " 廖承志口吻不像大官，而像父親。

按照許多正統人的觀念，很難理解廖承志和什麼樣觀點的人都能談得熱火朝天，像久別重逢的老朋友。

確實，廖公50年代到日本兩次，他哪像是到異國他鄉，儼然終於回到夢裡常歸的故里，抑制不住興奮和激動。

他與熱情接待的日本三團體的朋友談天說地，熱鬧極了。

這還不夠，他還拜託衆位新朋友，尋找他的老朋友。

也虧他有這麼好的記性，能報出那麼一大串名單：

有他在東京出生時，常來看父母的朋友、鄰居、奶媽；

有他幼年算得上第一個 " 戀人 " 的小女孩；

有他曉星小學的同學，哪怕是曾打過架，打得鼻靑臉腫，誓不兩立的；也有他早稻田大學的好朋友，或原不認識的，也不同班，不同屆，只要是早稻田大學的校友。

眞不可思議，他與這些二十多年沒見面的日本人重逢時會是這樣的場面：

不管是衣着普通的平民百姓，還是西裝筆挺的富賈闊佬；不管是文質彬彬的學士教授，還是大大咧咧的行武出身，廖承志用日語滔滔不絕講起過去的趣事，滿嘴東京地道的俏皮話和民諺俚語，還時不時蹦出幾個日本剛剛舶來的外來語。

講得起勁時，廖承志還會 " 騰 " 地離開座位，似是表演，又是比劃，那個開心樣子，不像成年人，不像身兼數職的官員，更不像被自由世界視爲洪水猛獸的中國共產黨的要員，而像一個童心絲毫不曾受傷，對世界、對周圍、對人類、對一切都充滿愛心的中學生。

四分之一世紀後，日中文化交流協會常任理事伊藤武雄先生還清楚記得，中國紅十字會代表團訪問日本時，他陪廖先生和記者吳學文，去看望病中的山田純三郎的情景：

廖先生在路上就介紹說，山田先生年輕時非常關心和同情中國革命，經常出入於孫文家和廖家，就如同家人一般。那時自己年紀還小，走遠路時，山田先生總把他揹在自己背上。

廖先生說這番話時，眼裡閃動着深情的目光。走近病榻，廖先生彎下身去，雙手握着老人的枯瘦的手，用純熟的日語，像久別重逢的晚輩，說了許多關心和問候之語，臨別時又說：

"爲了拜謁中山陵，您也要早日康復貴體。我和姐姐去深圳接您。"

在東京，廖承志敲開了著名導演千田是也先生的家門，像老朋友一樣熱烈擁抱了對方。不知是意外還是什麼原因，平日很開朗灑脫的大導演，面部表情有些茫然。

"千田先生，不認識我了？我是廖承志啊！"

千田是也點點頭，他接到通知，今天中國紅十字會代表團副團長廖先生要來府上看望，昨晚，他望着報紙上登着廖承志的照片仔細想過，他的確曾經結識過幾個中國朋友，那是20年代末，他在德國漢堡的時候。可是搜遍自己的記憶，其中並沒有這位身體沒到，肚子先行，圓胖胖的滿月臉上，呈現出和藹親切的笑容的廖先生。

"怎麼，記不起來了吧！"落座後，廖承志頑皮地眨巴眨巴眼睛："也難怪，你是大導演，眼前只有男女主角來來去去呀，我只是個跑龍套的，連句台詞都沒有，你怎麼能記

得呢？王炳南你一定記得：他常向我吹牛，廖公，你還不如
我行！別看在台上也只是個群眾角色，可導演到底還給我一
個張口說話的機會，嗨嗨，我有一句台詞，我扮的這個群眾
角色就比你重要啦！……"

一句話說得滿座皆歡！

千田是也先生記起來了，那是1929年漢堡舉行國際工人
大會，當時中國黃河正發大水，為號召世界各國工人階級捐
款救災，他編寫和導演了一部大型話劇，確實聘請了幾位中
國人參加演出。因為語言不通，他也沒有搞清楚那些年輕人
的名和姓。

"當年對您嚴肅的敬業精神，十分敬佩。噢，尤其是站
在台下，不斷指揮和調度台上演員時，那洪亮嚴厲的聲音，
我至今不忘！現在還是這樣大嗓門嗎？！"

"還是，還是！聲音不大，台上演員聽不見嘛！"千田
是也已經毫無拘束，爽聲答道："我們劇團的演員都習慣聽
我的大嗓門，說是一種藝術享受呢！"

分明是多年未見，甚至過去都不知道對方的名字，可一
種知音和信任的感情，在千田是也先生心中深深扎根。及至
第二年，他應廖承志邀請，第一次來到北京時，便向廖承志
祖露出自己心底的一個憂慮。

當時日本政府只與台灣有外交關係，不承認中華人民共
和國，在所有報紙和電台上，都把中國這個國家稱為"中
共"。嚴禁日本公民進入中國大陸，一旦發現去過大陸，與
"中共"有接觸的日本人，哪怕是有一定社會地位的人，也
會訴諸法律，給以警告甚至囚禁。至於一般的文化界人士，
凡是到過中國大陸，與"中共"有過來往的，那麼，你寫的
小說沒處登，你寫的劇本沒人演，你寫的新聞稿件電台不採
用，你想上台演戲嗎，沒有劇團敢要你。那時整個日本還很

窮困，文化人再受此壓力，生活無法保障。所以，50年代中葉，眞正敢於與中國交往的日本文化界人士是需要一點勇氣的。顧慮到生活，日本文化界與中國來往的人並不多。

當時，與中國大陸有密切聯繫的是日本共產黨。他們曾勇敢地組織一些文化團體去中國演出，同時畫地爲牢，作了個很死的規定：必須是信仰共產主義的人，有共產主義思想的人，才能與中國搞文化交流。

"廖先生，以我之見，日中民間交往，範圍應該廣泛一些，不一定像日本共產黨那樣，把與中國搞文化交流僅僅限於必須有共同政治信仰的小圈子裡面。在日本的實際情況不是這樣的，不是只有信仰共產主義的人才了解中國。因爲日本和中國有着悠久的文化交流歷史，我們日本文化全是從中國學習來的，所以，即使這個日本文化人沒有共產主義思想，也會因爲文化一脈相承，因而對中國有着非常親近的感情，有喜歡中國，嚮往中國的感情。現在按照日本共產黨的觀點，就沒辦法把這批文化人團結起來，……"

327

"您講得非常有道理，當然，千田君說日本文化全是從中國學習來的，這是過謙了，在源遠流長的中日文化交往中，日本古代文化確實有許多東西是由中國傳去的，但是若論你的老本行——話劇，則是從日本傳到中國的，中國著名戲劇家歐陽予倩當年在日本明治大學留學，學習日本話劇，那會兒日本稱爲新劇，組織'春柳社'，歐陽先生留學回來，才把話劇引進了中國。千田君，你是我的話劇老師，日本是中國的話劇老師，這可不是謙虛，這是事實。"

廖承志一番話說得極懇切，千田是也心裡熱乎乎的，眼睛濕潤潤的，頻頻點頭。天底下勝利者，執政者能如此虛懷若谷，實事求是者，不多也不易啊！

"你剛才講的那個問題很重要，我們搞民間外交，就是需要更多的日本人民了解中國，從而達到水到渠成，最終實現兩國關係的正常化。我們黨從小到大，最終奪得天下，有一條很重要的經驗，就是無論在什麼時期，都有最廣泛的統一戰線。抗擊日本軍國主義侵略時，離不開這一法寶，現在搞中日民間交流也離不開這一條，對不對？！"

"是呀，現在日本還沒有一個組織，能把文化人廣泛地團結起來，反正我認為目前日本與中國文化交往的現狀非常不理想，確實沒辦法團結更廣泛的文化人從事日中友好工作……"

"能不能成立一個組織？！"廖承志突發奇想。

"成立一個日中文化交流協會？！"千田是也先生的眼睛頓時一亮。

"對！千田是也先生，您在日本文化界也是很有影響的人物，我看，如果由你舉起一面日中文化交流協會的旗幟，一定能團結更多的日本文化人。"

千田是也興奮地一拍巴掌，又是點頭又是搖點，連聲說："廖先生，成立文化交流協會，是個好主意！這樣能夠團結更廣泛的日本文化界人士從事日中友好工作！"

"不過，一個組織誰當領導，誰樹大旗，這是有很大作用的！我看要使這個協會成為團結文化人的核心力量，舉旗的人應該是日本文化界第一流的名家，我自認自己不行，應是中島健藏先生，他在日本文化界，無論是學問和人品，都有極高的威望，是日本公認的第一流的、最著名的文學家，他的名字在日本文化界就是一面旗幟！"

"好！我期待着日中文化交流協會早日成立！我們歡迎日本各界更多的文化人到中國來參觀和訪問，百聞不如一見嘛，何況文化人見了，他回到日本，將中國之行的真實見聞，真切感受，用筆一寫，用嘴一說，這比我們中國人自己說千句萬句都管用得多。這是促進中日民間交往的一個重要渠道，一定要保證它的廣泛性和暢通性……"

"好，我們等着聽好消息！"

……

1956年5月，中華人民共和國成立七週年前夕。

"廖公，今天日文廣播中有這樣一個消息，以中島健藏爲會長的日中文化交流協會在東京成立。"日文收音組的日本姑娘興沖沖地走進廖承志辦公室："全部會員只有八十人。人數雖少，卻以其成員在日本的崇高威望和知名度，引起了社會關注，因爲協會成員中，包含了日本文化界許多第一流的名人，他們是日本著名文學家中島健藏、著名劇作家兼導演千田是也、著名女演員松村春子、著名作家井上靖等等。"

"中島健藏理事長在協會成立會上，明確宣佈了日中文化交流協會的宗旨：無論政府對待中國的態度是敵視還是友好，日中文化交流協會都要堅持與中國進行友好的文化交流活動。爲此，我們的協會不要政府一分錢的資助，完全用自己會員交納的會費維持協會的全部開支。"

"好，姑娘，謝謝你！"

50年代，中日沒有外交關係，無論是通信還是閱讀日本報紙都非常不方便。當過新華社社長的廖承志，做工作一向重視了解和掌握第一手資料，中央讓他負責對日工作之後，便在華僑事務委員會裡成立了一個日語廣播收聽小組，找來了幾位精通日語的日本姑娘和歸國華僑，每天24小時，輪流值班，機器不停，日夜收聽日本廣播，並及時抄錄送他，遇到重要的內容，立即報送黨中央。所以，連日本朋友也吃驚，往往日本昨天剛發生的事情，他們來中國了一點不知道，廖承志今天接見，卻說得清清楚楚，瞭如指掌，彷彿親眼目睹一般。

廖承志滿臉春風抓起電話：“我是廖承志，馬上起草一份賀電，日中文化交流協會成立了，中島健藏先生不愧是日本著名文學家，日本第一流的社會活動家，他是我們中國人民的眞正朋友，爲了堅持日中友好，他們表示絕不會接受日本官方一分錢的資助，我們應該盡力支持他們協會的工作，對他們組團來華的要求，我們儘量給以安排，讓日本文化人多來中國看看，這對民間外交的開展會有很大促進作用！對不對！？”

於是，日本著名演員率團訪華，日本文化人代表團、日本考古代表團、日本物理學家代表團，一個接一個地走進中國的大門。

最多時，一年內僅日中文化交流協會組織的就有三十多個各種類型的文化代表團訪問中國，新中國的眞實面貌，中國人民的精神狀態，各地名勝古跡的魅力，被來到中國的日本文人變成優美動人的文字，精彩紛呈的圖畫，婀娜多姿的舞蹈語彙帶回日本。

而中國方面，則不斷派出中國的農業代表團、中國貿易代表團、中國科學院代表團、中國青年代表團、中國歌舞團訪問日本，中日民間交流頻繁開展，不斷出現高潮。

比較開明的日本鳩山內閣，在1956年與蘇聯恢復了外交關係，所有熱心日中友好的日本朋友，都熱切期待着：日本軍國主義投降已經11年了，旣然現在與蘇聯恢復了外交關係，那麼下一個，就應該很快地與中國建立外交關係……

1956年12月，鳩山內閣倒台以後，石橋內閣誕生，不幸執政兩個多月，就被岸信介所取代。岸信介與台灣過往甚密。他曾親筆寫信給蔣介石：重申“不承認中共”云云。

1958年4月3日，日中友協長崎支部在長崎百貨公司“浜

屋 "舉辦的" 中國郵票剪紙展覽會 "開幕，會場上懸掛着五星紅旗。國民黨駐長崎總領事提出抗議，主辦單位未予理睬。5月2日，兩名暴徒衝進會場把中國國旗撕毀了。造成了侮辱中國尊嚴的政治事件，激起了中國人民和日本友好人士的極大憤慨！

長崎國旗事件發生後，作為日本國首相的岸信介，首先應該公開道歉，可是岸信介不僅不道歉，還公然發表講話，態度非常無理，他說：" 那個（指五星紅旗）根本不是國旗，那是一塊布，把它撕下來，沒什麼關係。"

5月11日，陳毅副總理兼外長發表聲明，提出嚴重抗議，並宣佈採取相應措施：

廢除簽字不久的中日鋼鐵貿易協定；不再延長為期一年漁業協定；原定由許廣平率領的中國婦女代表團延期訪日；取消北京市準備派出的和平代表團；正在日本訪問的中國歌舞團的停止演出，提前回國。不久中國方面又提出了" 政治三原則 "和" 貿易三原則 "，態度鮮明、立場嚴正……

無論是成立八年多的日中友好協會，還是剛滿" 兩歲 "的日中文化交流協會和日本各行各業與中國有交往的日本朋友們，對岸信介的野蠻態度十分氣憤，對已經受到損害的日中友好交往感到痛心，焦慮和擔心兩國交往由熱轉冷的局面會長期持續下去……

正在這時，他們很快接到中方的通知，對於日本方面純民間的訪問，中國依然歡迎和接待。

就在長崎國旗事件發生的1958年當年，僅日中文化交流協會就組織了16個代表團訪問中國，其中包括由60人組成規模龐大的花柳德兵衛舞蹈團。

那時，日中文化交流協會會員不多，經費奇缺，會長片山哲、理事長中島健藏都是義務工作，事務局的白土吾夫、佐藤純子等5名工作人員，連續三年沒有拿到一分錢薪水。
白土先生靠夫人工作以維持生活，而佐藤女士則住在上大學
的弟弟那裡，靠家中供給弟弟的一點生活費，勉強維持着溫
飽。他們都沒有感到痛苦，相反十分愉快。爲什麼？

中島健藏先生曾在日中文化交流協會事務局多次說過：

現在我們吃點苦，以後我們的協會一定會一年一年地好
起來！因爲中國是一個偉大的國家，與中國交往，前途是很
光明的、燦爛的！再一個，中國有廖承志先生主管中日關
係，這些年來，不誇張地說，接觸廖的每一個日本人都喜歡
他，他那麼了解日本的文化，更明白日中文化交流的重要
性，在日本政府這樣反對中國的今天，他還邀請那麼多日本
文化界人士去中國訪問，使得日中民間交流不斷線，眞是有
眼光，有遠見！我想，我們組織去中國訪問的文化界人士越
多，愛中國的日本人就越多，我們的協會就能不斷發展，會
員就能不斷增多，即便我不能，我相信你們年輕人，也一定
能看到日中邦交正常化的那一天的！

37年過去了，當年僅有80人的日中文化交流協會，如今
已經發展到八千多人，當年二十多歲的白土吾夫、佐藤純子
現在都已經兩鬢染霜。爲了促進日中文化交流，他們都曾先
後來中國七八十次，至今依然銘記着中島健藏先生的叮囑，
不忘廖承志的期望，爲日中文化交流事業，又培養起一批年
輕人，並與他們一起滿腔熱忱地勤勉工作、工作、再工作！

在日中友好協會工作的宮崎世民先生，與廖承志情同手
足，世代交往。當年廖仲愷在日本時，就與宮崎世民的父親
宮崎民藏和叔父宮崎寅藏是摯友。廖仲愷當年爲宮崎民藏寫
的橫幅“風雨雞鳴”，一直懸掛在宮崎世民的書齋裡。

當年孫中山東渡日本，廖仲愷介紹他認識了宮崎民藏，
並在熊本縣荒尾鎭的宮崎家中住了十多天。宮崎當時是專門

從事 " 土地分權運動 " 的研究者，他認爲土地本來和空氣、水一樣，應分給大家，不應由少數人霸佔。這與孫中山當時所提倡的三民主義學說，有許多相通之處，故而兩人相見恨晚，也成爲志同道合的好朋友。

到了廖承志和宮崎世民這一代，兩家的關係更親密了。廖公每次到日本，都要登門看望宮崎世民。宮崎世民則從1953年起，前後訪問中國達21次之多，每次來到北京，也都像走親戚一樣去看望廖公和他的姐姐廖夢醒。

1963年，宮崎世民擔任了日中友好協會理事長。與廖公在工作上的聯繫和交往就更多了。廖公去世後，宮崎世民在回憶文章中曾深情地寫道：

" 如談論中日友好關係的發展，離開廖公是無法談的。我在從事日中友好工作的活動中，如果沒有廖公的支持，一切工作成效都將無從談起。因爲他能用日本人的思維方法來理解日本人的觀點，熟知日本的表裡。正因爲他深知日中友好的重要性，他始終爲改善日中關係傾注了很大的熱情和心血。因而廖公的逝世不僅對中國，而且對日本也是一個巨大的損失，令人不勝痛惜！但他將永遠活在日本人民心中。 "

他們至今記得，堅持民間往來不斷線，朋友多多益善的廖承志先生，即便對於反華言論明顯，對中國不友好的日本當政者，他也並不採取拒之千里，避若瘟神的態度。

廖承志在國內會見日本客人村田省藏時，聽他說起：日本首相吉田茂喜歡中國的文房四寶。（此君與吉田茂交往密切）會見後，廖公便託伊集院虎一帶給吉田茂一塊硯台。禮物雖輕，含義不淺。

不僅廖承志自己如此 " 貪婪 " 地交朋友，出訪日本時，他也天天 " 趕 " 着代表團裡的同志 " 出去活動，出去活動！ "

他要求大家看望老朋友，結交新朋友，獃在家裡叫 " 偷懶 "，要受罰，要捱批評。

當然他也不是 " 放羊 "，每天晚上回來都要聽取白天交朋友情況的匯報，談了什麼，怎麼談的，他會很明白地給你指出成績是什麼，哪句話說得不妥當，應該怎樣說更準確。無論是翻譯還是代表團成員，都覺得越幹越有味，每天都受益匪淺。

因爲在廖公手下幹工作，可以放心放手，廖公從來是有錯自己承擔，決不諉過下級，也從不因爲下面某個同志做錯過一件事，便有成見，另眼相看。

在國外，他有時也會幹些出格破例的事。

那是1957，廖承志第二次輔佐李德全大姐重訪日本。林麗韞隨團當翻譯。

在東京，有天早晨，廖承志笑瞇瞇地非常得意，他對林麗韞做了個鬼臉，悄聲說： " 女兒，你猜我昨晚上哪去了？ "

等不得對方猜，他急不可待地道來： " 我去逛書店了，回來的時候，在飯店門口的小攤攤上，站着吃了一碗麵條，哇，麵條可好吃了。哎，今晚我們再一道去嚐嚐，好不好？ "

林麗韞順從地點點頭，突然又大吃一驚地反問： " 廖公，你自己一個人去外頭？萬一…… "

" 噓！ " 廖承志在脣邊豎起一個指頭： " 女兒，乖，保密！ "

其實，他自己向代表團其他同志，也誇過攤頭麵條好味道，只不過幾乎沒人對街邊小吃感興趣，和者甚寡罷了。

那次，代表團在神戶市活動一天，李大姐、廖公帶着林麗韞來到關帝廟，參加華僑舉行的歡迎大會。林麗韞見到自己的父親，忍不住撲在老人懷裡嗚嗚哭出聲。

是的，她已經回國五年了，走時父母兄妹一家人送到碼頭，可這次回來，媽媽已經病逝兩年，母女再無緣相見了。

大會結束後，廖承志把林麗韞叫到一邊：

"小林，你回家吧，跟你爸爸回家吧。"

林麗韞一下被驚獃了：

回家，這怎麼可能？是呀，一是有紀律，二是有任務，這第三，代表團晚上還要趕到大阪市住宿。

"回家去吧，小林，"廖承志臉上的表情很眞誠："你回家去給你母親燒一炷香，祝她老人家冥福。"

淚如泉湧，林麗韞仍然搖頭，聲音發顫，語無倫次："紀律……不能單獨行動……我有任務……李大姐聽不懂……從中國來……怎麼能燒香？"

"好了！"廖公拍拍林麗韞肩膀，打斷了她夢囈般的喃喃自語，果斷地說：

"今天算我放你一天假，你要明白，這是你母親去世以後，你第一次到日本，媽媽是你走了以後去世的，你也沒有給她送終，這次到了日本，你連媽媽靈前都不去燒一炷香，這說不過去嘛。"

"你如果不回去就體現不了黨的政策，你應該回去。否則人家會覺得共產黨沒有人情味。入鄉隨俗！回去燒炷香，祝老人家冥福。工作沒關係，我請華僑總會派個人，已經商量好了。"

父親、兄嫂和那麼多同學喜出望外地簇擁着林麗韞走了。僅僅一小時後，父親就把女兒送回來了。

然而，新中國、共產黨敬老通情，極富人情味的美談，深深留在了日本廣大華僑的心裡。

335

　　1962年，人民大會堂。日中文化交流協會的白土吾夫先生沿高高台階下來，正四處張望，尋找自己乘坐的車子。

　　一輛黑色吉姆車在他面前戛然而止，廖公在裡面招手：

　　"小孩，快上車。"

　　白土上車後，發現車子行駛的方向不對，連忙說："廖桑，我住的賓館在那邊！"

　　"沒錯，我是帶你到我家喝酒去。"

　　"可是我沒告訴陪同……"

　　"不要管那麼多。"

　　幾碟家常菜，兩人對盞，邊吃邊聊，從政界、財界到民間，從朋友、武俠到最愛吃的生魚片，廖承志問得自然，問得仔細：

　　白土吾夫交際也廣，又有美酒助興，談得又多又生動。

　　叮叮叮，電話陡然響起，秘書進來報告："友協報告，白土吾夫先生不見了。"

　　廖承志抬腕看看錶，撅起嘴，搖着頭彷彿很不滿意，說："兩個小時過去了才報告，太晚了，太晚了。"

　　話音剛落，自己也忍不住開懷放聲，與白土吾夫笑作一團。

　　也怪，偏偏是這些看起來不大符合外交常規的事，使廖公像一塊巨大的磁石，吸引了越來越多的日本朝野人士，如雲如潮，紛至沓來。

　　翻翻建國以來的報紙，數數廖承志公開接待最多的外賓，就算來自一衣帶水鄰邦的日本朋友，無論是談貿易的，進行文化交流的，還是肩負為政府傳話遞信使命的，都把廖承志當成北京的"臉面"。

　　除去"文革"他無權工作的四年半歲月，他總是和日本客人無事不能商量，無難不伸手幫忙。

他曾明確直率地對日本朋友說，到了北京，凡是要辦的事不知道找哪個部門時，就去找中日友協。

是啊，日本朋友看得分明：他是中日友好協會的終身會長，他是周恩來總理的得力助手，每當毛澤東主席接見日本朋友，都有他陪同，所有的日中談判都有他參加，無論多麼困難的事，他也能像周總理那樣，找來有關各部委的精兵強將，群策群力，總能想出法子，樂呵呵地克服一個又一個的困難。

世上萬事萬物，彷彿在失去時更覺得無比珍貴。

時至1983年，廖公突然逝世，消息傳至日本，中國大使館設置的廖承志靈堂內，鮮花花圈一個接着一個，從使館內延伸至大街上。

日中文化交流協會主辦的刊物，眞實記錄下廖承志在日本朋友心中的地位。

「廖先生的去世，是世界的一大悲哀。日本與中國之間的文化交流也失去了一大支柱。」

「人們常常使用‘日本通’這一名詞。我認爲，只有廖承志先生才眞正稱得上日本的知己。」

「回首廖先生的一生，無論哪個時期都伴隨着逆境和苦難，但無論是何種困境，對於廖先生來說，不就形如吹過身邊的一陣風嗎？如果不是這樣的話，他那種無憂無慮的英姿就令人難以想像了。廖先生確實是一位意志堅強的人。我認爲像他這樣超越時空，從容不迫走完自己的人生，這樣的人恐怕世界上也是少見。」

「我認爲，在偉人的人格中一定有少年的影子，從廖先生那偉岸的人品中，我證實了我的這一想法是對的。」

「廖先生絕不會違背原則，但他很能隨機應變，充滿了幽默和機智，無憂無慮，我很喜歡這種性格。"

"廖先生是個國際性人物，他心胸寬廣，凡事都待人親切，而且充滿詼諧，正因爲他是這樣一個人，因而才博得了人們的愛戴。"

"失去廖，是失去日中友好最現實的架橋者之一……他爲祖國竭盡了全力，卻又從不墨守陳規。"

"他什麼都知曉，爲人豪爽，辦事細緻，眞是一位風趣的人……永遠見不到了，一想到這裡，我就感到一陣淒涼。"

"廖內心對中國和日本都懷有深厚的愛意，他的笑容很美，所流露出的對日本文學的熱情深深地打動了很多日本人，將很多日本文學家吸引到了他的身邊。"

"廖的確是‘日本通’，因爲他很了解日本人的長處和短處。"

"廖了解日本人的優點和缺點，他心直口快，對日本人的優點讚不絕口，對缺點也毫不留情，他是我們的朋友，即使有時意見相悖，但也從不妨礙彼此友好交往。"

"無以倫比，無論是他那偉岸的風度，還是他的內心世界（友情、思想、政策、作風）……我們對他的感情，可以說達到‘敬愛’。"

"廖先生講話，從不自傲，從不謙卑，總是目不轉睛地盯着對方，心平氣和，自由自在。從他那滿面笑容和講話的技巧中，我們可以一窺他的人品。"

"對於作家來說，我們感到廖先生是新中國心靈的窗口，我們始終認爲廖是理解我們的。"

"如果說了解便是親愛的最高境地，那麼廖就是我們日本人最大的朋友。"

……

這裡沒有"奉命文學"的成分，這只是千千萬萬個與廖公接觸過的日本朋友中的幾位，每一段動情、凝煉的結論裡面，都包含着幾個、十幾個仍至成百上千個感人肺腑、催人淚下的往事。

只恨情意無邊，文字有限，眞希望日本朋友也寫一本《廖承志傳》，把散落在多少日本朋友心底的，由廖公魅力凝結成的晶瑩剔透的珍珠，穿成一串人間最珍貴的友誼的花環，獻給世界和平年。

四

中日邦交正常化，整整經過二十多年的努力。

難道廖承志就這樣說說笑笑，吃吃喝喝？

當然不是。二十多年裡，中日關係冷冷熱熱，幾起幾落，周周折折，其間的坎坷和波折，少不了辯論、爭吵。

要弄清這個過程，請你讀一讀孫平化同志所著《中日友好隨想錄》。雖然作者謙稱"隨想"，但此書日文版已由日本《講談社》出版銷售，並且已被日本兩家圖書館協會列爲永久收藏書籍，受到研究日中關係學者的重視。

筆者努力追尋的則是廖承志的足跡。

從1958年開始，年年不止一次到中國，至今訪華次數接近130次的白土吾夫先生，在向筆者談起爭吵之事時說：

"怎麼會沒爭吵？有一回我們與廖先生爭論了整整四天，廖先生在原則問題上，從來不會讓步的。只是他有他的聰明之處。"

白土先生從西裝內袋裡，掏出一支黑桿的英雄100號金筆：

　　“這是我第二次訪華時，廖先生送我的，太珍貴了，平時不敢拿，今天只爲給你看才帶來的。”

　　1959年，中華人民共和國成立十週年，日本八十多個團體，選出了三十多位代表組成友好代表團來中國參加國慶慶典。要發表一個日中兩國聯合聲明，擬稿子時，日中雙方矛盾大了，怎麼也談不到一塊。

　　廖承志先生代表中國方面的意見，要寫上統治日本的是美帝國主義。

　　日本代表認爲，這是事實，可又不願意刺激美國，堅持不讓這樣寫。

　　雙方各執己見，爭論了四天也無法統一。這使年輕的執筆者白土吾夫先生夜不安寢，非常爲難。

　　是廖承志先生給白土吾夫先生提出一個靈活的設想：

　　“小孩，我的看法是，反美的內容必須有，但是‘美帝國主義’這個詞用不用無所謂。”

　　白土吾夫只覺得茅塞頓開，又熬了一個通宵，終於拿出了爲雙方都能接受的公報。

　　“廖承志先生拿了這支刻有‘白土吾夫先生存　廖承志贈’的金筆送我，恐怕是鼓勵我的工作成績。其實我最清楚，這正是廖先生聰明之處。”

　　也許有人不以爲然，都是民間交流之類的小事，太沒有分量。

　　確實，廖承志爲中日建交做過許多上層工作，對中日關係正常化的方針政策也有過重大的貢獻，筆者也希冀給以反映。

　　當然，如古井喜實、宇都宮德馬、木村一三、白土吾夫等筆者訪問過的知情朋友所云：

　　“因爲牽涉到現在還在台上的人，許多內情仍不能公諸於世。”

不過，筆者也不太沮喪。

歷史已經雄辯地證實，就中日關係發展而言，以民促官，10年，20年的不斷積累，最終涓涓細水匯成中日友好的滾滾洪流，這是已經被載入史冊的成功之路。

“民間大使”的使用，似乎不言而喻。今年已經將近九十高齡，為中日邦交正常化做過很大貢獻的古井喜實先生，在東京自己的事務所內，曾親口向筆者介紹了50年代日本岸信介政府依然不承認中華人民共和國的背景情況後，萬分感慨地說：

“日中關係能發展到今天這樣的形勢，真像做夢一樣，那時根本沒想到能有今天這樣啊。”

中日建交之曲折和阻力可見一斑。

日中文化交流協會常任理事、評論家白石凡先生曾盛讚廖公淡泊功名，他說：

“梅花戰勝冰雪而早早地開放，它並不是要爭春天的功名，而是向人們報告春天來了。”

“當各種花兒競相開放時，梅花早已謝去，帶着一絲因完成任務而滿足的微笑。廖先生不就是懂得了這個道理，充分發揮了自己的作用嗎？”

是的，廖承志是日本通，廖承志對日本人民，對日本文化，仍至日本“生魚片”“壽司”都是真喜歡，真愛。

第十二章

魂繫香港

一

1949年10月1日，中華人民共和國成立之日起，香港總督的心就沒有輕鬆過。

香港與大陸緊緊相依，自古就是中國的領土，近百年前，是清政府無能，割地賠款，港島上才飄起英國米字旗。如今彈丸之地，也沒有多少軍隊。想當年，日本人打進九龍之後，只向港督府、居民區和軍用機場一陣猛烈炮擊和轟炸，立即掌握了制空權，幾乎沒有什麼巷戰，英軍便豎起了白旗，宣佈投降。

如今的中國人民解放軍，港督決不敢小視！

在香港島被日軍佔領，"太陽旗"張開血盆大口，吞沒了所有集鎮，靠着小米加步槍，不屈不撓，八年浴血，終於把日本侵略軍趕出中國領土。國民黨號稱八百萬軍隊，與中國人民解放軍交手不足兩年，便是丟盔棄甲、兵敗如山，潰不成軍，最終逃往台灣。如今這樣橫掃千軍如捲席的軍隊要收回香港，真可以說是舉手之勞。

確實，1949年，中國人民解放軍攻佔海南島，大陸除台灣省以外都解放後，對於香港問題，黨內有兩種不同意見，一種以為我們應一舉收回香港。理由也很簡單：新中國是人民的天下，香港自古是中國的領土，管他什麼條約不條約。一種意見認為應保持香港現狀。因牽涉到國際問題，理應妥善處置。

此時，周恩來總理早已委託廖承志，向熟悉香港問題的同志多方徵求意見。

已經擔任上海市副市長的潘漢年同志提出了自己的具體建議：

軍隊不宜進駐香港。理由是：美國執行杜勒斯的封鎖政策，上海、天津、青島等港口城市與國外的貿易往來幾乎斷絕，如再收回香港，則這惟一通向國際社會的貿易渠道將會被封閉。共和國初建，急需的軍事物資和惟一的外匯收入渠道也必然斷絕。對於香港而言，也必將成為死港。因此，在一定時期保留香港自由港的地位，由英國人暫時管轄乃是上策。

常言道，英雄所見略同！廖承志也認為：要武力解放香港，對中國人民解放軍來說，只是一聲衝鋒號，就能把紅旗插上香港太平山。

香港是世界最大的自由貿易港口之一，如果香港暫時留在英國人手中，為了英國自己的利益，它也不會放棄大陸這個巨大的市場。這就等於把美國對中國的立體封鎖線撕開一個缺口：

我們能從香港進口我國亟需的物資；

也可以利用香港作為我們與世界交往的通道，世界各國兄弟黨同志可以從這裡進來，各國的民間友好人士也可以從這裡入境；

另外，香港還可以成為我們了解世界各國情況的窗口，

343

這些深遠的戰略意義，會隨着似箭的光陰，越往以後，越爲大家所接受和看清楚。

周恩來採納了這一建議，對待香港的政策：暫不收回，並獲得毛澤東主席的讚許。

從此，香港、澳門問題，周恩來總理委託廖承志全面掌握情況、具體負責處理。

說眞的，已經打到羅湖橋邊的部隊幹部和戰士很想不通：

清朝無能，和英國簽訂賣國條約，把香港租讓給英國，現在新中國成立了，我們爲什麼不恢復行使主權呢？爲什麼看着香港的勞動人民還要受英國人欺負呢？擔任羅湖橋駐守部隊政治工作的祁峰同志，曾多次向戰士們宣講中央文件，幫助戰士們提高政策觀念。

1952年，祁峰同志從部隊轉到地方工作不久，就被調任廣東省委統戰部第四處處長。廖承志交待的任務也很清楚：掌握香港情況，研究香港問題。

1957年，祁峰接到組織通知：調往北京當廖承志辦公室主任。

祁峰當然明白這意味着肩頭的擔子陡然加重，但抑制不住心裡美滋滋的激情。他從內心喜歡這位首長。

說來也怪，自己只是廖承志所管轄的一個部門的普通工作幹部，只有工作關係，認識時間不長，接觸也多是一起開會，有數的幾次，不過自己心裡與廖公彷彿沒有因地位懸殊所常見的拘謹，相反十分親近；對廖公十分敬重，卻沒有敬畏的成分，是一種很親熱的，不必保持一定距離的尊重。

是的，在他以往的領導中，要麼不夠“膽”，要麼不夠“識”，要麼有些膽識，便自命不凡，盛氣凌人。

而廖承志在祁峰心目中，是“膽”“識”兩方面都具

1957年5月15日，中國新民主主義青年團第三次全國代表大會（即共青團"八大"）在北京政協禮堂開幕。廖承志和榮高棠、胡耀邦、毛澤東、劉少奇、周恩來、朱德、董必武（自左至右）一起出席了開幕式。這次大會通過決議將中國新民主主義青年團改名為中國共產主義青年團。

備，旣有膽又有識，還能笑口常開，平易近人，極富平民百姓的人情味，眞可謂是可敬又可愛。這在自己接觸過的領導中十分少見。

記得爲解決廣東土改中過“左”，違反任務政策的問題，廖公來到廣州，召集了多次僑務工作幹部座談會，廣泛聽取各方面意見。

祁峰主要分管香港問題，中央對香港的政策與僑務政策關係密切，所以他也去參加過幾次。

廖公總是微微笑着聽大家發言，不管是普通幹部還是領導，他都聽得十分專心和投入。

那時收到海外華僑的大量投訴信，多是反映土改運動、統購統銷運動中，自己家鄉的房子被沒收，鄉幹部又逼要僑匯等問題，還有自己國內親屬因爲怕捱鬥，不敢接收自己從國外寄回的錢，他們想不通！爲什麼他們一片愛國之心不能被理解，他們積極想辦法給國家增加外匯收入，是別的國家求之不得的好事情嘛，爲什麼在中國卻得不到愛心的回報？

大夥的發言也是有啥說啥，毫無顧慮。

聽大家暢所欲言之後，廖公笑瞇瞇地開腔了：

“我先給大家講講陪同毛主席接見張國基先生的情況。毛主席讓張國基談談在印尼的社團問題。張國基先生搖搖頭，說：‘不知道。我們都是很乾淨的，我們都是愛國的，都是左派，從不和右派來往。’毛主席說：‘這樣好嗎？’接着又說了一段話：‘我們的團結面要寬，心上插紅旗，門上插紅旗的我們要團結，心上插紅旗，門上不插紅旗的，我們也要團結，因爲他有處境問題嘛。心上插紅旗，門上不得不插白旗的，我們也要團結。甚至於他心裡插的還談不上是紅旗的，只要他不是敵人，也還是要團結嘛。”

廖公頓了頓，態度誠懇地說：

　　"毛主席的這段話給我很大啓示，我想同志們也一定能受到教育，對不對？"接着，他沒批評誰，也沒迴避矛盾，直接提出這樣一個看法：

　　"我把同志們的意見集中起來，是不是一個怎麼樣看待港澳、海外華僑的愛國？怎樣表現叫愛國？愛國的標準是什麼？這個標準高與低，會直接影響我們統戰工作的團結面。"

　　"掌握的標準高點，團結的人就少，標準降得低點，團結面就廣些，對不對？依我的看法，新中國需要團結的港澳、海外華僑當然是越多越好，那麼我們能不能定出一個切合他們實際的標準呢？"

　　"要切合港澳同胞、華僑的實際，愛國主義的標準就不一定非上戰場打過仗才算愛國，或者非要傾家蕩產才是愛國，非要和共產黨一樣吃大苦冒風險才是愛國。"

　　"在海外的華僑同胞，只要他擺一盆盆景是中國的，掛一張字畫是中國的，珍藏幾件古董是中國的，他的生活方式還保留着中國的一些傳統，沒有對國家做壞事，像中國人一樣生活，這種人就應該說他是愛國的，就不能說他落後。"

　　"如果有這樣一個標準，我們的工作面是不是打開了？我們聽取他們的意見和解決他們困難的積極性是不是也應該增加了？"

　　這一番話形象、生動，別開生面，一下子把大家的眼界打開了，把團結的面擴大了，大夥只覺得眼前一亮，茅塞頓開，印象深刻，心悅誠服。

　　再者，在香港新華社工作和香港中資機構工作的同志總不安心，總想早點調回來。爲什麼？

　　那時國內群衆運動搞得轟轟烈烈、熱火朝天，社會主義改造，社會主義建設欣欣向榮，人民當家做主人了，想說啥

347

說啥，想幹啥幹啥，多痛快，多帶勁！

哪像在香港工作，還儼然在敵佔區工作，受資本家、英國政府和警察的窩囊氣，眞是受洋罪！

作爲領導，也擔心下面工作人員在花花世界獃久了，容易被資本家的糖衣炮彈所打中，容易變質發霉，被敵人拉下水去，所以也主張經常更換在香港工作的同志。

問題反映到廖公處，他略一思索，便有聲有色地講起故事：

"從前九華山頂有一座廟，廟裡有一個老和尙和一個小和尙。"

"有一天，小和尙要下山去城裡買米。老和尙害怕自己的徒兒經不住城裡女人的誘惑，徒兒臨行前，老和尙便告訴小和尙說：城裡有許多大老虎，專門吃你這樣的老實人，你千萬要當心！"

"小和尙一聽很害怕，忙問：師傅，您快點告訴我，老虎是什麼樣子？"

"師傅便把老虎描述成女人的樣子。最後叮囑說：記住我的話，凡是碰到這樣長相的，就是老虎，一定要繞着走，懂嗎？"

"小和尙連連點頭。"

"等了幾天，小和尙滿面春風地回來了，師傅忍不住問道：'徒兒，你進城看見老虎了嗎？'"

"小和尙點着頭說：'看見了，的確像師傅說的，城裡老虎很多。'"

"師傅又追問一句：老虎很多。那你躲着走了沒有？"

"小和尙搖搖頭說：沒有，因爲我看那些老虎並不傷人，對人很和氣，很可親嘛，我沒有必要躲着她們呀！……"

348

　　廖承志的說剛落音，滿場皆歡。大家在笑聲中品味着廖公故事中豐富的內涵。

　　頓了頓，廖承志才接着說：

　　"我主張香港工作多用本地幹部，一則語言通，情況熟，便於廣交朋友，深交朋友，把統戰工作做得扎實、廣泛、更有成效。"

　　"這第二呢，本地幹部，對香港的各種社會現象看得多了，什麼夜總會啦，妓女啦，燈紅酒綠的，見怪不怪，倒還可能有幾分辨別能力。"

　　"相反，從山溝裡來的，從前線來的人，從內地來的人，少見多怪，反而容易不適應，容易上當受騙，受到腐蝕和誘惑，對不對？！"

　　"對香港的宣傳上要堅持愛國主義，但不要照搬國內，搞社會主義宣傳。否則就會樹敵太多。"

　　"中新社成立，就是為搞好港澳宣傳，要區別於新華社的宣傳口徑，我最憎惡的就是開'搬家公司'，把國內的一套照搬到香港去。"

　　"你們到香港去，要社會化，群眾化，職業化。不要關在門裡。我什麼時候到香港去，如果我看你們就是樓上樓下老不出門，我就把你們趕出去，要麼就把你們都調回來！你成天關在屋子裡，何必到香港呢？在北京就行了嘛！到香港就要到外頭去，就要開展工作，交朋友，不接觸外頭，不廣交朋友，如何宣傳我們的主張呢？我是像老和尚唸經一樣，見你們一次唸叨一次。"

　　"只要我發覺你們不出去交朋友，我立刻就把你們調回來！一個也不例外！"

　　祁峰總覺得，每次聽廖公講話，表揚也好，批評也罷，總能得到新的啟發和收穫。在廖公那裡，幾乎聽不到官話、空話和套話，自己也從未感覺到那種官場上常見的以勢壓人和責罵訓斥。

每次見過廖公，祁峰對“欲窮千里目，更上一層樓”的意境，便有一次更深的體會和感受。

當然，祁峰更喜歡廖公的個性：

活得十分灑脫，真情自然流露，從不造作、掩飾自己，不在乎別人的閒言碎語。

這種人坦蕩真實，着實可愛。

有一件事，幾十年過去了，他依然歷歷在目：

廖公喜愛吃榴蓮，一位與他很熟的泰國華僑，從國外帶了兩個榴蓮到北京，送到他家中。夫人像避瘟神一樣，急忙走開，她吃不消那股怪味。

廖公春風滿面，洗手後，一瓣接一瓣，吃得又香又甜，速度也快，風掃殘雲，片刻時間，桌上只剩下榴蓮果皮。

廖公兩手粘滿乳白色的果汁，果肉已經全部被他消滅光了。他吧嗒吧嗒嘴，一副吃得很過癮開心的笑臉。祁峰心猜想，他大概要去洗手間洗手了吧。沒想到，廖公沒離開座位，只抬起兩隻手，一個指頭一個指頭順着舔過去，很自然，很開心……

祁峰認定，能給這樣的領導當秘書，要求一定高，進步也一定快。

廣東熱，北京冷，祁峰很快把全家北上的冬季“棉猴”都做齊了，連赴京的火車票也買好了，卻又突然接到通知：不去北京，立即去香港新華社工作。

祁峰隻身來到北京，廖公單獨見他，又一次提醒說：

“你在國內幹得時間很長，去香港，第一，不要把國內的那一套搬到香港去，不要國內搞什麼運動，香港也模仿，我對開‘搬家公司’是深惡痛絕的，因為任務不一樣嘛，國

內是社會主義社會，香港是資本主義社會，國內我們是宣傳
社會主義，而香港只能是宣傳愛國主義，你們一定把把握好
這個界限，這是一點。"

"第二點，不要把駐外大使館的一套搬至香港去，必須
從香港的獨特情況出發，要接觸社會，要廣交朋友。"

"你們的革命立場是不變的，但工作方法要改變，和什
麼人都要能交朋友，越複雜越有名堂。下次我去香港檢查，
如果發現你們每天獃在家裡不出門，我就把你全調回來，我
說話是算數的噢！"

祁峰鄭重地點點頭。他知道廖公平日說笑歸說笑，對工
作要求則是認真嚴格的，是說話算話的，便翻出筆記本記
錄。

"祁峰，把筆放下。"廖公厲聲說道。

351

祁峰吃驚不小，抬頭一看，廖公臉上表情十分嚴肅，搖
着頭說："從今後，你要事事用腦記住，不許依賴筆記本。
無論是中央精神，還是工作佈置，都要爛熟於心，一張文
件，一片記錄都不要帶過羅湖海關。"瞧見祁峰點頭，眼裡
卻仍然流露出困惑的神情，廖承志又解釋道：

"同志，香港不是大陸，還是英國人的天下，換句話
說，也就是所謂敵佔區吧。他們當然知道你的身份，雖然不
是中國大使，卻是官方的代表，總會想方設法從你們那裡竊
取情報。如果你大意，他不必派特務，只要使用小偷光臨的
辦法，或者是在汽車上，或者是在住宅裡，就能輕而易舉地
得到重要情報，而你則是啞巴吃黃連，有苦說不出的。"

"所以，今後最好不用筆記，多用腦子記，即使有一些
記錄，過海關前，一定全部留下，不要帶過去一片筆記，知
道了吧？"

"再者，到香港後，一定要與各界交朋友，要了解和熟

悉香港人的心理和習慣，熟悉香港的地理環境，切忌把國內的一套搬到香港……"

廖公結合自己抗戰時期在香港工作的體會，交待得很仔細。

延至35年後，筆者在廣州訪問祁峰同志，古稀老人依然記憶強健，思維條理，他感慨地說，這完全得益於廖公的嚴格要求。

二

建國初期，通過地下黨的工作，澳門名流何賢先生已經與大陸發生聯繫。當時抗美援朝戰爭正在進行，美國對中國實行經濟封鎖，國內匱乏的橡膠、鋼材和各種藥品，都是通過何賢先生，從國外買進澳門，再由澳門轉入國內，等於是把美國的經濟封鎖撕開了一條口子，爲中國進口緊缺物資打開了一條通道，對國家建設和抗美援朝戰爭作出不可磨滅的貢獻。

當然，我們的同志中也有人看不慣何賢與三教九流都能稱兄道弟，都講哥們義氣，更看不慣他的生活方式，一人討幾房老婆，吃喝揮霍無度，認爲這樣的人太複雜，太腐朽，太落後，不能信任，更不應交往。

廖承志卻不以爲然，他支持澳門的同志繼續與他交朋友，話也說得很坦然：

"又不是發展共產黨員！"何賢若不複雜，若只是個老百姓，還發揮不了這麼大的作用嘛。只要何先生願意，請他來北京，我請周總理接見他！"

果然，1956年何賢一到北京，周總理立刻接見了他。

廖承志與他一見如故，和他推心置腹，傾心交談，使何賢敬佩又感到親切，之後，廖公還安排他去全國各地參觀。

這次回國觀光，何賢對共產黨不僅會打仗，也能搞建設，真心想使祖國繁榮、富強，使人民安居樂業有了深刻的印象，回到澳門，逢朋友便伸大拇指：

"廖公平等待人，十分真誠，是好朋友，一個真正的好朋友！"

從此，只要大陸朋友的事，何賢總是出面。你也不要不服氣，凡事只要為人豪爽的"賢哥"一出面，真沒有人不給面子，也沒有解不開的死疙瘩。

那時，澳門進步力量搞了個電影院，主要放映國產片。當時，香港電影檢查對國產片卡得很嚴，連《白毛女》都不讓放。澳門電影院放映好的國產片，香港同胞專門坐船到澳門看。像《解放了的中國》、《中國人民的勝利》、《白毛女》都是場場爆滿，影響很大。因此，國民黨特務就進行破壞，僅一年之內就響了三個炸彈，雖說都是恐嚇性的，沒有傷人，但對正常營業有影響。而當時，國民黨有專員公署設在澳門，葡萄牙和我們沒有建交，所以澳葡不輕易觸動國民黨的勢力。大陸方面就請何賢幫忙解決一下。何賢滿口答應。他官方、政界、澳督府、國民黨、賭場、乃至黑社會、三教九流裡都有朋友，也都尊他為賢哥，都能說得上話，他打聽個事，很便當。幾個電話一打，何賢很快證明這事確實是國民黨幹的。

這天，何賢出面擺了一桌，席間，他雙拳一抱：

"各位都是我的朋友，都在一個地面上討生活，不看僧面看佛面，請各位買我一個面子，不要再去劇院鬧事！何況，炸彈一爆，受傷的都是無辜百姓，社會輿論對貴方的聲譽也沒有好處，是不是？……"

哎，這話從何賢口中說出，似乎就有了分量，對方也拱手連聲道：" 有賢哥說話了，我們還能不聽？！"

反正搞過幾次爆炸，已經能向上峰交差，何不乘此機會下台，還能落個人情！從此，國民黨特務便不再明目張膽在劇院搞破壞了。

何賢與廖公數十年之交，每次來北京，兩人都要傾心交談，交往越多，情誼越深。

何賢讚賞廖公很有周恩來總理處變不驚，深謀遠慮的風格，60年代初，有一次，一批工作人員即將啓程去迎接難僑，到廖公家裡來匯報時，他們心情激憤，出言激烈。那天，何賢正好在廖公家中。他親眼看見，廖公非常冷靜、沉着。他耐心聽大家講完，然後諄諄告誡工作人員：

" 大家去接難僑時，一定不要義氣用事。政治上的事，很多都是 ' 水到渠成 ' 的，義氣用事，於事無補。"

" 有一年冬天，何賢應邀到廖公家裡做客，約定晚上八點時會面。何賢守時約，八點差五分準時走進廖公會客室。夫人經普椿遞茶讓座，滿臉歉意地說：

" 承志剛來了電話，他那邊事一下完不了，請您回賓館休息，十一點鐘他派車去接您。"

" 不必麻煩了，我就在這兒等候好了。" 何賢一邊飲茶，一邊翻看着桌上的報紙，按他想法，如果廖公能早點回來，豈不早見面！

誰知何賢坐等到半夜十二點，連秘書也過意不去，打電話到廖公處，廖公云，仍無法脫身。何賢很感動：廖公眞是位一心爲國，沒有私心的好人！他堅持等候，直到午夜三點，院內汽車聲響，廖公才披一身寒氣回家。進門直衝客廳，緊握着何賢的手連聲道歉：

" 眞過意不去，讓你久等了！你一定餓了吧，快，快叫醒師傅，給我和何先生各下一大碗素麵！"

餐桌邊，麵香，湯熱，心暖，話更長……

十年"文革"期間，廖公受迫害，何賢曾多次提出經濟上接濟他，都被廖公婉言拒絕。看見廖公受到摧殘，身體瘦弱，心臟病加重，何賢憂心如焚，偷偷買了藥送到廖公家中。廖公拗不過，最後才接受了。何賢逢人便說：廖公在海外生活過，工作過，清廉如此，確實難能可貴！

80年代初，在恢復行使香港主權的問題上，廖公態度很堅決，但恢復行使主權後，如何維持香港繁榮，廖公卻認為可以商量。何賢親眼目睹廖公一批一批接待香港客人，總是認真聽取和考慮各方面意見，虛懷若谷。而且他聽取意見後，一定會向中央匯報，以便集體討論，作出決定。廖公從來不搞"一言堂"，民主作風感人。……

1983年驚悉廖公逝世，何賢放聲大哭起來。第二天在報上發表了《哭悼廖公》的長篇文章，字字含淚，句句真情，他發自內心地說：

"我敬重廖公，因為廖公一心為國，沒有私心！"

不過半年，何賢也病情加重，追廖公乘鶴而去。

澳門另一位頭面人物馬萬祺，別人說什麼他並不相信，他也大着膽子，帶夫人一同進北京。廖公親自接見，談得十分投緣。廖公那時要出國參加國際大會，抱歉不能陪同馬萬祺到全國各地走走，他親自幫助馬先生安排好訪問路線：從江南杭州、蘇州到六朝古都南京，然後再去東北各大城市參觀。

告別，廖公親自送出門，又頑皮地向馬萬祺夫婦眨眨眼，頗神秘地說：

"你們儘管放心去各地參觀，電話是我親自打的，各地的接待一定很有特色，讓你們終生難忘的。"

馬萬祺夫婦笑着點頭，也沒太在意：他們也是見過世面的人，國內的條件能超過美國紐約、法國巴黎、英國倫敦嗎？

一到杭州，走進飯店安排的房間，馬萬祺夫婦眼前一亮：

大紅雙喜貼在迎門的牆壁正中，桌上紅燭成對，茶杯成雙，嶄新的紅綠緞面被子整齊地疊在牀上，就像是一間靜候新娘新郎的花燭洞房。

馬萬祺夫婦只當這是杭州待客的習慣，入鄉隨俗吧，高高興興住進去。當夜，夫婦免不了回憶起當年結婚的趣事，十分開心。

然而，以後無論是到蘇州、南京還是瀋陽、長春，處處都是新房佈置，接待的先生小姐總是熱情地說些祝福新婚夫妻，快樂幸福、白頭偕老等吉利話。

馬先生和夫人感到一定是有什麼誤會了，終於忍不住向陪同的同志打聽。

那同志很自然地說：“是廖公親自向下打的電話，說您們是新婚夫婦，是到大陸來度蜜月的。一定要接待得熱情週到。”

馬萬祺夫婦一聽，兩人一碰眼神，大笑不止，直笑得說不出話，笑得流出淚來。

陪同被他們笑愣了，滿臉茫然，不知所措。

好半天，馬萬祺才忍住笑，解釋說：“那是廖公開玩笑，我和太太已經結婚十年，孩子已經生了五個，哪裡是新婚蜜月？！”

可是，這第一次回到新中國的經歷，眞是永遠留在馬萬祺先生和夫人的記憶裡，他們被廖公風趣的安排深深打動了，廖公待人很眞很誠，沒有官方出面接待時那種：“我是領導，你是被統戰對象”的地位懸殊的陌生感。

從某種意義上說，這也的確是馬萬祺夫婦的一次"蜜月旅行"，是馬萬祺夫婦開始以實際行動關心祖國命運，支持國家建設的新起點，從那一天起，直到今天，無論是風是雨，他愛國之心從沒動搖過。

1993年1月2日，在慶祝自己金婚紀念日的時刻，馬萬祺當場朗讀了自己金婚詞一首，最後的四句是：

> "江山如畫如詩，
> 和平統一正時宜。
> 弟兄同禦侮，
> 祖國耀生輝。"

席間，馬萬祺夫婦還捐出一百五十萬元，分別贈澳門婦聯及中國中小學幼兒教師獎勵基金會。目前，正為祖國1999年收回澳門，做着大量積極促進工作，赤子之心，溢於言表。

50年代，澳門葡萄牙政府與中國沒有外交關係，當時，澳門的許多事情都離不開大陸，大到政治事端，小到居民日常用水，吃菜用電等等。澳督府遇上需要與大陸辦交涉的事，他們常常就去找何賢、馬萬祺帶信遞話。於是，何賢、馬萬祺便給中國和葡萄牙兩國政府之間架起一座橋，開闢了一條對話的通道，為國內做了很多事，發揮了別人無法替代的作用！

三

祁峰到香港擔任了新華社香港分社副社長。那時香港新華分社的幹部很少，也都是常用廖公的叮囑來要求自己。

50 年代廖承志夫婦陪母親何香凝遊玩合影。

祁峰知道香港人喜歡約朋友到酒樓見面，而不像大陸人喜歡請朋友到家裡串門。香港人更不願到新華社裡來談話，把自己送進國民黨特務的黑名單。

所以，只要香港朋友約好地點，他總是客隨主便，隻身前往乘坐巴士，或的士赴約。進港不久，很快就把香港的街道、酒樓等地理位置摸得很熟，也交往了不少朋友。

然而，身後大陸一個接一個熱火朝天的運動，反右派，大躍進，全民大煉鋼鐵，十五年趕上英國的熱烈口號，像巨大的磁鐵石，吸引着他們，激勵着他們，他們身在英管轄下的香港，絕不能落在國內同志後面，絕不能當小腳女人，跟在群眾後面爬行！

革命激情已經沖決了頭腦中理智的防線，他們也沒向廖公請示，便自作主張，根據國內運動的精神，依靠工會等進步組織，在香港境內發動了十大鬥爭，批右派，批保守。

在新華社內，中資企業，甚至國民黨起義的銀行內也搞什麼"坦白從寬，抗拒從嚴"，在電影界也搞什麼大批判，大字報上牆，口號聲不斷，弄得香港警察局的警車，成天圍着新華社等機關的房子轉，惟恐從這塊"紅色根據地裡"向外迸發出推翻香港當局的火星，引起社會大亂。真有點如臨大敵，草木皆兵的模樣。

陳毅外長從武昌開會回到北京，人下飛機剛到家，一個電話便打到廖承志的辦公室：

"小廖，我是陳毅，你獃着別走開，我有要緊事找你！"

"我上你那兒去⋯⋯"廖承志話沒說完，陳毅早已擱下電話了。

陳老總沒有往日那種朗朗笑聲，沒有風趣幽默的話語，廖承志立刻敏感到出事了。

　　果然，陳毅進門便氣呼呼地說：

　　"小廖，香港新華分社眞是亂彈琴！不請示，不匯報，就組織了十大鬥爭！還高高興興派人回來匯報什麼'輝煌戰果'！"

　　"眞有這事？！"廖承志大吃一驚。

　　陳老總點着煙，深深地吸了一口，說：

　　"現在是什麼形勢，我哪還有心思與你說笑話嘞？！"

　　原來，香港新華分社派祁峰回國內匯報組織十大鬥爭的"輝煌戰果"，周總理太忙，準備去參加武昌會議，便把祁峰叫上飛機，與外交部長陳毅一起聽匯報。

　　祁峰壓根兒不用稿子，把香港組織的十大鬥爭的"輝煌戰果"講得有情有景，繪聲繪色。

　　聽着聽着，周總理的臉色陰沉下來，但是，他緊抿着嘴脣，沒吭聲。

　　陳毅外長似乎坐不住了，他站起身來，在機艙裡踱着步子。

　　祁峰話一停，陳老總沒像往日那樣先請總理談談意見，他黑着臉，出語很重：

　　"祁峰同志，我看你們頭腦發熱，眞是小資產階級的狂熱！你們眞是'左'得可愛，'左'得可恨嘞！"

　　周總理沉默。

　　祁峰怔了。他當然不可能知道，在不久前召開的南寧會議上，周恩來曾被批判爲"離右派只有五十米"。

　　陳毅當然知道周恩來內心的痛苦：他是最主張實事求是的人，尤其是對經濟工作，從第一個五年計劃的制定，到多次中央會議，他總是在講躍進的同時，強調要保持清醒頭腦。

　　這次，他爲了保護其他中央領導同志，又獨自承擔了全部責任，作了檢討。如今，他對港澳工作有許多話不好說，我不說，又能誰說？

"祁峰同志，中央對香港工作的方針早已經明確，主管港澳問題的廖承志同志，也向你們三令五申：香港新華分社不要照搬國內政策，不要照搬大使館的做法，你們怎麼都丟置腦後了呢？"

"國內大躍進，你們也不甘落後了，是不是？！以爲恢復行使香港主權指日可待了，是不是？否則怎麼會如此頭腦發熱？也不向廖承志請示，也不向中央報告，就自作主張搞什麼鬥爭，搞一個還不過癮，還搞十個？"

"同志哥，香港不是國內，搞'左'了，發個文件糾正一下就行了，香港是英國政府管轄的，你搞'左'了，把朋友得罪了，人家傷了心了，再不聽你的了，你還站不站得住？！"

"記得周總理和我早就對你們說過：香港地方特殊，寧可搞右一點，搞右了，還可以再糾正，再補救，可你們真是亂彈琴嘛！我說你們'左'得可愛，'左'得可恨！想不想得通？！"

祁峰是個非常動腦子的同志，陳老總一席話，驚得他出一身冷汗！臉孔一下漲得通紅，心裡咚咚敲小鼓，他已經明白香港新華分社犯了大錯誤！看來自己要做好準備，受黨紀國法的處分！

周總理說話了：

"陳老總，我看與小廖談一談，盡快在北京召集個務虛會，總結一下港澳工作中的經驗與教訓，使得今後工作搞得更好。"

……

"陳老總，這個會，我們盡快召開。"廖承志也聽出了問題的嚴重性，他皺着眉，又想起另一個問題："陳老總，最近我們又聽到反映，廣東省委一位領導，公開號召香港一萬名技工回大陸支援廣東省躍進計劃。一萬人喲，吃喝拉撒睡，再加上老婆孩子，就是好幾萬，怎麼安排？如果安排不了，香港那邊又辭了工，丟了飯碗，國家都包下來？！行嗎？……"

陳毅點點頭、又搖搖頭，長歎口氣說："國內的事，更複雜些，只能放在後面再說。小廖，我們都是坎坎坷坷的過來人，許多事光急沒有用，總理現在也很困難，他在南寧會議上檢討自己：革命到今天才知道'左比右好'。"

"'左'比右好？！'左'比右好？"廖承志緊鎖雙眉，像反問，又像自言自語。他沒有參加南寧會議，又從不愛打聽中央領導層的內情，只管在周恩來、陳老總領導下幹自己的工作。但自己最熟悉的周總理，說出這樣的檢討，他似乎已經明白中央高級領導層內壓倒一切的傾向。

"小廖，"陳毅沒有正面回答廖承志的問題，答非所問地感慨道："共產黨內，無論是打仗，還是建設，搞'左'的一套，總是比右好過日子，儘管黨內路線鬥爭幾乎都是犯的'左'傾機會主義錯誤，事實證明被批判的所謂'右'是正確的，但是，似乎永遠無法接受教訓，總要交這份冤枉學費，有什麼辦法？！"

廖承志聽明白了，平靜地詢問：

"我們在北京開香港工作務虛會，不會給總理添麻煩吧？"

"小廖，記得嗎？新華香港分社曾向毛主席匯報，說香港工作在反右時，主席說過：'香港反右？！真有意思'這樣的話嗎？"

怎麼會忘記！下面一直爭論不休。有的認為，主席的意思是，在資本主義社會裡反右，真是笑話！有的認為，主席是說在香港反右，是一種新事物，所以真有意思……"

"對！"陳毅說："主席沒有明確說香港要反右，我們就掌握在這個尺度內：開務虛會，只為總結工作，採取弄清思想，提高工作質量，只對事，對人則是不批判，不處分，謹慎待之。"

"聽祁峰匯報時，我說他們'左'得可愛，'左'得可恨。廖大公子是聰明人，品出味了吧？下面就看你的好戲了，對不對？！"

"小廖得令！"廖承志拱手抱拳，模仿着京腔，逗得陳毅亮出了進門後第一次笑聲。

祁峰向總理匯報後，奉命先回香港，但他已經有了充分思想準備：撤職查辦。

確實，50年代的幹部那時思想很單純：自己給黨的工作造成損失，心境十分沉重，只想着怎樣深刻檢查，至於自己會受什麼處分，自己有沒有委屈，是不是去找人疏通關係，想法減輕自己的責任等"走後門"的辦法，都不會去想的。

會議在北京前門飯店舉行，香港新華分社的幾個領導一見廖公面，立即痛心檢討，請求處分，說到傷心處，堂堂男子漢，忍不住淚如雨下，痛哭失聲，直檢討自己認識不清，給黨的事業造成巨大損失，辜負了黨的信任和培養。

"男兒有淚不輕彈，只是未到傷心處"，真傷心時，男兒的淚，比油煎，比火烤，還能燒灼人的心！

廖公寬慰大家，認真總結經驗，找到問題的根源，才能達到弄清思想，防患於未然的目的。

前門飯店的會議開了整整一個半月。上午、下午至晚飯後是小組討論時間。白天，主持這次會議的廖承志，時常有外事活動和僑務、統戰、和大、對日等工作要處理，不可能參加小組討論。廖承志就見縫插針，無論白天還是晚上，只要是有點時間，他都出現在小組討論會上，自己邊聽邊記。

廖承志還要求外辦港澳組的幾個同志，每天務必參加小組討論，並在當晚整理出小組討論的簡報，第二天早晨九點之前，放在他的辦公桌上。所以，不管廖公有沒有參加小組會，對每個小組提出的問題，爭論的焦點，問題的實質，他總是瞭如指掌。

廖公一貫為人處事的準則是：從不諉過下屬，從不整人。

況且，會議開始後廖公又再三說明會議宗旨：

只為弄清思想，更好開展工作。所以，從香港回來的新華分社領導和同志們，沒有什麼顧慮和精神負擔，個個暢所欲言，大膽爭論，不通就是不通，各人都竭盡全力闡述自己的觀點，說明自己這樣做是對的，是對國家大有好處的。

具體的問題真是提了不少。

有人說在香港這種特殊環境中，不應該按內地政策。

馬上就有人反擊：不要上右派的當，當右傾機會主義的尾巴等等。

幾乎對每一個具體問題，都能有不同看法，往往是各執己見，互不相讓，對事不對人，爭得面紅耳赤。一個月評論下來，問題都擺在桌面上了，只希望最後聽廖公高見，讓廖公出面評定是非。

廖承志在最後總結時，卻大大出人意料。

"這裡坐着的都是在香港工作的同志，對香港問題恐怕都算得上最有發言權的人，我想向各位請教一個問題，為什麼從新中國成立，中央就定出這樣的政策：暫時不恢復行使香港主權？"

"現在國內大躍進，超英趕美的群眾運動熱火朝天，是不是現在已經到了恢復行使香港主權的時機？是不是中央應該根據形勢，作出新決策：立即投入恢復行使香港主權的準備工作？"

在座的同志，對中央有關指示，的確是瞭如指掌，於是，大家你一條我一款，把暫時不恢復行使香港主權的理由，說得頭頭是道：

香港是打破美帝國主義經濟封鎖的通道，利用香港可以反禁運，抗美援朝時香港所起的特殊作用，就是證明；

能為國內解決國家建設中外匯緊張的困難；

是與國際友人和平交往的通道，沒有香港，日本朋友進不了大陸，西方國家兄弟黨的同志也難以到中國來；

統戰工作的重要基地，許多話，我們自己講，資本主義制度下生活的人不一定相信，但由港澳的統戰朋友去講，人家就容易接受，對向世界宣傳新中國的真實情況，大有益處；

還可以從香港得到世界最新消息：無論是政治、軍事、經濟、科技、文化，能使我們知己知彼。

……

廖承志笑了，他深為這支隊伍的素質感到高興。

"大家講得很對，也很全面，不愧是從前線回來的同志，都很清楚，把香港留在資本主義，是具有深遠戰略意義的。中央對香港的政策一直很清楚，暫時不收回。"

"現在根據大家提供的那麼多材料，可以更準確、更精煉地把中央的精神表述出來，這就是＇長期打算，充分利用＇八個字，我們在香港的所作所為，組織鬥爭也好，工會工作也好，統戰工作也好，對與錯，是與非，都應該以這個原則為衡量標準。"

"大家以＇長期打算，充分利用＇這八個字當尺子，十

365

大鬥爭究竟如你們匯報的是‘輝煌成就’呢，還是如陳老總批評的‘“左”得可愛，“左”得可恨’呢？這恐怕是禿子頭上的蝨子，不用我再當裁判了吧？！”

怪不怪？多少天如在水中火中，雨中霧中，爭論不休，抬槓不止的是是非非，現在則如同雨過天晴，身臨絕頂，俯瞰往事，是與非一清二楚！

也不怪。古人早已說過“橫看成嶺側成峰，遠近高低各不同。不識廬山真面目，只緣身在此山中”。

是呀，廖承志沒有帶着大家在山中瞎轉，他帶大家直奔山頂，當然會出現“一覽眾山小”的奇跡！

這次會歷時一個半月，沒批判一個人，沒處分一個人，但大家印象深極了，就像親眼目睹着一片剛剛鑽出硬土的筍尖，而自己彷彿就是其中一支；春旱乾渴之時，沐浴了一夜飄飄灑灑的細雨。雖如詩云：“春雨入土細無聲”，但夜幕中，分明清晰聽見春筍拔節的聲音，待太陽升起時，哇，筍尖高得自己都大吃一驚：

一夜不見，如隔三秋，自己和夥伴們都長高一大截，幾乎連自己都不認識自己了！這份欣喜，這份收穫，真是終生也不會忘記。

筆者訪問過的廖承志的老部下，幾乎人人有這種感受：

在廖公領導下工作，一是從來不要擔心“穿小鞋”，能暢所欲言，心情愉快，總能學到東西，凡是被調離廖公管轄單位，只要有可能，總要千方百計調回廖公身邊。

緊接着，在廣州又召開了一個半月的會議，把香港各方面工作的同志都請進來，還是通過討論的辦法，把中央“長期打算，充分利用”的精神吃透。

沒有開展批“左”的運動，但是大家自覺以中央精神為尺子，把自己工作中的是是非非，弄得清清楚楚。

1960年以後，在大躍進失敗，國家進入困難時期，因爲對港澳工作始終沒有完全滑入極"左"的一套做法中去，共產黨不僅在香港老百姓中享有威望，連香港港督也開始對中國政府暗送秋波。

60年代的香港，當然與今日的香港有天淵之別，沒有如今這麼繁華，也沒這麼多的高樓大廈，市政建設也是十分落後。大凡最高級的餐館、縫紉舖、理髮店，等等，均冠以"上海"二字，這種情況一直持續到60年代末期。

那時香港對大陸的依賴性極強，吃水、吃荣、用電等許多問題都靠大陸供應。

香港總督極希望與中國政府上層領導對話，只苦於無路。

澳門總督請何賢"架橋"之事，恐怕對他們很有點啓發。不久，廖公的姐姐廖夢醒便收到香港名流利銘澤太太的來函：同窗校友，十分想念，希望能去北京探望。

廖公得到消息，立刻敏銳地判定：

"利太要求來北京，不會只是爲叙舊，她很可能是爲利銘澤來華探路的。"

利銘澤何許人也？60年代，在香港有"第一華人"之稱。他祖父、父親都是親英派的，可謂世代受英國人之恩的。延至利銘澤這一輩，利家在香港，無論在政界還是商界，都算得上華人之冠。這並非言過其實。從經濟實力上說，他恐怕算得上是首富。

據知情者介紹：利家很是排場，家中所用的器皿都是純金的，這恐怕正是利家祖財豐厚的一個表現。

60年代，在香港，華人要想當上議員就很不簡單，而利銘澤是兼行政、立法兩院的首席議員。

367

　　每年聖誕節，港督都要舉行盛大的遊園會，隨着音樂聲起，利銘澤攙着港督夫人，而港督則攙着漂亮高雅的利銘澤太太一同進場。

　　用60年代的一個最時髦的定語：利銘澤是親英的高級華人，他進入中國大陸，沒有英國人的默許，或委以重任，不僅是很冒風險的，也是辦不到的。

　　不難看出，英國想用利銘澤"架橋"。因爲早在抗戰時期，在太平洋戰爭爆發後，利銘澤就曾爲港督和共產黨架過一次橋，那時共產黨方面的代表，不是別人，就是香港八路軍辦事處的主任廖承志。

　　那是1941年12月8日，日軍三萬多人，分兩路進入新界。大兵壓境的香港總督慌了手腳，派利銘澤與英國記者貝特蘭出面找到廖承志談判，表示願意向共產黨游擊隊贈送機槍、步槍等輕重武器及雷管炸藥，希望八路軍游擊隊幫助香港政府保衛飛機場，保衛香港島。廖承志立即向中央發報請示，周恩來代表黨組織迅速回電同意。後來，主要因爲日本空軍大批飛機突襲九龍機場，很快取得了香港制空機，而廖承志代表共產黨爽口答應港方要求後，港督又擔心把槍交給共產黨，萬一引來"紅禍"共產，內外交困，豈不更糟？！於是，直到最後港督向日軍舉起白旗投降，也沒再派負責聯絡的利銘澤出面……

　　斗轉星移。如今，新中國的成立和強大，已經是不言而喻的事實。識時務者，當爲俊傑。

　　廖承志立即報告周總理，得到首肯後，囑咐工作人員覆電歡迎。並派外辦一直負責香港問題的諸樺同志，以全國婦聯的民間身份，全程陪同。

　　諸樺臨行前，廖承志親自找她談話：

　　"諸樺，這次利太進來，目的很明確，是來了解大陸情

50 年代廖夢醒、廖承志姐弟二人與母親何香凝的合影。

況，爲丈夫來華安全與否探路。你全程陪同，不要求您從利太那裡了解什麼情況，你只要陪利太到處走，她要看什麼，盡量滿足，並負責解答她提出的各類問題，這對你並非難事，等她到北京後，我安排見她，再與她深談。”

諸樺點點頭說：“如果這樣，我與她的車旅費，住宿費各人算各人的賬，要涇渭分明，不差分毫，對不對？”

廖承志笑了：“對，我們不是捨不得那幾個錢，但也別以爲誰都喜歡我們共產黨掏錢！要知道利太不缺錢花，她如果用我們的錢，不就被我們染紅了嘛！政治色彩也就濃了嘛！何必讓她爲難。”

諸樺從心裡佩服廖公。也難怪港澳同胞特別相信廖公，因爲他最了解情況，又總能設身處地爲他們着想。而且常常想得比他們自己想得還周到。

那會兒沒有直航飛機，利太由中華總商會會長高卓雄的太太陪同，乘火車從廣州到杭州，一路參觀訪問直到北京。

一路上，利太果然不似同行女伴那樣，只看風景，逛商店，吃喝和購物，她總是不斷向陪同的諸樺提出各類問題，其中有不少帶政治性的問題，很有思想和見識。

利太一到北京，廖公立刻單獨接見，坦率地交換了許多意見。利太回港不久，利銘澤便來北京訪問，他與廖承志也是一見如故，於是，中國政府與香港當局也建起了對話渠道。

“文化大革命”時期，利銘澤也沒有停止回大陸來。

利銘澤與廖承志成了摯友。

80年代初，他在廣州緊隨霍英東之後，與國內合資辦起了造型別致、管理優良的花園酒店。

中央領導同志爲解決香港問題分別向有代表性的人士徵求意見時，利銘澤也是其中之一。

　　廖承志1983年去世，利銘澤還特地從香港趕來參加追悼會。不料經穗返港不久，因心臟病突發，當年也追隨廖公仙逝。這當是後話。

　　總之，至60年代中期，香港各項工作都形成了興旺發達，欣欣向榮的局面：

　　紅色工會的力量逐日增加：儘管有人不斷以上黑名單、失業等加以威脅，但是工人們仍然紛紛退出黃色工會，加入紅色工會，在香港人數最多的工人組織，便是紅色工會。

　　我們自己的報紙，加上我們朋友辦的報紙，佔到香港報紙每天總銷路的三分之一還要強些。香港銷路最好的三家報紙中，我們佔了兩家。

　　對香港鳳凰、長城等進步影業公司，廖承志＂逼着＂他們面向香港和海外開拓電影題材，糾正了＂左＂的做法，實行＂以院養製＂，即設法建立自己的電影院，以電影收入補貼製片的虧蝕，結果拍出許多好片子，到1964年前後破天荒地扭虧爲盈，＂親中＂的電影事業曾一度興旺起來！

371

　　華文教育事業也得到很大的發展。

　　許多做過港澳工作的同志都稱那段時間是＂黃金時代＂。

第十三章

朋遍五洲

一

不少熟悉內情的人都知道，廖承志是周恩來總理的 " 不
管部部長 " 。

外交部，顧名思義，分管國家與有外交關係的其他國家
之間的交往事務。而中國的外交部，在五六十年代，主要是
分管與東歐以蘇聯爲代表的社會主義國家之間的交往；中聯
部則分管與中國共產黨有關係的世界各國共產黨之間的事
務；除此之外的一切對外交往，如與南北美洲、非洲、拉
美、大洋洲及東南亞各國之間，凡是找不到接待單位的，周
恩來一概都交由廖承志主管。

開始是 " 皮包公司 " 。

廖承志日夜奔忙，有時一天就要往飛機場跑好幾趟。不
管是日本來的，還是非洲來的，無論是民間團體，還是官方
色彩，也不分是翩翩少年，還是白髮翁媼，迎來送往，忙忙
碌碌，他也並不在意。

直至1955年11月30日，按照周恩來的指示，廖承志才呈
上報告，提出：在廖承志處組成一個專門處理和大、僑務、

港澳、日本、當代國際活動等事務的辦公室。"廖承志辦公室"大家又都習慣、親切地簡稱"廖辦"。

於是，廖承志此生與飛機、汽車、輪船結緣。出國開會、訪問、交朋友，去吵架，每年出國十幾次；每週，甚至三天兩頭，或與穿和服的、或與高鼻子的、或與黑皮膚的、或與金頭髮的……總之，是與不會說中國話的外國人打交道。

歷史，給了廖承志難得的空間和機遇——走進色彩斑斕的國際大舞台，有條件結識和廣交外國朋友。加上他性格開朗、見多識廣，幽默且富於同情心，英語、日語、德語、法語和俄語都懂，能聽、能說、能翻譯。他尤其以英語和日語，十分精通。這使得他在與世界各國朋友的交往中如魚得水，瀟灑自如。

1950年10月30日，廖承志作爲中國代表團團長，赴華沙出席第二屆保衛世界和平大會。

這是廖承志在建國後第一次出國。在前往華沙路過香港時，他對新華社幹部談起"交友之道"時說：

"交友貴在雪中送炭，持之以恆；"

"趨炎附勢、貪新忘舊、過橋抽板、見利忘義，皆非交友之道；"

"要肝膽相照，以德服人；要做俠客；"

"在交友中，三教九流都可以結交，只要心中有數，只要做到'你有乾坤，我有日月'，見人說人話，見鬼說鬼話就是了；"

"一個人只要爲我黨做過一點好事，出過一點力，爲愛國事業做過一點貢獻，就是我們的朋友，就要銘記不忘。"

這並非引自某位先哲或領袖的至理名言，實乃廖承志自己的親身體驗。

373

　　1936年，延安。傍晚，遠山傳來高亢悠揚的信天遊，近處依山的窰洞裡飄出小米飯香，娃娃笑聲；

　　延河旁小樹林裡，悄悄躲進樹影裡的青年男女，在輕輕說着情話。

　　一孔燭光暗淡的窰洞裡，炕上躺着一個高鼻子、藍眼睛的外國人，一個眼裡存滿寂寞的外國人。他就是從美國來到延安抗日前線的著名醫生馬海德。

　　抱着滿腔熱情和美好願望來到延安的馬海德，天一黑，他便常常陷於孤獨苦悶之中。他一句中文聽不懂，尤其是帶口音的陝北話，對他彷彿是天書。語言不通，只要翻譯不在，他立刻變成聾子、啞巴。

　　白天工作很忙，日子還好過，一到晚上，獨獨留下自己後，就像掉進了無底的深井之中，能隱約聽見鄰近窰洞裡傳來的歌聲和笑聲，只是沒有屬於他的友情和快樂。但他又實在不好意思讓白天勞累一天的翻譯，晚上再為他勞神，總是託詞要早點睡覺，催促翻譯回去休息。

　　況且，中國人都比較深沉、內向，能談工作的人，也不一定是能談心裡話的朋友。可美國人粗獷、直爽，簡單得多。譬如，公共汽車站上兩個美國人等車，如果一個人開口說：“今天天氣不錯呀，朋友！”另一個只要接個話茬：“是的，天氣真不錯！”於是，先開口的那位的第二句話，很可能就是：“嗨，我剛跟妻子大吵一架，為什麼？我說給你聽，你看誰有理……”接着便無遮無掩，滔滔不絕，傾訴吵架緣由和經過，彷彿面對的不是陌生人，而是一個知心好友，絲毫找不到自恃、戒備或難為情的心理。

　　如今，自己身處異國他鄉，語言不通，習俗不同，沒有知心朋友，沒有情感交流，這對性格直爽，內心世界卻異常細膩豐富的馬海德，無疑是一種深刻的、無法擺脫的痛苦。

374

這天晚上，馬海德又是和衣躺在炕上。耳旁只有"滴答、滴答"的手錶聲作伴。

"晚上好！"一聲純正流利的英語問候，馬海德驚喜意外地抬起頭，一個長得英俊精幹的中國小夥子，滿臉笑容地站在自己的炕前。他上身穿件老百姓的黑粗布衣服，下身是條打着補丁的舊軍褲，腳上是雙滿是裂口的黑皮鞋，擦得還挺亮。別看裝束不起眼，卻絲毫不影響他瀟灑的風度和魅力，他繼續用英語自我介紹：

"我叫廖承志，大家都叫我小廖，在紅中社工作，怎麼，一個人睜眼躺在炕上，是不是想家了？"

"噢，語言不通，快把我悶死了！"美國人就是美國人，馬海德對第一次見面的廖承志，也一點不覺陌生，他翻身下牀，一把握住廖承志的手，苦笑着搖着頭說："我又不好老是麻煩翻譯，哪裡也去不了，只好躺在屋裡發獃了！"

"嗨，語言不通別發愁嘛！給你講個故事。當年，我爸爸媽媽到日本去留學時，也是一句日語不會講。可這難不倒我的媽媽。她上街買母雞，不會講'雞'這個詞，就伸開兩個胳膊，嘴裡'咕咕咕一嗒'、'咕咕咕—嗒'地學母雞叫。日本小販一聽就明白。伸手抓隻母雞，不抓公雞，哈哈哈……"

"你在旁邊看到的？"馬海德打趣地問。

"我？那時還沒有我，恐怕我姐姐那會兒也還住在媽媽的肚子裡，蹬着小腿，等着喝香噴噴的雞湯呢！"

"哈哈哈……"馬海德忍俊不禁，朗聲大笑。他喜歡中國人的樸實和真誠，可是又遺憾中國人太內向和死板，到中國後，他彷彿與幽默永別，也記不起自己多久沒有如此痛痛快快開杯放聲笑了！

"不過，媽媽聰明，兒子當然也不會太笨！前些年我剛到莫斯科時，只認幾個俄文字母，一句俄語聽不懂。到餐廳吃飯，我想吃魚，可講英語，服務小姐不懂，怎麼辦？我可不能眼睜睜地讓好菜從嘴邊溜過去，急中生智，我迅速掏出筆，在她的菜單上畫了一條魚，哦，她笑着點點頭，很快就端來一盤魚。以後我就啥地方都敢去，大不了，多畫幾張畫嘛！"

瞧他又說又比劃的樂天派模樣，馬海德又忍不住哈哈大笑起來。

從那以後，馬海德常邀廖承志一塊到處走，"逼"他教自己中文。

當然廖承志也不肯"白教"，常常要"共"馬海德的"產"，"敲"他請自己去延安街上那家小飯舖裡，花塊把錢，炒兩個葷菜，"解解饞"。

當馬海德後來知道了廖承志的家世和經歷，知道他受盡折磨、受盡委屈、長期監禁、幾乎被殺，可謂經歷了那麼多苦難，出來後，什麼也沒有，連給母親寄去自己的照片上那身整齊點的軍裝，都是向同志借的。可是他依然那麼樂觀，對前途樂觀，對本人工作也樂觀，馬海德受到極大的觸動。

半個世紀後。1988年3月11日。北京，人民大會堂。新疆廳。在中共中央政治局常委胡啓立同志主持的《廖承志文集》、《廖承志傳》座談會上，滿頭銀髮、已身患絕症的馬海德，不僅出席，還搶着第一個發言。

馬海德含淚回憶起與廖承志多年的友誼，萬分感慨地說：

"我從認識廖承志的那一天起，就感覺到他是一個了不起的特殊人物，從認識他的那一天起，我對中國人民和中國革命便有了親切的認識和感觸。"

在中日友好運動的發展史冊中，廖公和"西公"的友誼也是衆人盛讚的。"西公"並非姓"西",他即是廖承志1952年在維也納結識的日本朋友西園寺公一先生。

西園寺公一先生在維也納接受廖承志的邀請,成爲戰後訪問中國的第三批日本客人。

他抵達北京已經是1952年的歲末隆冬了。見到廖承志,忍不住傾訴着他的第一印象:

"中國換了人間。處處呈現出一派生氣勃勃的景象。若說貧富比較,日本物品豐富,生活過得好起來了,中國呢?人民生活雖不富裕,可是,解放帶來了人的氣質的變化,人民目光炯炯,走路昂首闊步,待人接物不卑不亢,已完全不同於舊中國了。"

廖承志看出這是位有見識、能爲世界和平及日中友好貢獻自己後半生的有志之士,是可以深交的朋友,當西園寺公一協助撤回日僑工作的談判告一段落後,廖承志便向他提出建議:

"先生,請去外省參觀一下吧!你願到哪兒都可以安排。"

當時,西園寺公一除了在北京參觀之外還遊覽了上海、杭州等地。

廖承志相信百聞不如一見。

以後,西園寺公一先生又去維也納從事和平運動,廖承志每次去維也納開會,總是敲開西園寺公一位於市中心繁華大街的辦公室兼宿舍大門,一邊飲着日本綠茶,一邊推心置腹地交流和探討世界和平運動和恢復日中邦交的障礙和問題。常常會有"英雄所見略同"之慨。

1957年3月,西園寺公一先生回國時,順訪北京。廖承志直接去賓館看望老朋友,見面也不用翻譯,自己用日語

377

說：

"中日尚未建交，北京沒有日本的大使館，中國希望日方能派人，作爲日本民間組織的代表常駐北京，執行聯絡任務。這位先生應當是能與日本政界、經濟界、知識界都有廣泛聯繫的人。"

"我離開日本去維也納已經三年了，"西園寺公一先生對廖承志也是有話直說，"國內的情況我也不了解，我回國後和大家好好商量後再答覆吧。"

廖承志點點頭，又補充一句："不是派誰都可以。可能的話，希望西園寺先生你本人來。"

第二年，西園寺公一先生帶着妻子和兩個兒子來到北京，廖承志親自去車站迎接，陪送西公一家走進天安門附近的一座灰色西式小樓。這裡解放前曾是意大利駐華使館的房子，進了門就是大廳，熟悉日本人生活習慣的廖承志，特意指示從日本買回"榻榻米"，佈置了日本式的房間，準備了乒乓球室，連孩子上學的學校也已經安排好了，讓第一次到中國的西公的妻子和孩子們，多了幾分欣喜和親切，少了一些不安和陌生。

連西公自己也不曾想到，他在中國竟會獃上十三年（西園寺出國時曾與當局達成默契：回國之日，便是永遠離開中國之時）。

此間，無論日中兩國關係是緩和還是緊張，西園寺家中，廖承志總是常客。每年元旦放假的那些天，西園寺家中總要準備出可供四五十人吃的節日佳餚，來客不僅有日本商社的人，還有以廖承志爲首的中國朋友。

廖承志一邊有滋有味地品嚐着鮮美的生魚片，大口喝着日本醬湯，一邊還毫無拘束地對"嫂夫人"的日本料理水平評頭論足，逗得滿席笑聲不斷。

　　後來，由廖公和西公商定：在王府井大街開設了一家店號叫"和風"的日本料理。自從日本記者常駐北京以來，廖承志每月一次，請他們在"和風"共進早餐，邊吃邊談中日關係等問題。自然而又親切。

　　廖承志接見日本代表團時，總請西公出席，許多事決策前，也總要徵求西公的意見。周恩來總理接見日本外賓時，第一句話總是先問："西園寺先生來了嗎？"並且很尊敬地稱讚他爲"民間大使"。

　　西園寺公一先生通過與周恩來、陳毅和廖承志的接觸和交往，深切感受到一種中國的作風：對眞正朋友充滿信賴，決不朝三暮四、輕易改變。他便不斷提醒自己，務必記住1952年在維也納，在中國代表團團長郭沫若舉行的晚宴上，自己曾經發表的演說：

　　"我們日本人民也能擔當起捍衛世界和平的任務。"

　　是的，他此後的生涯的確爲了實踐這次講話的內容而活着。

379

　　多年來，接待外賓、出國參加國際會議和出國訪問，如同氧氣和水分，幾乎成了廖承志生命的一個重要部分。

　　凡是曾經同廖承志接觸過的外國朋友，無一例外地樂於與他交往，傾聽他精闢、生動且幽默、風趣的談話。總感到與他每一次交談，都是一種精神享受！就像國內同志從不愛稱呼廖承志的官銜，不分男女老少，都愛稱他廖公一樣，國外朋友常以親暱的口吻叫他——Liao。

　　廖承志足跡遍天下，他到過的國家，他交往的外國朋友人數之多和範圍之廣，恐怕在他這一層次的領導人中，能算上一個之"最"。

他的朋友中，數日本朋友最多，有日本朝野領導人、各階層、各行業的數不清的人士。都說隔行如隔山，也怪，無論哪個行業的人士，都認定廖承志是自己的內行，是自己的知己。

在西方世界裡，廖承志所交的朋友中，有英國的紅衣大主教和皇室成員，有美國的著名記者、作家，法國的議員，比利時有威望的王太后和男爵，意大利前議長、政黨領袖，荷蘭的電影導演，蘇聯的作家，德國的牧師，印度的議員、作家，斯里蘭卡的和尚、女大使，印度尼西亞的社會活動家、評論員，阿爾及利亞的外長，摩洛哥的政黨領袖，幾內亞的工會主席、部長，叙利亞的教師，智利的畫家，阿根廷的演員以及眾多的非洲自由戰士和普通人、小人物等等。

外國朋友對廖承志的讚譽、欣賞是廣泛和真切的：

日本活動家稱廖"比日本還日本"，驚訝他對日本政治、歷史、文化方面的知識及日文的水平，比日本人還強。不少日本國際活動家，往往在國際和日本重大政局變動時，主動請教廖公。

在50年代末和60年代初，中國詩人朱子奇，曾先後四次去日本參加反對原子彈世界大會，每次都給日本著名作家中島健藏先生捎去廖承志的信。中島先生讀信非常仔細，邊看邊點頭，看完總免不了感慨萬千：

"每次天空出現烏雲時，總是廖先生帶來一線光亮，吹來一陣東風，使我增加了信心和勇氣。我們衷心敬佩廖先生的品德、才華，相信他的明智啊！"

"Liao，國際活動家，名副其實！"許多外國朋友不斷豎起大拇指。

在世界和平大會上，只要場合需要，廖承志走上主席台，就直接用純正流暢的英語作即席發言；會議休息時，他一會兒與蘇聯朋友講起帶捲舌音的俄語；一會與德國代表講起鼻音挺重的德語；與法國人站在一起時，又能講起發音柔美的法語；至於英語，不僅帶有濃重的美國音，而且還能不時蹦出幾個逗人發笑的民諺俚語。

當一些蘇聯、東歐的和平戰士，在會場裡看到眾多外國代表經常圍着廖承志，在活躍、熱烈地討論問題時，他們對廖承志的本事真感到不可思議：

為什麼他能像吸鐵石一樣吸引了那麼多的人？

為什麼甚至連信仰上帝的人或政治觀點不同的人都同廖談得來，都表示出極大的尊重？

那些總是以老大自居，卻常常受冷落的人，只能攤開雙手聳聳肩，不可理解地用俄語說一句：

"奇妙的廖！"

381

廖承志還有一套絕活：他能在會場上一邊聽人發言，一邊畫人物速寫，往往是幾筆便能抓住講話人的特點，各異的五官、髮式，各種的站立姿態，不同的笑貌音容，活活脫脫，唯妙唯肖。有時被畫中人發現，當場索去。瞧着自己被誇張了的大鼻子，闊嘴巴，粗眉毛，瞇眼睛，鋼絲捲一樣直立的金髮，小山包一樣的大肚皮，真是難看，可是細一品味，那畫上人的神韻分明就是自己，於是，笑聲頓起，連聲說：

"廖先生，送我，送我，我要帶回去給我夫人、孩子欣賞欣賞！"

當然，也有把人嚇得目瞪口獃的時候。

那是60年代初，蘇聯大國沙文主義愈演愈烈。

中國共產黨當時高舉起兩面旗幟，一面是反對帝國主義，堅決支持第三世界民族獨立的解放運動；一面是反對現代修正主義。

那時，無論是蘇共黨代會，還是世界和平大會，幾乎成了吵架會。往往會議發言針鋒相對，劍拔弩張，會場內氣氛緊張得像要爆炸。

廖承志對原則問題是從不讓步的，以他高度的敏銳和才華，對突發的事件，都能作出迅速果斷的反應。處理得恰到好處，游刃有餘。

1962年，廖承志和劉寧一帶隊去華沙出席世界和平理事會。那時中蘇關係已經很緊張了，中國代表團去準備光榮地孤立。因華沙開會期間，正巧碰上美國總統肯尼迪遇刺，當時蘇聯和東歐國家主張為肯尼迪默哀，這本是國際交往中正常禮節，但是，中國當時反美旗幟舉得很高很高，兩國又沒有外交關係，怎麼能默哀呢？所以堅決抵制，弄得不歡而散。

第二天晚上，蘇聯舉辦一個招待會，中國代表團大部分同志都沒去。廖承志去了。

在家的同志真為他捏一把汗，大家都見識過“老大哥”的粗暴和無禮，這回廖公人少勢單，他們仗勢欺人，不知道會鬧出什麼花樣來呢！招待會結束後，廖公回來，沒事人一樣，啥也沒說。一位跟去的同志不等大家詢問，便忍不住讚歎連聲：

“廖公真是高啊！”

原來，中國代表一進會場，那邊就三五成群地圍上來，有冷嘲的，有熱諷的，有譏笑的，有指責的，甚至還有揮動拳頭粗暴罵娘的，那架勢，像炸了窩的馬蜂，個個帶刺，個個進攻！

1962年夏天，周恩來總理、陳毅副總理和夫人張茜（右一）在何香凝家作客。左二為廖承志。

　　隨同廖公參加招待會的同志，面對絲毫不講外交禮貌的人群，眞是火冒三千丈，他不由自主地用力淸理嗓子，準備以牙還牙地反擊，“你們對美帝國主義奴顏卑膝，是徹頭徹尾的投降主義，犯的是原則性的錯誤！……”這類的句子，就在他的口邊轉悠，只要廖公一開口反擊，他就準備衝鋒！

　　“你們猜廖公怎麼樣？”那同志邊說邊比劃：“嗨，他笑瞇瞇，像沒聽見一樣，端着手中的酒杯，從餐桌這頭，逛到那頭，遇上鍾愛的點心、黃油、水果，他一樣不少品嚐，而且吃得那麼有滋有味，甜香可口。等黏黏蟲一樣跟着轉的那夥人口乾舌燥，再想不出新詞時，廖公站住了，他表情嚴肅，態度不卑不亢，提高聲音用英語說：‘諸位，請記住西方的一句名言：誰笑到最後誰才是勝利者。’彷彿言猶未盡，廖公又用俄語、法語、德語、日語各重複了一遍，此刻，週圍的人都獃若木雞，愣了，啞了，無言以對了。廖公則酒足飯飽，揚長而去……”

　　聽得同志們深受啓發和震動：廖公眞有學問！

　　別看他平時從不賣弄，也可以說是深藏不露，但到必要時，他卻能有這個語言文學的修養，恰到好處地表達自己的觀點。

　　那時的世界和平大會，經常是“打嘴仗”。會場裡，廖承志在座位上，對不絕於耳的叫駡聲，彷彿充耳不聞，嘴不動，手卻不停。在筆記本上不停地寫着畫着。

　　有一回，坐在他身邊的東德代表忍不住歪過頭來瞧，這一瞧不要緊，那位老兄驚嚇得嘴巴都合不攏：

　　廖承志竟然把發言的各國黨的領袖，包括蘇聯的領袖，都一一畫了漫畫！神態逼眞、滑稽，旁邊還配有詩句，噢，這是何等的不恭敬、不理智、狂妄自大！

　　正巧，中國代表團裡，還有一位同志長於放大畫面，於是，他把廖承志筆記本的漫畫，一張張加以放大，足有二十多張。

這些漫畫帶回國內，還在釣魚台辦過一次展覽，毛澤東、劉少奇、周恩來及其他黨和國家領導人，還有從事外事工作的許多同志都去興致勃勃地參觀過，眾人邊看邊誇："真像，真像！"

不知是對女士稍微客氣些，還是因為民間不同於官方，廖承志也這樣處理問題。

瀨戶內寂聽是位年輕女作家，在日本小有名氣。70年代初，第一次到中國訪問，第一次見到廖承志。第一次出席這樣有高級官員參加的宴會，瀨戶內女士感到非常緊張。

在宴會廳邊的休息室裡，廖公與她攀談起來。

他標準的江戶口音，滿臉溫和的笑容，使女作家彷彿面對一個舊知的老前輩，心裡暖暖的，嗵嗵亂跳的心臟也安靜下來。

385

"瀨戶內女士的小說我大體都看了，就是色情味重了點，所以我們國內還不能翻譯過來。"

廖承志是笑着說這話的，可分量不輕。女作家心中為之一驚，臉上陡然有些不自然。

是的，她畢竟還是個小姑娘，不善於，也無法掩飾自己的內心震動和窘態。

這時，廖承志又迅速地湊近她，很親切地誇讚道：

"你這件和服不錯啊，很合身！"

姑娘又甜甜地笑了，她感到自己就像一個小孩子，一直在被廖公哄着。

多少年後，她仍然感慨廖公的善於交際，待人接物那麼親切，言談舉止如此令人懷念。

許多日本朋友嘆服廖公：

"最了解日本人的優點和缺點，他心直口快，對優點讚不絕口，對缺點也毫不留情，他是我們的朋友，即使有時意見相悖，但從不妨礙彼此的友好交往。"

"有了巧舌和誠意，你能夠用一根頭髮牽來一頭大象。"不知這句話能否形象表達出廖承志交友成功之經驗？

二

然而，外國朋友對廖承志稱讚最多最普遍的，還是他濃濃的人情味。

說到人情味，似乎近十多年才被"平反"，自從新中國建立，尤其是1957年反右鬥爭開展以後，"人情味"便被劃入另冊，成為資產階級的同義詞。

"親不親，線上分"，這並非只是文化大革命中的產物，華僑拒收海外親人匯款；歸僑斷絕與海外親人的聯繫；與劃成右派的丈夫離婚；趕地主母親出門；因嫂子有歷史污點，妹妹從不敢與唯一的親哥哥通信；一人被整，同事中誰揭發越烈，落井的石頭越大，越被提拔受重用……

是的，長了，久了，慣了，原本已經感情夠內向深沉的中國人，越發變的沒有，或云不敢外露內心真情，不敢表現自我，更不敢無拘無束。千人一張政治面孔，萬人一嘴官話套話，億人一身藍衣綠褲。

這也難怪，外賓參觀幼兒園後，見一個個孩子被管束得規規矩矩，老老實實，回答提問，出口竟都是政治術語時，搖頭感嘆：中國的孩子沒有天真，沒有童趣，好可憐！

在這樣的歲月裡，在這樣的國情內，在這樣的氛圍下，廖承志的人情味，對外國人來說，似乎便成爲熊貓一樣的稀世珍品。前面提過，日本人稱他是北京的“臉面”；從國外回來的華僑說得更絕：“到北京不見廖公，等於沒到北京。”那麼，對西方人呢？

1960年，美國老朋友斯諾來中國訪問。因爲他與美國國務院關係多，加上他寫過一些文章，批評中國的大躍進，受到有關部門的懷疑，對他的接待規格很低，很冷淡。

有人向廖承志報告了這件事，廖承志非常生氣：

“斯諾先生是中國人民的老朋友嘛！想當年，有多少外國人就是看了他的《西行漫記》，才了解中國有個共產黨，才知道中國西北部有塊不屈不撓的延安抗日根據地嘛！有多少海外華僑青年，就是看了《西行漫記》，才會拋開安逸的生活，不顧父母阻攔，不遠千里，跨海渡洋，冒着生命危險回國參加八路軍、新四軍抗日隊伍的嘛！”

“我們的老祖宗尚且懂得：滴水之恩，湧泉相報，難道我們共產黨人，還沒有這點海量和涵養？！”

他立即抓起電話，向周恩來作了報告。

得到批准後，廖承志連夜撥通了詩人朱子奇的電話，鄭重叮囑說：

“大詩人，請你暫時擱下手中如椽大筆，抽出身子，以保衛世界和平委員會代表的名義，出面陪同斯諾先生活動幾天，他想參觀哪裡，就安排哪裡。”

突然提高了接待規格，突然又有了老朋友陪同，斯諾以其記者的敏感，追問詩人朋友緣由。一提到廖承志，斯諾兩眼放出喜悅的光芒，連聲歡呼道：

“哦，能見到廖，我就放心了！事情就好辦了！我有好多的事要與他談！”

就是這一次開始，斯諾在中國政府和美國政府之間溝通

387

了信息，爲後來打開中美關係的大門起了積極的促進作用。

1979年冬天，已經是人大副委員長的廖承志，得知詩人朱子奇將去比利時訪問，便託他給當地的一位阿拉男爵捎去一封信。他們是二十多年前，在世界和平運動中相識的，兩人都會畫畫，也都會講幾國語言。

50年代初，帝國主義封鎖中國時，阿拉先生曾衝破種種阻撓，把比利時有威望的王太后動員來訪問中國。

中國人民的領袖毛澤東主席會見了她。

僑委主任何香凝老人在家裡接待了她，還送她一張自己的山水畫。當王太后回到布魯塞爾時，不顧美國政府的威脅恐嚇，在家裡舉行了記者招待會。這位王太后拿出毛澤東主席的相片，對滿屋的各國記者說：

"我從東方中國回來，那裡的人民勤勞，通情達理。"

"毛先生是個明智的人，這是我親眼看見的，你們要放棄偏見。"

這一新聞轟動了西方輿論界，認爲是中國的一大勝利。

二十多年未見，阿拉男爵已經是滿頭銀髮了，可是，在他家裡還掛着好幾幅何香凝老太太的山水畫。他常望着畫軸下沿廖承志的題詞，向朋友回憶起在和大與廖公朝夕相處、情同手足的往事。

他看完廖承志的來信後，緊緊抱住帶信去的朱子奇，含着淚說："歡迎你，朋友！我愛中國，我愛廖！他成了大人物還沒有忘記老朋友啊！二十多年來我有許多問題等着廖回答，由於他的才華和品格，我始終信賴他……"

意外的相逢使老人異常激動，他揮筆寫出一句詩一樣的感慨：

"中國，你又是世界的希望了！"

接着，他又幾筆給朱子奇勾出一張逼真的人像速寫，送中國朋友留念，最後，白髮老人堅持自己親自開車，把中國朋友朱子奇送回旅館，才依依惜別。

是的，此刻阿拉男爵完全沉浸在幸福之中，因爲世間最美好的東西，莫過於有幾個頭腦和心地都很正直的眞正的朋友；而他又一貫認爲，智慧提供給整個人生的一切幸福之中，又是以獲得友誼最重要。

廖承志體胖，自報“身價”二百斤，媽媽叫他肥仔，熟人叫他肥佬。可看起柔美、輕盈、抒情的外國芭蕾舞劇，即便是在通宵工作之後，十分疲勞的情況之下，他也依然是聚精會神，如醉如癡。因爲他熱愛生活中一切美好的東西，尊重藝術家創造性的勞動。這也是他在各門類藝術家中都有好朋友的重要前提。

389

他自幼在母親身旁耳濡目染，對國畫、油畫和速寫都很有功底，日本畫家東山魁夷在北京舉辦畫展，開幕式請廖承志光臨。

廖承志來了，從第一張畫開始，他就觀賞了很長時間，一共一百五十多幅作品，他都是一幅一幅慢慢、仔細地看下去，有時還用日語問身邊的東山魁夷：

這張畫的題材是什麼？採用的是什麼手法？表現的是什麼意境和主題？……

廖承志對畫懷有興趣，畫家是可以理解的，但是，廖承志看畫時那種眞摯而篤實的神態，實在讓畫家心暖眼熱。

東山魁夷是從廖承志自然流露出的眞情中，強烈地感受到他對日本懷有的深深的理解和愛意，便更視他爲眞正的知己。

廖承志在觀看母親作畫。

60年代，廖承志曾作爲中國代表團團長，出席在非洲加納的海濱城市召開的國際會議。

會後，在返回首都阿克拉的途中，廖承志從路邊攤販手上買回了很大的食用鼠。回到中國大使館，烹調後，通紅噴香地端上桌，廖承志笑嘻嘻地拿起筷子，招呼大家：

"別客氣，快，快，趁熱吃！"

在座的大使館的同志，想起那吱吱亂叫，灰不溜秋，偷油打洞的老鼠，個個搖手晃腦袋。有幾位敏感的，彷彿覺得從飄散過來的菜味中，分明夾雜了老鼠的腥臭味，越想越覺噁心，不是出於禮貌，早就趕快逃離飯桌了。

"哇，這麼好的東西，你們都不吃？"廖承志得意地眨動着松鼠般黑亮的眼睛，像個頑皮的孩子：

"我這個廣東佬，地下四條腿的，除了桌子不吃，天上會飛的，除了飛機不吃，嗨，其他的我都吃。你們自己不吃，可不是我不讓你們吃，以後不要後悔，說我廖某人獨吞噢！……"

在大家的哄笑聲中，他有滋有味地吃着，不一會，那一大盤的紅燒食用鼠肉，全被廖承志一人享用了。

也怪了，一向很認眞的日本朋友，聽了廖"獨飽胃囊"的行爲，竟學着中國人，雙手抱拳，連連作揖，口中念念有詞：

"廖先生，我們甘拜下風，甘拜下風！"

此事的餘味無窮。當日本朋友向自己的朋友親人說起這事時，無限感嘆的是：

廖先生的的確確是一個國際性的人物，他心胸寬廣，凡事待人親切，而且充滿了詼諧。也正因爲他是這樣一個人，才博得了人們的愛戴。

把友誼的香水噴灑在別人身上時，總有幾滴濺到自己。

391

此話挺有哲理，對嗎？廖承志自己走向世界，他似乎並不滿足。

早在1954年5月，他隨團長郭沫若，乘飛機赴莫斯科轉往柏林，參加亞太和平委員會秘書處擴大會議。

回到北京，他向劉少奇、鄧小平並中共中央呈送了報告，詳細匯報了參加會議的情況和收穫後，又積極提出自己的建議：

"中國過去對國際組織僅僅採取嚴肅的負責態度與積極工作的方針還不夠；在今天的國際形勢下，如果有準備地適當地在我國召集一些國際會議不僅無害，相反有好處。"

後來，中國的確召開過多次國際會議，並組織了例如中日青年大聯歡這樣的國際活動，直至1979年，由廖承志親自率領中國訪日"友好船"，歷時一個多月，六百多名中國各界代表，環繞日本四島，與日本政府和數以千萬計的各界人民進行了廣泛的友好活動。取得了震動日本各階層的重大作用，也引起世界注目。

前蘇聯有條消息稱：他們的國際活動領導人，用極為羨慕甚至嫉妒的眼光看着那隻船和那船上的廖先生說：

"唉，我們蘇聯就沒有這樣一個人，這是多少錢也換不到的！"

三

不知是誰做的決定，但造成的事實是：

50年代，因為反對美帝國主義和一切反動派，因為蘇聯是老大哥，語言也有了親和疏，從小學、中學到大學，英語基本成了被取締的對象。俄語似乎成了中國學生的第一，或云惟一的外語。

　　1958年成立的由陳毅兼任主任的國務院外事辦公室，還兼管着北京的第一、第二外語學院。擔任外辦常務副主任的廖承志，對外文教學從解放後小學、初中、高中都不敎英語和法語，形成一個十多年的斷層，感到是個缺陷，只要和學院領導談工作，幾乎每次都建議：

　　"外院主要爲外事工作培養人才，從事外事工作，最少要懂兩門，或兩門以上的外語。學院應該爲學生開設第二外語。"

　　外院學生愛聽廖公作報告，廖公滿肚子故事且妙語連珠，經常是聽得輕鬆愉快，回味起來深刻，眞正實行又必須下大力氣。

　　廖承志兩臂支在講台上，雙手自然握起，支撐着自己圓圓的下巴，話說得很眞誠：

　　"外國語這個東西不簡單。一個中國人，雖然掌握的外國文自以爲那麼好，但結果也是中國人的外國文。

　　"同樣有些外國人，自以爲掌握的中文那麼好，同樣也是外國人的中國文。過去不是有一個笑話嗎？有個蘇聯人，他以爲自己中文講得很好了，他的北京話口音比我好得多，於是乎他不講那些文縐縐的話，專找大衆化語匯。有一次，他看到了馬寅初，想恭維一下馬寅初年輕，是個老青年，他不願意用'青年'兩字，要別致一些，來顯示他的中文根底很好，群衆化了，他想起了'小子'就是青年，就把老字和小子連起來，一連就糟，他把馬寅初的肩膀一拍，啊！馬老先生你眞是個'老小子'。"

　　台上台下笑成一片。廖承志沒笑，他揚揚手，繼續說：

　　"所以語言不簡單，一個小子和老字加在一起，就荒天下之大唐了。那麼我們在講外國語中是不是也有說'老小子，這類的笑話呢？最近有這麼個笑話，中日青年聯歡，北京大學學日語的學生，和日本青年談話談得很有趣味，談到‘公雞好鬥’時，想來想去，‘公雞’這個詞不會講，怎麼辦？只好講‘母雞的丈夫在鬥爭’。”

也怪，聽歸聽，感動歸感動，但是，開辦兩門外語的工作，學院叫困難，學生也學不進，此事始終未實現。

也不怪。那是個突出政治的時代，政治能夠衝擊一切業務的時代，下鄉鍛鍊，社會調查，訪貧問苦，反修防修，批判崇洋媚外的時代，外語，只成爲一種單一的鬥爭武器，害怕走白專道路的學生，絕沒有毅力和決心，更沒有興趣和必要，當成國際文化、藝術、科技、經濟、軍事等方面的交往，尤其是廣交國際朋友的必須，去花大功夫研究外語。

因爲那時在中國，不要說年輕學生，即使是在相當一些擔負重要領導工作的幹部的觀念裡，中國是世界上最美好、最先進、最有希望的地方，西方世界腐朽落後，經濟危機四伏，人民在水深火熱之中。

與世界隔絕，當然“夜郎自大”。對請來的外國專家，尤其是從西方世界來的專家，睜大眼睛盯着，惟恐有“特務”活動；外國專家局的領導和工作人員也是提心吊膽，惟恐橫空出世，平添一層“海外關係”的陰影。

1965年12月，正是農村社會主義教育運動進入高潮時期，廖承志卻放了炮：

“首先第一條我們要承認我們是落後，我們還不能講我們現在是最先進的。這幾年做了許多工作，在毛主席和黨中央領導之下，趕上一段了，但毛主席總還那麼講，我們要達到一個現代工業、現代農業這麼個水平，趕上這些國家，要三十年、四十年，恐怕要五十年比較妥當。”

如果只講到這裡，還是毛主席的話，還是安全的。

廖承志不是不知道，毛主席此時的關注點早已轉移到黨內階級鬥爭上了。"小說反黨""老爺衛生部""文化部讓封建帝王將相佔領舞台"，批判"海瑞罷官"等等，可謂是山雨欲來，風聲鶴唳。

廖承志那天跟着周恩來、陳毅從外辦開完會出來，只見院門口原先的一片大花圃已經面目全非：

過去這裡種滿了四季花草，在花匠的精心照看下，春天牡丹，夏天月季，秋天菊花，冬天臘梅，真可謂月月花開花落，四季淡淡飄香。尤其是一到春天，那幾十株墨綠的牡丹，亭亭玉立，雍容華貴，煞是好看。聽老花匠說，這些牡丹特別名貴，還是慈禧時代傳下來的，北京城也只有這裡有了。只因毛澤東一句：資產階級花花草草，玩物喪志。衆位花仙子都被連根挖去。

此刻種上了一畦畦青菜。幾個警衛戰士正在忙着澆糞，一陣陣刺鼻的臭味隨風飄來。

"我真不明白，花花草草怎麼都成了資產階級的了？"一貫心直口快的陳毅外長此時又皺緊了眉頭，他向着周恩來說："難道無產階級就只能嗅糞臭，不能聞花香？難道聞了花香，就會出修正主義？"

周恩來面色嚴肅，沒有接茬。廖承志熟知總理的謹慎和處理問題的方法。牽涉到毛主席的事，他從不背後議論。但是，也不是事事照辦。廖承志那天與花匠聊天，瞧着被挖掉的綠牡丹直搖頭：

"哎，今後在中南海再無緣見綠牡丹！"

花匠四下看看沒人，輕聲對這位成天和和氣氣，從不擺架子的首長說：

"廖公，您要想看綠牡丹，到西花廳去，現在中南海其他花圃都改菜園子了，只有西花廳那片綠牡丹，周總理不讓動。哎，就剩那幾株了。”

“好！”廖承志雙手一拍，是爲西花廳幸存的綠牡丹，也是爲周總理處事藝術。是的，外事工作也一樣，“炮”還是得放，但一定要講藝術，講效果。

在召開外國專家工作會議前，廖承志看了專家局收集的材料：現在專家提意見很尖銳，如美國專家柯弗蘭，他提了個問題：

在中國這麼多年，我們所看的中國社會是什麼呢？是隔着汽車的玻璃窗在看中國社會。他說有三大感慨：一是從汽車玻璃窗裡來看中國社會；二是中國同志的家庭是禁區，不讓人進去；三是在中國那麼久，但是哪個中國同志可以把他當做知心朋友看待，數不出多少來。

讀了這份材料，廖承志眞覺得內疚，感覺到對不起他們，這些朋友是眞心眞意爲中國革命服務的。他在我們這兒住了很多年了，要說接見柯弗蘭最多的，恐怕還是毛主席。美國有什麼大的動向，毛主席總是找他們說一說，聽聽他們的意見。可是下面的同志和他談的時間比毛主席還少，爲什麼？還不是一個“怕”字！這個狀態，不能再繼續下去了。

所以，在外國專家工作會議上，廖承志沒有講完毛主席的話就“急刹車”，依然按照自己的思路講下去，不過細細品味，廖公的講話藝術還眞絕：

“所謂這些國家，據我看不僅指英國，恐怕是連美國在內。換句話說，就是要承認今天我們在許多問題上，同資本主義國家的距離還有幾十年，我們要趕上去，要下這個決心才行……”

“中央給我們指示，基本上是自力更生，在自力更生裡邊，並不排除兩條。這兩條是什麼呢？第一，我們要學比我們先進的這些國家的技術；第二，我們還要買進一些東西，引進一些設備，來補充我們的不足。這是我們的基本方針，同我們的自力更生沒有矛盾⋯⋯ ”

　　“ 現在看來，外國專家還少呢！明年連家屬可能要到兩千，甚至三四千。是否夠了，現在還難說⋯⋯不能認為這是一項麻煩的工作，麻煩總是免不了的。我們在外辦，平均二十四個鐘頭，總要受一次上級批評，為什麼呢？無非是這麼幾個原因，當然基本上是我們的水平低，沒有上級看得遠，看得全面，但是有些問題恐怕還在這些地方：一個是粗心大意，另外一個是怕麻煩。所以奉勸諸公，怕麻煩的思想，從有這個思想開始，就是個錯誤。 ”

　　“ 我們應該積極地做工作，主動地做工作，而且應該建議從各個部門裡面最高的領導開始。為什麼敢說這個話呢？最近我有了本錢了，就是美國不是最近發生幾次示威遊行嗎？有四個人焚身自殺了。我們想對美國人做一番工作，表明我們對美國人民鬥爭的支持。我們建議毛主席接見他們一下。但是，我們訂了個很保守的計劃，就是把在北京的美國人，統統帶到上海去祝賀斯特朗老太太的八十壽辰。當時的安排，只讓斯特朗老太太或頂多加上一兩個老頭子，由毛主席接見，稍微談一下就算了。我們還以為這個建議勇氣很大，一到毛主席那裡，就整個被推翻了，可見我們這些人水平低。主席說：‘ 你這個樣子不行吧，你要跟美國人做工作，怎麼只找一兩個人呢？ ’結果美國人都上去了。主席親自在他們身上花了兩個半鐘頭談話，還不夠，還要留他們吃飯，又花了兩個鐘頭，總共四個半鐘頭。 ”

　　“ 那天主席很疲倦，後來我才知道，主席接見他們的前一個晚上，沒怎麼睡覺。接見時談了各方面問題，這些美國人認為是平生第一次，非常興奮。 ”

　　“ 看，毛主席還肯對美國專家花四個半鐘頭，如果我們

大家還自命爲毛主席的小學生的話，應該加倍了。我們這些
人不敢自居是大學生，高中生也不敢說，初中生也不敢說，
頂多是小學生了，那麼就是退四級，四四一十六，就是花十
六個鐘頭，我看也是應該的，要有這個決心。要不然怎麼做
好專家工作？因此，領導要親自動手，恐怕做好專家工作，
最重要的是要領導親自出面，要跟他們多談。"

"有些專家部門的同志，不敢和專家來住，爲什麼？他
們怕發生'海外關係'。像海外關係這種說法，本身就不大
合乎邏輯。我向諸公暴露一下，敢說一句，海外關係最複雜
的恐怕莫過於我，大概你們公安部門還不知道哩！美國不是
有個陳納德嗎？陳納德的老婆是我的外甥女兒，因此，陳納
德就是我的外甥女婿了，你們還有比這個更厲害的？……"

"我們要主動做工作，不要怕嘛！昨天我把一大群日本
朋友請到家裡喝酒去了，喝了三四個鐘頭，喝得醉醺醺的，
他們非常高興，也談了不少問題。是不是家裡絕對不可來，
恐怕還得要來，因此，建議我們的領導同志，要親自帶頭，
不要求多，一個季度裡面見他們一次，他們就相當高興了。
多談一下，是有好處的。"

"同志們見面的時候，也不能老是擺出原則的面孔，從
早上九點鐘談話，一切都提到原則的高度，到下午、晚上九
點鐘談話，也是提到原則的高度，一切都提到原則的高度，
就沒有原則的高度了。也得和人家拉拉家常，也得要做些感
情的工作，做些友好的工作，看菜吃飯，見機行事，這就對
啦。"

"我建議，對這些做外國專家工作的負責人，做外國專
家工作的同志，派出所就可以少找他們一點囉……"

是的，接觸西方世界來的人，廖承志都能看到他們的積
極因素，所以這些人，廖承志都能像磁石一樣，把他們吸引

過來。

　　於是乎，橫掃黨內一小撮走資本主義道路當權派的史無前例的文化大革命，廖承志只能是在劫難逃！

第十四章

慢火燜魚

一

往日寧靜的院落，彷彿飛進一群嘰嘰喳喳、不知天有多高，地有多大，水有多深，對世上一切毫無憂愁和煩惱的小喜鵲。

他們是外地到北京來串連的中學生，白天拿着乘車證擠公共汽車，從城東跑到城西，去北大、清華、北航等大學看大字報，聽辯論；奔文化部、中宣部、中央接待辦公室等機關，抄大字報，聽演說。要不就是到處打聽，毛主席下次接見的時間，他們見了一次，還想見下一次。一直到天黑了才拖着疲倦的身子回來，口裡唱着新學會的語錄歌，腳步噔、噔、噔，像踩着鼓點。

快進客廳門口時，領頭扛旗的孩子突然想起什麼，猛轉身，豎起食指，堵在自己撅起的小胖嘴上。

後面的孩子，有的閉上嘴，有的伸伸舌頭，扮個鬼臉，都安靜下來。

他們知道，這大房子裡住着一位老奶奶，說她八十多歲了，一點也不像：頭髮雪白，梳得整整齊齊，臉龐紅潤，總露着暖暖的笑容，腰背挺直，耳不聾眼不花，而且還總在屋裡畫畫！

有幾個膽大的悄悄推開老奶奶的房門，啊，好大的書桌，一卷卷宣紙，掛在木架上的毛筆像片小樹林！老奶奶正畫梅花：

紛紛揚揚的大雪中，一叢剛勁的梅枝曲折向天伸去，沿梅枝鼓出幾個星星點點的花蕾，枝頭綻開兩三朵黃裡透明的臘梅花。呵，孩子們深吸一口氣，好像空氣裡分明飄過來臘梅淡淡的清香咧！

這天深夜，廖承志從外面開會回來，一進客廳，只見老母親拄着拐杖，笑盈盈地站在一片熟睡的小腦袋前，看看這個，又瞅瞅那個，嘴裡還輕輕叨唸着什麼。

“媽，都半夜了，您還沒睡？”

“肥仔，你來看，他們睡在地板上，會不會涼啊？”

“媽，屋裡有暖氣，他們不會冷的。您瞧，他們小鼻子上還冒着汗珠子呢！”

何香凝放心地笑了，廖承志攙扶着媽媽往裡屋送，老人還小聲笑着說：

“這些孩子真讓人喜歡。我們家的孩子到處串連，現在還不知睡在誰家地板上呢！”

孩子是老人的安慰，老人的寶貝。何況她還知道，這群叫紅衛兵的小家伙都是毛主席的客人呢！

廖承志聽陳毅講過“毛主席客人”的來由。

毛澤東親自發動的“文化大革命”，他只管“形勢大好，不是小好”。學生全國到處跑，“經風雨見世面”。

林彪只管“緊跟”“照辦”。中央“文革”小組只管煽風點火，惟恐天下不亂。

作為泱泱大國的總理，要管全國人民的吃喝，穿衣，周

1965 年 9 月，廖承志和夫人經普椿陪同全國人大副委員長、國民黨革命委員會主席何香凝會見剛剛從海外歸來的原國民黨政府代總統李宗仁夫婦。

恩來當不了甩手"掌櫃"。

那天開政治局會，毛澤東也來參加了。周恩來如實匯報着"文革"運動情況：

全國紅衛兵到處乘火車串連，工農業原料和產品運輸受到很大衝擊。尤其嚴重和壓力大的是北京，吃的問題，住的問題，都很大，天氣又漸漸冷起來，是不是……

"是我闖了個大禍，"毛澤東吸了口煙，不緊不慢地說："是我請來了全國的紅衛兵，把北京弄亂了，娃娃們沒地方住，住到我的屋裡來。"話不多，分量不輕！

"我堅決不同意，"周恩來斬釘截鐵地反對："為了主席的安全和休息，紅衛兵不能住到'游泳池'（毛澤東在中南海的住地別名），可以安排到西花廳來。"

於是，凡是家裡住着四合院的中央領導，都騰出自己的客廳，接待越來越多的擠到北京參觀學習、日復一日等候毛澤東主席接見的外地串連學生。

廖承志的家裡，當然不會例外。

外頭的一切，老太太並不完全清楚。

其實，不清楚是福！

廖承志目前的處境，就像窗外越來越冷的天氣，日漸惡劣，但是對八十多歲的母親，他是隻字不提。

母親一生經歷多少坎坷和痛苦，他絕不希望老人的晚年還要為自己擔驚受怕，這點，他早就和妻子阿普通好氣，讓老人一直生活在最美好幸福的意境裡。

回到自己屋，廖承志翻開當天的報紙，一版頭條，是陳毅外長接見日本朋友的照片。他不禁生出無限感慨：真應該慶幸，中國有個既是元帥，又是外交家；既有豪放寬廣的胸懷，又有滿腹才學的陳老總！

　　如果不是他在關鍵時刻挺身而出，爲黨爲國直言無諱，敢挑擔子，恐怕外辦這一大攤，早就亂成一鍋粥了！

　　1966年6月1日，毛澤東主席批准北大聶元梓的大字報在全國廣播後，天下當即大亂。

　　劉少奇主持中央政治局會議，作了派工作組領導運動的決定，又報請毛澤東，並得到批准。

　　陳毅立刻緊跟中央決定，佈置外辦機關向下屬單位派出工作組。

　　不料，工作組的板櫈還沒坐熱，"中央文革"便發動造反派驅趕工作組，向所謂"鎮壓群衆的資反路線"開火。

　　外語學院的造反派還揚言，要衝擊在北京召開的亞非作家緊急會議。

　　陳毅在政治局會上放炮了：

　　"爲什麼衝？因爲造反派認爲，中央批准參加會議的中國作家中有黑幫，沒有資格參加會議。"

　　"我們這裡領導開會，剛研究幾條保證安全的措施，那邊造反派大字報馬上就貼出來了。連我陳毅講話的腔調，臉部的表情，他們都清清楚楚。"

　　"聶元梓的大字報公開發表後，外電議論紛紛，許多外國朋友不理解，擔心我們國家出現騷亂，擔心我們黨控制不了局勢，擔心我們的外交政策不穩定。光我這外交部長講'請閣下放心'，人家能相信嗎？！人家有眼睛，要看，看你中國共產黨到底有多大本事！連個會都開不安穩，誰相信你中國的外交政策穩定？！

　　"這是關係到國家聲譽和國際視聽的大事情，不是兒戲。既然中央把召集這次大會的任務交給我，我就不怕負這個責任！誰要是衝擊會議，就是現行反革命，我陳毅絕不會客氣的！"

　　鄧小平當即果斷地說："陳老總，哪天我同你一道去外語學院，給學生做做工作，對他們曉以大義，防止少數人搗亂。"

　　周恩來則親自找來北京衛戍區司令員傅崇碧，當面交待任務：

　　"我很快就要出國訪問，中央決定，六月召開的亞非作家緊急會議由陳老總主持。這是一次有重大國際影響的會議，警衛工作一定要搞好，不能有絲毫差錯。派一個團保護好會場，無論誰衝擊會議，先扣起來……"

　　亞非作家緊急會議在人民大會堂隆重開幕了。廖承志坐在主席台上，聽到陳毅外長代表中國政府在會上的致詞，多次為膚色不同，語言各異的亞非作家代表熱烈的掌聲和歡呼聲打斷，心裡倍覺安慰：看來各國朋友從陳老總的講話中，看到中國共產黨的力量！

　　廖承志畢竟是"老運動員"，從"文革"一開始，機關、學校、大街小巷總傳來江青尖細的聲音：

　　"我代表黨中央，我代表毛主席向小將們問好！……"

　　廖承志便敏銳地感覺到"戴眼鏡的人在搞鬼！"

　　對江青，中央早在延安時就有三條規定，其中最主要的一條，便是不能參與政治，只負責照顧毛主席的生活。這在黨內是傳達過的。

　　特別是"中央文革"總強調：現在的鬥爭是"新文革"和"舊政府"的鬥爭，矛頭指向黨和國家領導人，包括周恩來、陳毅同志，這是不言而喻的。

　　為了保護陳毅同志，廖承志與外辦政治部商定了一個原則：

　　"問題既不上推，也不下卸，自己的錯誤自己承擔，責任到我們副主任一級為止。"

　　後來在一次小型會議上，陳毅曾很風趣地說：

　　"到目前爲止，副部長以上的幹部中還沒有一個出賣我的。"

　　廖承志始終按照周恩來、陳毅傳達的中央指示精神貫徹，他一直主張運動內外有別：

　　外事口的運動應該在黨的領導下有秩序有步驟地進行，不能亂來；

　　運動不能影響外事工作正常進行；

　　國家的外事機密不得洩露；

　　外交業務大權不能旁落。

　　廖承志還直接參與擬定了涉外單位"文革"八條規定。

　　這些規定，當然無法阻擋"文革小組"的陰謀活動，但他像一段堅固的堤壩，修築在風浪最猛之處，努力保持外辦的穩定性。

　　八屆十一中全會。毛澤東發表了《炮打司令部》的大字報，指出中央有個"資產階級司令部"。同時，又在《歡呼北大的一張大字報》上批註："危害革命的錯誤領導，不應當無條件接受，而應當堅決抵制"。

　　於是，工作組頓時變爲鎮壓群衆運動的劊子手，受到造反派的"窮追猛打"。

　　在對外文委批判大會上，中央"文革"小組的顧問陳伯達、康生厲聲斥罵文委原領導李昌、宋一平同志是"三反分子"，並當場責令兩人停職反省。

　　廖承志坐在主席台上，臉上毫無表情。

　　會議結束後，在一片打倒聲和斥罵聲中，李昌、宋一平拖着沉重的步子走出會場。

　　警惕性極高的造反派發現：廖承志乘坐的黑色鋥亮的吉姆車還停在會場旁邊的公路上，廖承志在車裡，向李昌、宋一平連連招手，李、宋兩人走到車邊，廖從裡面拉開車門，招呼李、宋兩人上車，雖然離得遠，聽不見他對兩人說些什麼，但從表情上也能看出，絕沒有像陳伯達、康生兩位“首長”對“三反分子”的那種鮮明階級立場和強烈的階級仇恨。怎麼不讓人懷疑他到底是哪個司令部的人呢？！

“老李、老宋，上車。”熟悉的招呼聲，是從路邊停着的車裡傳出。

一看黑色吉姆車，不用問，就是廖公的。兩人痛楚的目光一碰，都心領神會：我倆可都是剛剛被宣佈停職反省，別再給廖公添亂。都沒向車邊靠。

“愣着做什麼，快來上車！”廖公用的是命令式。

兩人上車，等車轉上公路，廖公目光嚴肅，完全失去往日的幽默和詼諧，語氣凝重，似乎掂量着每一句話的分寸，他說：

“現在形勢很複雜，需要冷靜觀察、思索和分析，我們這些人恐怕都站不住了，要有思想準備。今後，無論發生什麼情況，都要多多保重自己的身體，要往遠處想，往開裡想，要充滿自信和勇氣，留得青山在，不怕沒柴燒。運動總要結束，總會作出正確結論的。”

“廖公，我們一定記住您的話！”

“廖公，您的處境還好吧？您可不能倒啊……”

兩個成熟的男人，這會兒竟像孩子似的嗓子發緊，聲音哽咽。

“我的處境？”廖承志雙臂抱在胸前，語氣平穩地說：“說句坦白的話，我自己也是被‘慢火燜魚’，是的，連我都燜緊了。”

廖承志不可能給李昌、宋一平任何許諾和保證，也不願去講那些少油沒鹽的寬慰話，他抓緊時間只講這些近乎殘酷卻又是事實的話，為什麼？因為他革命幾十年，過的溝溝坎坎多了，他最清楚：世界上能打倒，打垮，打碎乃至最終打死自己的，往往不是別人，而是自己！悲觀、失望和絕望，勝過任何武器對人的殺傷力！

的確，經歷了種種劫難和痛苦，時間飛逝十八九年，直到廖公去世後，當年他在吉姆車上的一席話，依然縈繞在李昌心頭，此生不會忘⋯⋯

二

1966年國慶眼看就要到了，照例要接待大批外賓。周恩來把廖承志找去，緊鎖雙眉，不無焦慮地說：

"現在北京擔負外事接待的八大飯店，都亂哄哄的，飯店經理被奪了權，職工分成兩派，你爭我鬥，根本無法正常上班。我已經聽到好幾批外賓反映：他們的飯經常吃不上。國慶來的外賓更多，目前這種狀況怎麼行？我找有關同志商量了，準備成立一個接待外賓、華僑的小組，由你負責，要整頓八大飯店的秩序，八大飯店在國慶前後一律停止'文化大革命'，全力接待外賓。"

"行！"廖承志欣然受命。

廖承志不知道這是個難辦的差事？他不知道負擔這個責任，弄不好就成了鎮壓群眾運動的新罪行？當然不是！但他更知道周恩來目前的壓力多麼沉重：

中央"文革"小組惟恐天下不亂，只管到處煽風點火，越亂越好，越亂，越說明"舊政府"問題嚴重。而國務院各部委辦的部長級幹部，都受到造反派圍攻。無法工作，幾十個部長的擔子都壓到周恩來的肩上，就是鐵打的金剛也吃不消！只要能分擔總理一點擔子，廖承志是從不考慮其他的。

過去一貫如此，何況眼前這大亂之時！

　　一向溫文爾雅，說話總是面帶笑容的廖承志，這次態度十分嚴肅，說話斬釘截鐵。他出現在北京飯店的大廳正中，接着又走進華僑飯店的小禮堂，挨着個向各飯店全體職工宣佈周恩來的決定，說明在飯店暫停＂文化大革命＂的必要性，接待好外賓，是向世界宣傳中國的重要途徑。

　　每次講話的最後，廖承志都提高聲音，加重語氣說：

　　＂飯店什麼時候恢復搞運動，必須等候周總理的通知。我把醜話說在前頭，如果有誰敢違反規定，一定要嚴肅處理，絕不寬容！＂

　　由於廖承志的強硬態度，終於把各大飯店的形勢暫時穩定下來了，總算完成了國慶接待任務。

　　這天晚上，廖承志也是受總理委託，去民族飯店處理中學生的＂西城區糾察隊＂和大學生的＂三司＂兩個紅衛兵組織的糾紛。

　　他耐心地聽完雙方的意見，當即表態：

　　這完全屬於人民內部矛盾，應該互相諒解，各自多作自我批評。

　　紅衛兵還沒說什麼，兩個自稱是江青派來的、一直坐在群眾中旁聽的《解放軍報》記者，卻突然站起來，朝着主席台大叫大嚷：

　　＂廖承志你不要抹稀泥！兩條路線鬥爭是你死我活的鬥爭，絕不能調和折中！革命小將要擦亮眼睛，千萬不要受騙上當！＂

　　軍報記者一番挑動，會場裡的兩派，頓時像被激怒的公牛、爭強好鬥的公雞，紛紛站起身，衝進對方人堆裡，互相指責，吵鬧不休。

　　廖承志板起臉來，很不高興，他對着話筒連喊幾聲＂請大家安靜＂，會場內仍然是亂哄哄的。於是，廖承志指着台下那兩個《解放軍報》記者，很不客氣地說：

＂記者閣下，你們只是觀察員，是旁聽會議的，不要隨意發表意見好不好？＂

那兩人有恃無恐，根本不聽勸，依然大喊大叫：

＂我們是江青同志派來的，我們就要態度鮮明地支持左派！＂

＂誰鎮壓革命群眾，誰就沒有好下場！＂

＂向資產階級反動路線開火！革命小將們，絕不能心慈手軟！＂

……

廖承志終於忍不住了，他猛一拍桌子，怒不可遏，厲聲喝道：

＂年輕人，你們不要太張狂！我當新華社社長的時候，這個世界上還沒有你們哪！你們既然無視紀律，我請你們立刻出去！＂

那兩個記者猛一愣，他們當慣＂太上皇＂，還從沒受到這般委屈和羞辱！等反應過來，便高聲抗議：

＂廖承志，我們是江青同志派來的，你竟敢轟我們出去，行，我們這就去向江青同志匯報！＂

＂你們想上哪兒匯報，就上哪兒匯報好了，這裡是我負責！＂廖承志不卑不亢，毫不怯弱。

兩個記者氣呼呼地衝出會場，廖承志並不理會，只管繼續苦口婆心地給兩派學生調解糾紛……

等精疲力竭回到家，已經是半夜十二點多鐘。

＂承志，江青電話找你。＂妻子阿普略顯不安的招呼聲，廖承志一點也覺意外，他穩穩地拿起電話：

＂我是廖承志，江青同志，有什麼事嗎？＂

"廖承志！"江青原本就尖細發顫的嗓音，此刻被激憤之情燃燒，又提高了好幾度：

"你說，你還像一個共產黨員嗎？！你立場站到哪去了？！"

看來，江青打電話並不想聽廖承志解釋什麼，只爲發洩一下自己的盛怒，擺一擺"紅都女皇"的譜，她壓根兒不等廖承志開口，"啪"地一聲掛斷了電話。

"出了什麼事？江青同志說了什麼？"妻子着急地詢問。

"沒什麼。"廖承志放下電話，他怕妻子擔心，沒講事情經過，答非所問，怒火滿腔地說：

"好人死了，我們都戴孝；那個戴眼鏡的死了，我們戴紅花！"

經普椿太瞭解自己的丈夫了，他心胸寬闊極了，從來不會爲自己的事記恨誰，何況對方還是"第一夫人"呢！莫非是……經普椿心神不寧，幾乎一夜沒合眼。

第二天，廖承志的吉姆車開出大門，往右一拐，沿着狹窄的王大人胡同向西，駛向中南海。

"廖公，你看！"司機揚起一隻手向窗外指了指。

廖承志順手勢看去：沿着王大人胡同灰色的磚牆，昨天還貼滿紅紅綠綠大字報，今天全被清一色的大標語覆蓋。恐怕等不及墨乾，就貼上牆，幾乎每一個字，都流着黑色的"眼淚"。

車速挺慢，而且每一整張紙，只寫一個字，廖承志不戴眼鏡也看得清清楚楚，他很有興致地讀出聲：

"火燒廖承志！油炸廖承志！打倒廖承志！哇，要眞油炸本人，還得特別爲我造一口大鍋，要想炸透我，恐怕要花百十斤油吧？！"汽車裡，飛起一陣笑聲，連最近一直滿臉

411

愁雲的秘書，也"噗嗤"一聲，開了笑口。

三

　　廖承志來到西花廳，向周恩來報告最近接待日本外賓的情況。剛坐下，陳毅氣沖沖地走進來：

　　"總理，小廖，你們看看這個！"他說着，從口袋裡掏出一張報紙，往桌上一拍"簡直狂妄之極！"

　　周恩來拿起小報掃了一眼，遞給廖承志。顯然這個消息對他來說，已經不是新聞。

　　廖承志一看，小報上登着這樣一個消息：王力的兒子講，"我爸爸說了，這次不打倒四個老帥，就準備上斷頭台。"

　　"我陳毅是什麼人？難道比帝修反還壞？四位老帥講話，不就是批評了不講政策的現象，強調團結大多數，顧全大局嘛，難道講錯了？

　　"我看，有些人為什麼這樣恨我，就因為我至今還敢講話，敢講真話！這就犯了忌了，就非打倒不可了！哼，我陳毅也不是好惹的，哼哼哈哈，恭喜發財，這不是我的性格。我現在不上班，再不講話，我憑什麼拿這四百多塊錢？我還叫什麼共產黨員？只要有機會，我還要講！大不了丟烏紗帽嘛！這有什麼了不起呢？！"

　　廖承志為之動容，他頻頻點頭，但沒接話茬。

　　在總理面前，他像站在兄長面前，一般出言謹慎，全不似陳毅那樣放得開，啥炮都敢放。

　　周恩來沒說話，他瞧着陳毅喝了幾口清茶，心氣平和些，才不緊不慢地說道：

"陳老總，現在我要請你接受一個任務。"

"什麼任務？"陳毅擱下杯子問。廖承志也豎起了耳朵。

"從現在開始，你不要講話。"

"什麼，什麼？"陳毅驚訝地瞪大眼睛，指着自己的鼻子問道："叫我不要講話？"

周恩來肯定地點點頭。

陳毅愕然。

廖承志若有所思。

"總理，那讓我天天幹什麼呢？不能吃了飯就睡大覺吧？！"陳毅快人快語，半開玩笑地反問。

廖承志嘆口氣說：

"陳老總，你下午接待外賓，恐怕還不知道吧，今天在工交座談會上，林彪和‘文革’小組，批判了谷牧同志起草的工交系統‘文革’十五條規定，說是典型的以生產壓革命。看樣子，余秋里、谷牧同志今後也很難出面講話了。"

周恩來緩緩地點點頭，話語裡充滿憂慮：

"這麼大的國家，千頭萬緒的工作，我總不能沒有幾個幫手嘛！部長們都被打倒了，他們的工作誰來做？！我想早些安排部長們向群眾檢查，爭取盡快過關，把各種工作抓起來。

"一年之計在於春，如果明年初部長仍被圍鬥不能工作，全年的工農業生產和各項工作就要受影響了。"

周恩來見陳毅點頭贊成，話頭一轉："陳老總，我想讓你帶個頭，你看怎麼樣？"

"叫我帶頭？"陳毅頓時明白了周恩來的意思："叫我向造反派檢討？我有什麼錯誤？！我要學生們顧全大局，這話錯了？我要工人回去抓革命促生產，堅持業餘鬧革命，這話錯了？我說交班不交給那些不講政策，亂揪亂鬥的人，班交給他們我不放心，這話我說錯了嗎？！……"

廖承志邊往陳毅杯子裡加水，邊勸道：

"陳老總，喝點水，你講的話，我看沒錯，不過……"

"不過什麼？"陳毅怒不可遏："只要我說的沒有錯，我就堅持！我就不低頭，不檢討！"

"陳老總！"周恩來雙目注視着陳毅，幾乎是在懇求了："就忍了這一次吧！"

周恩來的難處，廖承志太清楚了，他鼻尖發酸，心像被貓抓一樣難受。

"不！"陳毅斷然回絕："士可殺，不可辱！大不了一把刀子！"

正巧，秘書進來通知，接見外賓的時間到了，請總理、陳總和廖公上車。周恩來伸手拉起陳毅，對面前這兩位最得力最知心的助手，無限感慨地說：

"外事工作一天也不能中斷，你們總是被包圍，被批判，工作讓誰去抓？我要管的方面太多，一個人頂不下整個天哪！"

廖承志注意到一向精力充沛的總理，今天明顯露出疲倦和憔悴的神色，他悄悄扯了一下還在搖頭的陳毅，陳老總立即心領神會，有些含糊其辭地說：

"好！我回去再想想吧，想通了，我來找你！"

沒過一週，陳毅見到廖承志時，往他手中塞過一疊紙："廖公子，給我挑挑毛病，補補漏洞。"

"是什麼文件？"

"我的檢討提綱。"

"檢討？！"廖承志十分意外。

"哎！"陳毅長長地嘆了一口氣："那天中央召開碰頭

會（此時中央書記處不復存在，常由周恩來召集黨政軍首腦人物及中央 “ 文革 ” 小組成員的一攬子會議研究重大問題。）老夫子（陳伯達）那幫人喋喋不休，讓人心煩，我與葉帥和詩解悶，突然發現坐在斜對面的周總理，用右手支撐着前額，兩隻眼睛不斷眨着，不斷眨着，可是終於抵抗不住，慢慢地合攏了。 ”

“ 總理打瞌睡？ ” 廖承志震驚地脫口反問。

“ 是啊，我和葉帥也都大吃一驚。 ” 陳毅眼裡浮出淚光：“ 小廖，我們跟總理多年，去萬隆開會，出國訪問非洲十四國，那會兒多累多忙，總理哪次不是精力充沛！什麼時候見他打過瞌睡？倒是爲了照顧我，他建議我戴上了墨鏡，由他出面主談時，或者看戲時，讓我偷閒閉閉眼，打個盹，他只提了一個要求，不准打呼嚕。 ”

陳毅不斷清着嗓子，聲音依然發顫。

廖承志緊抿雙脣，強忍着滿眶的淚水。

415

“ 開完會出來，葉帥上了我的車，我倆都一樣心事，相對無言。你知道，葉帥原來也是頂牛不檢討的，臨分手，他握着我的手晃了晃，說：‘ 陳老總，我們要分擔責任，可不能看着周總理累垮了！這種形勢，沒有他不行呀！ ”

“ 所以，我當晚去了西花廳，對總理說，我想通了，我從今天開始，不再放炮。我檢討，一定深刻檢討，爭取早日得到群衆諒解和信任，把握好外辦的工作。

“ 總理眞是很高興，他握着我的手，連聲說：‘ 好！好！你就帶個頭，以大局爲重 ’ 還叮嚀我，檢討不要太長，寫好拿給他看看。我答應了，但也要總理答應一個條件：要他多多保重自己身體，不只是爲自己，爲大姐，是爲整個黨，整個國家…… ”

陳毅喉頭一陣發緊，兩顆晶亮的淚珠，無聲地滾落在自己的前襟。

廖承志此時早已潸然淚下。

想想黨內多少幹部遭受摧殘，國家各項經濟工作遭受破壞，外事工作受到衝擊的現狀，淚水越發不乾。家裡有秘書，有妻兒老母，想哭也沒有地方哭啊！

四

1967年2月，日中文化交流協會事務局局長白土吾夫先生來到北京。他一見到中日友協的老朋友，便提出要見廖承志先生。看得出中國的老朋友們有難言之隱，他們一會兒說廖公身體欠佳，一會兒又說廖公工作太忙，總沒有安排見面的時間。

白土吾夫心中忐忑不安，他在大街上看過“油炸廖承志”的大標語，不知道是什麼刑法，總覺得不是個好事情。

來北京前，許多熟悉廖公的日本朋友，都再三拜託他，不僅要問清廖公的情況，而且一定要親眼看到廖先生，帶到大家的關切和問候，只有這樣，才能解除大家心中對廖先生的掛念。

10號這天，中日友協和日本中國文化交流協會，在北京飯店簽訂中日民間文化交流備忘錄，廖承志出席了簽字儀式。白土吾夫與廖先生握手時，高興得合不攏嘴。

簽字儀式上無暇多談，白土吾夫打算好了，會一結束，就到廖承志家去，像那年一樣，開懷暢飲，邊飲邊談。

誰想到，儀式一完，廖承志與白土吾夫淡淡地握手告別後，就匆匆離去，沒有再約單獨見面的時間！真反常！

這天傍晚，白土吾夫從外面回到北京飯店。他一打開房門，還沒開燈，從很黑的屋裡就傳出一陣窸窣的聲音，他心裡一驚：屋裡有人！？

他趕緊打開燈，一看，不覺大吃一驚！老天，裡屋沙發上端坐着一個人，一個臉上滿是慈祥笑容的人，他不是別人，正是自己想單獨見，卻一直沒如願的廖先生！他頓生一種不祥的預感，本能地回身掩上門。

廖承志站起來，握着白土吾夫的手，很溫和地說：

"小孩，你好嗎？聽友協同志說你來了，想見我，我就在這裡等你了。"

白土吾夫緊握着廖承志的手不放，他不安地追問："廖先生，怎麼了？到底出了什麼事？"

是啊，這是在北京，在中國的首都啊，作為中央委員、外辦副主任又是中日友好協會會長，怎麼會悄悄坐在黑屋子裡等外賓呢？

廖承志也不迴避，他慢慢地說：

"小孩，以後恐怕有很長時間不能見面了，我向你告別來了，你回國以後，請代我向中島健藏先生和其他的朋友問候，說我很好，很想念他們。"

"為什麼不能見了呢？這是為什麼？"白土吾夫十分震驚，連聲追問。

"以後你會知道的。"廖承志親切地拍拍白土吾夫的肩膀，語重心長地說："孩子，希望你為日中友好多出力，好好幹！雖然我們今後不一定能見面了，但是我會經常想着你的。"

"廖先生，為什麼不能見？"白土吾夫握緊廖公的手，彷彿怕一鬆手，廖承志便會像突然出現那樣，又悄悄消失。他眼裡含着淚，口裡喃喃連聲追問道："為什麼會這樣？為什麼會這樣？！"

是的，他簡直不能想像，如果沒有廖公，剛剛開始鬆動的日中關係，如何發展？

"孩子，我完全相信今後我們還有再見的時候！爲了那個時候，我們彼此都要保重身體。過幾年我們再見吧！我不能久留，你也不要出來送，保重，再見！"

廖承志又一次用力握了握白土吾夫的手，轉身出門，消失在光線暗淡的走廊盡頭。

白土吾夫猜不出廖公究竟發生了什麼事，但他知道，本來就猶如風浪中行船的日中友好運動，如今又遇上了極地寒流。

其實，早在去年底，造反派闖進了王大人胡同三號，揚言要找廖承志反革命修正主義的罪證。好在廖承志估計造反派會來抄家，早已與周總理辦公室取得聯繫，把原先存在他家中的機密檔案，全部運進中南海妥爲保存。造反派瞎忙活了半天，沒撈到什麼"殺手鐧"。

周恩來得知廖承志被抄家，立即下命令：

廖承志住進中南海，不許出門，集中精力寫檢查。何香凝老人的書房和臥室，無論哪派都不許闖入。

對於周總理的苦心，廖承志是心領神會的。

從十月工作會議以後，國務院各部正、副部長都很快陷入造反派的包圍之中。周恩來迅速派出了幾位聯絡員出入各部，掌握運動情況。每當他得知某位部長連續被揪鬥，身體支持不住時，就讓聯絡員通知造反派，他召某部長去國務院開會，實際上是讓被鬥的部長能在中南海休息幾天。

以後形成一個不成文的規定，各部部長、副部長，特別是年大體弱的同志，在外面獻十天半個月，進中南海休息幾天。

不然，像火爆性子耿直脾氣、又被造反派批鬥抄家的王鬍子（王震）；被造反派定性爲“特務、叛徒”，中央“文革”又不斷火上澆油的揪鬥對象廖承志、余秋里、谷牧、陳正人等，要不是都已住進中南海去“寫檢查”，恐怕早被折騰垮了。

要走了。廖承志到母親屋裡告別。

他慶幸媽媽已經年近九十，基本不出門，看不見胡同裡“打倒”“火燒”“油炸”自己寶貝兒子的大標語。

她耳朵也不太好，那天抄家，聲音很大，她老人家聽見了，叫過兒媳阿普，問：“是什麼聲音？”

阿普說：“是僑委同志幫助打掃衛生。”

因爲她老人家的房間和書房，周恩來早已下過死命令，無論哪派也不准進入，所以，她老人家從沒受過驚擾，也就相信是“打掃衛生”了。

“媽媽，我要走了，中央有重要任務交給我，恐怕有一段時間不能回來看您，您自己千萬多多保重。”

“肥仔，你住在哪裡？”老人十分關注這一點。

廖承志心裡陡然一驚：媽媽每天有人給她唸報紙，唸文件，對外面運動的大動向，她老人家也不是一點不知道，必須讓老人寬心。

“媽媽，我住在周總理那兒。總理事情實在太多，他讓我住在他附近，找我幫忙就能方便些。”

“住周總理那兒？好，好，好！”老人連說了幾聲好，面部表情輕鬆了許多：

“肥仔，你一個人在外面，吃飯一定要當心，不要吃得太飽了。”

“站在廖承志身後，已經知道眞情的阿普，再也止不住滿眶的淚水，趕緊扭過身去。

“我記住了，媽媽，我走了。”廖承志情不自禁地與媽

419

媽擁抱了一下，轉身出門。

　　只聽身後的媽媽還在大聲叮嚀：

　　"天冷，別凍着。肥仔，不要吃肥啊！……"

第十五章
囚者獨吟

一

廖承志孤身一人住進中南海。

是夜，北風尖厲地撒着野，寒雨夾着冰珠敲打着屋瓦、門窗玻璃，廖承志躺在牀上，久久不能入睡：

國憂、民怨、憤慨、痛苦、思念、擔憂，輪番進攻，眼淚止不住地滾落下來，恐怕自己眞是老了？怎麼如此惆悵，如此傷感，如此多淚？

也怪，快快樂樂，忙忙碌碌的廖承志，從沒見發表什麼振聾發聵的詩詞篇章，只有幽默玩笑，插科打諢，隨他走一路，笑一路。換句話說，他總是以行動爲詩，讓人感受到情感上的美好和安慰。

倒是每次被捕遭囚禁時，往往陡然閒暇之身，悲壯之心，便會凝成詩句，像不安分的音符，直往外蹦。這倒應了那句老話：憤怒出詩人。

反正睡不着，廖承志乾脆披衣起身，伏在桌上，筆走龍蛇：

《 浪淘沙·望北城 》

"檐頭雨瀟瀟，淚濕冰綃。

憑欄望斷北城遙。

白髮慈親如在目，妻婉兒嬌。

往事作煙消，乍覺無聊。

倒書姓字聽魂招。

夢見御溝花瓣出，流到荒郊。"

這天，紅電話陡然響了，一接，話筒裡說話的竟是妻子阿普。

廖承志不覺一驚。離家前，他曾和妻子約定：沒有特殊情況不通電話，免得節外生枝。

"承志，賀龍家出事了，鵬飛，曉明和黎明三個孩子走投無路，昨晚都到我們家來了。我知道你目前的情況也不好，可天太冷，我還是把他們都留下了，不知……"

"對！全部收留！"廖承志絲毫沒有遲疑："有我們孩子吃的，就有他們吃的！"

"今天起牀後，鵬飛，曉明堅持要走，他們說，三個人都住在這裡，目標太大，會給廖家惹禍，只是妹妹太小，想把她留下。您看呢？"

廖承志眼眶又有些發熱：將門出虎子，災難使孩子跑步長大！可他們畢竟還都是孩子，他們又能上哪去呢？！

但是，他也無法否認孩子們的顧慮。他從余秋里那兒聽說，賀龍是被林彪點了名，帽子大得嚇人，什麼"二月兵變"的總頭目。有了"副統帥"的指令，造反派有恃無恐，周總理曾接賀龍夫婦在西花廳住了一週，後也不安全，又連夜送往西山……

"也好。"廖承志說："阿普，多給鵬飛、曉明帶些錢和糧票，不要讓孩子們在生活上發生困難。"

"這我知道。"

從這以後，十一歲的黎明就留在廖家，只要有造反派登門，女孩就閃身躲進何香凝的屋裡。

老太太見不着兒子，突然來了個笑模笑樣挺俊的孫女朝夕相伴，眞是百般疼愛。

1967年，深秋。

中南海，夜深人靜。

小徑上，腳步匆匆走來一個人，他身材不高，挺結實，着一套可體軍裝，只是左袖空着，隨風飄動。他警覺地四處觀看片刻，閃身走進一座四合院，輕輕敲響院落深處那間仍亮着燈的房門。門"吱呀"一聲開了，主人看清來者，面露驚喜，正想打招呼，來者伸出食指放在主人唇邊，並湊近耳朵小聲說："我是避開工作人員來的，快關門。"

423

廖承志按照周恩來總理的命令住進中南海大半年了，要與以往繁忙的工作相比，不用國內國外奔波，不用熬夜審批文件，不用半夜被總理電話叫起來去開會，現在日復一日，天天像過年，可是他卻明顯瘦了，兩鬢白髮也增加了許多。他一邊往裡讓客人，毫不掩飾臉上歡快的笑容，其實昨天他們還在一起過星期天呢。

余秋里伸手把明亮的台燈移放在地板上，屋裡頓時暗了下來，兩人對面坐定，點燃香煙，對話像一滅一亮的煙頭火星，時斷時續，時高時低。

廖承志長長地吐出一口白霧，很眞誠地說："原本應該我去看你，可是……"

"你怎麼能出去？總理知道要批評的，要當心，現在外頭不曉得有多少特務！我行動方便些，我應該來。"

那時全國大亂，上上下下都是造反有理，無組織無紀律是造反派的脾氣，只要矛頭向上，就可以隨心所欲，無法無天。然而，在中南海西花廳，周恩來依然強調紀律要嚴。凡是被周恩來保護、得以住進中南海的人，各住各的院，不能隨便串門，不能互相接觸。

廖承志有長期地下工作的經驗，他很理解周恩來的良苦用心：國務院各部的部長是輪流着住進中南海，萬一有人回去被造反派揪鬥，萬一被逼問緊了，說出在中南海裡還見到誰，還談過什麼，這豈不橫生是非？

那天，在中南海的海邊上，散步的王震、廖承志偶然遇上了余秋里和谷牧。真是機會難得，幾個人都非常興奮，廖承志還是那麼活寶，見面便問：

"喂，你們都'噴'了沒有？"

"噴"就是指造反派在批鬥會上，把"走資派"的雙手反扭到背後，強迫向"革命小將"低頭認罪。

"'噴'了！我倆鬥的次數算不清了，'噴'也就十多次吧。"余秋里看看谷牧，笑着回答。

"我們倆還比不過他們。"王震看看廖承志，攤開手，一副很遺憾的表情。

"哎呀，我們還算保護對象，'噴'得還不夠水平！"谷牧直搖頭："那回見着葉飛，他問我'噴'了幾回，我說不到十回吧。他老兄直搖手：'哎呀，你太沒有水平了，我已經超過一百次了。'"

"哎！"廖承志重重地長嘆一聲，"你們的情況都比我好啊！鬥歸鬥，還可以工作。"

黨內以"樂天派"聞名的小廖臉上表情很痛苦。谷牧、余秋里都看在眼裡。各有各的感觸。

谷牧與廖承志因為工作關係，接觸並不多，但彼此都不陌生。

有次到飛機場送客人，他倆遇上了。廖承志胖，走起路來搖搖晃晃的，不一會兒就有點氣喘。

谷牧走在他旁邊，忍不住輕輕問：" 小廖，有70公斤嗎？"

廖承志笑着搖手，用他那廣東普通話連聲說：" 哎呀，太客氣了，太客氣了！"

" 有80公斤嗎？" 谷牧一邊走，一邊繼續問。

" 哎，太客氣了，太客氣了！"

" 有90公斤？！"

廖承志還是搖手，說：" 哎，太客氣了，太客氣了！"

大家都被廖承志的開朗和風趣逗笑了，是的，在許多人的印象裡，廖公與憂愁無緣，可今天……谷牧感到一陣心痛。

余秋里則決定了這次夜訪。

" 哎，" 廖承志嘆了口氣，發自內心地感嘆道：" 秋里，還是你比我好啊！你是不要緊啦，總理也講了話，社會上也講你是無產階級司令部的人，我是問題大了……"

余秋里早在30年代就認識廖承志，知道他一向有遠見，很沉着、很瀟灑，是個頗有大將風度的堅強的革命戰士，多少年來，他總是樂樂呵呵的，彷彿從不知道什麼是憂愁。

昨天，他夫人經普椿帶着小外孫來看他，捎來一些鮮肉和新鮮蔬菜。

王震王鬍子紮上圍裙，煎炸炒熘，變戲法似的做出四五樣色香味美的好菜。廖承志當跑堂的，他把毛巾往肩上一搭，右手高高托着菜盤，亮開嗓門叫道：

"客官，糖醋裡脊來了！"逗得大家笑不停。

待目送老伴帶着小外孫遠去的身影，廖承志忍不住長嘆一聲，嘴裡嘟囔着："唉，這算什麼事啊，各項工作都混亂不堪，可是，偏偏能管工業的在這寫檢查，能管農業的在燒飯，能管外事的當'跑堂'！"

"秋里，谷牧，還是你們好，秋里是老紅軍，谷牧你年輕，沒歷史上的事。再說了，國家那麼大，總要吃飯吧，總離不開你們這些'算賬'的吧，有工作做，這多好……"

大家都聽得出，廖承志強烈渴望的不是官職，地位，而是能為黨和國家工作。

昨天人多，有些不能明說，今天只有兩個人，余秋里便要坦率直言了：

"我比你強?小廖，你不要去相信這個，統統打倒就沒事了，有人保你才有事，你現在沒人保，你就好!沒有事！"

"老兄，不要太天真了，你以為我沒有事，實際我的事還大得很呢！如果不是總理擔心經濟工作沒人管，一次次保，最後總理以'小計委'（經毛澤東批准的，由余秋里、谷牧、林乎加組成）搬進國務院工作的名義，把我們調進中南海居住和辦公，恐怕我也早被打倒了。哎，不瞞你說，如果不是去年看了總理的親筆信，我這火爆脾氣，也忍不到現在，恐怕早與造反派拚個魚死網破，就是十二個余秋里，也要倒台一打了！"

"噢?總理的親筆信?說了些什麼？"廖承志是第一次聽到這件事，忍不住反問。

"這事還是從總理辦公室引起的。'文革'開始後，別說部長們不理解，幾位副總理也都很不理解，牢騷很盛。陳老總、賀老總、譚老闆、先念同志，在外面看到造反派有中央文革撐腰，到處打、砸、搶，到處奪權，局面一片混亂時，個個憂心忡忡。在造反派面前常常是強壓怒火，等回到中南海西花廳的總理值班室，他們不再有任何顧忌，也不避開秘書，滔滔不絕地發洩自己對‘文化大革命’許多做法的強烈反感。說到激動處，罵娘的有，痛哭流涕的也有！”

“這些話反映到總理那裡，他立刻焦急不安，擔心這些老同志發牢騷會帶來麻煩，他就很難保他們了。總理多次分別對幾位副總理說：‘你們說話時一定要小心，如果你們再這樣講，發牢騷，我也沒法保護你們了。’”

“總理一向就忙，‘文革’後，更是每天忙到後半夜才能回到西花廳。那晚周家鼎在西花廳值夜班，總理又把他叫進自己臥室，親自口述了三句話，讓周家鼎記錄下來，傳給這幾位老同志：‘心中無它，積極革命；實事求是地檢查；特別不要承認是三反分子（反黨、反社會主義、反毛澤東思想）。’他還說：‘文革’好比洗臉。洗過臉特別精神嘛，一定要正確對待。”

427

“時隔不久，那天周家鼎到國務院來找我，正好我被造反派揪去批鬥，他就坐在我的辦公室裡，一直等到天黑我回來。屋裡只剩下我們兩個人時，我不過意地說：家鼎，總理那裡多忙，你把文件留下就行了嘛，何必等我？周家鼎輕聲回答：這是總理的親筆信，他交待我務必把信親手交給陳老總、富春同志、先念同志、賀老總、震林同志和您。等你們每位看完簽名後，再由我帶回交還給他。”

“我心裡不覺一驚，難道黨內又發生了什麼大事？！我急忙拆開信封，從頭讀起，信並不長，可我的眼淚卻像開閘的水，再止不住了。”余秋里話講到這裡，喉頭發緊，淚水在眼眶中閃爍。

“總理在信中說了什麼？”廖承志急切地問道。

“總理信中的大意是：你們一定要十分注意你們的言

行，不要說過頭話，不要做過頭事，不要增加‘文革’的困難，不要節外生枝，不要叫人抓住把柄……總之，是要我們一定謹慎言行、小心處事。我把信連讀了三遍，提筆在信尾簽名後交還給周家鼎，只說了一句：‘請轉告總理，我全都記住了，謝謝總理的關懷和愛護！’我已淚流滿面。後來聽家鼎說，拿回有各位老同志簽名的信後，總理臉上露出欣慰的笑容，隨即就把那封信銷毀了……”

廖承志眼圈紅了，不覺長嘆一口氣。從總理一封親筆信的送閱、簽名和銷毀，他既看出了總理對幹部的真誠呵護，也品出了目前運動中總理的困難處境，想想自己是外交和僑委兩個單位“造反派”的夾攻對象，又有嚴重的心臟病，如果不是總理要他住到中南海不要出去，造反派要揪鬥，須經周恩來批准並按規定時間送回來，他能安靜地呆在這兒看書報嗎？！

“昨晚陳老總到我那裡談了一夜，他也氣悶得很呀！”余秋里繼續說：“老兄，我們都經過二萬五千里長征的，要有長期準備喲！”

“是啊，我就是心焦，我在這裡看不到文件‘二月逆流’是怎麼回事？‘文革’小組到底要幹什麼？毛主席他老人家到底準備怎樣收場？我心裡總是琢磨這事呢！”

“我還是那句話：看遠一點，要有長期打算。我們也見不到毛主席，不知他準備怎樣收場。不過，毛主席不是早就說過，他一輩子只做過兩件事：一個是把蔣介石趕到台灣去，一個是搞‘文化大革命’嘛！他還說過，自己本想搞社會主義，但是抵抗力太大，所以發動‘文化大革命’’，他還多次批評：現在的幹部對‘文革’是很不理解、很不認真、很不得力，我們確實是很不理解！叫人怎麼理解？”

“我說我的問題比你嚴重一點，這不是客氣嘞，我有個

‘ 二月逆流 ’ 的問題啊！‘ 二月逆流 ’ 是這麼一回事……”

余秋里詳細講述了自己親眼目睹的整個事件的發生和發展過程，最後說：“我現在罪名多了，說我是劉、鄧黑司令部的黑幹將，是賀龍的心腹，林彪說我從來不聽他的話；江青則斷言，想要我改變立場是不容易的。你看我是不是罪該萬死？”

“我現在還在總理那裡工作，名字不讓上報當然不行，人家還眞有水平，你的名字不是一定要見報嘛，行，前面加上‘還有’兩個字，以此說明我是‘留用人員’，是已經劃入另冊的角色嘛！”

“哎——！”廖承志長嘆一聲，“總理現在還好嗎？”

“他就是太忙了，各部門、各省市的工作都堆到他那兒去了。小廖，你無事，造反派無非反你是國民黨，無非反你是裡通外國，這個黨內誰不清楚？你放寬心就是了。你的歷史不是很清楚嘛，你父親是國民黨左派，有政見，最革命，你母親也是革命一輩子，你是‘四一二’大屠殺之後，大革命失敗之後參加的共產黨。你後來到德國去，人家把你驅逐出境，是因爲你領導海員罷工嘛！抗戰時期，你被關在國民黨監獄四年多，是總理代表黨中央把你營救出來的嘛！至於你做日本工作、外交工作，哪一件又不是經過中央批准的？”

“當然，要說你的問題複雜也很複雜，你也是個講不清楚的人物嘞！”

“你稱蔣介石世伯，與國民黨左右派的高級將領都可稱兄道弟；你與各黨派民主人士、海外華僑、港澳同胞親親熱熱；你與數不清的日本各界人士都有交往與友情；欲加之罪，何患無詞？人家硬是有本事，能在雞蛋裡挑出骨頭來！”

　　"其實，我們又都了解你，要說簡單，你也是很簡單：你是很堅定、很忠誠的革命戰士，你沒什麼可害怕的，該吃什麼你就吃什麼，該看什麼你就看什麼，快樂一點，瀟灑一點……"

　　"老同志了，我是有什麼就說什麼，僅供參考。我回去了，獃會兒總理又找不到我，你也跟他多年了，知道他的脾氣，他少不了發火，我少不了捱批，對不？哈哈……"

　　兩人緊緊握手後，余秋里匆匆離去，秋風吹起他空空的左衣袖，像一面揮動着的戰旗。

　　廖承志悄悄隨着他走了一段，目送他的身影消失在夜幕之中，才緩緩轉身回屋。他端起地下的台燈，屋裡頓時又恢復了往日的模樣，這次談話的唯一見證，是桌上那已經空了的"中華"牌香煙盒，以及煙缸裡堆成小山、還帶着餘溫的煙頭。

　　廖承志坐回桌邊，無意識地拾起一個煙頭，送到鼻子邊聞着，回味着剛才的談話，白天裡永遠浮現在臉上的笑容消失了，他陷入了深深的思索。

　　是的，他早已看出目前形勢的嚴峻，他被保護在中南海一年多了，看不到文件，聽不到報告，不了解黨內鬥爭的許多真實內情，影響了他全方位判斷，使他總盼着早點出來工作。確實，他實在不是享福的命，回味過去忙工作時，無論是辛苦，是困難，是挫折，是麻煩，乃至捱批評的滋味，於他來說，似乎都是一種享受，現在看來，自己的確是太樂觀了，還要有長期準備。

　　回首往事，他一生坎坷，七次坐牢，如果這次算半次，他幾乎每七天就有一天不自由。

　　但他從不氣餒，也從不為自己的榮辱升降憂心忡忡。所以連與他一塊生活了近三十年的老伴經普椿也以為自己的丈夫從來不會苦惱。

其實，人非神仙，也非聖賢，哪能沒有苦惱？！只是從父親遇害的那天起，他面對白被單覆蓋着的父親的遺體暗暗立過誓言：爸爸，你放心去吧！只要我活着，就永遠保護媽媽和姐姐，不再給她們增加痛苦，永遠只給她們笑臉，讓本來已經太殘酷的現實生活多一點溫馨，多一點安慰，多一點幽默，多一點愛情。至於自己的痛苦，除了自己吞下，自己克服，自己排解，再就是從戰友的信任和理解中，取得最大的心靈撫慰。

是的，在戰爭年代，在國民黨佔領區，在香港八路軍辦事處，廖承志也曾秘密會見過自己的同志，那時是多麼激動、興奮和回味無窮。可現在，是在建國近二十年的新中國，是在千千萬萬革命先烈用鮮血和生命打下的人民的國度裡，戰友見面談點心裡話，還要秘密進行，這多麼不正常，多麼讓人痛心喲！

他長長地嘆了一口氣。

他一生愛看書，一目十行，神速且過目不忘。只可惜這裡只給一套毛澤東選集和一套魯迅全集；他一向寫文章又快又漂亮，可現在只有寫不完的檢查和交待。不過，今夜與君一席話，勝讀十年書，他興奮地搓着兩手，雙目炯炯有神，情不自禁地自語道："廖承志啊廖承志，你牢牢記住總理的叮囑，要有長期打算，要謹慎再謹慎，千萬不能再給總理添麻煩了。"

廖承志定下心來，不再希冀奇跡的突然出現。他拿起筆，翻開《魯迅全集》，凝思片刻，在書眉上，寫出了密密麻麻的蠅頭小楷。……

所寫的內容，直至十六年過去，廖承志告別人間幾年之後，家人收拾書籍時偶然發現，才得以問世。誰能料到，竟是廖承志完全憑記憶，筆錄下自己幾十年來，尤其是七次坐牢時所寫的、從未發表過的幾十首詩詞！

相交幾十年，平日十分知己的趙樸初、夏衍讀到這本詩稿時，都禁不住熱淚盈眶，仰天長嘆：好友幾十年，竟不知廖公會寫這麼好的韻律詩！廖公寫詩不爲發表，只爲言志、勵志，這種不求聞達，不慕虛名的人，方乃眞正的人！

二

1968年夏天，行李從中南海摔上卡車，廖承志被“轉移”到養蜂夾道外辦機關繼續“監護”。延至1969年1月，他又被轉移到北京西皇城根民政部大院關押，造反派每天�吆三喝四，態度越來越惡劣。

隨着自己的處境惡化，廖承志很清楚周恩來的困難。

他不再希冀立刻能出來工作，既然造反派勒令他交待幾十年前的“特務、叛徒”罪行，他便由着自己全身心地遊弋在歷史的長河中，那一幕幕沉澱在記憶深處的往事，像高速攝影機拍下的慢鏡頭，一個畫面，一個畫面地出現在眼前，那時的心境，情緒以及由此而發的情感，落筆寫下的詩篇，行行清晰，歷歷在目，彷彿就是眼前的事！

他寫在“交待”中的被捕經過，盡量詳實，實事求是，不改變歷史，無愧於良心。

至於當年自己抒發心志的詩詞，他倒費了點思量：寫給造反派，他們也不會感興趣，甚至又能列出新的罪狀：什麼爲自己塗脂抹粉，爲自己編造“天方夜譚”等等。

不過，他眞捨不得讓這些心跡化作輕煙，他希望能留給年輕一代，最少留給自己的孩子們，讓他們知道自己父輩一生的執着追求，知道他曾遇到過什麼樣的磨難，以及面對磨難，他從不曾低下高貴的頭！

是的，他平時總是嘻嘻哈哈，和家人也總是開玩笑，講笑話，就是從不願擺自己過五關，斬六將的革命經歷。細想起來無非是：過去受委屈的事，不堪回首。他不願講出自己蒙受的冤屈，惹老人傷心，讓沒有經過艱難歲月的孩子們因為缺少閱歷不能理解而產生怨氣。對於過去，他常視為過眼煙雲，從不往心裡去，更不願變成孩子們炫耀的本錢。現在想想，不能說沒點後悔的感受：

看來是自己對新中國成立後，可能遇上的風浪認識不足，既然自己作為父親，帶給人間七條小生命，就應該盡好父親的責任，讓七朵生命之花，能經住風吹雨打。他要把自己的詩作留給孩子們，讓他們瞭解自己的父親。

他一生不圖高官厚祿，不求榮華富貴，不羨慕舒適享受，甚至遠離最深切最珍貴的母愛，是因為他心中包容了更博大的愛，那就是：祖國之愛，人民之愛，世界和平之愛，人類進步之愛，地球文明之愛。

433

他一生不畏監禁，不畏酷刑，不畏死亡，也正因為他心裡充滿了對理想的執着追求！

心底充滿着愛與追求的人，才會將自己置之度外，才會志堅如鋼，胸懷如海，活得瀟灑，活得自在。

廖承志不能在寫交待的稿紙上留下自己的詩作，因為他是階下囚，他落在紙上的一切，造反派都要檢查。

屬於他自己的，只有一套毛澤東選集，一套魯迅全集。

毛澤東全集的書眉上，他原本已經寫過不少心得。於是，魯迅全集書頁裡上下左右狹窄的空白處，廖承志以蠅頭小字，一字一句回憶和抄錄下自己多年前的詩作。這種回憶，住在中南海時就開始了。

　　是詩寫多了有癮？還是閒暇的日子難打發？往日裡不太記起的結婚紀念日、六十歲壽辰，年末歲尾，現在都會有詩詠之。

　　1968年1月11日，夜半，中南海內，大雪紛飛，銀裝素裹。屋檐下倒垂着一排冰凌，晶瑩剔透，參差不齊。一陣陣串院北風掠過，靠近的冰凌相互碰撞，發出"丁零丁零"清脆的響聲，像敲響音叉，又像搖動銀鈴，煞是好聽。

　　廖承志坐在窗前，彷彿看見一雙無形的大手，在撥弄着大自然賜給的豎琴，美妙的意境，讓他內心充滿柔情。

　　廖承志翻開《魯迅全集》，在小說《結婚》的一篇停住了，其實，這篇文章他已經數不清讀過多少篇，其中的不少段落，他幾乎能一字不漏地背下來。可是今天，廖承志又從第一個字開始，細細地讀着。

　　因為他清清楚楚記得，三十年前的今天，正是他與阿普新婚的大喜日子。三十年前香港那個茶果飄香，親友滿堂的婚禮，媽媽喜得合不攏嘴；而立之年的自己，一襲長袍迎來送往好不神氣，苦苦等候了四年的阿普，俊秀的臉蛋羞成了紅蘋果！叔婆宋慶齡送來了賀禮，還笑吟吟地親手把一條金項鏈掛在阿普項間。此後三十年，夫妻聚少離多，天各一方，即便是建國後，出國，去外地，也是家常便飯，與母親、妻兒共同擁有的北新橋三條3號那個寬敞、安靜的家，也常常只能算自己的客棧，來去匆匆，三十年如過電影，一幕幕閃回，多少柔情由心底生，行行詩句在腦海形成。他提起筆，就在《結婚》一篇的空白處，用蠅頭小字寫道：

　　　　"長空萬里衆星羅，
　　　　小院南牆花影過；

60 年代廖承志全家在家中的合影。

> 靜夜依依尋舊夢，
>
> 近鄰裊裊唱兒歌。
>
> 每逢此日分離慣，
>
> 且望他年聚首多；
>
> 白髮相偕願已足，
>
> 荒山野嶺共消磨。"

詩罷，擱筆。廖承志把內心的思戀和歉疚都留在書裡，他頗覺輕鬆地舒了口氣，安然入睡。

4月，中南海，春風拂面，綠草茵茵，海棠飄香。

星期天的上午。阿普帶着胖胖的小外孫來到廖承志的房裡，阿普幫王鬍子去弄菜，留下小外孫陪外公。

廖承志笑容裡充滿陽光，他一會兒給小外孫畫像，一會兒給孩子講個故事，他又講又比劃，起來，坐下，忙得團團轉。把孩子逗得像隻小百靈鳥，咯咯咯地笑個不停。

傍晚，把妻子和小外孫送出院門，臨別時，廖承志親了親外孫胖嘟嘟的小臉蛋，問：

"外公讓你給太婆說的話還記得嗎？"

"記得。"

"說給外公聽聽。"

"外公很好，就是太忙，不能回去看太婆，讓我代替外公親親太婆，對不對？"

"對！"廖承志又使勁親親小外孫。

"你快回去吧，下星期我們再來。"阿普行動自由，可她知道外面亂糟糟的局面，倒覺得丈夫住在中南海內，比在家裡更安全些。何況她每星期都能來看望。說完，她便帶着外孫往中南海北門走去，她腳步有些匆忙，她得帶孩子轉幾路公共汽車，再晚了人更多，她帶個孩子，實在擠不過那些膀大腰圓的小伙子們。

再回到屋裡，好空好大，太冷太靜，廖承志徘徊往返，不能自己：

妻子、外孫經常能來看望，她們走了，自己五尺男兒，尚覺冷清、寂寞，母親近一年半見不到兒子，心裡不知會多着急！

母親中年喪夫，把兒子看得比自己的生命還寶貴呀！

廖承志回想起過去，彷彿已經是遙遠的過去：每晚回到家，自己所做的第一件事，必定是去母親屋裡，看看老人，給老人家道聲晚安。

母親屋裡也總為他留着一碗甜羹或參湯之類的營養補品，都是母親自己親手熬好的溫在那裡。

她老人家總是笑盈盈地催促着：“肥仔，快飲呀！”

她一定穩穩地坐在那裡，看着兒子在她面前全部吃完，才算完成了一天的任務，才能安心睡着覺。

一來自己生就好胃口，再則也不願讓老人失望、傷心，廖承志總是邊吃邊誇：

“真香，真香！”吃得又快又乾淨。不過從內心深處說，總隱約有一種額外負擔之感。他知道自己好吃，但並不喜愛太甜膩的食品，況且常言說，“馬不吃夜草不肥”，自己已經夠胖，還天天加“夜草”，且是“精飼料”，豈不更肥？但他想歸想，吃還是一樣吃得又快又香，為何？理由只有一條：一切前提是讓母親高興！

此時想想，直罵自己，往時真是生在福中不知福了！現在想吃也吃不到了，想給母親一點安慰的機會都沒有！是的，往往失去的東西才知道珍貴！

情至於此，詩興又起，他握筆翻書，又在《魯迅全集》

空白處留下一首題爲《送婦歸來》的詩文：

> "燈孤人獨影蕭條，
> 送婦歸來倍寂寥；
> 繞壁徘徊無立處，
> 仰首隱約有雲宵。
> 殘羹手澤喜還在，
> 留俟明宵湯熱澆；
> 五月吉辰聊作酒，
> 舉杯遙向北城招。"

擱筆。廖承志滿腹感慨皆留書上，他心緒仍難平靜，找了一頁白紙，閉目追憶着母親的音容笑貌，然後一筆一筆細緻、準確地勾畫出母親的五官，連同老人家鼻翼旁那顆黑色痣……

1968年9月25日，是廖承志六十壽辰。花甲之年，若是在家中，母親、妻子和兒女們必定會圍坐在大盒的蛋糕前，點燃起一片紅彤彤、喜洋洋的蠟燭，歡聲和笑語在家中迴盪。

如今，是在養蜂夾道，除了造反派的喝斥聲，別無其他。不過，廖承志並不慢待自己，他以詩言志，自己爲自己祝壽。

一向不太在乎自己，更不太顧及自己的廖承志，在金色的九月裡，爲自己作了兩首詩，一篇謂《無題》：

> "獨對孤燈守寂寥，
> 秋凉似水透綿腰；
> 檐頭冷冷一彎月，

心底焰焰萬念消。
自悟殘生隨日促，
尚挢餘力渡江潮。
夢中忘卻‘靠邊站’，
還向旌旗笑手招。”

另一篇謂《六十辰自嘲》：
“回首蒼茫六十年，
忽聞小語降天邊；
牛郎丞欲邀君去。
廣漠銀河逐片填。”

一生多磨多難，卻始終達觀堅定，並非廖承志天生樂觀，生性無憂。他是常人，也有七情六慾，也有喜怒哀樂，只是除了信仰和理想之外，他還能詩會畫，能藉以抒發和宣洩內心憂愁和思念。

心底不打死結的人，自己打不倒自己，就能堅持，就像合金鋼，又堅又韌。

抒發感情，當是首要，給親人留個紀念也不失一種打算。是的，他越來越經常地感到胸悶，心臟不適，他發覺自己容易動怒，心絞痛的次數不斷增多。

他並不悲觀失望，但也不盲目樂觀，能出去當然好，即便沒有這一天，《魯迅全集》也能把自己的心志帶給自己的親人。算作留給家人的一個念物，也是好的。

這次遭囚禁，與以往七次都不一樣，坐敵人的監獄，對面的是敵人，他喜笑怒罵皆成文章，倒也爽快；

被張國燾囚禁的那些日子，還有對中央的企盼，況且就是押在保衛局，也天天與部隊滾在一起，打仗，捱餓，生死與共，他也從不孤獨。

如今這算什麼？自己打下的天下，自己搞亂；生死患難的戰友，置於死地。不管外國怎麼看，作爲這個事業的創業人之一，就像看着自己的親人，麻木不仁地在自己身上亂砍一樣難受，＂手心手背都是肉＂這連老百姓都熟知的常識，爲什麼我們一些領導卻弄不懂呢？

他記住總理的要求，戰友的忠告：盡量控制自己的情緒，不由着性子講話，也不輕易流露自己的眞實感受。然而這簡直做不到！如今發生在眼前的事，叫他不管不問，壓根兒做不到！

那是王屛嗎？！難道眞是外辦政治部主任王屛？！在養蜂夾道，廖承志第一次遠遠見到那個面孔浮腫，兩眼無神，步履遲緩，身着無領章舊軍裝，頭戴無帽徽軍帽的人，以爲是個陌生人。有人悄悄告許他，那人是王屛！他大吃一驚，簡直不相信自己的眼睛！

1966年初，爲了加強外辦政治工作力量，中央從瀋陽軍區調來王屛，擔任外辦政治部主任職務。

那時，他情況陌生，但肯幹肯學，辦事認眞，作風潑辣，令行禁止，不愧是從部隊來的同志。

沒想僅僅半年，＂文化大革命＂開始，外辦政治部奉命派遣工作組，不久他便成了＂資產階級反動路線的忠實執行者＂，整天被批鬥，到處作檢查。一直在部隊工作的王屛十分緊張，廖承志反復開導鼓勵他：

＂不要怕，更不能亂講。造反派問及涉外問題，不要回答，千萬要頂住！＂

爲了保護陳毅同志，廖承志也對他明確要求：

＂問題既不上推，也不下卸，自己的錯誤自己承擔，責任到我們副主任一級爲止。＂

　　王屏是軍人，一向習慣令行禁止。故而一直是遵照這一原則做的。於是，造反派理所當然視他爲“鐵桿保皇派”，對他實行隔離審查，反復嚴酷地逼供。

　　王屏從參加革命一直在部隊，而部隊一向以正面教育爲主，他從沒承受過這種毫無理性、不講政策、不講道理的批判和打擊，終於思想走進一條死胡同，越想越不通，不吃不喝，不言不語，患了精神分裂症。這次，王屏住院治療幾個月後，病情稍有好轉，人剛出院，就又被造反派關到養蜂夾道來了。

　　對面的王屏也認出了廖承志，頓時眼裡湧出淚花，他右手向前伸去，欲言，見前面有人走過來，又驚恐地放下手，急匆匆走開。

　　這一切，廖承志都看在眼中。他也不願在公開場合下與王屏講話，不能讓他再添新罪行。

　　清晨散步，瞅着四周沒人，僅僅兩人碰面的機會，廖承志關切地問：

　　“身體恢復得怎麼樣？千萬要把身體養好，不然審查你時連自己也說不清楚，那就不好辦了，你說是不是？”

　　王屏嗚咽出聲，淚如雨下：被隔離審查幾個月了，見到的是敵視的目光，聽到的是斥罵和批判，人像掉進無底漆黑的深井，見不到自己的家人，也得不到一絲安慰和溫暖，有時連自己也認定，這一生恐怕永無出頭之日了。

　　聽到廖承志這樣一句詢問和寬慰的話，表情麻木的王屏，彷彿突然從噩夢中醒來，震動極了，感動極了，也痛苦極了。他像是喃喃自語，又像是機械地重複：

　　“我有罪，我十惡不赦，我有罪……”

　　“王屏同志，”廖承志拍拍他的肩膀，輕聲說：“調你來政治部之前，我看過你的檔案，沒有問題，並報告過陳總，調你來是他定的，難道你還不了解自己嗎？！

"要相信黨，問題總會搞個水落石出。不要着急，該吃的藥一定要吃，好好養病。"

溺水的人，最渴望有人伸來救援的手；受審的人，最希望得到同志給予的信任。王屏的眼裡浮現出活力和自信，他在細細地聆聽。

廖承志換了一種輕鬆的口吻，說：

"如果把這次軟禁算作半次的話，我共坐過七次半牢，連國民黨反動派也奈何我不得，造反派能把我怎麼樣！

"歷史上敵人不知給我扣過多少'帽子'，這次我的帽子也比你多得多，我就不管那一套，你怕什麼！你還年輕，為黨工作的時間長着哩！"

造反派的批判和詛咒，就像強壓在王屏心上的一座火焰山，一直燒得他透不出氣來。廖承志的一席話，則像孫悟空揮動了芭蕉仙扇，好風！好雨！變出了好一個清涼世界！

王屏點了點頭，一絲笑意呈現在他獃滯了大半年的臉上，眼睛也明亮了許多。

從此，王屏精神上有了寄託。因為自己敢想不敢講的話，廖承志敢講，而且又總是非常信任地對他講。一些他想不通想不透的事，廖公往往一句點透實質，使他心明眼亮，豁然開朗。

人在囚禁之中，最可怕的是沒人傾訴和被人鄙視，最怕的是孤獨和自卑。廖承志的坦然和信賴，關懷和友誼，對緩解王屏的精神緊張，恢復王屏的正常思維，作用超過鎮定劑。王屏不再精神恍惚，他千方百計找機會與廖公說話，向廖公訴說心中的苦悶和擔心，從廖公的分析和開導中得到啟發和信心。他開始認真吃藥，眼睛裡獃滯的神情日漸減少，多了幾分鎮定和思考……

　　有一天，王屛發現自己屋裡桌上放着兩根香蕉和一包糖，他猜想廣東人愛吃這些東西，一定是廖公送來的。當晚排隊買飯時，他低聲對廖承志說：＂你家就送來那麼點東西，怎麼還給我吃！＂廖承志笑笑，很自然地說：＂哎，現在是有東西分着吃嘛！＂

　　＂今天調整房子！＂造反派當衆宣佈：＂頂東頭那個套間，廖承志住裡間，王屛住外間！＂

　　＂是！＂王屛兩腳後跟用力一碰，高聲答道。聲音如此有力洪亮，把他自己都嚇一跳。他怕引起造反派懷疑，更擔心造反派變卦，趕緊回屋收拾行李。手中收拾着零碎東西，嘴裡竟高興地哼唱起家鄉小調。他第一次想謝謝造反派，今天總算做了件好事！讓他和廖公住在一個套間裡！雖然他也知道，門口那間屋裡仍有監視的目光，可眼睛再尖，也要眨眼，也要睡覺吧，這樣，他就有更多的機會與廖公接觸！只要有廖公在，他就像夜航有了燈，爬山有了杖，他相信自己的病一定能治好！再大的政治風浪，他也能經受得住！

　　廖承志有個汽爐子，家裡時常送些吃的東西來。

　　養蜂夾道伙食很差，每晚不到九點，肚子就餓得咕咕叫。這天，廖承志端着一大碗熱氣騰騰的掛麵送到外屋：＂我餓得不行，煮了點掛麵，你剛從醫院出來，身體虛弱，一定要吃飽，睡好！＂王屛雙手接過大碗麵，眼含熱淚，說不出一句話，他大口吃着，那麼鮮美，那麼解饞。眞奇怪，解除監護後，老伴下的掛麵，分明有葱香肉鮮，可他再找不到吃廖公親手下的那碗素麵時的美好感覺！

　　1969年春節前夕，廖承志和王屛一同轉移到西皇城根民政部大院後院平房裡繼續關押，兩人仍然是隔壁而居。正值寒冬臘月，滴水成冰，王屛所分之屋，沒有暖氣也沒有牀，他只能睡地鋪。陰森的寒氣刺骨，王屛夜夜凍得渾身顫抖，

443

不幾天，他的兩隻胳膊就受風寒不能動彈，常常連衣服都穿不上。廖承志從門口經過，無意間發現，便快步走進王屏房間，幫他拉上毛衣袖子、套上棉花。

淚水順着王屏臉頰流下，他知道在平時，廖承志這樣一個級別的首長，起居生活瑣事都是有公務員照料，可現在自己無能，幫不了廖公忙，還拖累他……

"廖承志，誰批准你到王屏屋裡的？"身後管事的人吼聲如雷。身體虛弱的王屏驚得渾身發顫。

廖承志一下把王屏抱起來，衝着那人憤怒地喊道："看你們把人搞成什麼樣了？！他已經骨瘦如柴，胳膊又不能動，我不幫他怎麼能行呢？"

那人被廖承志的厲聲斥責嚇了一跳。

"還發什麼愣？！你們要趕快給他醫治才對！"

不知是理虧還是良心發現，那人不再說什麼，關門出去了。

王屏再忍不住心中的痛苦，嗚咽出聲："廖公，我這樣活着，真不如死了痛快！"

"哎，王屏，你得的是肩周炎，不要緊，你不要緊張。"廖承志喘着粗氣把王屏扶下牀："我五十多歲就得過這個病，人到中年容易受風寒，只要及時治療，痊癒是沒問題的。你想法通知你老伴，帶幾張狗皮膏藥、熱水袋什麼的，自己要注意保暖。"

不久，老伴得到消息，送來了膏藥。王屏胳膊抬不起來，自己貼不上。又是廖公招呼王屏來到自己屋裡，他找出蠟燭，烤化了藥膏，親自幫王屏貼在胳膊上，一邊用力搓，一邊叮囑王屏："你必須向造反派堅決要求找醫生治療，不能再拖下去了！"

有廖公支持，王屏才壯起膽子向造反派提出要求，終於獲得看病的權利。

"廖公，廖公！"一天夜半，廖承志被一陣低低的呼喚聲驚醒，開燈一看，王屏披着件軍大衣，站在他牀前發抖。

"發生什麼事？"廖承志吃驚地問道。

"廖公，我剛才越睡越冷，醒來一看，是熱水袋的蓋子開了，我的被子褥子全濕透了，都怪我這手沒用……"

"這還得了？我來給你想個辦法。"說着，他披衣下牀，把自己牀上的厚厚的墊子往下拉。

"不行，廖公，你怎麼睡？"

"我牀上還有個墊子，沒問題！"

墊子又厚又重，廖承志又是六十出頭的人，王屏又幫不上忙，他大口喘着粗氣，搬了幾次，牀墊紋絲不動。

"算了吧，我就坐到天亮再說。"

"那怎麼行！大活人還能讓尿憋死！看我的！"廖承志說着，兩手緊緊抓住牀墊的一個角，像拖死豬一樣，一寸寸拖到王屏屋裡，再回屋又抽來自己一條被子。

"快快快，王屏趕快上牀暖和暖和，你的胳膊不能受寒！"

"廖公！"王屏一下撲到廖承志懷裡，眼淚奪眶而出："廖公，叫我怎麼謝您？！"

"什麼話！"廖承志把王屏扶上牀，打趣地說："都是自己同志嘛，還要客氣？不過等天氣暖和後，你要注意胳膊的功能鍛鍊，我已經是花甲之年，天天讓我拖牀墊，我可吃不消了！哈哈哈……"

廖承志給王屏留下溫暖和一串爽朗的笑聲，身影消失在黑夜中。

在"打倒一切"盛行的日子裡，北京突然貼出了"打倒周恩來"的標語，這使廖承志震驚萬分，他對王屏充滿憂慮

445

地說：“這樣下去如何得了！”

　　1968年10月底，高音喇叭裡傳來了黨的八屆十二中全會的消息。正與王屏排隊買飯的廖承志聽得專注，目光嚴峻，隨隊伍走到賣飯菜的窗口，竟忘了掏飯菜票。裡面大聲呵斥，他彷彿猛醒，一慌，手中的飯菜票撒落一地。隊伍裡立刻有人罵出聲：

　　“眞是資產階級老爺！平時有人伺候慣了，連生活都不能自理！”

　　王屏發現俯身撿菜票的廖承志手在發抖。

　　飯後散步，廖承志陰沉着臉，緘默不語。

　　王屏安慰道：“廖公，您是大人大量，別爲那幾句不敬的話生氣。”

　　“什麼？”廖承志不解地看着王屏，搖搖頭，仰天長嘆：

　　“這可能嗎？！劉少奇是我黨白區工作正確路線的代表，早在若干歷史問題決議中就寫清楚的嘛，怎麼現在一下子就成了叛徒、內奸、工賊？！簡直不可思議。”

　　王屏這時恍然大悟：廖公是爲剛才收聽的十二中全會公報震驚。公報中宣佈：把劉少奇作爲“叛徒、內奸、工賊”永遠開除出黨，撤銷其黨內外一切職務。

　　1969年4月下旬，廣播裡突然傳來黨的第九次代表大會的消息，造反派勒令走資派一同收聽學習。在廣播員播送中央政治局名單、中央委員名單時，王屏注意瞧着廖公的表情：雙眉緊皺，臉色鉛灰。王屏心裡也一陣痛楚，廖公“七大”在延安時，便以最高票數當選爲中央候補委員，那年他才37歲。1949年3月，在七屆二中全會上，他又遞補爲中央委員，是資格很老的領導同志。可“文化大革命”至今，廖公不僅名字從中央委員名單中消失，人還失去自由被造反派關押，這種巨大的政治落差，猶如政治生命無端被終結一般，無論輪到誰頭上，誰也受不了啊！

兩人單獨相處時，廖承志眉心打結，心情壓抑，痛楚地說：

"老王啊，剛才我特別注意公佈的政治局名單，陳雲、陳毅都沒進政治局！在我們國家，歷來外交部長，都是政治局委員，這次陳老總未進政治局，外交大權不知落在什麼人手裡呢！"

王屏的心被強烈震動着，心底也豁然敞亮：廖公之所以在敵人面前，生死不動搖，在黨內受委屈，精神不崩潰，就因為他從沒把自己的名聲、地位放在心上。他關心的唯有國家的前途，黨的命運！

如果說過去在部隊做政治工作，見過雷鋒這樣無私無畏的戰士，那麼今天，他身邊就生活着一位心中只念着國家和人民的真正老資格的共產黨員！

447

是的，他自從得以與廖公作伴，光是生活上受到廖公的幫助和照顧，就如夏夜閃爍的星星，數也數不清。

若不是有廖公為他呼籲，得不到及時醫治，疾病也可能把他置於死地。

然而他更清楚：若不是廖公在做人的根本上給他啓示和教育，他精神上是無法承受造反派的百般折磨的。

廖公不教訓人，多是寬慰、體貼和鼓勵，更多的是無私無畏的身教，是潛移默化，如果不是與廖公一同關押近兩年，面對造反派的淫威，他相信自己永遠走不出精神病的魔圈。即便生命得以存活，也只可能如同行屍走肉，永遠喪失理智⋯⋯

三

人被看管着，廖承志的漫畫特長是無權發揮的，在動不動便是“反黨反社會主義”，可以無限上綱，欲加之罪，何患無辭的年代，諷刺就是反黨，諷刺就是有罪，像坐國民黨大牢那樣的諷刺畫是萬萬不能畫的，廖承志不能給造反派以證明自己反黨的把柄。

但他沒有放棄畫筆，他對着鏡子為自己畫像，他抓住的是自己的眼神：神色凝重而不失沉着剛毅之氣，目光冷峻又內含着憂慮焦灼之情。

他畫天真可愛的外孫，乖巧地坐在太婆的身邊。母親的畫像，他是對着照片畫的。母親端莊的臉龐、慈祥安泰的笑容、雙手拄杖穩坐椅中的身姿，他一筆一畫，線條細膩、逼真，連同老人臉上那幾隻不太為人熟悉的痣，他也按其大小，真實再現，這更增加了畫像的逼真感。

他畫得很慢，很仔細，經常停筆，長時間地端詳，稍不滿意，就另換紙張，重起爐竈，重新開始。

一點不像過去的畫風，廖廖數筆，重在寫意：畫自己，大腦袋，牛眼睛，不是從飯裡挑出一隻大蟑螂、沙粒；便是坐在馬桶上，伸手要拍叮在自己屁股上的大蚊子；要不就是躺在牀上，為牆角一對身披婚紗、燕尾服的小老鼠吹奏結婚進行曲……風趣、幽默、意味無窮。

是的，他如今作畫，只為寄託對親人的思念，只為豐富自己的囚禁生活，只為平靜自己總是難以平靜的心情，只為着不停止自己生命的創造力，只為等待着重新工作的那一天！

　　廖承志相信自己，更相信自己的黨和領袖。他是"老運動員"了，他知道周恩來沒來過問自己，就是還沒到時機。他腦海中經常出現陳毅外長，出現1965年在中外記者招待會的情景，耳旁經常響着陳老總義正詞嚴的那句鏗鏘有力的至理名言：

　　"善有善報，惡有惡報，不是不報，時候未到，時候一到，一切報銷！"

　　他見得多了，歷史上凡是搞陰謀詭計的人，最終都是沒有好下場的！

　　雖然他清楚中國共產黨是誕生在被封建主義統治了數千年的古老土地上，大多數黨員、當然也包括領袖自己，都難免帶着許多封建主義的觀念和意識，容易因爲一個人說了算的封建家長制作怪，給野心家、陰謀家以藏身之洞，以作祟之機，可能給革命事業造成重大的損失。

　　但眞理終究是眞理，搞陰謀詭計的人，最終會落入法網！

　　他曾渡過多次劫難，可謂大難不死，必有後福吧！

　　人民勝利的一天一定會到來，當然也許自己看不到最後勝利的這一天，但是他相信會勝利！即使那一天，自己已經到另外那個世界去了，事業也是一定會前進的！

　　所以，不把自己好壞升降放在心上的廖承志，便總有耐心，總能安心，總是專心看書，寫詩，作畫，從不出現情緒失控、痛不欲生和走上絕路的徵兆。

　　廖承志囚禁中依然有滋有味地生活，彷彿永無出頭之日，他也依然坦坦蕩蕩、鎮定自若。

　　心懷叵測的陰謀家們當是無奈，糊糊塗塗的造反派也弄不明白！

　　確實，在人生這個大舞台上，要想具備這種心境，不能戰勝自我，是難以做得到的。

1970年8月，天氣十分悶熱。廖承志左手搖着扇子，右手正在作畫。

"廖承志，出來！"造反派在外面吆喝，"你隨外面的車出去，完事就回來！"

廖承志心裡一震：肯定是老母親有什麼意外！他努力控制着自己的感情，似乎心情很平靜，只有他自己知道，握緊的拳頭裡已經滲出一層冷汗。

汽車一出大門，一直沒說話的司機開口了：

"廖公，是周總理派我來接你的，何老太太摔斷了腿，住進北京醫院，總理讓我把您直接送到老太太那去。"

"謝謝，謝謝！……"廖承志聲音發顫。

後視鏡裡，司機看見，廖承志雙肩抖動，兩行熱淚，從眼角滾落下來。他不掩飾，也不擦拭，任淚水盡情地流。

"廖公，您別太難過，"司機只覺自己鼻子一陣發酸，強忍着淚說，"老人的情況還挺好的，總理辦公室讓我先去把您的夫人和孩子接到醫院，再來接您，總理那邊開完會就來！他讓您在醫院等着。"

"好，好！"廖承志強忍住淚水答應着。

廖承志此時還不知道：爲與林彪搶權，"文革"小組的一夥已經分裂，他們自己互相玩弄權術，又勾結，又爭奪，爲爭當國家主席，鬥得不亦樂乎，已經無暇顧及那些被打倒和關入監牢的"走資派"，或者說是視這些無權之人爲"死老虎"。只需用時光流逝來殺死他們……

廖承志也並不知道母親思兒心切，"五一"上天安門時，曾讓人推着自己的輪椅，懇請進會客廳見毛主席，被周總理勸阻：

接見廳裡林彪副統帥正與毛主席交談，江青正在拍照片，老太太若進去，倒可能把"第一夫人"已經淡忘的廖承志問題，又因"復辟回潮"再度被提到桌面上來。周總理當然不能明說，他只是向老太太保證：承志沒事，就是工作太忙，過段時間，我一定安排他回去看您老人家⋯⋯

但是，憑着自己多年跟隨總理的經驗，廖承志知道周恩來在處理黨內事務，最能"忍耐、等待、因勢利導"。

廖承志多次聽周總理感慨過：

"我這個人，在對敵人鬥爭中，是從不手軟的。但在黨內鬥爭中，我總是比較軟，在同志中間，不願把事情弄僵，不願徹底決裂，情願留在黨內等待，有機會時，再扭轉過來⋯⋯"

廖承志是很贊成這一點的。

他最反感在黨內動輒就是"反黨反社會主義"，明明是認識差異，非要拔高到路線鬥爭。所以近兩年來周恩來不問他的事，他便知道時機尚未成熟，他既不是日思夜想，也沒有怨聲載道，只是耐心地等待。

如今總理讓自己見老母親，而且巧妙地讓阿普和孩子們都事先守候在母親身邊，使全家得以團聚，讓母親"因禍得福"。並且還以自己開會為由，讓廖家三代人在病房等候，其實是多麼智慧和聰明地給予，給予廖家團聚多一點時間和歡樂！

看破這一點並不難，為此廖承志也的確感動，不過更讓他激動的是，看來周恩來總理又抓到了扭轉形勢的機會！

他的確渴望合家團聚，然而，作為中國共產黨員，他更渴望看到的是革命隊伍的大團聚，大團結！

和陳老總、葉帥等等許多老領導和老朋友多年未見面，和日本的老朋友也多年沒有聯繫，不知近來是否安康？！他真想念他們！真希望見到他們！

第十六章
重見天日

一

一幢古老的住宅。急促的電話鈴。亞非記者協會日本籍秘書長杉山市平先生，像往常一樣拿起電話，平靜地用日文問道：

"喂，喂，這是杉山家，您找誰？"

"您好，我是北京醫院，我想找杉山市平先生通話。"

話筒裡傳來一個男低音，聽聲音真有點耳熟，他心臟陡然爲之一震，但從對方略帶嗑巴，略顯遲疑的日語的問話，又彷彿是初學者。因爲在日語會話中，敬語的用法是很考究的，對方似乎是邊講上句，邊琢磨和組織下句，以便把話講得更正確些。

"先生，我就是杉山市平，請問您有什麼事情？"

"杉山市平先生，您好呀！我是廖承志……"

對方剛報出自己的名字，杉山市平便失去了剛才的平靜，他激動地提高了聲音：

"廖先生，是您？！真的是您？！"

四年了，整整四年了，杉山市平沒聽到自己這位中國摯友的聲音。他和家人朝思暮想，懸心掛念，打聽不到廖先生一點消息。

今天，平平常常的一天，好朋友的電話突然打到自己家中，他怎麼不激動？！連他自己也聽到自己的呼吸聲變重變粗，心臟砰砰跳得像敲鼓，眼裡噴湧出兩道熱呼呼的溫泉。

太意外了，太高興了，也太難過了。

男人有淚不輕彈，只因未到動心處，倘若真正激動了，真正地觸到心靈深處的感情積澱，男人也會以淚洗面的。

"廖先生，真是您？您在哪裡？您好嗎？……"杉山市平急切地詢問。

"我好，我好，多年不見面了，真想念老朋友！您夫人好嗎？您的女兒萬里子小姐她最近好嗎？……"

不知為什麼，一向被許多日本朋友誇讚日語講得比日本人還日本人的廖先生，今天說話中的語病那麼多，而且發音生硬，講得也很慢，不過，他獨特具有的那種關心和親切口吻，真是絲毫沒變。

杉山市平經常感慨命運的厚愛。

亞洲非洲記者協會是1963年4月在雅加達召開的亞非記者會議上誕生的。

1965年，印尼政權更迭，記協工作陷於困境。這時，是中國的周恩來總理向亞非記協提出來，是不是把秘書局搬到北京來，由中國方面給予協助。

1966年6月1日，亞非記協在北京飯店重新開始工作。

作為日本書記、隨着秘書局一起到中國來的杉山市平先生和他的一家，便有了與廖公結識的機會。

在杉山市平一家印象裡，無論是在人民大會堂的招待會上，還是在北京飯店的宴會上，就是在相距較遠難以接近的情況下，廖承志總是向杉山一家揮揮手，臉上現出親切的微笑。只要可能，廖承志總是不顧肥胖的身軀行動不便，搖搖晃晃地擠過人群，走到他們身旁。

他每回與杉山一家聊天，自然，眞誠，如同家人一樣，使身處異國他鄉的杉山和夫人減少許多寂寞和孤獨之感。

爲什麼？因爲即使是在自己國內，人也是分了三六九等的，作爲一個普通人，沒有政治背景，沒有萬貫家產，是不可能得到社會，尤其是上層社會的認可和尊重的。

廖承志是中日友協的會長，又是亞非團結委員會的主席，算得上是中國的大政治家，國家的重要領導幹部，對杉山市平這樣普普通通的日本人這樣親切，連孩子也關心備至，而且這種關懷每時每刻都表露在他的言語之中，彷彿從他身上不斷放射出融融的暖意和溫情，把他們一家都緊緊保護在裡面，這種溫馨、這種愜意，這在世界其他國家還能找得到嗎？是找不到的！

不曾想“文革”突然爆發，街上不可思議地刷出了“油炸”、“火燒”廖承志的大標語，杉山市平去王府井大街時，看見大字報上批判廖先生的內容：

廖承志愛狗，家中養狗，完全是資產階級生活方式。

他回家告訴妻子，兩人怎麼也想不通。

廖先生確實家中養了兩隻小狗，是一位來華訪問的日本女作家送給他的。那回杉山市平夫婦去廖府拜望，那隻黑黃相間、毛色油亮，活潑可愛的小狗，便在主人和客人腿間鑽來鑽去，逗着你玩。

廖先生說話時，小狗一下跳到他的懷中，他便抱着牠，一邊繼續話題，一邊用手輕輕地撫摸着小狗，慈眉善目，安詳極了。與這樣的長者談話，自然、隨便、坦率，是不會有一點局促不安心情的。

養狗、愛狗爲什麼就是資產階級生活方式？杉山市平夫婦百思不解。

　　退一萬步說：養狗愛狗是資產階級生活方式，那麼殺狗、吃狗又是什麼生活方式？！

　　在中國抗戰時期就到延安工作的馬海德先生，也是廖承志的好朋友。那次與杉山市平夫婦聊起天來，談到這樣一件往事：

　　當年爲了幫助他盡快掌握中文，曾安排他與廖承志住一個窰洞。延安是個小縣城，街上經常有胖嘟嘟的小狗跑來跑去地玩。廖承志只要碰上，就把小狗抱回家，一隻、兩隻，最多時有三四隻。稍得空閒，廖承志抱抱這個，親親那個。也怪，幾隻小狗只要聽到他的聲音，立刻衝出窰洞，繞着他的腿，追逐嬉鬧，好不開心！

　　有一回，馬海德去給部隊看病，出去半月。等回到延安，他走近自己的窰洞，門口冷冷清清，讓他覺得很納悶。正巧廖承志出來，他立刻追問道：

　　“小廖，怎麼小狗都不見了？小狗都跑到哪兒去了？！”

　　廖承志笑瞇瞇地向他擠擠眼，連聲說着“在呀，在呀，你沒看見？”

　　“在哪兒？怎麼我一隻也沒看見？”馬海德很認眞地四處尋找着。

　　“馬先生，在這兒，在這兒呢！”廖承志拍拍自己的肚子，不無得意地說：“都讓我吃掉了！可惜你不在，肉好香呢！”

　　“什麼？！狗肉你也吃？！”

　　“當然，中國哪裡人最會吃？廣東人！你不知道吧，我們廣東人，天上飛的，除了飛機不吃，地上長的，除了桌子不吃，其餘的都吃！”

455

杉山市平夫婦倆設想：如果造反派知道，廖先生有喜歡狗的一面，也有喜歡吃狗肉的一面，不知還會定什麼罪？！……

"廖先生，我們都好，謝謝！謝謝您！"

"今天給你打電話，是想求你幫個忙。我已經好久好久沒看日本的書刊雜誌和報紙，想向你們借一點，不管是什麼書都行，凡是有關日本的書籍、雜誌，請給我弄點來，寄到我家裡。謝謝您！等過段時間，我再去你們家拜望。"

道過再見。掛斷電話。杉山市平大聲興奮地招呼妻子：

"快，快，把家裡的《中央公論》、《經濟學者》和《週刊朝日》都找出來，快給廖先生寄去！"

是的，他以自己多年從事新聞工作的敏感，已經清楚看到：

廖先生被關押的時間太久了，他的日文都忘得差不多了，他想要趕快看日文報刊，把已經生疏的日語熟練起來。這恐怕只是借書的外在原因。

更重要，更值得慶賀的是，這等於說明：廖先生的問題已經基本解決，他又要開始負責中日友好的工作！看來，日中邦交正常化的春天不會太遠了！

確實，中日關係從50年代初期到60年代中期，十五六年間，經過了天寒地凍的純粹民間的友好交往，發展到半官半民的、時冷時熱的交往。廖承志在對日工作中，一直採取積極主動靈活的態度。

凡是中日交往出現低谷，均因日本政府參與美國遏制中國的政策引起。原因也很簡單：中國方面始終希望在和平共處五項原則的基礎上發展同日本的關係。所以，即使是在岸信介內閣之時，中國方面也沒有把事情做絕，仍對中日民間友好關係給予積極支持，對中日民間貿易作了多方照顧。

　　周恩來、陳毅和廖承志的觀點都一致：我們的經濟建設基點要放在自力更生上，但是樣樣靠自己搞也不行，也要引進一部分，就要和官方建立聯繫，這樣才能得到保證。

　　事實是：日本方面也是很想和中國拉關係的。

　　60年代初上台的池田首相，積極支持自民黨的元老松村謙三出面爲改善日中關係奔走。池田曾親口對松村說：

　　"我的立場是必須把臉朝向美國，因此，松村君，你能不能成爲我對中國的另一副面孔？關於中國的問題，一切委託給你！"

　　以日中友好爲目標的一批日本朋友，在日本官方迫害時，就曾冒着生命危險來中國，如今政府有此意向，友好活動更加積極，經過中日雙方努力，至1962年11月9日，由廖承志與高崎達之助簽署了"中日長期綜合貿易備忘錄"。

　　於是，廖承志和松村謙三成爲中日各自指定的政治聯繫人，廖承志、劉希文和日方高崎達之助、岡崎嘉平太又是經濟方面的聯繫人。

457

　　爲促成廖——高貿易盡早實現，廖承志反復打出趙安博、孫平化、王曉雲、蕭向前等四張牌。這四人也因此在"文革"中被造反派批爲廖承志的"四大金剛"。

　　從1952年接待日本第一批到中國訪問、住在頭髮胡同的客人開始，孫平化一直在廖公領導下從事日本工作，只要廖承志出面接待日本客人，或者是廖承志陪同毛澤東主席、周恩來總理、陳毅副總理等國家領導人接見日本外賓，陪在一旁的除了幾位翻譯外，被廖承志稱作"老孫"的孫平化常常在場。

　　逐漸，孫平化在日本客人中形成一個強烈的印象：

　　事情反映到孫先生那兒，就等於反映到廖先生處。廖則是通"天"的，不僅與周恩來、陳毅朝夕相處，就是到毛澤東主席那裡，也是講得上話的。因而，日本朋友對廖承志的尊敬和信賴，也擴展到對孫平化的友好和信任。

於是，在"文革"以前，孫平化成了沒有外交關係的中日兩國之間，去日本訪問的理由最多、出訪次數最頻繁的特殊中國人。

1953年廖承志率領紅十字代表團第一次到日本訪問時，他找到了自己30年代在德國時就認識的日本著名導演千田是也先生，並邀請了日本歌舞伎市川猿之助劇團到中國演出。

一年後，千田是也先生來中國訪問，提出日本方面邀請中國的著名京劇藝術大師梅蘭芳率京劇團訪問日本的設想。因為梅蘭芳年輕時曾在東京帝國劇院演過戲，名氣很大。

經過雙方協商安排，1956年5月，梅蘭芳率京劇團一行85人東遊日本，"門外漢"孫平化也受命同行。

日本文藝界給予中國京劇團破格的厚遇和熱情的款待，只要梅蘭芳出場，就場場滿座，並不時博得叫好聲。中國京劇團在日本的演出實實在在地刮起一股"中國旋風"。

你瞧：孫平化分明是圍棋"白丁"，卻當上了中國圍棋代表團副團長。

臨行前，周總理、陳毅副總理交待他向松村、高崎兩位老先生問候，並請他們來中國就改善中日關係、發展長期貿易交換意見。

陳毅、廖承志交待得更直接、更具體：

"隨團去後搞兩套活動，即圍棋代表團的活動和你個人的活動，後者要順乎自然，相機行事，不要操之過急。"

到日本後，圍棋手們一坐就是半天，甚至一天，倒給孫平化大量自由支配的時間和機會，他頻繁拜望日方朋友。

松村先生坦誠相見，提出幾個"腹案"，希冀以積累方式、從貿易入手逐步打開日中關係的設想，由孫平化帶回國內報告周總理、陳總和廖承志。周總理表示同意並補充說：
"日本叫積累，中國叫漸進，是一個意思。"

雙方正是經過這樣不斷積累，不斷漸進，以求達到"水
到渠成"的圓滿結局。

1963年4月，松村多次給廖承志打電話，要中方派一個
蘭花代表團去日本訪問。廖承志立刻悟到弦外之音，他指示
王曉雲、孫平化，說：

"中國《易經》一書中'同心之言，其臭如蘭'之說，
《蘭譜》、《金蘭譜》中也有詳述。

"我猜想，醉翁之意不在酒，莫非老先生有什麼話要對
我們講？要快去！聽聽有何'同心之言'！"

於是孫平化、王曉雲又成為中國蘭花訪日代表團的成
員。

1963年10月，中日友好協會成立大會在北京政協禮堂隆
重舉行。

大會由中國人民對外文化友好協會會長楚圖南主持，陳
毅副總理等黨和國家領導人出席。郭沫若和廖承志都發表了
熱情洋溢的講話。

擔任會長的廖承志，把中日友好協會成立看作是：

"兩國人民友好的光輝未來的象徵"。

他代表全體同志表示：

"我們決心為促進中日兩國經濟、文化等多方面的友好
關係，為在萬隆會議十項原則基礎上促進兩國建立正常關
係，為相互之間和平相處、促進中日兩國人民世世代代的友
好而努力。"

中日兩國一海之隔，兩國人民比鄰而居，可是在五六十
年代，相互來往卻總是要繞道香港。所以，日本朋友常說：

"中日兩國是近而遠的國家，猶如除夕和元旦"。

　　他們渴望直航："早晨在日本喝醬湯，中午到中國吃烤鴨"。1964年4月，在池田首相支持下松村一行第三次訪問中國，他們爲了直航，乘坐"玄海丸"於4月9日從門司出發，從海路到中國。

　　"玄海丸"雖然只是一條兩千多噸的貨船，但是，自從1952年開始中日民間貿易後，它卻成爲第一艘到中國來載運中日貿易商品的開路先鋒。

　　這次"玄海丸"到秦皇島的具體時間事先很難以掌握，廖承志派孫平化和王曉雲專程提前到秦皇島等候迎接。

　　對於不顧風浪，不辭辛苦，乘坐一條兩千噸貨輪，像片柳葉一般，在大海上搖晃顛簸數日的松村一行，廖承志充滿了由衷的敬佩。

　　松村一行抵京後，周恩來總理先與他們進行了政治會談。

　　廖承志又就設立貿易辦事處和交換記者問題交換意見，終於圓滿達成了協議。雙方於4月20日簽署了關於互設貿易辦事處和交換常駐記者的備忘錄。

　　備忘錄規定：

　　中方在日本設立廖承志辦事處駐東京聯絡處，日方在中國設立高崎事務所駐北京聯絡事務所，雙方各派首席代表一人、代表二人、隨員二人，共五人。

　　我國國慶15週年前夕的9月29日，中方七名常駐日本新聞記者到達東京。同一天，日本《朝日新聞》、《讀賣新聞》、《每日新聞》和日本廣播協會的首批特派記者也到達北京。

　　雙方記者在香港會齊，同一天出發，分赴東京、北京。

　　這是新中國成立後，中日雙方第一次實現互設常駐機構和交換常駐記者。它標誌着中日關係發展進入了一個新的階段。不言而喻，在中日關係發展進程中具有十分重要的意義。

"廖承志辦事處駐東京聯絡處"的牌子掛出來了。"生意"十分興隆，日程排得滿滿的。算得上是"五日一大宴，三日一小宴"。

從大型的國慶活動，到小規模的同窗聚會，乃至忘年迎新等等，活動頻繁、豐富多彩，忙得不亦樂乎。

小小的聯絡處形式上是民間的商務代表機關，但實質上是新中國駐日本的半官方機構。幾乎每天門庭若市，賓客接踵不斷。

到1966年國慶，廖承志辦事處在東京椿山莊舉行國慶招待會，大廳和院內人山人海，擠得水洩不通，出席者達兩千多人，從規模上看不亞於中國其他駐外使領館舉行的國慶招待會。

廖承志辦事處遇上麻煩事，不能去日本政府機關登門講理，卻能到議員會館找朋友。要辦交涉，不能去找外務省，但能找到岡奇嘉平太、竹山佑太郎、古井喜實、田川誠一。大事情則找松村，提出我們的意見，表明我們的態度，間接轉達給日本政府當局。

廖辦雖然不是大使館，但除了不能發簽證、不能使用密碼電報之外，從活動內容來看，類似一個中型使館，甚至比一般使館還要忙。

然而，到了1967年4月，孫平化回國休假，"文化大革命"正在高潮，過去的事幾乎全部被否定。他與跟隨廖公從事日本工作的其他同志一樣，被下放"五七幹校"，一去就是五年。

1968年後，廖承志的名字完全從報紙上消失，廖承志辦事處這個名稱也不能用了，弄得日方也不得不取消高崎辦事處名稱。

報紙上只能看出：周總理還在主持外交工作。

不知是江青等新上任的“政治局委員們”看不上眼，還是大意疏忽，戴上“特務、叛徒”多頂“桂冠”的廖承志，中日友好協會會長這頂烏紗帽沒有被拿掉。中日備忘錄貿易這條線，也像涓涓細流，還沒有完全斷。

1970年，一直被周恩來譽爲“民間大使”的日本朋友西園寺公一先生，不僅朋友越來越少，感到孤獨，更主要的是有些人希望他離開中國。

一天，周恩來把西公請到西花廳。看得出，周總理很疲勞和無奈：

“您先回國吧，我也保不了你了，以後您每年來中國訪問一次吧。”

回日本前，未能見到廖公，西公滿心惆悵。

林彪“九一三”事件發生後，周恩來開始抓住時機解放幹部。

有一次，在外事系統造反派和軍代表參加的會議上，從來不喜歡擺譜的周恩來，很有感觸地講起自己的一段往事：

“你們知道我是誰介紹入黨的？我是張申府和劉清揚介紹的，結果我還是，他們倆反倒不是黨員，早已脫黨了。”

“中國的事太複雜了。1924年，我在黃埔軍校工作的時候，爲聲援香港罷工，廣州市各界市民、學生和軍校學員舉行了大規模的遊行示威。沙面英租界的英國士兵突然向遊行隊伍開槍開炮，傷亡慘重。黃埔軍校的學生也有死傷。這就是歷史上的沙基慘案。”

“沙基事件之後，有一天，我路過廖仲愷和蔣介石的辦公室門口，聽見蔣介石在裡面大發脾氣：

“‘犧牲那麼多學生，是誰安排的？’

"我不知道裡面還有誰在，但從蔣介石的口氣中不難聽出，他是想向共產黨興師問罪。"

"'到底是誰安排的？！'蔣介石又追問了第二遍。"

"這時，我聽到一個非常熟悉的聲音，沉穩、堅定：'是我派的，是我讓去的！'"

"你們能猜出站出來說話的是誰嗎？"周恩來環視全場，頓了頓，深情地說：

"他就是廖仲愷先生！廖先生一講話，蔣介石便不吭聲了，否則，他就要把黃埔學生被英帝國主義殺害的事實，嫁禍於共產黨。"

"廖家對我們黨的貢獻是太大了。廖仲愷先生1925年8月被國民黨右派暗殺，我親自到場去看了。廖家女婿李少石同志是在重慶犧牲的，我也親自去看了……"

不熟悉這段歷史的軍代表和造反派像是聽故事，並不能完全弄懂周總理言猶未盡之處，或云弦外之音。一位跟隨總理多年、熟悉總理說話藝術的老同志，立刻心領神會，暗暗高興：這下好了，周總理在為解放廖承志造輿論了！

在外交部和各有關部門研究日本問題的會議上，周恩來總理多次把軍代表問得張口結舌。要麼就是不清楚，不瞭解，要麼就是知其然，不知其所以然，似是而非。

這並非說軍代表都是混日子。在當時外行要領導內行，或是尊重內行，發揮內行作用，或是自己鑽研業務，盡快變為內行，否則，除了能當整人的內行，業務永遠是門外漢！

"文革"開始以後，尤其是廖承志被批判打倒之後，外辦日本工作小組跟着也被解散，工作人員下放的下放，改行的改行，連每天專門收聽日語廣播的幾位日本姑娘，都為預防可能形成特務集團，分散到中國的好幾處，並被勒令改行，以便於群眾監督改造……

463

"文革"期間，專門為總理當翻譯的林麗韞同志，曾多次聽周恩來總理焦急地對軍代表說：

"你們怎麼都說不清楚呢？我要給你們請個顧問！"

"廖承志問題做結論了沒有？快點解決他的問題，他是日本通！"

"請廖承志當顧問，這些問題就容易清楚了！"

……

讓外人看起來，是迅速變化的國際形勢所迫，是中日關係快速發展的需要，也是老捱總理批評的軍代表們發自內心的希望，而不是周恩來個人情有獨鍾。

總之，廖承志終於有了一個"外交部顧問"的身份，又開始可以出現在日本客人面前。

廖承志微笑着向木村一三卻生伸過手去。

一向粗獷、豪爽的木村一三卻有點發怔：

面前的先生有點面善，是廖先生？真是廖先生嗎？頭髮全白了，人也瘦了一大圈，身上穿着的中山裝，似乎是大了兩號，顯得晃晃盪盪，只有浮在眉宇之間的笑容依然如故：那麼坦誠，那麼明朗，那麼安詳。彷彿不是剛剛恢復自由，而是從舒適溫暖的休假地回來……

木村一三先生雙肩顫抖，沒去握廖先生的手，也不是如一般日本朋友那樣深深地鞠躬，他猛然撲向廖承志懷中，像迷路多日、終於找到自己親人的孩子那樣，放聲大哭。

西花廳電話：請廖公立即來一下。

當廖承志走進西花廳院門，心跳陡然加快，眼睛濕潤了：淨潔彎曲的園中小徑，枝搖花茂的綠牡丹，寬敞明亮的西花廳都還依舊，唯有周恩來總理，鬢角灰白，額紋增深，臉龐消瘦了許多，蒼老了許多，過去總是炯炯有神的眼睛裡佈滿血絲……

是呀，廖承志完全能理解和體諒周恩來總理這些年的
"心"苦和辛苦！為了國家利益，他一直在忍辱負重，在各
種勢力之間打"太極拳"，如果他稍微自私一點，為自己多
考慮一點，都難以承受這樣的持久痛苦的精神折磨……

兩雙手緊緊相握，兩顆心瞬間溝通，老同志了，老戰友
了，老朋友了，這兩位都是不看中自己功名利祿，只把國家
利益時刻擱在心尖上的人，一切安慰、解釋和鼓勵似乎都成
了多餘，唯有工作，工作，工作，才是兩人真正心頭所戀，
所想！

久違近五年，周恩來終於又可以與廖承志一同走進"游
泳池"，走進毛澤東寬敞的辦公室。

毛澤東還躺在牀上看書，聽到周恩來的聲音，他抬起
頭，微微一笑，濃重的湖南口音：

"小廖？你怎麼好久不來看我？"

"我被打倒了。"廖承志直言不諱。

毛澤東主席轉過臉，看着周恩來，用手點點廖承志，
問：

"這個寶貝怎麼也被打倒了？"

面對這句無法回答、也不必回答的問話，周恩來和廖承
志都笑了。

毛澤東這句"這個寶貝怎麼也被打倒了？"的話在中南
海內不脛而走。

不久，廖承志的名字重新在《人民日報》上出現。知道
內情的人看得很明白：周總理是"打鬼借助鍾馗"，在當今
中國這塊土地上，要與拉大旗當虎皮，狐假虎威的"眼鏡"
之流抗衡，就只能是用打太極拳的辦法，因勢利導，將計就
計，走曲折的路，以笑在最後為勝利。

1971年7日尼克松派基辛格秘密訪華，同中國達成了尼

465

克松總統訪問中國的協定。尼克松的越頂外交和中國在聯合國裡合法席位的恢復，使長期追隨美國的日本佐藤內閣受到極大衝擊，玩弄"兩個中國"的對華政策走進死胡同。

佐藤內閣被順應形勢的田中內閣所取代。

歷史絕不會簡單地重複。

從30年代起，每逢"七七"、"八一五"、"九一八"到來之時，在中國人民心中，尤其是經歷過這段歷史的中國人，常常勾起對中日關係史上充滿仇恨和血淚的痛苦插曲的回憶。

然而1972年，也恰恰是這三個日子，中日關係卻出現了迅速發展的新局面，為兩國人民帶來了由衷的喜悅。

7月7日，田中新內閣成立，就宣佈"以日中邦交正常化為急務"。

8月15日，田中首相接見孫平化和蕭向前，正式接受周總理邀請，將前往中國訪問，談判日中邦交正常化的問題。

9月18日，周總理會見了日本自民黨國會議員代表團的全體成員，他說：

"四十多年過去了，從'九一八'到現在是歷史性的轉變。"他還回顧歷史，特別講述了吸取歷史教訓，"前事不忘，後事之師"的道理。

9月29日上午10點，在人民大會堂舉行莊嚴而隆重的中日兩國政府聯合聲明的簽字儀式。

中日友好協會名譽會長、著名詩人郭沫若先生幾次熱淚奪眶而出，他回顧歷史，感慨萬千，心如潮湧，一首真情激盪的詩詞，正在他腦中形成……

身為中日友好協會會長的廖承志，靜靜站在周恩來總理身後，微笑着看周總理和田中首相分別代表本國政府簽字。

記者的鎂光燈不斷閃爍，照相機的"咔嚓、咔嚓"聲響

成一片。廖承志心中呼喚着葉挺、鄧發、張文彬等等數不清
戰友的名字，叨念着老朋友陳毅元帥、陳賡大將：

是你們用心血、智慧乃至生命換來的這一莊嚴時刻，這
是中日兩國人民宣告兩國關係不正常狀態結束、兩國關係重
新翻開嶄新一頁的時刻，是兩國千千萬萬人民大衆爲之獻
身、奮鬥而譜成的歷史性篇章，中日兩國睦鄰友好關係的新
紀元開始了！

二

1973年4月，正是櫻花盛開的季節。

以廖承志爲團長的中日友協代表團，應日本各界22個友
好團體的盛情邀請訪問日本。

這是中日建交後我國派出第一個大規模的訪日代表團。
也是廖承志會長第一次率領中日友好協會代表團出訪日本。

登上從上海起飛直航日本的包機，廖承志似乎一直在閉
目養神。無論是原爲“四大金剛”的孫平化，還是從未離開
過中日交往的老翻譯，誰越與廖公熟悉，越能感到他不變中
也有不小的變化：

是的，他依然是樂樂呵呵的，壓根兒不像受過什麼因禁
的人，從沒聽他發牢騷，講怪話，工作上也仍然不會講困
難。

不過細細留心一下，愛開玩笑的廖公，似乎不像過去那
樣不顧場合，不看對象地開玩笑了。那種“老頑童”似的天
眞和頑皮的神情和動作，不是消失了，只是縮小了範圍。尤
其是當着代表團裡那幾位“文革”中“赫赫有名”的“左
派”人物，他的嘴似乎總愛閉着，在用耳聽，用心琢磨着什

麼……

　　廖承志換了一個坐着的姿勢，似乎突然想到什麼，伸手向中山裝內袋裡摸出一個本子，翻開看看，夾在其中的三片嫩綠的大山櫻樹葉，依然平整整，綠油油的，便微露笑意，又合本放回原處。

　　中日友協代表團出發前，周恩來會見了代表團全體成員。

　　他細心地詢問和檢查着各項準備工作，回顧了中日邦交以民促官的艱難歷程和民間外交和官方外交相輔相成的關係，向代表團同志反復強調，一定要去看望為中日邦交盡過力的老朋友，“飲水不忘掘井人”嘛！要代表自己向他們轉達問候。

　　對民間外交，早在50年代，周恩來就講過，照國民外交的方式搞下去，日本的團體來得越多越好。我們的團體也要多去，把兩國政府間要做的事情都做了，最後只剩下兩國總理、外長簽字，喝香檳酒了。

　　對民間外交早有高度評價和肯定。自從中日建交後，周恩來依然認為：

　　民間外交繼續發展了，可以使政府外交基礎更牢，反之，官方外交發展了，又可以為民間外交提供更為有利的方便條件。因此，建交後民間往來不是削弱了，而是更需要加強，繼續發揮它特有的重要作用。

　　事實也證明，建交後，民間交往面更廣、更寬，工作更深、更細，成績也更突出，遍地開花結果，充分顯示出建交後中日友好的新局面。

　　談話中間說及，現在正是櫻花盛開的季節，日方安排了賞櫻活動。

　　周恩來由此想起一件事，他向參加會議的同志提出：

468

“田中首相去年送的大山櫻花樹在北京長勢如何？”

在座的人都說不知道。於是，話題又轉到別的地方。

這時，周恩來身邊工作人員中有兩個人離開座位，急忙乘車去天壇公園，實地查看櫻樹生長情況，並且摘了幾片櫻樹葉帶回來。

時間已經半夜，這邊的談話尚未結束，兩位同志向周恩來匯報了情況，同時把摘下的櫻樹葉拿給總理看。

周恩來看過後交給廖承志，大夥猜想，恐怕是讓會畫畫的廖公有個具體印象。

廖承志當時也沒說什麼，掏出自己的筆記本，小心、平整地夾進本裡。

……

田中首相在首相官邸會見中國代表團。

田中首相與廖承志等一一握手，擠在門邊的數十位記者鎂光燈閃成一片。主賓落座後，廖承志伸手從口袋中掏出小本子，從中拿出幾片綠葉，遞給田中首相，微笑着說：

“這是從首相為慶祝中日恢復邦交而贈送給中國人民的大山櫻樹上摘下來的。大山櫻已在北京扎根落戶，長勢良好，為感謝首相的好意，請留作紀念。”

田中首相聽完翻譯的話，容光煥發，笑容滿面，在熱烈的掌聲中，他非常鄭重地接過葉片，嘴裡連聲道謝，回身交給隨員，還叮囑一句：

“妥為保存。”

記者們頻頻按動着快門，搶着留下這會見剛開始便掀起的友誼高潮。

第二天，日本各大報紙都採用了廖承志遞櫻花樹葉的大幅照片。

中國代表團的同志，包括跟隨廖公多年的孫平化也深受感動，爲廖公粗中有細，爲廖公精明、老練卻又特別眞誠的外交手段，感慨自己跟廖公一輩子，也能向廖公學一輩子！

當然，"左派"們的看法卻不盡然。評頭論足，彷彿很維護"國格"：

代表中國人民送給日本首相的東西，就這麼隨便地從本子裡掏出幾片葉子，連個包裝盒也沒有，多丟中國人的臉！

其實，他們永遠不懂：

天底下再珍貴的禮物，即使是金葉片，銀葉片，哪怕是用爍爍閃光的鑽石鑲成的葉片，再昂貴，也畢竟都是有價的，都是可以用金錢買來的。

唯有生命，唯有代表生命之綠葉，才是無價之寶！

作爲日本首相的田中，作爲一個投身政界的政治家，他看到自己順應歷史潮流，向中國伸出友好之手，結束了兩國的不愉快的歷史，使敵對冷戰多年的日中兩國，開始了新紀元。這是功垂千古，名傳後世的功績。廖承志帶來贈送的大山櫻花樹葉，正說明他代表日本送去的友誼，已經在中國生根，櫻樹成林，櫻花成海，這生命之綠，這生命之艷，永遠是日中友好的歷史見證！

也正是這個原因，才會在田中首相會見時，因爲有此小小插曲，使友誼氣氛更爲高漲，可稱是"錦上添葉，勝於錦上添花"。

這正是周恩來的高明之處！

這也正是廖承志的高明之處！

廖承志在日本的活動，除了拜會首相、外相和閣僚中的老朋友以及民間團體中的負責人以外，廖承志還叫老孫主動要求安排了幾場掃墓和探視患病老朋友的活動。正好趕上幾位老朋友家的婚喪嫁娶，這些紅白喜事，廖承志擠時間也參加了。

1978 年 10 月 22 日至 29 日，廖承志陪同鄧小平副總理訪問日本，並出席互換中日和平友好條約批准書儀式。這是 10 月 23 日在首相官邸拜會福田赳夫的情景。

代表團的活動極富有人情味。在東京期間，廖承志帶着大家來到護國寺松村墓地進行了憑弔。松村家屬早就等候在那裡了，大家一起在墓前垂淚默哀，最善於安慰人的廖公，也只是默默流淚，彷彿在回憶松村老人五次去中國訪問的往事，在祭慰這位為改善日中關係奮鬥到最後一息的老先生。

前人栽樹，後人乘涼，人生七十古來稀，雖說松村謙三先生活至88歲，可謂高壽老人，只遺憾的是沒能看見中日恢復邦交的這天……

還是每次陪伴和照料父親去中國的小堀治子首先打破了嚴肅和沉重的氣氛，她說：

"安眠在黃泉之下的父親，要是知道日中邦交已經正常化，兩國友好關係發展到今天的這種地步，該是多麼高興啊！"

廖承志還來到高崎達之助和淺沼稻次郎的墓前祭掃。

代表團到東京時，前首相石橋湛山已經重病多日，久不見客。廖承志想去看望，囑咐中日友好協會秘書長孫平化與石橋親屬聯繫一下。

"我受周恩來總理委託，也是我本人的願望，希望去看望重病的石橋湛山先生，但是，什麼時候去合適？能談多久？都請家人安排……"

廖承志是品嘗過瀕臨死亡時的心境的人。他知道這種時刻人是多麼敏感，感情多麼脆弱。多麼希望見到老朋友，又多麼害怕見到老朋友……

還是在皇城根囚禁那會兒。

夏天，天氣十分悶熱。兩個女兒來探望，帶來幾個西紅柿，一包白糖，孩子想給父親解解饞，她們知道父親一向喜歡吃糖拌西紅柿，況且西紅柿含有豐富的維生素，對長期被囚禁中的爸爸是很好的營養補充。

造反派一檢查，便大罵"吃糖拌西紅柿是資產階級生活方式"。

廖承志躺在牀上，聽着小女兒與造反派說理：

"你知道不知道，外面西紅柿一毛錢一堆？！我就不相信你們家不吃西紅柿？！"

"一毛錢一堆的西紅柿哪有這麼好？！你們還不是搞特殊搞來的！"

"你胡說！我們來看爸爸，還不帶好的嗎？"

"我就不相信！你別忘了，你們只是走資派子女，能不能算可敎育好子女，還要重在表現呢！……"

"你憑什麼欺負人？你少神氣……"聽得出小女兒氣得發抖，語無倫次，廖承志一陣心痛，一陣胸悶，臉色灰白。二女兒急忙扶爸爸躺下，握着廖承志一隻手，連聲安慰：

"爸爸，你別往心裡去，小妹厲害，他們別想吵過她！我們都經過風雨，早鍛煉出來了，他們算不上什麼東西！……"

兩顆淚珠，從廖承志緊閉的雙眼中滾落下來，滴在女兒手背上。像被開水燙了，嚇了女兒一跳！

她太熟悉自己的爸爸，他彷彿從來不知道生活裡、字典中有"發愁"二字，從來就是只有春天。她時常奇怪：爸爸為什麼從不發愁，就是吃碗陽春麵，也那麼美滋滋的，那麼開心！如今看到爸爸落淚，她心裡發毛，一定是心臟病犯了，得趕快叫人找醫生……她扯足嗓子喊開了。

造反派過來一看，廖承志緊閉雙目，胸部起伏不停，臉色灰白發青，豆大的汗珠順着臉頰往下滾落，他們也慌了手腳，擔心出事沒法向周恩來交待，急忙叫車把廖承志往北京醫院送。

然而，這是個"親不親，路線分"的年代，對於大面積

473

心肌梗塞、又是審查對象的廖承志，北京醫院橫眉冷對，推說沒牀位，拒不接收。

經普椿萬般無奈，撥通了西花廳的電話，還沒開口，淚如雨下，嗚咽出聲。周恩來立刻趕到醫院。醫院立即有病牀了。

廖承志病情十分危重。

周恩來沒有直接進病房，他請醫生先把經普椿從病房裡請出來，握着她的手，關切地詢問：

"阿普，我可不可以進去看他？我進去看他，會不會使他心情激動？會不會加重他的病情？……"

周恩來一連幾個"會不會"，問得經普椿兩淚長流：

"總理，承志您還不瞭解嗎？！您請進吧，不會影響他的……"

實際上，周恩來的預料是十分準確的。

廖承志看見總理來，異常激動，話語滔滔不絕。待周恩來走後，他便向妻子追問：

"我的病是不是已經沒法治了？總理這麼忙，還來看我，肯定是來與我作最後訣別的，你要和我講實話，我還有許多事情要安排……"

經普椿費了許多口舌都無法使他平靜……

石橋湛山家屬得知廖公要去看望，馬上特別允許。

廖承志和孫平化等幾個人，拜訪了石橋的私邸。

一進廳堂，廖承志就看見了一幅毛主席親筆書寫、龍飛鳳舞的橫幅：

"老驥伏櫪，志在千里；
烈士暮年，壯心不已。"

474

心裡不禁一陣翻滾：

石橋先生是訪問中國的第一位日本前首相，當年石橋先生訪問中國時，毛主席揮毫題贈老先生的曹操這四句膾炙人口、廣爲流傳的詩，正是老先生幾十年來，爲中日友好日夜操勞的眞實寫照。原先一直掛在二樓書齋、石橋座位的上方，這次已改掛在門廳很顯眼的地方。

石橋的長子石橋湛一把廖公一行領到他父親牀頭。石橋已經不能說話了，廖承志默默地站在牀頭。

湛一湊近父親的耳邊，大聲告訴說：

“廖會長和孫平化先生來看你了！”

石橋聽了好像明白了一樣，嘴脣微微一動。

廖承志這次看望成爲永訣。

幾天後，石橋湛山前首相故去了。正在關西訪問的廖承志得知噩耗，帶上孫平化少數幾個人又急忙趕回東京，參加了葬禮。

475

葬禮相當隆重，從規模、氣氛以及出席的各界首腦人物，都可以證明這位政治家生前的影響力是多麼大。

訪問期間趕上的喜事也不少，大平外相、前外相小坂善太郎和衆議員川崎秀兩三家都辦喜事，廖承志和夫人都興致勃勃地前往祝福，受到新婚夫婦和家屬親友的熱烈歡迎。

廖承志在東京時住在新大谷飯店。很多日本朋友知道廖承志在早稻田大學讀過書，而早稻田出身的政界、財界著名人士大有人在。參議院議長河野謙三就是早稻田大學畢業的校友。

這天，河野議長在豪華寬敞的議長官邸組織了一次早稻田出身的政、財界人士的聚會，出席者很多，聲勢規模很大，氣氛也很活躍。

自民黨幹事長橋本登美三郎也是“早大”畢業的，特來出席這個盛會。

廖承志一進會場，就被衆位熱情的校友包圍了。

河野議長把事先準備好的早稻田大學學生的角帽親自送給廖承志，廖承志笑呵呵地立刻自己戴上，攝影師們紛紛按動快門，不用問，明天的報紙上都會登出廖承志戴角帽的照片。

同學聚會，又說又唱，活動完回來挺累。

進餐廳時，廖承志對孫平化說：

"老孫，今天吃過晚飯，不安排活動，早點休息。"

"行！"孫平化答應得很乾脆："只要您廖公自己不安排活動。"

剛落座，便聽到隔壁房間十分熱鬧，"噢，一定是辦喜事，走，老孫，看看去！"

話音沒落，人已經站起身往外走。

"廖公，你叫喚累，又自己增加節目！"孫平化笑着放下杯子，加快兩步追出去，跟隨廖公搞日本工作二十多年了，他知道廖公喜歡熱鬧，也最善於利用各種場合做民間友好工作。一笑一說，他就把疲勞全忘光了！

廖承志興致極高，走到隔壁，舉起酒杯，以其標準流利的江戶口音，祝福新娘新郎，新婚甜美，白頭偕老！

中國貴賓的突然光臨，把屋裡熱烈的氣氛，又一次推向高潮。身着大紅繡花和服的新娘，嬌羞、漂亮的大眼睛裡含着晶瑩的淚光：自己的婚禮上，有這樣一位胖胖墩墩，慈眉善目，笑容可掬且名望極高的中國長者祝福，這是自己家庭和睦，終生幸福的最大吉祥！

鎂光燈不斷閃爍，攝影師用膠片留下了這一個珍貴而意味深長的鏡頭。說早休息，不再會見客人，此事說說容易，做起來，廖承志自己帶頭違反，也就難以兌現。

是的，大凡熟悉的朋友，或者不是第一次見面的朋友，他們往往自己去按廖承志的門鈴，進門就坐，坐下就談，因爲他們都知道廖先生從不會擺架子，講官話的。

日本著名演員高峰三枝子敲開了廖承志的門。她是1972年10月，隨日中文化交流協會第一次去中國訪問。

那天，廖承志接見代表團。"久聞大名！你眞年輕！"廖公向她伸出溫柔的大手。

高峰三枝子女士興奮地大叫起來："廖先生，您好！啊，我太高興了！"

今天聽到廖先生到日本訪問，知道了房間，她就很自然地前來看望，大大方方敲門，是的，她沒有任何所求，也不是有誰給她提出要求，她只是因爲想念，只是因爲喜歡，只是因爲渴望見見廖公！

確實，有的人相處一輩子也覺着陌生，有的人只見一面，便終生難忘，思念永遠，人的感情，尤其是藝術家的感情，似乎總是那麼纖細和敏感。兩人聊了會兒家常，廖承志很高興，自己鋪宣紙，揮狼毫，爲前來拜訪的高峰三枝子女士寫下幾個漂亮的大字：

"每逢佳節倍思親"。

擱筆後，他緊閉雙眼，方才臉上還是陽光燦爛，此刻卻彷彿烏雲密佈，陷入深深的回憶之中。沉寂了片刻，他以緩慢的語調，給高峰三枝子女士解釋着這一句話中文的大意，然後說：

"清明節到了，兒女不管長到多大，還是離不開母親。"

一刹那，廖承志彷彿又回到那痛楚的時刻，又品嘗到失去母親時那種悲痛欲絕，永生難忘的全部苦味……

那是1972年9月1日，九十四歲高壽的何香凝老人病危。

廖承志整日守候在母親牀前，一直輕輕握着母親漸漸發涼的手，往事如煙，思緒萬千：

香港、東京、廣州、上海、倫敦、巴黎、香港、北京……媽媽一生吃盡人間辛苦，堅強如松、重節如竹、高潔如蘭、愛國愛民之心始終如一。

若說有憾，便確如許多人所說，老人家在外是反對封建主義，在家裡是重男輕女。特別疼愛兒子，尤其是晚年，視兒子如自己全部生命的所在。

他體諒母親的心情，中年喪夫，波折坎坷，她需要賴以支撐的精神支柱。可是我這個獨生兒子總無法在身邊侍奉，總讓老人操心，尤其是“文化大革命”以後，母子同在一個北京城，卻整整兩年八個月無法見面！自己無法照顧老人，相反，卻要老人為自己懸念！

雖說忠孝不能兩全，可自己的國家，自己的天地，近在咫尺，卻無法相見，此種蒼涼的心境，作為兒子的自己尚且難以忍受，何況九十高齡的老人？！如果不是思念和憂慮，老人恐怕還能看見重孫子，對中年喪夫的母親，那是多麼讓她安慰的事！……

周恩來走進病區，醫生向他報告：

何老太太已經昏迷不醒，連兒子廖承志都不認識了。

周恩來沉重地點點頭，快步走進病房。

廖承志看見總理親自來了，心裡一陣衝動，俯下身去向昏迷沉睡的母親呼喚着：

“母親，母親，周總理來看你了！總理來看你了！”

誰也沒有料到的奇跡發生了：

老人竟費力地睜開眼睛，乾枯的眼窩裡閃出一線生命的活力，聲音極低，卻很清晰：

“周—總—理？周—總—理！”

478

周恩來急忙上前握住何老太太的手，話語親切地說：

"老人家，我是周恩來，您安心養病，會慢慢好的。"

老人費力地想搖頭，沒成功。她眼睛在動，彷彿在尋找。

"老人家，承志很好，你放心吧！"善解人意的周恩來一下就猜中了：擔憂自己唯一兒子的安危，這是何老太太最大的心病。

"總—理—"老人吃力地說着，聲音更低了。廖承志幾乎貼在母親唇邊才聽清楚：

"我請求死後運到南京，與仲愷合葬。"

周恩來當即回答："我代表毛主席、黨中央同意你的要求。"

革命一生，坎坷一生，辛苦一生，惦念一生的國民黨元老何香凝，再沒有任何牽掛，帶着周恩來給她的最大的滿足，含笑辭別人世。

廖承志雙手緊緊捂住臉，無言的淚水從指縫中流出，大滴大滴地滾落在母親的遺體上。他是衆人皆知的大孝子，傷心之餘，他也十分理智地懇請總理：

不要麻煩了，母親的遺體還是火化吧。

這當然有移風易俗的意思，也內含着正在"文革"風頭上，不願給總理找麻煩的心情。

周恩來反過來做廖承志和夫人的工作：

"何老太太一生革命，貢獻很大，最後這一點遺願，應該滿足她。"

不久，中央派了專列，安排了鄧大姐和中央統戰部負責同志護送何香凝老人的靈柩到南京，與廖仲愷先生合墓。

廖承志望着那座高大渾圓的墓體，心中充滿對周恩來總理的感激之情，因爲他最清楚：

　　若不是總理過問，他這個患有嚴重心臟病的人，只恐怕還會走在自己母親的前頭！若不是總理過問，母親如何能實現與父親同墓共葬的心願⋯⋯

　　廖承志陷入意識流，這只是一瞬間，他雖然只說了一句話，可是，高峰三枝子女士已經淚流滿面，她那顆藝術家敏感的心，已經被面前這位廖先生悲愴凝重的真情流露深深打動了，讓她特別感動的是：廖先生從政多年，自己已經年過古稀，母親九十四歲高壽仙逝，他依然保持和珍藏着對母親的真情依戀和不盡思念。真是不容易！

　　高峰三枝子女士慶幸自己三生有幸，遇見了廖先生這樣真正的人，這樣有血有肉，有情有感，官高不忘母恩的真正的男人！她由此更加喜愛中國文化，更熱衷於促進日中友好交流活動⋯⋯後來，她自己的母親去世後，她痛不欲生。每當以淚洗面時，她便翻開廖承志給她親筆寫的"每逢佳節倍思親"條幅，回想那次會見時廖先生的面容和深情的話語，就從心底感到一種沁人心腑的慰藉。

　　送走高峰三枝子女士。

　　"廖先生，您好！"又是一位老朋友光臨。

　　誰？木村一三先生。

　　他雖比廖承志年輕十幾歲，因生性豪爽，開朗，頗有北海道漁民的風格，他認定：自從自己認識廖承志後，無論是人生道路，還是事業發展，都發生了根本性的改變。

　　他認準廖承志是自己的恩師、摯友、忘年交，對自己特別重要，至近至親。自從"文化大革命"開始後，他每次來中國都得不到廖先生的消息，真是心如刀絞，焦急萬分，等獲准又能見到廖承志時，他沒去握廖承志伸過的手，而像迷路的孩子突然見到自己的親人，猛然緊緊抱住廖承志。彷彿是害怕得而復失，抱得那麼緊，那麼緊，顧不得週圍其他人，嗚嗚咽咽，嚎啕大哭，久久無法止息。

這次廖承志來到東京，他當然是常客，說來就來，既是看望，又能交心。發現廖先生需要什麼，他能馬上辦來。

木村一三先生見到廖承志，毫無拘束之感，他心裡想到什麼，嘴裡就說出來。他滔滔不絕地講着，等自己發現"陳毅外長"幾個字脫口而出後，他突然臉漲得通紅，像知道自己犯了錯的孩子一樣，一下捂住自己的嘴，喃喃自語地責備自己：

"我怎麼糊塗了！不該提陳毅先生的名字，一提陳先生的名字，廖公就要流淚，好端端的，不該惹廖公傷心嘛……"

木村先生的自責不是無緣故的。

果斷豪邁、叱咤風雲的陳毅外長，竟會死於腸癌！廖承志在陳老總去世很長一段時間裡，始終無法接受這個殘酷的事實！

是的，他是陪着宋慶齡、周恩來一起去向陳毅遺體告別的，他也是無神論者，也知道人死如燈滅，不可能還有靈魂和再生。然而，他只要一閉眼，陳老總就笑吟吟地站在他的面前，那熟悉悅耳的四川話，賽過任何美妙的音樂，不停地在耳畔回響，小廖長，小廖短，有說有笑地擺着"龍門陣"。一件件往事那麼清晰地呈現在腦海中，重複出現最多的是那一幕：

1962年。一天，廖承志請香港《文匯報》、《大公報》的幾位記者吃飯，夏衍同志作陪。剛剛入席，陳毅外長春風滿面地來了。他一邊落座，一邊用字正腔圓的四川話打趣道：

"小廖，我今天來這兒打牙祭，可不是白打的喲！我是來告訴你們一個最新消息：我去問過毛主席了，毛主席說，

481

你這個講話可能有點火，但是，你的話原意沒有錯！所以，你們香港記者也可以登，我就是這麼講的，你們不要怕，我負責！"

話剛落音，嚷嚷着與大家乾杯，一仰頭，一杯茅台，一飲而盡！

在座的都清楚陳毅所說的講話是指什麼。

不久前，在廣州召開的科學界和文藝界兩個大會上，陳毅在會上有個發言，狠狠批判了黨內對知識分子極"左"的一套做法，並發表了向知識分子"脫帽加冕"的著名論點。會議上引起強烈反響，會場裡多少知識分子激動得滿臉熱淚。

可是會後，北京就有人到處說：

"如果不是親眼看見報告上印着陳毅的名字，還以為是大右派的攻擊言論。"當然，也有人惟恐天下不亂，去毛主席那裡"奏"了陳毅一"本"。

陳毅可不是軟體動物，他有他自己的處事特點：他自己找到毛主席那裡，直截了當地請教：

"主席，前不久，我在廣州講的那個話，您看有沒有錯？"

毛主席就給了他一個如上面所講的"說法"。

有此話在上，那些攻擊之詞，頓時失去殺傷力！

……

如果是戰場上捐軀，或者是壽終正寢，這都容易接受，偏偏最樂觀的人得癌症，分明是心情壓抑痛苦所致嘛！所以，只要是有人，不管是戰友，還是外國朋友，反正越是熟悉的人，只要一提起陳毅，感慨他的正直，惋惜他的早逝，就彷彿是把廖承志從幻夢中驚醒，他便會情不自禁地淚流滿面，不能自已。

那次木村一三訪問中國時，一提陳毅的名字，廖承志淚如雨下，木村直罵自己太冒失，自己提醒自己多次，以後不要在廖承志先生面前提起陳毅。可是剛才自己一開口，又說出來了。心裡眞有點慚愧。

"沒關係，沒關係，"廖承志搖搖頭寬慰來客："我現在已經不那麼容易落淚了。"

話是這麼說，明眼的木村一三先生發現，廖先生的眼圈又紅了……

"飲水不忘掘井人"，開創和開拓新中國外交的陳毅同志，作爲當之無愧的元帥外交家，將永遠載入史冊！

三

大海行船，風呼嘯，湧浪滾。船身像蕩板，上下起伏，時而升上去、升上去，像就要能與天上的飛鳥比翼，時而陷下去、陷下去，像墮入黑暗無際的地獄。方才喧嘩熱鬧，人來人往的輪船甲板上，此刻空寂無人，從船艙內，不時傳來急促的跑動聲，間或有人衝到船舷邊，虔誠地向大海行九十度"鞠躬禮"，慷慨大方地向大海"繳納學費"。只是個個臉色慘白如紙，表情痛苦不堪，眼角掛着無法抑制的淚珠。

跟隨廖承志的警衛員小紀，當輪船在上海市領導和各界群眾"祝一路順風"的熱情歡呼聲中，在鑼鼓喧天、掌聲四起的氣氛中離開上海港時，他胸脯挺得高高的，英俊的臉上容光煥發，喜笑顏開，跟在廖承志身後，多神氣。可這會，被排山倒海般的八級巨浪晃得頭暈目眩，倒在牀上，連眼睛都睜不開了，你瞧，他的第二生命——手槍，早已從枕頭底下滑出來，他絲毫沒有感覺。廖承志輕輕把槍拿過來，收在自己身邊，他得意地擠擠眼，臉上露出頑皮的笑意，無聲地說：等會兒嚇唬嚇唬他！

1979年5月7日，我國15,000噸級客輪“明華”號載着以廖承志爲團長，粟裕爲最高顧問的大型訪日代表團，由上海市黃浦江的一個碼頭，徐徐啓航，駛向長江口，置身於蒼茫東海之上。

“明華”號兩側船舷上掛着“中日友好之船訪日團”的巨幅標語，紅底白字，十分醒目。這是建國以來規模最大的友好使團，代表團整整600人，來自黨中央、國務院各部門和全國15個省、市、自治區，加上200船員，構成一個800人的臨時大家庭。在將近一個月的時間裡，大家生活在這條相當於六層高樓的海上流動旅館裡！這麼龐大的海路交往的訪日代表團，恐怕就是在中日交往最多的盛唐時代，也是無法比擬的！

當然，這種友好往來的方式，最早是日本朋友先發起的。兵庫縣知事坂井時忠年年率領青年縣民乘坐客輪到東南亞各國友好訪問，他們把它叫做“海洋大學”。

隨着中日友好關係的發展，日本朋友迫切希望“海洋大學”也能在幾個中國港口停靠，進行友好訪問，爲“海洋大學”增加一門中日友好課。

廖承志最清楚，早在1973年8月，周恩來總理會見當時來訪的日本參議院議長河野謙三時就說過，應該考慮一個中日互派旅遊船的協議。後來，雖然沒有搞書面協議，但我國表示歡迎日本方面先派“日中友好之船”來訪。1973年以後，載送三五百人的“日中友好之船”不斷來華。到1978年底，已達41艘之多。共運載了一萬多日本朋友來華訪問。

有朋自遠方來，當然是好事，可總是來而不往，也非禮

1978 年 9 月，廖承志會見以池田大作為團長的日本創價學會第四次訪
華團，與池田大作先生親切交談。

貌。特重友情的廖承志，越來越覺得應該組織友好船回訪日本，也好讓周恩來總理生前的考慮付諸實現。

1979年8月，中日和平友好條約簽訂了。為了配合條約生效和鄧小平副總理訪日交換條約生效批准書，促進中日友好形勢的新發展，中國到了組織"中日友好之船"回訪日本的時候了。

1978年10月，中央正式批准了這個報告，各項準備工作立即着手進行。日本政府和日本的一些團體非常歡迎，安排組織了一千多個團體和單位接待參觀。

可能因為這個"中日友好之船"訪日團的團長是廖承志，不知為順口、方便、親切或是其他原因，在國內國外報道中，不少都以"廖公船"來稱呼。

最初分配名額時，廖承志把孫平化找來，話不多，也沒商量：

"老孫，你給我三十個名額，這些你不要管，到時候我把名單給你。"

"行！"孫平化爽快答應，廖公要名額，自有他的用處，下級無須過問："我考慮這剩下的五百七十個名額這樣分，國內與日本來往比較少的省份盡量照顧，再加上中央各機關、政府各機關，這樣就照顧了十四個省市，差不多中國的一半……"

"這五百七十個名額怎麼分，我不管，這三十個名額，我來管。"

不幾天，孫平化收到了廖公送來的名單，其中包括了十一位夫人，她們是：鍾月林（宋任窮的妻子、政協幹部）、彭儒（陳正人的妻子、政協委員）、林月琴（羅榮桓的妻子、婦聯執行委員）、曾志（陶鑄的妻子），她們都是老紅軍。此外還有林佳楣（李先念的妻子、衛生部婦幼局長）、薛明（賀龍的妻子、政協委員）、郝治平（羅瑞卿的妻子、婦聯執行委員）、王季清（王震的妻子，教育部幹部）、朱仲麗（王稼祥的妻子、中華醫學會理事）、汪向平（馮文彬的妻子，中華醫學會的理事）、蕭慧納（王任重的妻子、婦聯執委）。因爲這些都是花甲古稀的老太太，“文革”中受迫害，身體都不好，每人又都配一個陪同的名額，是帶服務員還是子女照顧，悉聽自便，於是，這其中有五位老太太帶自己的子女。其他八個名額，包括團長廖承志夫婦、秘書和警衛員，最高顧問粟裕夫婦、秘書和警衛員。代表團裡，只有廖承志和粟裕各帶上一名秘書。

看到這些名單，孫平化並不吃驚，他理解廖公的心意：這些人革命幾十年，“文革”捱批捱鬥，受迫害深重，有這樣的機會，應該讓她們出去走一走。但他對三十個名額中竟沒有廖公的親姐姐廖夢醒大姐感到十分意外。

487

廖夢醒大姐在日本生活多年，有許多日本朋友。兩國建交後，他們多次發來邀請，希望廖大姐故地重遊，老友重逢，共敘友情。只因廖大姐年高體弱，一直未能成行，這次若隨自己的船去，多方便嘛！他隨即給廖公撥了一個電話：

“廖公，名單我已經收到了，我準備把這些老大姐們編一個班，配上翻譯，再讓我們友協接待處長，專門招呼這些大姐，盡最大努力照顧好、服務好，這個請廖公放心！不過……”

“不過什麼？”廖承志立即反問道。

“爲什麼不讓廖夢醒大姐去呢？她最近是不是身體不好？”

“她身體還不錯！這不是身體問題。哎，老孫呀！剛才我那外甥女囡囡還來電話，說我還欠我阿姐一次出國機會沒還呢！”

　　原來，50年代中期，一次廖夢醒已經辦好護照，準備去維也納參加世界和平大會，即將動身之前，突然接到阿弟肥仔的電話：因為代表團此行必須臨時增加一位學者，請阿姐這次讓出名額，下次一定還。誰知一晃二十多年過去了，廖承志始終未能兌現。

　　"廖公，這次正是機會，趕快還上這筆賬嘛！"孫平化打趣地說："況且，夢醒大姐會日文，朋友多，到日本做友好工作，恐怕比上面那些大姐還方便……"

　　"算了，就這麼定了，自己的姐姐好說話，她以後有機會，可對那十幾位大姐來說，機會確實難得……"廖承志絲毫不掩飾他對這批老同志、老大姐的尊敬。

　　這艘中日友好之船，滿載着中國人民對日本人民的深情厚誼，5月9日抵達了下關，6月5日離開長崎回國，在將近一個月時間裡先後停靠了下關、大阪、名古屋、東京、北海道（室蘭）、新瀉、富山、鳥取、福岡和長崎十個港口，史無前例地繞着日本列島一週，訪問了日本47個都、道、府、縣中的33個，航程達6356公里。中日友好之船撒下了中日友好的種籽，開拓了一條連接兩國人民深情的航道。

　　船上絕大多數是初次離開祖國的團員，他們開闊了眼界，增長了知識，親眼看到了勤勞智慧的日本人民的創造性勞動，親自體會到日本人民對中國人民的友好感情。這是一次非常愉快的旅行，十分有益的學習。正如廖承志概括的：

　　"乘船繞一週，友誼達千秋。"

　　5月8日下午，空中突然傳來隆隆響聲，小紀咬緊牙，撐着起來，跟在廖承志身後跑到甲板上去看，蔚藍的天空中出現一架直升飛機，是日本《讀賣新聞》派直升飛機來攝影採訪，頓時，甲板上圍滿了人，飛機有時降低到距船頭只有十幾米高，日本記者向船隻不停地招手，甲板上訪日團的代表們更是熱情揮手答禮，整條船上充滿了歡快的氣氛。日本新聞界在空中拍下了"中日友好之船"訪日航行中的第一個鏡頭，揭開了歡迎"中日友好之船"訪問日本的序幕。

5月9日清晨，"明華"號開始徐徐進入下關港。此時，直升飛機在空中盤旋，披紅掛彩的日本船隻來回穿梭，噴射出無數條五彩繽紛的水漣，中國的大船、日本的彩船，彷彿被友誼的彩橋緊緊連爲一體，岸上彩旗招展，鑼鼓喧天，山口縣知事、下關市長和縣市各界朋友前來歡迎，日中友協全國本部會長、理事長和西園寺公一等老朋友也特地從東京趕來歡迎，場面氣氛熱烈非凡。

雙方沒有經過共同演習，就把六百人分班接下船，安排上汽車，分頭去參觀訪問。秩序井然，絲毫不亂，這真不是一件簡單的事！代表團的中國同志不能不佩服日本朋友的組織能力、工作效率以及計劃性之周密了。

當晚，下關市舉行了隆重而盛大的歡迎酒會。廖承志團長笑容可掬地宣佈：中國的青島市、武漢市、桂林市願分別同日本的下關市、大分市、熊本市結成爲友好城市。全場歡聲雷動，這是日中友好又綻放出的三朵鮮艷的玫瑰！

在第一站下關，廖承志一行就受到特別友好的破格待遇：

日本朋友知道廖承志愛吃河豚生魚片，本來5月份不是吃河豚季節，但是，這裡的主人特意想辦法把河豚生魚片留到5月。

廖承志下船，當晚就被請到下關市一家著名日本菜館──春帆樓，河豚生魚片以及河豚"料理"已經擺好在餐桌上，主人用淡季稀有的河豚魚和海鮮招待，用心之周到細緻，十分令人感動。

眨眼已經15年過去了，想當年也正是在這裡，老闆娘見

489

到隨同廖公訪日的"四大金剛"之一王曉雲，她瞪着眼睛看了老半天。廖承志發現，笑問緣由，老闆娘指着王曉雲，脫口而出："這位先生長得非常像大正天皇。"滿堂皆歡。

從那兒以後，廖承志逢遇日本朋友，就介紹王曉雲像天皇，於是"天皇"就成了王曉雲的綽號，大家叫，他也應，直至他去世。

船離下關港時，日本朋友又組織了一場歡送儀式。一盒盒包裝精美的彩色紙帶送上船來。"嗚——"，輪船離岸，一瞬間，彩帶拋飛，船上，岸上頓時無數條姹紫嫣紅的彩帶，飛架起一座寬闊的友誼之路，船上岸邊用中文、日語喊出的"再見！"之聲在海天之間迴盪，那戀戀不捨的深情，真讓人熱淚盈眶，終生難忘！

從此以後，每到一個港口，都有進港式，離港式，只是名稱不同，歡迎、歡送的場面各具特色。

為了有效利用28天訪問時間，"中日友好之船"幾乎都是夜間行船。離開下關港，進入景色秀麗的瀨戶內海。這裡真是名副其實的內海，你只要走到甲板上，四周都可以看到日本的大小島嶼，夜幕中，抬頭，閃爍的星河向天邊延伸；轉身，密集的燈海在四周星羅棋佈，恍惚間，彷彿置身於世外桃源，人間仙境……

大阪，是關西地區的中心，著名的工業城市。進港式後，訪問團便以大阪為中心，分組分頭到大阪、神戶等地，着重參觀工業。全團還去京都、奈良遊覽名勝古跡。廖承志和粟裕一行訪問了京都嵐山。

這是在不到一年的時間裡，廖承志第三次登臨嵐山。

嵐山是京都的著名風景區，猶如北京的頤和園。外國人到京都，若不遊覽嵐山，就像沒到京都似的。

周恩來留學日本期間，對嵐山的景色、嵐山的櫻花特別喜愛，曾經寫下了著名詩篇《雨中嵐山》。周總理去世後，中國人民的老朋友、九十四歲老人吉村孫三郎先生發起、在京都都府知事和京都市長的支持下，組成一個建造周總理詩碑的委員會，請廖承志揮毫，把《雨中嵐山》這首詩按指定的大小規格書寫下來，選了一塊京都附近的名石，特請兩位著名石匠，按廖公寫的字一樣大小，精心雕刻下來，趕在1979年4月，鄧穎超副委員長訪日之前，建成了這座紀念周總理的詩碑，以隆重的儀式，歡迎鄧穎超副委員長剪彩。從此，嵐山又多了一景。

七個月前，也就是1978年10月，鄧小平副總理應日本政府的邀請訪日，同福田首相互換中日和平友好條約批准書。臨行前，他特意向外交部交待：此次訪日，要帶上廖承志這個日本通！當時廖承志已經擔任了人大副委員長。日本按國賓規格給予了隆重接待。

491

那天，到京都嵐山參觀周恩來詩碑後，鄧小平一行到有名的日本餐館嵐亭吃飯。女主人請鄧小平簽名留言。鄧小平爽快地揮筆簽名後，又把留言簿遞給廖公，笑着說：" 廖公，留言的任務你來完成吧！"

廖承志欣然領命，要來一張稿紙，略一沉思，提筆賦詩一首：

> " 天高江戶正秋風，
> 煙雨京都葉未紅。
> 大堰河邊人越艷，
> 嵐山樓閣看新楓。"

鄧小平和衆人均拍手叫好，於是，廖承志眉眼露笑，把詩提筆寫在了留言簿上……

　　今天，望着坐落在萬綠叢中那座厚重的詩碑，讀着周恩來總理那首膾炙人口的《雨中嵐山》，廖承志眼睛濕潤了，是的，在改善和發展中日關係的艱難歷程中，周恩來所作的一切努力，所付出的心血和智慧，會與這詩碑一樣永存在中日人民心間！

　　中日友好船到大阪後下一站是名古屋。

　　以久野忠治爲首的日本朋友組織了兩千人參加的“盂蘭盆節”式的群衆性跳舞活動，給中國客人每人發一件印着“中日友好之船”字樣的半截兒褂和一條毛巾，要大家穿上外褂，紮上頭巾一起參加跳舞。並請廖公親自擊鼓掌節。

　　廖承志興致勃勃地穿戴齊整，揮起鼓錘，一邊吆喝着號子，一邊用力擊打鼓面，嗬，那神情，與日本朋友沒兩樣。日本朋友抬着珠塔玎玲“神輿”，隨着節奏喊着號子。

　　廖公一帶頭，中國代表團的團員們也都紛紛下到場內，或同日本朋友一起抬“神輿”，或模仿日本朋友舞姿，舉手投足，翩翩起舞。一時間，中日雙方男女老少兩千多人，穿着一色的上衣，頭紮日本特有的毛巾，和着日本民間音樂和咚咚咚震耳的鼓點，圍成一圈又一圈，跳起日本民間舞蹈，隨着樂聲起落。

　　舞蹈停下之後，兩國朋友又共同抬起“神輿”，按照日本傳統方式，邊喊邊跑跳着前進。

　　鼓樂齊鳴，聲震四方，歡聲笑語，熱鬧非常！這一熱烈和諧的氣氛和場面，不正表達和加深着中日兩國人民的友好情誼嘛！

　　會後，日本朋友把“神輿”送給了代表團，一直擺在“明華”號的船頭上。回到國內，廖承志把它送給靑島市，留作紀念。

日本朋友知道：羅瑞卿大將"文革"中被迫害至殘，1978年去世。他的夫人郝治平和女兒羅峪平這次也來訪問，對此他們非常重視。他們從護照上了解到羅峪平正好在名古屋過生日。那天，羅峪平和代表們一同參觀，突然，日本朋友捧出了特地製作的蛋糕，點燃彩色蠟燭，真誠地唱起"祝你生日快樂"。羅峪平意外、激動，即席吟詩一首，代表媽媽和自己感謝主人：

> "恰逢生日在異鄉，
> 新朋好友聚一堂。
> 四海手足承美意，
> 友誼路上話滄桑。"

郝治平此時已經身患絕症，在整個過程中，她振奮精神，克服病痛，堅持參觀到最後。

"明華"號到東京停留的時間在整個航程中是最長的，整整4天。28個班每天分頭到都內或鄰縣進行多種多樣的參觀活動，訪問了許多各階層朋友的家庭，每天各班都記錄下來許多動人的友好佳話。要論友好活動展開面之廣，參加人數之多，接觸日本社會之深，群眾性之強，"中日友好之船"是創歷史紀錄的。

代表們早晚食宿在船上，早出晚歸，這樣能為國家節省數目可觀的一筆外匯。大家都一改在國內的午休習慣，白天馬不停蹄地參觀訪問，晚上回船就抓緊寫日記，寫心得，直至深夜。

訪問結束回到國內，最後做出的統計數字，連代表們自己也吃驚：在日本28天，全團同志參觀訪問1201個項目，從工業、農業、商業，城市建設、旅遊、文教衛生到科研機

493

構，眞是琳瑯滿目，豐富多彩，應有盡有。

團長廖承志和最高顧問粟裕在東京的日程就更忙了。會見大平首相，登門拜訪了田中前首相，接受了田中前首相、福田前首相和園田外相的宴請，在船上宴請了公明黨竹入委員長及其他幾位公明黨領導人，拜訪了日中友好議員聯盟浜野清吾會長、保利茂前議長夫人和創價學會名譽會長池田大作夫婦，同財界首腦舉行了早餐會，每天的活動安排都是爆滿！

一天中午，著名的友好人士、前中將遠藤三郎突然登上"明華"號，這位八十多歲的老人，是趁着家人外出，瞞過護士，乘車三百多里，專程趕到東京看望老朋友粟裕的。他緊緊握着老朋友的手說：

"'中日友好之船'有強大的磁力，一下子把我吸來了！"飯桌上的點心他不肯吃，笑吟吟地說："請幫我包起來，我要帶回去以此作證，我確實到過'明華'號，確實會過中國朋友！"

送走遠藤先生，這友誼佳話在全船越傳越廣，大家異口同聲：這種眞誠的友誼太難得也太可貴了！

廖承志在東京出生，又同他的父母廖仲愷、何香凝兩位革命先驅僑居東京多年，從新中國成立至今，他都是僑務工作的主要負責人，他在日本華僑中的聲望和影響之深之廣，恐怕一般人難以想像。他來到日本，如果不滿足廣大華僑要求見面的心願，雙方都是不能答應的。因此，在日程中早已安排好廖承志團長和粟裕最高顧問及全體船員，在華僑集居的三個城市——東京、大阪、長崎，分三次出席華僑舉辦的大型宴會，請廖承志團長向僑胞發表講話。"中日友好之船"訪日，愛國旅日僑胞無不爲此歡騰雀躍，是呀，華僑在海外哪怕安家50年，100年，中國大地依然總是自己夢牽魂

494

繞的故鄉。哪個海外遊子不希望自己的故鄉富足、強盛？！他們紛紛表示，要為祖國早日實現四化、早日實現祖國統一貢獻力量。

"明華"號從5月21日下午離開東京的晴海碼頭，到下一個港口北海道室蘭，是這次繞日本列島一週寄港地之間航程最長的一段，要航行22日一整天和前後兩個晚上。

"明華"號到達日本初期，廖承志就向全團提出：要保證這次訪問能收到預期的效果，最後寫出專題考察報告，所以團裡組織了十個專業考察小組。六百團員是人才濟濟，其中有來自中央和地方及全國各條戰線上的各級領導幹部，有各行各業的專業人員，我們的副團長中就有主管鐵路、運輸、財政、商業等各部副部長和北京市副市長，團員中還有主管工業、農業的省級領導人，團裡已經請他們分工抓，把十個專業考察組的任務落實到人。

495

5月22日，"明華"號船內變成了名副其實的海洋大學。

幾個公共場所，大小會客室裡，到處是一組一組人在那裡開會，有的在那裡埋頭整理材料，有的在交流學習心得，核對記錄的資料數據。正因為上上下下這樣認真考察，認真積累，認真分析，認真總結，所以，當"明華"號返抵青島時，才能交出來15份專題考察報告和28個班的書面小結。

5月23日清晨，"明華"號又靠上室蘭碼頭。

北海道到底是與前面經過的地方不同，氣候還比較冷，只有十二三度。東京櫻花是四月中旬盛開，一個多月後，北海道的櫻花才吐蕊盛開。

堂垣內北海道知事在歡迎酒會上講話，明確指出：堅決收回被霸佔的日本固有領土北方四島。廖承志團長答辭時再次重申中國人民堅決支持這種正義行動。

　　不知是巧合，還是有意安排，"中日友好之船"正受着北海道人民和各界朋友盛情款待時，正是在這同一天，位於扎幌市北郊的小樽港，進港了一艘"瑪麗來烏利揚諾娃"號蘇聯觀光船。當天的《北海道新聞晚刊》、室蘭《民報晚刊》拿出很大版面報道歡迎"中日友好之船"的詳細情景，感慨道：600人的大型訪日團乘坐巨型客輪"明華"號在室蘭港靠岸，對室蘭市民來說猶如做夢一般。在十分醒目的宣傳"中日友好之船"版面上，僅拿出一小塊地方，報道小樽港還有一艘乘坐了296人的蘇聯旅遊船。電視台也是如此，報道"中日友好之船"的內容豐富，時間很長，報道蘇聯旅遊船的鏡頭一晃而過。給人強烈的印象是：一方面轟轟烈烈，友好情緒高漲，一方面卻顯得冷冷清清。

　　"中日友好之船"走的確實是一條友好的路線，走到哪裡，都遇上新老朋友，受到友好接待。

　　5月28日，"明華"號停泊在富山新港。

　　富山縣是松村謙三的老家，廖承志重點參觀訪問了松村的家鄉福光町。在松村家屬陪同下參觀了松村謙三紀念館和松村出生地及有百年歷史的老家。

　　松村謙三是中國人民的老朋友，周總理的好朋友，陳毅元帥的棋友，廖承志早稻田大學的校友，他曾應邀多次到中國訪問，對中日關係的發展起過重要作用。應紀念館邀請，廖承志親筆為紀念館題詞留念。

　　當時，中國人民的老朋友中島健藏是肝癌晚期。廖承志帶着孫平化等人登門看望。主治醫生說：

　　"為了能使中島先生見廖先生最後一面，我們想盡辦法延長他的生命，而中島先生似乎也正是以這種精神力量和強烈願望支撐着，才能多活幾天。"

　　廖承志握着中島先生的手，深情地祝他早日恢復健康。

中島先生已經不能講話了，但在他的眼睛裡閃動着一線欣慰的目光。中島夫人送廖承志出來時，流着淚說：

"已經沒有救了，中島見到你們是最後的一大安慰了，他可以瞑目了。"

老朋友揮淚告別。待廖承志回到國內，就得到了中島先生逝世的噩耗。

5月31日，"明華"號進入了福岡縣博多港。

這裡是中國人民熟悉的地方。遠在漢朝，中日兩國之間的來往，就在這裡留下了可資憑證的出土文物。福岡市附近有太宰府遺跡，傳說太宰府相當於今日的出入國管理局，隋唐時代兩國來往要先到這裡辦理入國手續。

在福岡訪問期間，廖承志帶着孫平化等少數人，去已故的松本治一郎故居看望。坐在室內松本先生靈堂前，廖承志與松本先生的兒子、參議員松本英一先生及其他親屬圍坐在一起，親切交談，往事歷歷在目。

松本老人是日本部落解放同盟的創始人，1953年，他拿到去緬甸的簽證，不顧違法，進入新中國，從此以後連任日中友好協會會長長達13年之久。1966年去世時周恩來特地發去唁電，在東京擔任廖承志辦事處首席代表的孫平化曾從東京專程到福岡，參加了隆重的葬禮。

廖公又專程來到老朋友宮崎世民的舊居——熊本縣荒尾鎮，提筆寫下了"孫文先生曾遊之地"的碑銘，以紀念偉大的革命先行者孫中山先生與宮崎民藏、宮崎寅藏之間的真摯友誼。

一些為中日友好多年奮鬥的老朋友，長年累月、不辭艱難，流血流汗，在那裡一鍬一鏟挖井不止，直至最終倒在挖井的土地上。如今中日邦交正常化了，猶如深井挖成，噴出清泉，他們沒能享受到中日邦交正常化的喜悅，沒有品嚐上

497

井裡湧出的泉水的甘甜。周恩來在中日建交時強調"飲水不忘掘井人"，這句名言，隨着時間的推移，越來越顯出它的意義深刻。廖承志這次帶團訪日，就是以實際行動證明，中國政府和中國人民永遠不忘老朋友。

在福岡縣的招待會上，剛從中國訪問回到日本的東京新製作座劇團的演員們，走進人群，請出賀龍夫人和她的兒子賀鵬飛，拉着他們的手，邀請他們一同上台，一同演唱電影《洪湖赤衛隊》插曲。當"洪湖水呀浪打浪，洪湖岸邊是家鄉"的歌聲在場內響起時，台上的賀龍夫人首先落淚了，台下的觀衆也紛紛嗚咽出聲。

一位日本退役軍官懷着內疚的心情對薛明說："我過去同賀龍元帥打過仗，從心裡欽佩他。"

薛明握着他的手，十分誠懇地說："過去的已經過去了，我們是爲尋求友誼，發展友好事業而來的！"周圍熱淚盈眶的日本朋友中，立刻爆發出經久不息的掌聲。

看到如此明顯的宣傳效果，許多同志感慨：這句話雖平常，但因爲出自賀龍夫人薛明同志之口，便能振聾發聵，魅力無窮！

鄧小平的女兒鄧琳，受所在單位派遣，也參加了友好之船。日官方和民間人士看到鄧小平的女兒也去了，感到中國對此行是十分重視的。日本輿論說："看來中國領導人要中國和日本世世代代友好是有誠意的。"在東京和其他地方，日本官方指名邀請鄧琳參加一些活動。

島根縣定立美術館以陳列和收藏日本風格的水墨畫揚名。80高齡的老館長親自陪同中國朋友看畫，邊看邊詳細介紹名作的成就。參觀完畢，鄧琳當場揮筆畫了一幅彩畫《紅梅》，贈送老館長以表達自己感謝之情。這時，老館長激動地也提起筆作畫回贈。分別時，老人握着鄧琳的手說："你畫上的梅花，就是日中兩國友誼之花。"

代表團秘書長孫平化知道這件事後，心裡豁然開朗：這不正是名人效應嘛！看來，廖公組織眾位夫人來日訪問，除了對這些老大姐有感情，想讓"文革"中備受折磨的她們有一次出國機會之外，還有一個目的，便是發揮名人效應！讓日本各界人士不但聽到，而且看到"文革"中捱整的中國的老幹部和元帥將軍確實已經平反，中國對外維護世界和平，對內搞改革開放，抓經濟建設的決心已定，再不允許"文革"那樣的噩夢重演！

孫平化的悟性準確！有後來之事為證。

"中日友好之船"回到國內不久，從某些渠道傳出的消息，令人震驚，沸沸揚揚。說什麼"廖公船"名副其實是"夫人公子船"；廖承志不僅帶去了全家，連他家中保姆、小狗都帶上友好船，在日本花天酒地，鋪張浪費云云。

廖夢醒女兒囡囡聽到傳言後，氣憤之餘，也陡然明白，為何當初舅舅"欠賬不還"堅持不讓媽媽同船去日本。原先憋在肚裡的怨氣頓時煙消雲散。那天去看舅舅，她伸出一雙大拇指，激動地說：

"舅舅，您真是有先見之明！您聽到外面胡說八道了嗎？！那些惟恐天下不亂的家伙，無中尚能生有，如果你讓自己姐姐去，就是有一百個理由，他們也會編造和歪曲出無數個謊言，對不對？"

"不生舅舅氣啦！"廖承志把囡囡摟到懷裡，用勁刮了她一個鼻子，又在她額頭上吻了一下。他特別喜歡自己這個唯一的外甥女，她乖巧、孝順且善解人意。做人也像她媽媽一樣真實，坦率，沒有半點矯揉造作之態。

"舅舅，他們罵'廖公船'是'夫人公子船'，你就不

499

生氣？爲什麼不找個什麼場合反擊一下！"

"囡囡，陳老總在世時常愛說一句話，叫止謗莫若不言。我很欣賞！要說氣，我也生自己的氣，我後悔沒把王光美同志帶上，沒把彭眞和陸定一的夫人也帶上！"

6月2日傍晚，"明華"號離開博多港時，場面更加動人，龜井光知事、近藤一馬福岡市長、谷伍平北九州市長親自登船熱情歡送。碼頭上人山人海，船上岸上，中日兩國新老朋友，緊緊拉着數不勝數的彩色紙帶，不斷揮手，不斷擦拭眼角滾落的熱淚。

當船緩緩離開碼頭，天空突然出現五光十色，鮮艷奪目的焰火。船至港內外分界線、防波堤的出入口時，等候在防波堤旁邊的數條小船，發射出焰火，在天空築成一座橋樑形狀的閃光燦爛的圖案。船上中國代表們拍手感嘆：日本朋友歡迎我們"中日友好之船"，眞是情眞意切，用盡智慧！天空中彩光流動的金橋會消失，但中日兩國人民之間已經架起的友誼金橋，是永遠堅固，而且暢通無阻！

6月3日晨，"中日友好之船"到達這次日本之行的最後一站——長崎。

爲了慶祝"中日友好之船"繞日本列島一週所取得的豐碩成果，爲了歡迎和最後歡送"明華"號離開日本，長崎縣久保勘一知事、高田勇副知事，長崎市市長和長崎各界朋友，組織了一場聯歡晚會，從形式到內容，讓人永遠難忘：不分大人小孩，都登台表演龍舞！

這種龍舞，與中國耍龍燈一模一樣，而且耍龍的人都身穿對襟黑色中式服裝。顯然這是由中國流傳到日本，原樣保存到現在。會場裡，日本朋友興致勃勃隨着音樂鼓點耍起龍

70 年代廖承志與母親何香凝合影。照片中小孩為何老太太重孫孫。

燈舞，人數之多，規模之大，形象之逼真，就是在龍舞的故
鄉中國也是不多見的。也難怪日本朋友不無誇張地說：＂在
長崎可以聽到上海雞叫聲！＂

6月5日中午，＂中日友好之船＂要離開長崎回國了。上
午，團長廖承志、最高顧問粟裕在船上接見各報記者，發表
訪日觀感。上百名記者竪起如林的話筒，閃光燈像天空眨眼
的群星，亮作一片。

廖承志向擠在最後面、身材矮小的萬里子小姐──共同
通訊社記者、老朋友杉山市平先生的女兒招招手，他知道，
＂中日友好之船＂在環日本列島航行的28天中，小萬里子受
報社之命，乘飛機、火車或汽車從北到南，從南到北，趕在
＂中日友好之船＂前頭到達下一港口＂守株待兔＂，船一到
達，她便寸步不離＂盯住＂中國訪日代表團進行實地採訪，
一幹就是整整28天！記者群中，像這樣＂追蹤＂採訪、臉已
經看熟的記者，還不在少數呢！

6月5日下午，＂中日友好之船＂最後離開長崎的時刻到
了。

日本全國各地許多華僑遠道趕來，到船上送行，同他們
的親人告別。

身穿黑色中國武術服裝的青少年，從碼頭到船舷邊一字
排開，登船的中國訪日代表們走過他們身邊時，他們都雙手
合十致意。廖承志和同志們個個眼睛潮潤，不斷向他們點頭
還禮，嘴裡都重複着：＂謝謝！謝謝你們！＂

這些都是日本少林寺拳法聯盟的青少年會員。每當＂明
華＂號靠岸後，他們就自發晝夜24小時輪流站在船邊，保衛
＂明華＂號的安全。即便大雨瓢潑，渾身淋濕，他們也從不

離開……少林寺拳法聯盟會員的這份真情，這份厚誼，使
"明華"號上八百中國人無不為之心動！

"明華"號在一片汽笛聲和歡呼聲中啓航。六十多條大
大小小懸掛着彩旗的船隻排列在"明華"號的兩側和後面，
許許多多日本朋友在船上揮舞着小旗，嘴裡呼喊着"再見，
一路平安"等祝詞，眼裡流動着依依不捨的淚光。一直送到
波濤起伏的大海中。

"明華"號船離開長崎港很遠了，還有幾位中年婦女和
三個小孩乘坐的小船，緊緊跟隨，不停揮手，不肯返航。

以團長廖承志、最高顧問粟裕為首的六百多名訪日代表
團成員，幾乎無一缺席地站在甲板上，向日本朋友高呼再
見，揮手致謝……海面上的那情那景，分明是中日人民世世
代代友好願望的大檢閱！

"明華"號已經航行近兩小時，蔚藍的天空中傳來飛機
轟鳴聲。代表們又一次湧到甲板上。直升飛機在"明華"號
上空盤旋，從飛機上傳來真摯親切的中文播音：

"衷心感謝你們來訪，祝一路平安，北京再見！"

6月7日早晨，"明華"號在青島靠岸，山東省第一書記
白如冰同志等黨政軍領導人和各界群眾代表特來歡迎，祝賀
"中日友好之船"航程3432海里、6356公里，勝利、圓滿完
成了訪日任務。

這次"中日友好之船"活動範圍遍及日本33個都、道、
府、縣（日本共47個），174個市（區），71個町，參觀了
各行各業共1201個項目，到處受到十分熱情的歡迎。六百多
名代表不僅為增進兩國友好出了力，而且還從自己工作角度
學到日本許多好經驗。團員們幾乎是異口同聲地說："友好
之船，不虛此行。"

日本朋友怎麼看？

日中友協全國本部送走中國朋友之後，他們的總結在《日本與中國》一刊上登出。廖承志很快拿到一本，他看得很仔細。

"中日友好之船在具有悠久歷史的日中交流史上，是史無前例的一大壯舉。"

"當時汗流浹背奔忙於碼頭上的人們，今天都沉浸在無比喜悅之中。"

"五年、十年，用長遠的眼光來看，中日友好之船必將會對日中兩國的友好產生巨大的影響。"

廖承志臉上呈現出明朗的笑意，他並不理睬那些無中生有的誹謗和謠言，他只願在自己有生之年，想方設法，竭盡全力，把周恩來總理"中日兩國人民要世世代代友好下去"、"中日友好也要傳代"的遺願，變爲現實。現在，中日友好確實已經有了一定的廣度、深度和堅實的基礎，今後還要再接再厲，在這已有的基礎上，堅實地不斷地發展下去！

廖承志陪同鄧小平副總理拜會日本國會眾議院。鄧小平和眾議院議長保利茂（左四）握手擁抱。

第十七章

撥亂反正

一

"諸樺，今晚安排我見哪位同志？"

開了一整天會的廖承志，費力地鑽進汽車後，又轉過身來詢問。

"廖公，今晚沒給您安排。您心臟不好，醫生規定晚上不能加班。"

"醫生規定？什麼時候？怎麼連我自己都不知道？"廖承志反問。

"您忘了，是從陳賡同志去世後，醫生說您的病和陳賡同志一樣，不能加夜班。周總理、陳老總在世時，也都交代過，難道您忘了？⋯⋯"

諸樺突然停住了，她發現車上的廖公臉上的表情陡然沉重起來，眼睛裡浮起一層淚光。

廖承志嘴脣顫抖，輕聲念叨着："陳賡、陳老總、周總理，他們都不在了，都不在了⋯⋯"只是片刻的失態，廖承志清清嗓子，提高聲音說：

"正是因為他們都不在了，現在撥亂反正，我得抓緊時間多幹，否則，若在天國與他們會面時，我以何臉面相對？你安排好，立即電話通知我，來的人不管職高還是位卑，不管是做什麼的，只要了解情況，我都見。"

車開走了。諸樺兩眼濕潤，半天沒動。

諸樺跟隨廖公工作十多年，她太了解這位老領導的心情：結束"文化大革命"後，他要加快節奏，加快步伐，把林彪、"四人幫"對華僑、台灣、港澳工作造成的遺毒盡早肅清，以告慰一直分管這條戰線的周恩來、陳毅等在天之靈！

"文化大革命"對華僑、港澳工作的破壞是巨大的，真可謂是傷筋動骨，大損元氣！

"文革"中，外辦解散，諸樺被下放幹校勞動。回北京看病時，與張瑜一塊去看望廖公。

一晃就是五六年沒見了，她倆都覺得廖公白髮增加許多，性格依然樂觀。見到專管香港工作的老部下，廖承志迫不及待地詢問香港情況和港澳朋友的近況。

張瑜心直口快，盡自己所知談了不少事，諸樺坐在一邊幾乎不吭聲。

廖承志已經注意到了，轉過話題：

"諸樺，最近身體怎樣？家裡還好嗎？"

諸樺嘆口氣，沒開口。

張瑜替她回答了："她心情不好，她是勞碌命，悶在家中，難受。"

"我還不是一樣閒着。諸樺，學學做飯嘛！"

諸樺搖搖頭："我學不來。想看書吧，也看不進去，閒着實在是難受。廖公，說心裡話，我真想念當年忙碌工作的歲月！不過，最近已經有傳說，我的問題已經查清，很快要分配工作了。"

"分在哪？"廖承志關切地問。

"大概是到廣東北部去搞工業。"

"搞工業？眞是亂彈琴，亂點鴛鴦譜嘛！"廖承志口吻堅定，像是下命令："諸樺，你不要去！港澳工作離不開你們這樣熟悉情況的同志。"

"廖公，這是組織分配工作，不是到市場買菜啊！我怎麼能說不去呢？"

"拖着，就說身體不好！"廖承志斬釘截鐵："目前這種狀況是不會持續多久的！現行政策不是黨的一貫政策！"

"中日談判時，日本收聽小組的幾個姑娘起了極大的作用，她們就有這個本事，無論電波干擾多大，她們都能聽清、聽準確，爲周總理及時提供了日本最新消息，總理都表揚了。"

"我想把她們都調回北京，幹校軍代表就是不同意。硬是把她們分到各地去，其實誰不知道，她們的專長就是收聽日本廣播，其中有的日本籍姑娘，連中國話都聽不懂嘛。而我們再要培養這樣的人才，又要花多大勁！專長都非一日之功，對不？"

"聽我的話，拖着，不去，不是爲自己，是爲黨的事業！"

這是1974年的事。諸樺聽從了廖承志的意見，稱"病"獃在家中，時間拖久了，自己作爲一個共產黨員的良心又不能平衡。她本來就有慢性闌尾炎，1959年醫生就要她做切除手術，牀位都有了，只是工作忙，一直拖下來了。如今乾脆去醫院，做了闌尾切除手術。

直到粉碎"四人幫"，她又幹起了老本行。

首先她和幾位同志一起，參與了《批判"四人幫"所謂"海外關係"問題的反動謬論》文章的起草。

　　大家十分清楚，廖公對於＂四人幫＂鼓吹極＂左＂的一套始終是疾惡如仇！那天，歸僑醫生、北京腫瘤醫院院長吳桓興到辦公室來看望廖公。一見面，廖公笑容滿面，緊緊握着老朋友的手連聲說：

　　＂吳院長，我已經聽說了，英國皇家放射醫學院將授予您該院榮譽院士的稱號！真是可喜可賀啊！＂

　　＂廖公，您說可喜可賀？！＂吳桓興略顯無奈地搖搖頭說，＂可是有人卻說這是‘資產階級的榮譽，我們不要’。＂

　　廖公臉色表情一下嚴肅起來，他大手一揮，斬釘截鐵地說：＂什麼資產階級的，簡直是胡說八道！宋慶齡主席過去就接受過國外授予的榮譽，我們為什麼不要！那不是資產階級的，它代表我們國家的科學水平。能獲得這樣榮譽的人，全世界有幾個？！＂

　　1978年1月4日，文章以廖承志名義在《人民日報》發表，把僑務、港澳、對台工作中極＂左＂的一套拿出來示眾後，這些工作的恢復便提上議事日程了。她沒親耳聽見，但聽許多同志談過這件事：

　　鄧小平同志復出後，在一次會上曾親口說：

　　＂僑務工作要恢復，要有廟，還要有菩薩。現在，菩薩我給你們請來了，他就是廖公！＂

　　掌聲，如潮如湧般的掌聲！真實表達了僑務幹部和廣大華僑的心願！

　　諸樺十分清楚：作為國民革命先驅的廖仲愷、何香凝的獨子，廖公的名字，本身在海外就是號召力。海外的客人來北京，提出第一個要求，希望立即安排廖承志接見！

　　諸樺也仔細觀察過，華僑港澳代表走進接待室前，往往眉心緊皺，憂心忡忡，肚子裡裝滿了怨氣和一大堆的疑難、

509

疑問和疑惑。可是，只要與廖承志見了面，華僑也好，港澳代表也好，出門時都如釋重負，笑容滿面。眞是“屢試不爽”。人家就是服他，要問爲什麼？朋友們總是說：

“哎呀，多少年不見面了，廖公對我們的情況還是那麼熟悉，對我們的處境還能那麼體諒和理解，說話也還是那麼坦直眞實，幾句話就能暖到我們心裡，怪不怪？！”

爲要挽回“文革”對港澳工作造成的損失，解決港澳工作中目前存在的問題，1978年成立了由廖公兼主任的國務院港澳辦公室。辦公室一成立，廖公便採取分行業、分批進北京座談的辦法，像“文革”前一樣，他要詳細透徹地摸清情況。他反復向港澳辦的同志們說：

“沒有調查，就沒有發言權！”不管形勢怎麼變，周總理、陳老總在港澳工作中留下的行之有效的辦法不變。

二

香港、澳門工聯會的代表來到北京。

廖承志聽他們講述自己的情況，感慨且覺內疚。

我們黨對不起這些好同志呀！

他們幾十年如一日，爲維護港澳工人的利益工作，有的因參加罷工，被開除公職，每月只能在工人交納的會費中領取幾百元港幣的報酬，只能以最低生活標準維持一家老小的生計。

有的因家庭負擔重，白天堅持上工，所有工會的工作都是利用晚上業餘時間。待遇低，危險且辛苦，他們都無怨言。對國內傳達的許多規定：不許買電視機，不許買電冰

廖承志為日本電影明星高峰三枝子題詞。

箱，不許買自己的房子，不許收看香港電視節目，不許與黃色工會有任何往來等等，他們都自覺執行。

從國慶十週年後，每次香港工人回來觀光，廖公曾特意規定：

每位工人代表回國觀光時，每人補助30元錢。讓他們身邊有點錢買紀念品。

下面工作人員有人不理解：

來觀光者很多，給誰不給誰，怎麼好解釋呢？

廖公雙手一攤，爽聲答到：

“有什麼不好解釋？這些工人代表都是向老闆請假才能回來觀光的，少幹一天是要扣一天的工錢的，我們能不給點照顧嗎？”

60年代，香港工會組織了代表團來北京。廖公一看名單，其中有一位女士的名字那麼眼熟，好像在哪裡見過。他立即找來諸樺、張瑜幾位“老”港澳打聽，果然，在以往一次港澳工作匯報會上，曾提到這位女士的名字和事跡：她是名共產黨員，長期在香港基層工會工作。有一回，她夜間開會回來，在一條僻靜的小巷裡，她突然被人蒙住頭，一陣亂棍飛落，打得她皮開肉綻，鮮血直流，直至暈死過去。打她的那夥人，一邊打還一邊罵：看你再敢搞赤色工會！

她被大雨澆醒，咬着牙，自己一寸一寸爬回家的。她沒去報警，也沒上醫院，手頭錢少當然是個原因，不過最主要的，她是擔心警察盤問起來，住醫院傳出去，可能給工會工作帶來更多的麻煩。

“對這樣的好同志，我們能不關心嗎？！”廖承志吩咐道：“張瑜，你放下手上的工作，立即去代表團找到這位同志，馬上陪她去醫院做個全面檢查，看看有沒有內傷，需不需要住院治療……”

512

這位女同志得到了最好的檢查，當她知道這是廖公親自做的安排，淚水奪眶而出，回去工作更積極、肯幹……

"文化大革命"開始後，國內火燒英代辦處，香港受國內極"左"影響，舉行大規模的罷工，結果，許多工人被捕，坐牢，失業，子女失學，老人捱餓，工人親屬意見極大。

情況匯報會上，廖公代表港澳辦向香港、澳門工聯會的同志道歉，明確指出：

"極'左'的一套必須肅清，那不是我們黨的一貫政策。

"你們生活在香港，不看香港電視，怎麼了解香港社會的情況？不接觸黃色工會的工人，怎麼向他們宣傳我們的政策？怎麼爭取人心？你們的待遇太低，你們覺悟高，任勞任怨可以，你們會幹的。但是，像這樣的待遇和狀況，你們的兒子們，孫兒們還會願意幹嗎？年輕的一代還有人願意幹嗎？

"香港還是英國佔着嘛，還是資本主義制度嘛，怎麼能像國內工會那樣總搞政治呢？國內以後也不會再搞'文化大革命'，要好好建設國家。你們就是要為改善工人工作條件，增加工人經濟收入，提高工人的文化素質為主要目的……"

上了返回香港的飛機，工會的幾個代表，心情十分激動：

"知我們者，廖公也！"

香港報館的先生們來到北京。

說起"文化大革命"和"四人幫"造的孽，辦報人無不義憤：

513

廖承志夫婦與長子廖暉（右一）合影。

國內"四人幫"全盤否定了十七年的港澳工作，批判陳毅、廖承志是黑幫，是特務，是黨內資產階級，過去貫徹的都是修正主義路線，必須批倒批臭。

強令香港報紙與內地報紙必須完全一致，否則就是反對毛主席的革命路線，反對"文化大革命"。

於是，不僅《文匯報》、《大公報》關公一樣的大紅臉，嚇走了原來的老讀者，就連過去由當地人士辦的，只是傾向進步，也深受香港居民喜歡的中間報紙，也被迫變成好鬥的公雞，兇神惡煞，面目猙獰。

辦報的路子越走越窄，報紙的銷量直線下降。

當年進步報紙佔全港報紙三分之一的興旺時期一去不復返。最少時，進步報紙只能佔香港報紙十分之一還要弱些！

《晶報》老主編陳霞子，自責比捱罵還痛苦，他人一到北京，就請諸樺給廖公捎了口信：

"自己已經老朽，無顏面對香港讀者，決心告老辭'官'，不再回報館工作。"

諸樺向廖承志報告後，廖承志心情沉重：

"不是太傷心，陳霞子先生怎麼捨得離開報館？"

廖承志太了解他了，說整個報紙就是他的生命，這話一點不誇張！

幾十年來，他除了回家睡覺，只要他起牀後睜開眼睛，香港偌大的花花世界，你到兩個地方，一定能找到他。

一座固定的茶樓——"報紙佬"集中的地方。他每天必去，每次都是"一盅兩件"：泡上一壺茶，兩樣點心，一坐就是兩個小時。

做啥？貌似閉目養神，可周圍報紙佬們天南海北的閒扯亂談，全都收進他的耳中，天長日久，他對香港中下層市民的心理、政治觀點和熱點問題，真是滾瓜爛熟了。

515

所以，一個問題要宣傳的話，他就知道要怎麼說，這些人才聽得進。用句醫學俗語：他天天在茶樓給香港市民" 號脈"。

第二個地方就是報館。他桌上放着一本《孫中山言論》，一本孔子的《論語》和一本《毛澤東選集》。

每天報紙頭版，都發一篇由他親自執筆的言論。

他並不是共產黨員，他也不要求入黨。他就是愛國，他就是相信共產黨是眞正愛國的，所以他擁護共產黨的對內對外政策。

然而也怪，他明明是贊同共產黨的政策，可是，話經過他的筆端落到報紙上，沒有毛澤東的一句話，沒有共產黨怎麼說的字眼。只有孔子怎麼說，孫中山怎麼說的，故而應該怎麼說。這樣的文章，不要說是港英當局，就是與大陸針鋒相對、水火不容的台灣當局也覺有理，也能接受！

於是乎，在嚴禁香港《文匯報》和《大公報》進入台灣的時代，《晶報》卻能暢通無阻。

周恩來總理常讀《晶報》。總理辦公室給外辦港澳組曾幾次打電話，誇獎陳霞子先生的言論寫得眞絕，眞妙。

廖承志也常誇讚陳霞子文章寫得好，我們不方便說的話，不大好說的話，他說了，而且說得非常好！他怎麼對我們的政策了解這麼深？怎麼能和我們想到一起去了？最後叮囑諸樺：" 好好把老先生的經驗總結一下，加以推廣。把我們宣傳工作，搞得更活更有聲色嘛！"

據說，有次陳霞子病了，請某人爲《晶報》代筆頭版言論。

於是報紙銷量頓跌。

何賢親口說過：對陳霞子的文章眞是讀上了癮，一天看不到，就若有所失，無法過日子！他這種感覺很有代表性，

廖承志陪同陳毅副總理接見日本知名人士西園寺公一先生（左一）、日本友人白土吾夫先生。

港澳很多人都愛讀陳霞子的文章。

香港其他報紙紛紛效仿搞起言論專欄，也明顯看到成效。

陳霞子辦報經驗，在港澳宣傳會上推廣過，確實大大提高了我們在港澳的報紙的趣味性、客觀性和可讀性，發行量大增。

誰料想“文化大革命”一來，把這一套全盤否定，老人身心受到極大損傷……

廖承志把陳霞子單獨請到自己房間。

他親自迎至門口，兩人一見面，他就緊緊握着老人的手，半攙半扶地落座。然後像晚輩一樣，雙手始終把陳霞子的右手握在自己手心，極懇切地徵求陳霞子的意見。

陳霞子剛一開口，眼睛就濕潤了。他講述“文革”中如何逼他當“鬥委會副主任”，當時新華社主管宣傳的如何瞎指揮，對《晶報》橫加干涉，把《晶報》的面目搞紅了，群衆害怕，並且有了抵觸情緒，於是報紙銷量一萬一萬地往下劇跌，眞讓人痛心得很！他特別提到周恩來總理去世那天，他照例看完大樣就打個盹，就在這時，總理逝世的消息傳來，有關方面限制悼念規格也同時傳來，報館的人沒有叫醒他就發版付印了。報紙印出來他一看，報紙仍用紅報頭，而人家政治態度較中間的《成報》都全部黑色報頭，連廣告都沒有套紅。他傷心極了，認爲是自己對不起周恩來……

說到這裡，陳霞子老淚橫流，泣不成聲：“廖公，這是我的錯，是我永遠無法彌補的錯，至今一想起便痛心疾首。再說，我年紀大了，眞是不願再幹下去了。”

廖公仍然動情地握着陳霞子的手，態度極坦誠地承認“文革”中共產黨的錯誤，如實地講述目前工作的困難。回顧周總理、陳毅元帥對陳霞子的讚揚，提出自己希望陳老繼續留下的期望。娓娓動聽地陳述道：

"眼下撥亂反正時期，特別需要像您這樣有經驗的老報人，我眞不希望您老退出……"

陳霞子熱淚滿面，嗚嗚咽咽。最後，面對自己視爲一生知己、佩服得五體投地的廖承志，只說出一句話：

"廖公，我不退了。我認定一條：士爲知己者死！"

陳霞子說到做到。

他身患癌症，卻一直在《晶報》幹到生命的最後一天。

廖承志對報人的至誠相待，肝膽相照之情可見一斑。

廖一原從廣州乘上開往北京的火車，望着窗外飛掠而過的田野、房屋、江河、小橋，視野遼闊，親切又陌生。

算算，已經十多年沒到北京去了，與廖公也有十多年沒見面了，他眞覺着有許多話要對廖公說。是的，作爲一個在香港從事電影工作的人，他熟悉廖公辦事的特點和人品。

廖承志是自己能無話不談的知音，他對藝術懂行，且有點子處理問題，而且處理得十分得體、藝術，讓人感到溫暖，餘味無窮。

記得建國初期，香港電影界每年都有人回來參加國慶觀禮。廖公對夏夢、石慧、傅奇、白燕等香港電影明星，都是一見如故，成爲無所不談的好朋友。

1959年，我國要派代表團到奧地利去出席世界青年聯歡節。廖公考慮香港是廣東的一部分，就建議安排幾個名額給香港。於是，香港邀請了吳楚帆、李清、白燕、石慧等幾位演員參加。

當選的幾位香港明星興奮極了：能出國，還是代表新中國，多光榮，多開眼界！

喜訊傳開，親朋好友都到火車站熱烈歡送，成爲那天香

519

港的頭號新聞。

香港代表到廣州集中，參加了廣東省團委召開的動員會。會上自然談到這次聯歡節在西方國家舉行，要提高警惕，要鬥爭等等這些內地慣用的語言。在去北京的火車上，又組織學習政治性很強的文件，香港來的明星聽後不理解，很意外也很緊張：

原來出國不是風風光光，到處是鮮花和掌聲，竟還有生命危險？這次出國不是純藝術的交流和聯歡，還內含了那麼多政治色彩？

到北京後，他們向廖一原流露出自己的顧慮：對死亡威脅感到恐懼，更怕回香港後，當局找麻煩。

"如若這樣，那就報告廖公不去？"廖一原態度很誠懇。

明星們依然面有難色。

廖一原也不難猜出：離開香港時，許多親友都出面送行了，報社也報道了這則消息，況且，文藝圈又無秘密可言，如若不去就回頭，豈不讓人傳為笑柄？

真是去也不好，回也沒臉面。

廖一原也無良策可施，正好廖公來電話叫他。

也是無巧不成書。

廖一原來到中南海外辦廖公的辦公室，廖公正與團中央的同志開會，讓廖一原坐在旁邊稍候。

原來，團中央有同志提出：

去參加世界青年聯歡節，怎麼搞了那幾個香港演員？這幾個都是舊社會來的，來參加這個代表團，不僅發揮不了什麼作用，相反還是包袱，還要我們照顧。得不償失嘛！

再說，如若人家問起來，他們不是社會主義培養出來的，而是資本主義的遺老遺少，這不是給我們偉大祖國臉上抹黑嘛！

　　廖承志臉上的表情挺嚴肅，語調也不像往日那麼隨意，感慨地說：

　　"你們是不知道啊，他們在香港工作，環境是多麼艱苦。在英帝國主義統治下，他們從抗戰開始，一分錢不收我們的。

　　"我們黨當時困難，也沒有錢給他們，但是他們堅決擁護我們黨的抗日政策，用他們的行動，比如籌款啦，演出啦，拍抗日電影啦，支援抗日前線。那是很冒危險的，但是他們擁護黨，幾十年如一日。"

　　"到現在解放了，還是擁護黨，擁護社會主義，你們有什麼理由把他們當作對你們工作的一個妨礙呢？"

　　廖公越說越激動："我帶過第一屆中國青年代表團，當時叫郭蘭英參加，也有人對她有議論，甚至於說她這個人不乾淨。一路上她用過的臉盆都不敢用，我非常氣憤，就因為郭蘭英是個藝人，舊社會受人歧視，想不到你們有頭腦、有新思想的人對別人不但不同情，也還是這樣待人！我對他們進行了嚴厲的批評。"

　　"讓我想不到的是，你們對香港來的幾位藝術家，也是採取這種態度！……"

　　廖一原只覺得鼻尖發酸，嘴脣發顫，兩行滾燙的淚水，不自禁地墜落衣襟："最知我們香港藝人者，廖公也！真心尊重藝術者，廖公也！"

　　談話還在繼續。廖公問："你們覺得怎麼樣？"

　　"聽了廖公您的一番敎導後，我們回去再做工作。"

　　"首先你們要通，你們不通怎麼做工作，對不對？"

　　送走團中央的同志。廖一原忐忑不安地說：

　　"廖公，您這樣尊重我們，為我們力爭出訪，可我又要給你出難題了，我心裡……"

"有什麼問題，只管說，都是自己人不必客氣嘛！"廖公臉上露出和藹、坦誠的笑容。

廖一原講了香港演員到廣州後的情況，很不過意地說：

"廖公，您也不用為難，我回去勸他們回香港好了。"

廖公搖搖頭說：

"就這樣讓他們打道回府，不妥，不妥！本來是想做他們工作，結果讓他們背包袱，怎麼行呢？！這是我考慮不周。"

廖公握着廖一原的手，很果斷地說：

"這樣吧，你先回去休息，讓我們想一個兩全之計，一定把事情辦妥，如何？"

結果，廖公這樣處理了：

還是讓這幾位香港電影界朋友去了，但不是代表國家，走的也是另一條路線，由國家旅遊局出資，安排他們去東歐遊覽了四個星期。

演員們高興極了，感受到祖國對他們的信任和體諒，感受到廖公的週到和細緻。廖一原體會最深：

這事處理得如此恰當，如此週到，既不強加於人，也不苟求於人，所起的作用遠遠超過事情本身的意義。這能使香港藝人解除心理顧慮，明知你們是共產黨，但是不害怕你們，願意跟你們交朋友，願意做對國家有益的事情。

是的，像夏夢、石慧、陳思思等等明星，為鳳凰、長城、新聯三家電影公司拍電影，片酬只有一萬五千元。而台灣或東南亞片商卻能以六萬、甚至八萬的高報酬聘請，可她們就是不為之所動，心甘情願地留在長城等三家廠拍片。

問他們理由，回答也很簡單：

電影公司就像她們的家，很溫暖。到了北京，國家領導人對她們既尊重，又鼓勵，不把她們當外人。廖公對她們更像自己家人一樣親熱、週到。古人都知道"士爲知己者死"，我們寧可留下，留在自己家中，也不跑到外面去。這種信賴和情誼，絕不是上上政治課，講講大道理就能得到的。

確實，建國後十七年，廖公對香港演藝界的幫助是極大的。作爲鳳凰、長城和新聯三家電影公司的董事長的廖一原感受最深。

廖公每回叫他去北京"務虛"，都反復強調要他廣交朋友：

"通過交朋友，你的影響就這樣子穿透了，擴散出去了。在香港不能老是坐在辦公室裡，要出去多交朋友，多聽人家反映意見，宣傳也不能死死板板的，交朋友中，看看人家的反映，聽聽人家對我們的意見，對我們的要求。"

1964年，國內，毛澤東批判文化部是洋人部、死人部。

陳老總、廖公召集香港文藝界人士來北京"務虛"。

乘車北上，廖一原和香港文藝同仁們心中直敲小鼓。

陳老總、廖公內政外交事務多忙，可仍然抽空看了香港帶來的全部電影。

陳老總看了影片《黃金萬兩》後，提出了他的批評意見：

"我有個感覺，這個故事不是發生在這個地球上的，大概是發生在哪個星球上的罷？"

廖公則如此講這部片子：

"本來我是要打瞌睡了，後來一看，還吸引我了，結果我還把它看完了呢。"

陳老總、廖公的話一出，導演和編劇幾天睡不着覺，大家認眞琢磨，找出這部電影的毛病是脫離現實，而優點則是表演手法比較藝術。大家心悅誠服，廖一原也覺得受益匪淺。從陳老總和廖公＂藝術性的批評＂中他悟到不少道理：

批評的目的，是要對方能接受，光扣帽子，或一針見血，往往不能讓人接受，還可能傷害感情。對文藝界的朋友尤其是這樣。

廖公還具體向香港電影提出了三結合的方針：

以進步思想爲基礎，要有民族風格，要有新鮮靈活的技巧。因爲進步電影的前提，應該是引導人向上。

同年8月，廖公又在昆明專門召開務虛討論會，是周總理和陳老總委託廖公主持的。把香港搞業務的、搞創作的和演員都請來了，看片子，看國內的演出，組織大家討論：

什麼叫進步？

上溯五千年有沒有進步思想？有沒有可取的題材？

古裝劇有什麼進步思想？

和風細雨，暢所欲言。大家都講出自己的許多疑問：

是不是進步思想就要寫階級鬥爭？

是不是只有社會主義才是進步思想？

是不是進步電影就要寫英雄人物？

能不能借鑒外國電影？⋯⋯

一個多月的學習討論，大家都能接受廖公總結的、經周總理陳老總同意的三結合的方針。

廖公抓到這一步還沒停手。

不久，他又一次把廖一原叫到北京，很認眞地交待：

＂我要給你講個事情，你這個董事長要給下面的電影公司搞點題材才行。現在每一個電影公司計劃每年出八部電影，三個電影公司每年要出二十四部電影，對不對？你要親自來抓題材，給他們準備三年的題材⋯⋯＂

＂三年的題材？＂廖一原十分吃驚。

"細佬（老弟的意思），不要緊張嘛！"廖公笑着摸摸廖一原的腦袋："每個公司每年不是八部電影嘛，四部讓他們自己來創作，反映現實的和海外題材的。"

"另四部呢，你給他們收集一些可以改編的，例如中國的古典名著，世界文學名著，上溯幾千年的歷史題材能改編的。"

"你不用着急，安心住下來，平時你自己找，每週到我辦公室匯報兩次。我已經和夏衍同志、阿英同志打過招呼，你可以去向他們請敎。"

那一個月，廖一原跑遍了北京的大小書店，翻了許多歷史書籍，也求敎了阿英、夏公，琢磨出好幾個題材。而廖公，無論怎麼忙，每週兩次聽廖一原匯報的事，一次沒停過。

記得一次，廖一原講了自己對周幽王和褒姬故事的改寫，廖公聽了很高興："這是個歷史故事，過去總說是紅顏禍水，那是封建社會嘛，而你現在把顚倒的歷史又顚倒過來了，這個就是以進步思想爲基礎嘛！

"歷史題材怎麼沒有進步思想呢？！社會主義、馬克思主義毛澤東思想當然是進步思想，但是用歷史唯物主義的觀點看問題，這個歷史故事就有了進步思想了嘛！"

人常說，當事者迷，廖一原聽了廖公的分析，覺得新鮮，有趣，心中豁然開朗，於是再接再厲，一個月內，眞選出了三十六個題材，其中有由夏公改寫的巴金名著《憩園》、《阮玲玉》等，至1966年，香港陸續拍出六七部。

那時，進步電影在香港、在東南亞乃至台灣，都是十分搶手，上座率總是很高。然而"文化大革命"的發動，像陣龍捲風突然襲來，搞亂了一切，摧垮了一切，眞是數十年的努力，功虧一簣，損失無法彌補！

演員被叫到深圳接受批判，什麼“資產階級文藝黑線的寵兒”、“反革命修正主義文藝路線黑爪牙”等等，甚至把純屬個人的生活隱私，也搬出來大加批判。明星忍受不了種種人身侮辱，去海外，去台灣，如鳥獸散。

導演也深受傷害：鳳凰公司的朱石麟老導演，看了國內對姚克編劇、由他導演的電影《清宮秘史》的批判，竟上綱上線到“是愛國主義還是賣國主義？”的高度，氣憤至極。

他從抗戰就一直跟隨共產黨，清清貧貧，辛辛苦苦地導演了許多電影，可現在竟被罵着“賣國主義”，他怎麼想得通？怎麼受得了？

僅僅幾天，剛剛花甲之年的朱石麟老先生便含怒帶怨，辭世而去。

衆多同仁誰不寒心？

北京火燒英代辦處，香港罷工罷市。

陳老總被批判，廖公被“油炸”，過去港澳工作被斥爲“修正主義黑線”全盤否定了，再聽不到廖公的聲音，香港電影界必須一切按廣州軍管會的要求：上街反英抗暴遊行，到工廠去宣傳群衆。

然後，幾個電影公司還必須按國內要求，學習樣板戲的經驗：“突出正面人物，突出英雄人物，突出主要英雄人物。”

拍香港的工潮，拍香港的“左派英雄”。

大陸英雄在堤上，山上，碼頭上；香港的英雄就站在樓梯上……

哎，說來真痛心，就是這些男不男，女不女，滿嘴高調的人物，徹底打散了香港進步電影的影迷群，弄得進步電影公司拍出的電影，到了幾乎無人買票進場的地步……

廖一原來到北京，廖公召集香港報館撥亂反正的會議還沒結束。

　　廖公單獨接見了老朋友廖一原。好幾個小時的流淚講述，廖公緊皺着眉，不斷吸着煙，聽得十分專心，幾乎沒有打斷過一次。

　　最後，廖公說：

　　"港澳工作受到林彪、"四人幫"的干擾，首先表現在對同我們長期在一起工作、渡過了不少難關的朋友都不相信了，派些'馬仔'進去，打小報告，張牙舞爪，就把香港電影事業搞垮了。"

　　"其次，是將內地那一套強迫往香港搬，主題千篇一律，把開卷有益，變成開卷教訓別人，這樣的電影怎能叫做藝術呢？細佬，電影事業是一項重要的事業，應該說，不管江青之流怎麼企圖阻止香港電影的發展，我看，建國28年以來，香港的電影事業是有成績的！"

　　廖公揚了揚手中的印刷材料，那是會議上發的一本毛澤東、周恩來、陳毅論統戰工作的印刷品。很動情地說：

　　"我們這些活着的人，要實現主席、總理、陳老總的心願，告慰他們在天之靈才對吧？！"

　　廖公一番話，說得廖一原猶如乾涸的土地陡然得到春雨滋潤，宛若滯水的心靈又蕩起陣陣清波。

　　"細佬，我把你們希望到全國的風景區、名山大川拍電影的要求在全國旅遊會議上提出，李先念同志說這很好，還讓電影局給予協助。"

　　"最近中央幾位領導同志都說，香港電影製作的範圍可以更爲廣泛些，凡是有利於愛國統一戰線的，什麼都可以拍；內地充分支持你們，你們可以到內地拍外景，拍祖國名勝古跡，名山大川。題材由你們自己選擇，不要加這樣那樣的限制，只要求：一不違反愛國原則，上下幾千年都可以

拍；二不要黃色的頹廢的，希望你們有自己的風格，不要照
搬內地的。"

廖一原情不自禁地頻頻點頭。

"細佬，還記得那年你給電影公司選的幾十個劇目嗎？
能不能再重新揀起來？"廖一原從廖公眼神裡，沒有找到幽
怨，沒有看到消沉，依然充滿富於創造和挑戰的活力。他心
裡暖暖的，但依然只能搖頭：

演員隊伍青黃不接；編導人員老了去世了；更重要的是
形勢變化，電影觀眾與過去也大不一樣，現在香港年輕人都
喜歡看李小龍的武俠片……

"對呀！細佬，你們是不是也搞一些武俠題材？！前幾
年，金庸先生送我書，那時我閒在家中還沒工作，哇，讓我
看得好過癮！"

廖公不大的眼睛裡閃出了神采：

"我小時候，朱執信來家裡看我父母時，常給我講武俠
故事，聽得我如醉如癡，想入非非，連飯都忘了吃！"

"後來，我還跟着孫中山先生的衛士學過幾招防身拳術
呢！"

"現在中國的武術兩大派，一派是少林，一派是太極，
這是全世界都知道的。我建議你可以選這兩個題材。回去你
就組織人寫，搞出本子，我們再一塊研究嘛！"

於是，從寫劇本改劇本，借用最好的武術演員拍電影，
甚至演員的服裝等許多問題，廖承志忙裡偷閒，都關心到
了。

《少林寺》在香港春節的黃金期上映，頓時轟動港島，
一炮走紅！

那年原本在海外，以為不用作任何廣告，就憑自己的名
字便能賣座的成龍，也感受到《少林寺》的挑戰，從海外急

528

忙趕回香港，爲自己的電影大作廣告。而那一年春節，香港許多人公認，能得到的最好禮物，便是《少林寺》的電影贈券。

人們記住了李連杰的名字。直至今日，李連杰還是來往於香港、台灣和大陸之間，紅得發紫的一顆"武林明星"。

人們並不知道廖承志的作用。

是的，聳入雲端的萬丈高樓，總是能聽到許多讚美，而支撐大廈的地基，總是默默無聞，以自己的身心，承擔着大廈的千斤重負！

等港澳撥亂反正會議開完，廖承志大病一場：心臟病第三次發作，醫生嚴禁他工作，讓他到廣州休養。

"廖公病了"的消息在港澳老朋友中一傳開，鮮花和問候紛至沓來。

廖承志有這樣的本事：

在朋友探望時進行的輕鬆閒聊中，能瞭解情況，知道矛盾所在，笑聲中做好安撫解釋工作。

可有一天廖承志明顯生氣了。他把諸樺叫進房間，十分鄭重地交給她一封信：

"你先看看，然後讓某位同志看後，再轉交廖恩德先生。"

信只有幾行字，諸樺很快看完了，其實內容也很簡單，不過是問候的家常話，等看到落款處寫着"肥仔"兩個字，諸樺會意地笑了。

廖公生氣，確實是事出有因。

廖恩德先生是香港一代名醫，他的倔脾氣，也像他的醫術一樣有名。

香港淪陷後，廖恩德跑到桂林行醫，曾給何香凝看病。他特別敬重何香凝和身爲一個女人，卻對國家對民族有如此強烈的責任感。當時廖承志已被捕入獄，關在重慶，何香凝到桂林後，蔣介石下令任何人任何時候都不得售飛機票或車票給何香凝，總之一句話，不讓何香凝到重慶。1944年桂林緊急疏散時，何香凝還滯留桂林，因爲當時有辦法才能租到船逃離桂林，廖恩德慨然把自己租的木船讓給何香凝，後來又同在廣西八步避難。廖恩德同何香凝的交情從這時開始。從此，廖恩德自始至終對何香凝關懷備至，常帶着女兒廖瑤珠去何家看望，爲何香凝和她的一雙孫子女治病。

抗戰初期，何香凝對蔣介石不抵抗主義十分氣憤，因而把自己的一條裙子寄給蔣，並附一首詩：

> "枉自稱男兒，吾儕婦女們，
> 甘受倭奴氣。願往沙場死。
> 不戰送山河，將我巾幗裳，
> 萬世同羞恥。換你征衣去。"

強烈的愛國救國之心，實讓廖恩德感動。

香港被日本人佔領後，日本人知道廖恩德有高超的醫術，對他很客氣。可他卻趁着一個月淡星稀的夜裡，偷渡回了大陸，爲什麼？他不會自覺地對不起祖國，但他怕自己不自覺地做出對不起民族的事來。多麼可貴的自我約束！

抗戰勝利後，港督政府鑒於他的名望和抗日的表現，要給他受勳，讓他當香港的太平紳士，這是很高的榮譽，他斷然拒絕！

理由也很簡單，他認爲效忠港府就是英國的奴才。

大陸解放後，何香凝親自發電報，請廖恩德到北京參加新政協。他的回答也十分乾脆：

"不去！哪朝哪代哪個在位，我也不做官，我願和誰都來往，我有什麼意見都可以提，我還是當我的醫生。"

在香港，作爲名醫，出診費十分高昂。不拿藥，就讓他瞧一眼，鈔票就貴得嚇人。

可廖恩德自願當了香港中國銀行的義務醫生，每天下午去看病，分文不取。銀行內無論是領導，還是一般職員，只要是好好工作的，他一概都是很尊敬很盡心。

廖恩德回國內觀光，人來到北京。

"廖先生，要不要周總理接見？"

他手一揮直言道："不要！"

"廖先生，要不要毛主席接見？"

他依然搖頭："不要！"

"那您有什麼要求？"

"我只要見肥仔。"他看出對方困惑的眼神，又加了一句：

531

"肥仔就是廖承志嘛！反正有什麼意見，我就認廖承志，就向他反映，至於他愛向哪兒反映，他盡可隨意！"

"文革"期間，他曾向香港新華分社領導提議：
不要搞罷工，香港與內地不一樣。

那些領導也說接受，可到時候又鬧了罷工，他十分惱火，立刻中斷了與新華社的多年來往。

可對報上不再出現名字的廖承志安危，廖恩德卻十分擔心。

他知道肥仔因爲胖，腰圍太大，在國內難買到夠長的皮帶。廖恩德特意買了兩條長皮帶，託朋友帶往北京。

他後來很得意地對朋友說：

"知道肥仔收到皮帶後，我心裡一塊石頭落地。款式可不可心，長短合不合用，這不重要，只要能收到，這起碼說明肥仔還活着，處境還可以，我就放心了。"

　　“文革”後期，又請他到北京去，他態度很硬：

　　“我去北京，要有三個條件，第一，廖承志復出；第二，廖承志掌權；第三，廖承志邀請。反正我就認肥仔！”

　　於是，此人便成了爭議人物。

　　不少人對他反感，說他太傲，太狂，目中無人，清高自大，誰都敢得罪，簡直是隻刺猬，因而討厭他。

　　至於覺得他太迷信廖承志，太突出廖承志，這種意見或云感覺不會沒有，只不過說不到桌面上來。

　　前幾日，廖恩德知道廖承志生病，因自己年事已高，身體又不太好，不能親自過來看望，便託人帶來一封問候信，按一向習慣稱呼廖承志爲“肥仔”。於是就有人說他對國家領導人沒禮貌。

　　這話不知怎麼傳到他的耳朵裡，老人氣得要命：

　　“周總理逝世，中國銀行設了靈堂。我去弔唁，臨出門時，老婆還叮囑我：哎，男子漢大丈夫，別哭啊，丟人噢！我也答應了。結果一看到靈堂，我就忍不住了，我就放聲大哭。我佩服周總理，爲國家做了那麼大的貢獻！”

　　“我也講實話，毛澤東死時……”

　　這一來，廖恩德又增加了一條對領袖“不恭”的罪狀。

　　廖承志對發表“不敬”高論的同志，着實是生氣了：

　　“爲什麼我們的同志搞了那麼多年的統戰工作，可對總理、陳老總一貫提倡的有原則，有分寸，肝膽相照，榮辱與共，能體諒，不苛求的精神永遠是格格不入呢？”

　　“就說一個家庭，我是老子，你是兒子這是事實。如果兩人坐下吃早飯時，你說，我是老子，你是兒子；吃中飯時，你說，我是老子，你是兒子；到了吃晚飯，你還說我是老子，你是兒子，頓頓如此，天天如此，當兒子的心裡煩不煩？！一個家庭尚且如此，何況是黨外朋友呢？！”

"對黨外人士，不能人家爲國家做事，爲祖國服務，作貢獻作犧牲，好像都是應該的。有點意見，就是狂，就是不尊重！"

"什麼時候我們的同志才能學會像周總理那樣：尊重人家的習慣，體諒人家的難處，關心人家的處境呢？"

"廖恩德是我母親的朋友，雖大我一歲，卻長我一輩，我母親稱我肥仔，他自然也稱我肥仔，這有什麼不尊敬？！"

這一席話，廖承志只是對自己同志說的，對廖恩德，他從沒提及此事。

但是廖承志署名"肥仔"的那封信交到廖恩德手中後，倔老頭笑了，氣也消了。是的，當不當大官，他信賴的肥仔還是肥仔，他只要知道這點，就心滿意足了！

533

三

"丁零零，丁零零"半夜的電話猛然響起，鈴聲特別尖厲，甜睡中的警衛員李雲峰，渾身一顫，陡然從夢中驚醒，他拉開燈，定定神，急忙抓起電話筒。

不等他開口，對方語氣十萬火急：

"是廖公家嗎？麻煩您請廖公接電話。"

小李看看桌上的鐘：凌晨兩點半，他雖說才調到廖公身邊不久，但他知道首長的生活習慣：哪天看書看報看文件不是超過十二點！他老人家睡得又慢，不吃安眠藥又睡不着，兩點半，正是睡得香的時間，怎麼忍心去叫醒他？

"同志，您是哪裡？有什麼急事嗎？能不能再等幾個小時？"不是廖公曾再三叮囑小李，凡是找他的電話，態度一定要好，不能發急，更不能訓人，他早想提高聲音問問對方：你的心是不是肉長的？又不是打仗，軍情十萬火急，弄不好會犧牲無數生命，現在是天下太平，廖公又是上了歲數的老人家，白天忙得要死，晚上還不讓他睡個安穩覺，是不是太不近人情了？如果是你自己的父親，或者是你自己的爺爺，你捨得這樣沒日沒夜地使喚他嗎！

說來也怪，小李調到廖公處工作還沒多久，與廖公便產生了不是親人、勝似親人的真摯情感，他太愛這個不擺架子，活潑樂觀，白髮滿頭，童心不泯，只是工作起來不辭辛苦，太投入，太好說話的好老頭兒，他把他當成自己的爺爺一樣關心和照料。

“我是國家旅遊總局值班室，不是有萬分緊急的事，我也不會半夜打攪廖公……”

小李心裡嘀咕：旅遊，不就是遊山逛水嗎，我就不信非要半夜叫醒廖公，但聽出對方語氣急迫，不敢再耽誤，他推開廖公的門，費好大勁搖醒夢中的廖公，瞧老人迷迷糊糊的受驚的模樣，小李真心疼，他沒有馬上離開廖公房間，細心觀察着老人的表情，心裡盤算着，如果沒啥大事，他一定要去旅遊總局提條意見，不能看準廖公好說話，有事沒事，大事小事地打擾廖公，我是警衛員，就有保護老人的責任和權利。

接電話的廖公眉頭慢慢鎖緊，他只簡潔地問道：

“他們有多少人？”

“活動是怎麼安排的？”

“準備在北京活動幾天？”

“好，你不用着急，你先通知北京飯店總經理，就說我說的，不管多麼困難，立即組織餐飲部的同志做出一頓飯菜，一定讓滯留在大廳裡的所有客人吃上熱飯，對客人們說，請他們放寬心，就說我廖承志說了，你們來到中國，就是中國的客人，北京飯店沒有房間安排不進，我擔保，一定安排他們住進合意的飯店，請各位放心。」

「另外，你立刻與天津聯繫，如果有星級飯店，立即用大轎車送客人去天津住。如果天津也沒有合適客人住的地方，你再給我來電話，我再想辦法。

「這事安排不好，我也睡不着，我在這裡等電話。」

「廖公，我真想不通，安排客人住宿這樣的小事，也要讓您連夜處理？」小李不滿地嘟嚷着：「還要他們值班人員幹什麼？！」

「小李，不是他們的問題，是我們北京的旅遊飯店太少，你瞧，上星級的飯店，偌大的北京城能接待外賓和華僑的只有一家北京飯店，今天已經全部客滿，半夜來的這批客人，拒絕到其他飯店去，都在大廳裡‘靜坐罷走’，旅遊總局的值班員只能告急啦！」

535

「這些老外也真是臭講究！」瞧見廖公一臉倦容地靠在椅子裡，小李心痛老人，忍不住自言自語地埋怨道：「不就是來玩嘛，有個牀睡就行了，還揀三挑四，這麼難伺候！要是嫌中國條件差，就別來嘛，誰請他們了？」

「小李，你說什麼風涼話？」廖公知道小李的心意，點着他的鼻子說：「弄弄清楚，海外來客，可不是只給我們添麻煩的，他們來，付美元、英鎊，一讓我們賺外匯，二能帶給我們世界上的新情況、新信息、新觀念，說實話，我們正在撥亂反正，改革開放，從國家的利益上說，更希望他們來。你想，我們報紙、電台宣傳一百次中國改革開放的政策和成績，不如他們自己進來看一次，眼見為實，耳聽為虛嘛！對不對？然後，這些外國朋友也好，港澳、華僑同胞也好，他們回去宣傳，這可比我們自己講上千遍萬遍，更有說服力，你說，對不對？！”

　　小李心服口服地點點頭。

　　“再說，世界上有許多國家，像埃及、韓國、泰國等，都是依靠旅遊業，爲國家賺取了大量外匯，促進了國力提高和國家建設的發展，我們中國是五千年的文明古國，山川秀麗，名勝古跡多，如果把旅遊事業發展起來，這將是一筆多大的外匯收入！”

　　“廖公，我知道旅遊工作重要，可是你到底是七十多歲的老人了，又管港澳，又管對台，還要管僑辦，事情已經太多了，你心臟又不好，怎麼能這樣日夜操勞呢？依我，您就不必管這個旅遊總局的事，太麻煩了嘛！”

　　“哎，小李此話差矣！”廖公搖着頭，拉腔拉調地說道：“辦旅遊社，這個發明權，可眞是我廖某人呢！不信你去問問⋯⋯”

　　電話又響了。廖公立刻抓起聽筒：

　　“什麼？天津也安排不下？好，你等着，不要走開。”

　　廖公伸左手拿起紅電話機，一改平時平易隨和的語調，以命令的口氣說道：“總機，我是廖承志，請接民航總局局長家裡⋯⋯”

　　小李明白了，要調動飛機，值班室不找廖公確實不行。那晚，是廖公親自從民航調飛機把客人送到上海，才算完事。

　　不幾天，又是半夜電話鈴響，又是客人無法安排進北京飯店，又是天津無法接待，又是廖公從民航調飛機把客人送到南京安排。

　　廖公擱下電話，眉心擰緊，神情嚴峻，猛一拍桌子，發誓般地說：“要改革開放，非要解決旅遊飯店問題！國家沒有錢，想法利用外資！"

不久，中央批准成立了一個特殊的領導小組。

恐怕是前所未有，也恐怕是避免麻煩，這個領導小組的名字起得很長，也很具體："利用僑資、外資建設旅遊飯店領導小組"。領導小組的組長不是別人，正是廖承志。而且說幹就幹，立刻下設辦公室一個，中國旅遊總局局長盧緒章兼辦公室主任。另一名常務副主任是廖承志點的將，他就是僑聯主席莊希泉之子、擔任中國旅遊總局副局長的莊炎林同志。此刻，他正急步匆匆地走進廖公辦公室。握手後，廖公點着一支烟，帶笑問道：

"哎，小莊呀，我已經聽說了，項南同志到中組部要你去福建搭檔，不錯嘛，你在福建工作過二十幾年，情況很熟悉，聽說中組部也同意了，不錯啊，你自己怎麼打算啊？"

還沒等到莊炎林回答，廖承志話鋒一轉，一本正經地問道："小莊，你有沒有兄弟姐妹啊？"

"國內沒有了，就我一個，兩個姐姐一直在新加坡，我們家的情況廖公您還不清楚？！"

"我還以為你不清楚呢！"廖公語氣陡然變得嚴肅起來："你有沒有考慮影響？你個人來講是很好啊，服從組織分配了，但是人家一說起來，你共產黨不講人情嘛！你爸爸都超過九十歲了，共產黨還把他身邊獨獨一個兒子調到福建去，讓這麼大年紀的老人家沒人照顧，這樣好嗎？！"

"可是……"

"我知道這事說起來是工作需要，不過我看，工作還有別的需要嘛，我這裡工作還需要嘞！現在就有個最重要的事情交你辦：讓你擔任‘利用僑資、外資建設旅遊飯店領導小組’下屬辦公室的常務副主任，一定要盡快談妥建成合資飯店。在北京辦中外合資飯店，這可是開天闢地第一次的事

537

情，你要準備碰釘子，準備捱罵，總之，我也是看準你有身體本錢，有組織工程的經驗，也熟悉和了解外面的情況，才找你的，萬事開頭難，你一定要把這個頭開出來，否則中國的旅遊事業無法發展！”

莊炎林很能理解廖公對自己父親的感情，也了解廖公對旅遊事業特別關注的良苦用心。因為從建國初期，廖公就有一個明確的思想：做海外同胞的工作，主要是從國內做國外的工作，因為華僑在國外，過去來不了，我們更出不去，後來能出去了，人數也很有限，能夠多讓他們回來探親、旅遊，百聞不如一見，眼見為實嘛。所以，在廖公支持下，最早在北京、廣東、福建等地搞起華僑旅行服務社，以後又發展為全國性的華僑旅行社。

“文化大革命”開始後僑委被撤銷，華僑旅行社當然也被衝垮，華僑一切事務均歸外交部領事司的僑務處管。“文革”運動轟轟烈烈之時，華僑捱整，誰敢提及海外關係，無疑是置自己於“國際特務”之地，躲尚且躲之不及，僑務處門可羅雀，倒也清閒。及至“文革”後期，政治運動已經搞不下去，群眾已經厭惡運動，歸僑、僑眷開始紛紛申請出國探親、定居，一時間，外交部僑務處門庭若市，從早到晚，人們排成長龍。當即吸引了附近來往群眾的注意，那時物資匱乏，缺糖少鹽，外交部門口排隊，一準有洋貨賣！於是不少“聰明人”夾塞進來，使排隊的人流變得更多更亂。影響了外交部門前的交通，更有損外交部莊嚴的形象。

此時廖公已經擔任了外交部顧問的職務，他立刻向周總理報告，建議在沒有恢復僑務機構正常工作的情況下，先把華僑旅行服務社恢復起來。在“四人幫”淫威之下，處境十分困難的周恩來總理最後下了決心：恢復旅行社。為了避免“復舊”的帽子，外交部提出：原“華僑旅行服務社”改名爲“中國旅行社”。周總理堅持：華僑還是要保持，故而決定一個機構掛出兩個牌子“中國旅行社”和“華僑旅行社”。於是，爲華僑服務的旅行社先於僑辦恢復。

莊炎林知道，建國之初，北京建起了第一家公私合營的高級飯店——新僑飯店，這是廖公一手促成，與鄧文釗合作的一件成果，在五六十年代接待歸國華僑和外國客人，發揮過很大的作用。當然，如今利用海外僑資、外資建設五星級的高級旅遊飯店，這在中國大陸，眞正是大姑娘坐轎頭一回！

中國要辦合資旅遊飯店！這個消息一公佈，如巨石入海，引起海內外強烈震動。1978年，中國改革開放第一年，引進僑資、外資辦旅遊飯店，國內不要說群衆，來自領導層的思想阻力就巨大無比。

搞政治的扣過來的帽子大了，那時還不是“姓‘社’還是姓‘資’的問題”，而是“愛國主義還是賣國主義的問題”。對剛剛結束“文革”噩夢的中國人，對高帽子的恐懼是刻骨銘心的。

管經濟的領導，翻翻所有記錄，把頭搖得像撥浪鼓：哎，辦旅遊飯店能賺錢嗎？能有效益嗎？我們曾經調查過各大城市多少家大飯店，都是虧本的。辦旅遊事業能賺錢嗎？我們建國以來，旅遊都是虧本的，怎麼可能賺錢呢？現在想想，這話很容易反駁：過去辦飯店按招待所的辦法，搞旅遊也採取接待的形式，而不是按經濟規律辦事，不是按國際慣例辦事，當然只可能賠錢。但在1978年，白紙黑字統計的數字，這就是鐵的事實。

海外的華僑、華人打先鋒，有的自己來，有的帶着外國人來，前後竟有幾百家找上門來。莊炎林常常談到下半夜，反復比較，要選條件最合適的人。因爲他牢牢記得廖公的叮囑，第一炮，只能打響。啞炮不是個人榮譽掃地的問題，將預示着中國旅遊事業邁開自己的步子的時間表又要向後推遲許多年！

既然是談判，總要設宴請吃飯。次數一多，風涼話都說到廖承志面前了：

"廖公，你可以不要讓莊炎林談談了，不就是為了蓋房子嗎？把他宴請用的烤鴨摞起來，就有一座大樓那麼高了！"

"丟我們中國人的臉嘛！我們衛星能夠上天，還不能自己蓋飯店？"

"我們不是有自己的北京飯店，怎麼說我們自己不會管飯店呢？！"

談判中，莊炎林曾想過，既然合資飯店要來得快，國外有些現成盒子結構，這邊基礎一打好，國外房間連同全套家具，整間房子一起搬來，飯店不就能馬上營業嗎？這邊還在作可行性研究，那邊狀已經告到廖公那裡：

"好啊，我們中國連沙石料也要進口嗎？！真是典型的崇洋媚外！"

廖承志看得明白：這第一家合資飯店，就是引進外資能否成功的第一場攻堅戰，如果失敗，引進外資搞建設的這一重大的策略就可能被否定，中國旅遊事業開放改革的步伐就要受到嚴重影響，"文化大革命"已經使中國損失了十年，如果再錯過這次起飛機會，我們以為人民服務為宗旨的中國共產黨如何向海內外的炎黃子孫交代？待我去見周總理、陳老總在天之靈時，不是要讓他們失望嗎？第一仗，要有十二分把握打贏才行。

廖承志親自出馬聯絡了。這天，他把莊炎林叫到辦公室提供了一個新線索：

540

　　"小莊，我這個後台，可不是只給你出難題的噢！我給你介紹一個合作夥伴，他叫陳宣遠，是我在美國的一位遠親，他爲人我瞭解，有很強烈的愛國報國思想。他在上海聖約翰中學讀書，以後到美國定居，他自己本身是個建築師，他設計很快，又有自己的設計師事務所，他設計過旅館，建造過旅館，還自己管理過旅館，至今在美國擁有四家大型旅館。這樣的人比較可靠，我與他談過，他立刻表示：能爲國家盡點力是自己的心願，只要能辦成飯店，無論國內提什麼條件，他都可以考慮接受。"

　　"當然，我只介紹，我不插手，你們自己去談。我覺得這個人可以。"

　　果然，莊炎林與陳宣遠一見如故，當陳先生知道以往每次談判失敗，皆因中方阻力太大，外方提出的所有合作條件，總有人覺得吃虧，陳宣遠當即表示：

　　"我看這樣，我們擬定合資方案，要按能讓你們國內各方面都能夠接受的條件來辦，我的目標就是一個，只要能盡快在北京辦成中國第一家合資飯店。"方案完全根據中方要求：整個建國飯店528間客房，共投資兩千萬美元，雙方各投資一千萬美金。股份陳宣遠佔百分之四十九，中方佔百分之五十一。雙方合作十年，十年後，中方只需花一美元，就可買下陳宣遠的股權，這時建國飯店就全歸中方所有。

　　爲什麼呢？陳宣遠說："要不然你們那裡總是通不過，老是怕吃虧，那我十年以後，等於送你們一個飯店，當然這一美元是必須要的，我這次來特地帶來自己的律師，按美國法律：不能送，你賣可以，至於你是賣一千萬還是一塊錢，他不管，但要送就是違法。"

　　"一美元買一個飯店"，有這個條件，方案送到國務院常務會議上討論，依然是爭論十分激烈，有關方面人士拿出了一個可行性分析：只要搞這個建國合資飯店，每年支出多少，收入多少，經營二十二年，要還清從匯豐銀行借貸的兩千萬美金的本息，還差兩萬美金！出於對國家財政的責任感，發言的同志義正詞嚴地逼問莊炎林：

"你莊炎林主張要蓋建國飯店，好，到二十二年以後，你來還這兩萬美元吧！"

聽到這話，莊炎林暗暗佩服廖公的提醒：記得前幾天把"十年後一美元買一家飯店"當成大好事報告廖公，並流露出報告送國務院也不會再有人說話時，廖公搖搖頭說：

"不要高興太早。辦旅遊飯店賺不了錢的觀念還很有市場噢，你一定要與陳宣遠先生一起，把可行性分析搞得詳細並留有充分的餘地，否則人家如果認定辦飯店不賺錢，你也無法說服人家嘛！"

莊炎林聽後以為此話很有見地，立即與陳宣遠再次仔細審核了可行性計劃，力爭萬無一失。若沒有這個準備，今天不就是措手不及了？！

"我一塊美金都沒有，怎麼能還出這兩萬美金呢？"莊炎林話一出口，會場裡響起一陣笑聲，不無嘲笑的味道，"不過，我這裡也有一個可行性分析。"莊炎林鎮定地繼續講下去，他列舉了陳宣遠先生在美國辦旅遊飯店的大量數據和實際情況，又立足我國實際情況，作了充分剖析，最後得出的結論是："快則六七年，慢則八九年，建國飯店能夠全部還清本息，還賺回一個飯店，只需花費一美元。"

爭論和差距如此之大，國務院無法下決心，把兩種截然相反的可行性分析，一起上報中央決策層。

莊炎林如熱鍋上的螞蟻，幾乎天天往廖公家中跑。

一向不愛走門子，求人幫忙的廖承志，這次一反往日風格，個別拜訪，會上交談，真可以說苦口婆心，詳細介紹合資對象的情況，他也坦坦蕩蕩，舉賢不避親，自己態度鮮明，支持合資辦建國飯店，列舉大量實際情況，讓人感到辦建國飯店的必要性、可行性和能爲國家贏利的科學性、必然性。

廖公表現出少有的耐心和韌性，因爲他非常明白，對這種史無前例的舉措，中央領導層並不熟悉，持嚴謹態度是毫不奇怪的，必須以極大的耐心說服，再難也要努力，萬事開頭難，就像大戰役中的頭一個攻堅戰，只有一鼓作氣攻上去，才可能擴大戰果，開闢新戰場。報告在小平、陳雲、先念衆位副總理手中傳了一遍，最後是國家主席兼總理的華國鋒同志一錘定音：經過討論，多數同意蓋建國飯店。我們沒有經驗，作爲一個試點，如果搞好了，以後可以多搞，搞不好，就此一個。

拿到了批示，並非拿到皇帝的 " 尚方寶劍 "，中央同意建後，選地址、定樓層、又是阻力重重。白天剛剛在工地上紮起長長的籬笆，晚上就有 " 敵後武工隊 " 神奇出擊，呼呼啦啦被拆個精光，連龐大的攪拌機也被推得底朝天，鬧得白天也無法施工，莊炎林明明知道是誰幹的，無奈幾次交涉，毫無效果。他無可奈何，只好又去向廖公求援。

廖承志一臉怒氣，他不明白爲什麼我們的一些同志如此鼠目寸光，沒有一個大局觀念，工地上耽誤，都是在浪費國家最緊缺的外匯啊！不能手軟，不能猶豫！他厲聲說道：

" 莊炎林，你立即向中央起草報告，我上送！"

剛剛復出不久的鄧小平，毛筆一揮，批了十一個大字：" 有理也不得胡鬧，何況無理？！"

不知爲什麼，從這一天起，工地上太平無事。

建國飯店在長高。

建國飯店開張了。

　　建國飯店開業一週年。廖承志應邀出席了慶祝酒會。莊炎林拉着北京旅遊局的一個負責人來到廖公面前，笑逐顏開地說：

　　"廖公，今天我這個公證人要當你面公佈結果：建國飯店批准建築的那天，這位仁兄對我說：莊局長，搞這個項目我們北京最吃虧了，我們算了個賬，第一年至少虧損100萬。正巧陳宣遠先生在旁邊，陳先生笑着搖搖手，說：你們放心，肯定賺錢，依我的經驗，第一年至少賺一百萬！我當即表示，好，你們兩家打賭，我作公證人，到一年以後做總結，誰輸了誰請客！老兄，怎麼樣，您自己對廖公說。"

　　"廖公，是我輸了，哎呀，眞是大大出乎我的意料之外，建國飯店第一年開業，不僅沒有賠錢，相反還賺了一百五十多萬！我搞旅遊這麼多年，還是大姑娘上轎頭一回聽說呢！過去我們辦的飯店哪個不賠錢呢！我眞是心服口服了，外國人管理飯店的經驗和方法，眞是值得我們好好學習呀！"接着，他向廖公講述了一件印象最深的事。

　　因爲建國飯店是北京第一家合資飯店，那天法國總統來華訪問後的答謝宴會就定在建國飯店舉行。時間是晚上六點。當時建國飯店剛建好，有些地方水管漏水。時間已經近六點時，有人向外方總經理報告：通往宴會廳的必經之地突然滴水。陪在總經理身邊的中方同志惱火之餘，也動腦子：用個臉盆或痰盂接？擺個"請繞行"的牌子？……

　　外方總經理凝思片刻，立即吩咐叫來一位身着白襯衣，黑外套的領班，嚴肅地向他下了一道命令：今天你的責任就是站在這裡，寸步不離，直到最後一位客人離開之後，你才算完成任務，才准走開！

　　於是奇跡發生了。

　　直到宴會在友好的氛圍中圓滿結束，各國應邀出席的駐華使節眼裡浮現着欣賞的目光，臉上流露着滿意的笑容，他們看見的只有宴會廳華麗的玻璃吊燈晶瑩剔透、燦若星河；桌椅酒具和擺設別致、高雅、舒適；服務小姐漂亮、親切、週到；每道佳餚造型精緻、色彩艷麗、味道正宗。眞是北京城裡難得找到的、別具一格舉辦宴會的好場所，有性急的人已經在悄悄向服務人員打聽：他們若在建國飯店舉辦一次這樣的活動需要多少經費？

也許有客人記得過道裡那位領班，只是沒有客人身上頭上淋到一滴水，當然不會注意到過道天花板上正在往外滲水。所有的漏水，都被領班一個人＂獨享＂了，等宴會結束，這位領班從頭到腳都被水淋得透濕！

沒有人不打心底佩服外方總經理經營管理的藝術之高超，望着雪片般紛至沓來的租用宴會廳的訂單，和一批批國外客人慕名登門品嘗的興隆景象，再回憶，如果第一次宴會按自己的設想，過道裡放隻臉盆或痰盂，叮叮咚咚的滴水聲不絕，或者豎塊＂小心，請繞行＂的牌子，＂質量這樣差勁＂的看法先入爲主之後，恐怕整個晚上達不到如此完美和高雅的氣氛，事後，也不會如此聲名大震，也不可能吸引這麼多的外國客人了……

545

廖公滿意地笑了，他親熱地拍拍那位同志的肩膀，大聲稱讚說：＂你的發現很有意義！要說管理現代化飯店，我們的確沒有經驗，相反，國外經營現代化飯店時間長，當然會有一套行之有效的管理經驗，人家高明的，我們就要虛心學習，把他們的變成我們自己的，這樣我們自己辦旅遊飯店，開展旅遊事業，怎麼會賠錢呢！好，我預祝你們財源茂盛，生意興隆！＂

那一晚，廖公特別興奮，他躲過妻子的嚴格＂監視＂，與陳宣遠、莊炎林等人悄悄乾了好幾杯！是呀，建國飯店能賺錢當然是喜事，然而更讓他高興的是，隨着第一家合資飯店的建立。我們的同志也開始認識西方有許多先進的東西值得我們學習。這一點思想解放，是非常重要，也是特別值得慶賀的。我們國內一直受到各種政治運動的衝擊，許多同志思想嚴重受到束縛，往往把資本主義一切都斥之以腐朽、反動、落後，從不肯承認社會主義計劃經濟，"大鍋飯"也造成的種種落後的弊端，應該大膽改革，應該徹底掃除。思想解放才可能促進和保證經濟的改革開放，然而，思想解放光靠理論上探討是很難徹底弄清是是非非的，他特別贊成小平同志的觀點"白貓黑貓，抓住老鼠就是好貓"。世界在大發展，我們已經遠遠落在後面，如果再一直搞運動，再不扎扎實實找出國民經濟發展的路子，再不改善人民群眾貧窮困苦的生活現狀，還叫什麼共產黨，還叫什麼社會主義呢！

以後，建國飯店像變戲法一樣，一年年往上翻，一直翻上去：第二年賺了400多萬，第三年賺800多萬，第四年賺1500～1600萬，僅用了4年，還清了從匯豐銀行借來的全部貸款！整整2000萬啊！當年，莊炎林在陳宣遠先生幫助下作的預算：少則五六年，慢則七八年還清貸款，這是留有充分餘地的。時至90年代初，建國飯店開業十週年總結時，連利帶稅，連土地使用費等等，用句通俗的話說，一個飯店賺了七八個飯店！

這還是就飯店論飯店，如果從整體上講起來，影響還要大！作爲第一家合資飯店，如此管理經營，一下子打破了過去招待所的經營思路，看到西方旅遊事業按經濟規律辦事的先進性，看到了如此辦旅遊事業，將能給國家帶來極大收益：外國人來住了，他就要吃，要用，要參觀名勝古跡，要採購特色禮品，要到中國其他城市旅遊，總之，在中國的土地上，讓他享受了中國的陽光和美食，讓他付出中國建設極其需要的外匯，這是可能的，更是必要的！中國人是一個非常講實際的民族，古人云：耳聽爲虛，眼見爲實。如果不辦起這第一家合資飯店，光從理論上去爭論，肯定又要繞進是"社會主義好還是資本主義好"的"大是大非"、"立場問題"的僵化思維模式中去了！

榜樣的力量是巨大的。

中央書記處發出通知：全國旅遊飯店管理服務學習建國！於是，學習建國飯店管理經驗的浪潮在全國轟轟烈烈展開，在全國旅遊飯店中，先五十個，後又五十個，再又一百個，帶動了全國旅遊飯店的管理質量和服務水平不斷提高！

看到這一趨勢，廖公敏銳地意識到，這是比建國飯店賺錢的作用還大的事！

本來，社會主義在許多方面有待完善，資本主義有值得我們學習和借鑒的許多東西，這對建國以來也一直與世界，與不同社會制度各種類型朋友都保持着經常聯繫，也多次出訪過西方各國的廖公而言，在思想上是十分清楚的。但對多年與世界隔絕，多年受極"左"思想禁錮的國內一些領導和群衆，如果不用事實，只就理論而言，則是不能接受的！是的，他陪日本朋友去中國各地參觀時，連幼兒園的孩子都總是自豪地說：世界上哪個國家都沒有中國好！中國最偉大，中國最富強！自我封閉，自我陶醉，自我欣賞，在中國已經不是一天兩天，而是數十年，特別是"文化大革命"以後！要衝破這個禁錮，要解放思想，必須建造出一個又一個的建國飯店等成功的合資企業，榜樣的力量是最有說服力的！

一天，廖承志讀一份香港新華分社轉來的報告，是香港一位叫查濟民的先生寫的，信不長，其中內容卻吸引着廖公反復讀了好幾遍，引起了很濃厚的興趣。這位查先生建議：

547

　　"可以在國家的領土上劃出一個區，最好是在與香港一河之隔的深圳，在中央政府的管轄下，鼓動港澳同胞海外華僑，回國投資定居。"

　　"我此建議的主要精神，是在國家計劃下，讓港澳、華僑企業家、高級知識分子既可以在國內安居樂業，體驗社會主義生活，又不中斷與海外的聯繫，可以說是祖國團結一家的過渡前夕。從經濟角度看，我的建議也對國家的四個現代化可以起多快好省的作用。"

　　"這個建議是我今年夏天在尼日利亞開始醞釀的，它的產生並不是偶然的。我在尼日利亞企業規模是萬把人，加納企業是兩三千人，都在賺大錢。但是，錢可以存瑞士銀行，企業——也是我一生奮鬥成功的事業卻永遠留在非洲領土上，拿不走。45年租約期滿後，廠房產業都歸當地政府。換言之，事業是替別人辦的，自己撈回現鈔而已。既然如此，把企業辦到祖國領土上，東西最後通通交給國家，豈不是更好！港澳、華僑資本家、知識分子愛國的多，賣國的少，如果能夠靈活地發揮他們的積極性，是一股不小的促進國家四個現代化的力量。況且，國外資金現在沒出路，銀行存款擠塞無去向，正是利用的好機會，何必自己掏腰包在香港大塊地從港英手裡買本來屬於自己的土地？"

　　"港澳同胞、華僑企業家回國投資，背後都是來自發達國家的銀行資金和技術，這正是我們目前的需要。這件事做得好，對於解決香港、澳門以及台灣的問題，都可能發揮積極作用。"

　　廖承志握着這封信，像握着查濟民先生的手，像聽見了千百萬港澳同胞、海外僑胞的心聲！

　　他在屋裡來回踱着步，借以平靜自己起伏的心潮：世界上各國都有僑民，可是，無論哪國的僑民能像華僑這樣，離開了中國，在海外一代甚至幾代，生根了，發財了，心裡想的念的，依然是遠在天邊的中國！關注的渴望的依然是祖國的建設和富強！他陡然記起"文革"期間的一件事：

中國銀行在東南亞某國有一個分行，這是1949年中國大陸解放時，國民黨銀行起義，由中國銀行接管延續下來的一個分行。當地華僑出於對祖國的感情和對新中國的信賴，一直積極存款，每年都爲國家增加一筆不小的外匯收入。"文化大革命"以後，國內混亂，華僑親屬受到衝擊和迫害，當地報紙上大版地刊登，引起當地華僑的關注和不滿。國民黨特務以爲時機成熟，一夜之間，謠言傳遍大街小巷：

中國銀行就要倒閉了，趕快去取錢，如果晚了，就是竹籃打水一場空了！

銀行同志當然也聽到這一消息，連夜調集和準備了大量資金，以應付群眾的提款高潮。

第二天，天才蒙蒙亮，銀行門外，華僑分着幾路，排起了浩浩蕩蕩的隊伍。銀行一開門，人頭湧動，胳膊高舉，喊聲不斷：

"我存三百！"

"我存八百！"

"我錢不多，存一百吧！"

"我存一千！"

……

只有所報的錢數不同，"存"是一個共同的聲音。

銀行門外邊，洋洋得意等着好戲看的人驚獃了，開溜了；

銀行櫃台裡，心神不寧、擔心出事的人們也驚獃了，流淚了，繼而破涕爲笑，直忙到夜深……

廖承志聽到這件事，忍不住淚水奪眶，以後每每想起，也總是感慨萬千：是呀，華僑是以祖國爲娘家，爲靠山呀，他們最體會"沒有國，哪有家！"中國，在他們心裡永遠是母親，維護母親的尊嚴和神聖，華僑視之爲義不容辭的責任，建設祖國，繁榮祖國，這是海外華僑共同的心願，爲此目的，他們抗戰時能捨家捨命，建設時期捨力捨錢，這是海外支援國家經濟建設的一支重要生力軍呀！千萬不該忽視，更不能冷落！至於對查先生建議本身，廖承志確實也產生了很大的興趣。他揮筆寫上批示，向上呈報中央。

建國以來，對深圳的特殊地理位置，中央一直十分重視。

從整個宣傳口徑上說，深圳當然是反帝前線哨所，羅湖橋是社會主義和資本主義的分界線，香港深圳兩重天。

但是，根據中央指示，負責港澳工作的廖承志，一直十分重視通過深圳，聯繫香港澳門的作用，不斷通過宣傳國內豐富多彩的文化藝術，介紹國內各種各樣的情況，以密切與香港、澳門的關係。因而，始終都把毗鄰香港的深圳大門開着，只不過隨着國內形勢的變化，有時門開得大一點，有時門開得窄一點。

那時的深圳，只是一個集市，一千多戶人家，除了賣豆腐的，啥也沒得賣。國家卻在資金十分緊缺的情況下，在深圳造起一座大劇院。

五六十年代，港英政府對大陸有很多限制，我們的劇團不能到香港演出，國家又不可能把更多的香港同胞請到廣州、北京。於是，國內有名角，有好戲的劇團，輪流被請到深圳劇場演出。

香港中旅社在中環打出廣告，賣票。

文化生活十分貧乏的香港人，排成長龍買票。

深圳過關也採取了變通辦法：只要拿着回鄉證，再持中旅社發的一個牌，十人一組，就可以過關。

　　於是，香港人呼啦呼啦都過深圳來看戲，當天可以來回，有時候也能在深圳住一夜。那會兒深圳壓根兒沒有小飯舖，連個茶館都沒有，過來看戲的香港人，一律都是“自備乾糧，自帶水壺”，可是，每回看完一場戲，在返港的路上，香港人都彷彿添了什麼回來，那個興奮、那個快慰、眞無法言表！

　　“文化大革命”十年，深圳成了批判香港進步電影的場所，傷了一些朋友的心，如今噩夢結束了，深圳是到了發揮更大作用的時候了！

　　無獨有偶。

　　一次開會與榮毅仁先生碰着面。這位經過“文化大革命”衝擊，若不是周總理保護，早已魂歸黃泉的著名榮氏家族的後裔，臉上浮現着謙和的微笑，握着廖承志的手連聲稱謝：

　　“廖公，眞是太感謝您了，這次我去香港，新華分社同志受您之託，安排得非常週到，幫我見到了在香港的所有家人及親友。還介紹我與香港工商界朋友作了廣泛交談，眞是太感謝你了！”

　　“自己人，這麼客氣幹嘛！”

　　“廖公，這次舍姪榮智鑫託我給您帶上一份建議，是關於設立華僑投資區的若干意見，想請您審閱，不妥之處，請您指示爲幸。”

　　“好嘛！”廖承志接過那厚厚的一疊材料，細細讀起來。

　　廖承志越讀越興奮，眞可謂英雄所見略同！香港一位查濟民，國內一位榮毅仁，都向我們提出這樣的建議，一個境內，一個境外，想到一起去了！把深圳作爲改革開放的試點，這是個大事，如何辦，我要盡快報中央決定。

廖承志雷屬風行，立刻向中央報告了：

這是榮毅仁提出的在廣東寶安、深圳一帶設立投資區的意見，我覺得可以研究，但沒有把握。請先念、秋里、耿颷同志指示。

廖承志　九月五日

簽上自己的名字，注明日期，廖承志擱下筆，心情依然無法平靜。

1978年12月，中共中央十一屆三中全會決定了改革開放、搞經濟建設的總方針！

1979年7月，中央作出了在深圳成立經濟特區的決定！

1979年國慶，廖承志向香港新華分社和香港中旅的同志傳達了中央改革開放的政策，並以廖承志的名義，多請香港各界愛國知名人士到北京。

羅湖橋那邊走來了霍英東。

在廣州，廖承志與香港後起之秀、著名企業家霍英東見面了。廖承志瞭解這位企業家有很強烈的愛國熱誠，希望到大陸來賺錢，但又不是只認錢的主兒，為人也豪爽。他早在建國初年就為國內偷運過美國禁運物品，這些年來一直與國內有生意來往。

他是第一次見到廖公，那麼親切、自然，彷彿是久別重逢的知己。

廖公愛講眞話，眞話不用拐彎也最簡單：

“國家開放，人家來，要地方住，要先蓋賓館。國內有砂石、有人工、有土地，你拿點技術、管理、設備和資金，就上去了。”

霍英東不很瞭解國內的情況。

國內會怎麼看投資者？認為是互利還是剝削呢？國內工

作效率低，如果興建和管理一座現代化賓館，會遇到許多許多困難和麻煩。如果採取捐贈方式，給國家贈送幾百間房的資金，這樣的方法最少麻煩。

可是，面對廖公的信任和坦誠，無論從愛國之情，還是作爲一個中國人的責任心，霍英東都不允許自己選擇捷徑：國家要改革開放，要想把經濟搞活，我必須，也只應該選擇探索的辦法，遇到什麼問題就再想辦法去解決！

對經營極有頭腦也一貫謹慎的霍英東，往常在美國，上這類大項目，與合作的美方代表最少用半年時間談判，直至有絕大把握，才喝香檳在協議書上簽字。這一次，與廖公談，霍英東先生只用了兩天敲定。

於是，在廣州，面臨珠江三江會合的白鵝潭邊，飛起了"白天鵝"。而且，霍英東先生還成功地堅持了"三自"方針：自己設計，自己施工，自己經營管理。此時"合資法"尚未誕生。

接着，"中國大飯店"、"花園酒店"……在廣州市區拔地而起，幾年之後，許多內地人都驚嘆：多少年來一直與廣東人一樣"矮個"的廣州市，像進了高中的男孩子，呼呼呼地直躥個兒了！

有"世界船王"美稱的包玉剛先生從香港回到國內探親，他的表兄盧緒章是當時國家旅遊總局局長。包玉剛很想爲國家改革開放出些力，當然也不願把錢花得不明不白，不清不楚。他一下拿出兩千萬美金，一個一千萬在上海交大建了個圖書館，另一個一千萬，他說：北京的旅遊飯店缺少，就送給北京一座旅遊飯店，我只有一個要求：紀念我的爸爸，我爸爸已經八九十歲了，飯店就叫兆龍飯店。

包玉剛一言九鼎，人即將到北京，這一千萬美金的支票，還沒有人敢接。話說得十分尖銳：

553

北京開個兆龍飯店，這不是爲資本家豎碑立傳嘛？！

其實在廣東、福建的僑鄉，以個人名義捐資辦學校，開醫院，架橋、修路，就用名字命名的事在建國初期就有。如果用廖承志的話來說，華僑愛祖國、愛家鄉和做善事，光宗耀祖，這一點也不矛盾。像包玉剛這樣的人，既不是共產黨員，又不是領導幹部，"文化大革命"中，家鄉人破"四舊"，把包家的祖墳也挖了，國內親屬也受了許多委屈，他沒有記仇，沒有罵娘，沒有耿耿於懷，相反，心甘情願地捐獻兩千萬美金，造圖書館，造飯店，想爲國家出點力氣，這本身是利國利民的好事情嘛！一個世界級船王，能對祖國有這片心意，已經是很不簡單的事了，何必對人家這一點點敬老揚名的願望，還要吹毛求疵呢？！

但是，廖公也很清楚自己的身份，他知道由他出面解釋，所能夠起到的作用是有限的。

廖承志是個聰明人，又在周恩來領導下工作多年，他知道怎樣做有最好的效果。廖承志把報告送到鄧小平同志手中，又向鄧小平同志詳細介紹了包玉剛的情況。

鄧小平同志快人快語：

爲什麼不可以用？對我們社會主義建設有利的事嘛，用他一個名字，也沒有關係嘛，人家有貢獻也可以紀念啊！

於是，鄧小平出席了贈款儀式，他親自收下了包玉剛雙手遞上的兩千萬美元的支票；他揮筆寫下了四個大字：兆龍飯店！幾年後，兆龍飯店終於落成，開幕儀式時，鄧小平又出席剪彩。此時，包兆龍先生已經仙逝，廖公也已去世，他們都沒看見那隆重和歡樂的場面。

1983年5月，南京第一家向香港銀行貸款興建的飯店——金陵飯店落成，此時廖公正好到南京掃墓，雖說身體情況已經很差，仍然拄着拐杖，興致勃勃地參觀了客房、商場和宴會廳，留下了他生命中最後一個題詞："金陵飯店好！"

也是這次在南京，廖公留下了他一生中最後一首詩：

> "金陵無限好，
> 來到正清明；
> 信筆紀心事，
> 鮮花唁老親。"

四

不知眞是年紀不饒人，還是心臟變得衰弱人容易懷舊動情？

1978年3月5日周恩來八十誕辰前後，無論是廖承志在北京，還是南下廣州，無論是聽罷黨外朋友思念周總理的傾訴，還是爲堅持實踐是檢驗眞理的唯一標準，肅清極"左"流毒，與兩個"凡是"進行艱苦的拉鋸戰，往往一閉眼睛，就能看見平臥鮮花叢中的周恩來總理。

他在病中口述，由記者整理出來一篇《教誨銘心頭恩情重如山》的長篇紀念文章。

這年的6月10日，他夜不安寢，起身研墨，嗚咽揮毫，一連寫下四首《悼周公》。

> 一
>
> 十年"文革"多辛勞，午夜磋商迄早朝；
> 誹謗讒言無所動，障屏同志抗兇刀。
> 堅持正氣心魂壯，力戰群魔肝膽豪；

無限折磨非木石，鋼人也敎鐵筋銷。

二

三載沉疴餘瘦骨，猶見燈明照夜深；
萬家奔告想悲憤，群丑彈冠慶禁門，
諱疾焉來扁鵲藥，讕言早見虎狼心。
牝雉司晨誰任責，含冤縲世萬千人。

三

周公一去不言歸，八億蒼生盡痛悲；
颯爽英姿猶在目，混茫歲月已難追。
滿房遺物絲絲淚，一紙真容戶戶垂；
岱嶽黃河應芜爾，英魂忠骨遍頃飛。

556

四

悠悠又屆兩週年，祖國幸臨大變遷；
四惡就擒普天慶，重恩遺愛滿人間。
運籌端賴諸公健，團結成城衆志堅；
清明時節茅台酒，斟滿千杯莫像前。

　　兩年前，周總理去世的遺體告別儀式，在那麼小的一間
屋裡，那麼短的時間中，又限定只能允許兩萬人參加弔唁。

　　他爲了最後多看一眼周總理，爲了泣不成聲的夫人和自
己那七個淚如泉湧的孩子和外甥女都能與周總理作最後訣
別，在嚴多零下十多度的天氣中，他一直跟着弔唁隊伍，進
去看一遍，哭一場。出門後不走，轉到長長的弔唁隊伍後面
再排隊，帶上夫人，帶上孩子，再進屋裡，向敬愛的周總理
再哭喊一聲，再三鞠躬！

他耳邊一直響着周總理生前常講的一句話：“我與廖家已有三代交情。”這是實情啊！父親廖仲愷生前十分賞識周總理，我一直是在總理領導下工作，而姐姐夢醒的女兒囡囡又是周總理和鄧大姐十分疼愛的乾女兒。

廖承志的眼淚鼻涕在臉上結成冰霜，嗓子哭啞喊不出聲音，他都不覺得，他只是不斷地提醒自己，一定要咬牙挺住，不能像好些人那樣暈倒，總理的骨灰將撒向江河湖海，撒向祖國山川大地，這是能看見總理的最後機會，不能失去，不能錯過！

後來，廖承志聽北京市操辦告別儀式的同志說，上頭下令：不能擴大告別場地，不能延長告別時間。在如此前提下，爲了讓更多的幹部群眾見上周總理最後一面，他們是通宵安排，使告別的人數增加到四萬人。

就這樣，總理的遺體起靈後，還有數百人圍着，久久不肯散去，直至讓他們進到曾經安放過總理遺體的房間，讓他們在那裡三鞠躬，痛哭一場，人群才慢慢散開……

557

十里長街的哭送人流，天安門前花圈的海洋，“四五”運動憤怒的詩章，這裡沒有任何官意和強制，這是發自億萬人民內心的眞情流露！是天地之聲、人心所向呀！

不少朋友向廖承志悄悄說過心裡話：

“我們是哭總理，也是哭我們自己啊！總理一生爲我們國家，爲我們民族謀利益，撑着中國老百姓的天，是我們生活的希望啊，我們哭他，也是哭我們沒了希望……”

廖承志雖然對前途並不那麼悲觀和絕望，但眞正感受到黨的危機，感到祖國前途莫測，做好了“而今邁步從頭越”的準備。

如今，我們的黨用我們自己的力量戰勝了“四人幫”，但要撥亂反正，把極“左”的流毒肅淸，絕非一日之功啊！

記得1967年，所謂的"二月逆流"之後，陳老總曾痛心萬分地說過：

"'文化大革命'，二十年不治！"

歷史將證明，只會多，不會少！

1978年12月18日至22日，中國共產黨十一屆三中全會在北京召開。廖承志參加了這次大會。這是中國共產黨黨史上劃時代的重大轉折：

全會結束了1976年10月以來黨的工作的徘徊局面，開始全面認真地糾正"文化大革命"中及其以前的"左"傾錯誤。

全會重新確立了黨的馬克思主義的思想路線，堅決批判了"兩個凡是"（即"凡是毛主席作出的決策，我們都堅決擁護，凡是毛主席的指示，我們都始終不渝地遵循"）的錯誤方針，高度評價了關於真理標準問題的討論，並着重指出了毛澤東同志在我國長期革命鬥爭中的巨大作用。

全會重新確立馬克思主義的政治路線，果斷停止使用"以階級鬥爭為綱"的口號；作出了把工作重點轉移到社會主義現代化建設上來的戰略決策；提出了要注意解決好國民經濟重大比例嚴重失調的要求。

全會還重新確定了馬克思主義的組織路線，評述了"文化大革命"中發生的一些重大事件，審查和解決了黨的歷史上一批重大冤假錯案和一些重要領導人的功過是非問題。從此，黨掌握了撥亂反正的主動權，有步驟地着手解決建國以來許多歷史遺留問題和實際生活中出現的新問題，開始了繁重的建設和改革工作，使我們的國家在經濟上和政治上都出現了很好的形勢。

在《若干歷史問題決議案》草稿討論會上，一向謙和的廖承志顯得十分激動，他聲音不大，卻很堅定：

“我認爲應該給潘漢年同志平反！”

會場內陡然一片寂靜，空氣也彷彿凝固一般，衆人臉上的表情，震驚多於平靜。

因爲在座諸位皆是中國共產黨的中央委員、候補中央委員，他們都瞭解潘漢年一案的分量：

潘漢年是黨內一位資格很老的同志，他1906年出生，1925年加入中國共產黨，在黨內外歷任重要領導職務，1955年4月3日，因“內奸”問題被逮捕關押受審查；後來又被定罪判刑，開除黨籍，1977年病故。而且，在座的也都聽說過，是毛主席親自審定逮捕潘漢年的！可謂鐵案如山！

廖承志並非不清楚這一切，他與潘漢年非親非故，潘漢年死了，他妻子也死了，他們旣沒有孩子，也沒有親戚上告或委託他幫忙。但是，他認爲，糾正黨內歷史上的冤假錯案，就必須徹底，潘漢年的冤案若能平反，內含的意義，遠遠超過還一個黨員以公正，而是對戰爭年代在白區從事革命工作的廣大地下黨員的特殊經歷、特殊鬥爭方式的承認和肯定，能安撫一大批“白區黨員”多年來受懷疑、受審查、受委屈、受傷害的痛楚的心。

559

“我認識潘漢年，時間並不長，1928年我入黨不久，參加過一次潘漢年召集的日本留學生回國人員的會議，有過若干次來往。”廖承志手中握着張紙，上面排列着一行行的日期和地點，看得出，他是經過認眞回憶和準備的：

“1932年2月，我從歐洲回到上海。當時同我接頭的同志告訴我潘漢年要來找我，我等了好幾天，他沒有來，我卻同全總秘書長聯繫上了，陳雲同志瞭解，在上海地下工作期間，我不曾同潘漢年有過來往。”

“延安出來以後，1938年春，潘漢年同吳玉章同志先後到香港，我當時在香港，潘漢年經常來往於廣州香港之間。

廣州失陷後，潘漢年於1939年底回延安。當時，潘漢年同我有分工，潘漢年管情報工作，我負責統戰工作。在香港工作時代，我同潘漢年的來往是密切的，我當時認爲潘漢年確有能力，是不錯的同志。”

“1940年，潘漢年來香港，告訴我中央已確定必須打進日僞搞出情報的方針，並肯定說，這方針是經過毛主席同意的，康生主張並主持的。潘漢年的機構已同日本在香港的特務機構開始接觸，潘並親手搞了一些假情報，主要是報紙剪貼，來換取日方情報，潘漢年是比較愼重的，每次出貨之前，都先和我、劉少文同志一同審核。”

“但是，在香港做日本軍方的情報是不可能有大的突破的，於是在新四軍‘皖南事變’後不久，潘即到上海，以上海爲主，也有時到香港來。我當時主要搞統戰和華僑工作，對他在上海的工作內容不甚清楚，當然也不好問，因此知道不多。當時上海工作有進展，潘漢年是上海人，不懂廣東話，外文也不行，在香港是難以發展的，他在上海地方熟，人緣也不錯，工作有所發展，是當然的，我是爲他高興的。”

“這時候劉曉、劉長勝等同志由延安或重慶來香港轉上海，每次都見過面，他們口中對‘小開’即潘漢年總是有好評的。”

“日寇攻香港，太平洋戰爭爆發，我由東江到韶關，在樂昌被捕，關了四年，出來之後，知道潘漢年已到了香港，同方方、劉少文同志等一同主持港澳工作，並在1948年開始，大量輸送民主人士到東北，或冀察魯地區，到1949年，召開政協籌備會，這些具體工作，潘漢年同志是出了很大力的。”

“建國以後，有一次我同潘漢年在北京見面。他忽然說：

‘我犯了不大不小的錯誤！’”

“‘你報告中央了沒有？’我問他。”

“‘我準備報告的。’潘答。”

“後來不久，潘被捕了，聽說是漢奸，叛徒。羅瑞卿同志當時也找我去問過話，我嚇了一跳。我說只知道潘漢年有些生活不檢點，出手闊綽，但不知道‘漢奸、叛徒’的具體內容。”

“我記得，1946年我從南京返回延安後，曾問過康生關於潘漢年所說中央批准情報工作要打入敵僞的方針。此事，我記憶得很清楚，康生是肯定了的。”

“因此，我後來一直懷疑這件公案。如果潘漢年親自在上海搞對日僞情報，那麼他不免同日僞人員有接觸，否則情報哪裡來？因此，說他是漢奸云云，我是不相信的。如果潘是漢奸，他在太平洋戰爭爆發前後，完全可以將上海、香港的組織出賣乾淨。但是，直到全國解放，我所瞭解的，潘所知道的香港電台，組織，一概毫無損失。上海方面，我問過劉曉同志，也同樣一無損失或破壞。”

“所以，跟‘叛徒’一語，我想也是不符實際的。當然，既然是‘漢奸’當然就是‘叛徒’了，但上述事實俱在，哪有什麼具體的證據？”

“潘漢年1935年到上海時，據說洩露了我軍人數眞情。但這究竟怎樣，還應查清楚再說。那時我軍人數眞實數目是二萬多或三萬多，事實證明那並不是實質性關鍵所在。”

“而確有關鍵性的問題，是潘漢年所知道的上海、廣東、香港等我黨組織情況，沒有一件是日、僞、蔣所能知涉於萬一的。這證明潘漢年從來不曾出賣過黨的組織，因此說他是‘叛徒’是冤枉的，應予以平反的。”

　　“如果潘漢年同志所執行的‘打入敵僞取得情報’的方針，是毛主席、康生所批准的話，那麼執行這方針的潘漢年不能說是‘漢奸’，應予平反。而且，潘漢年一案有關人員已差不多全部平反了，可見潘漢年不會是‘漢奸’。如果潘漢年當了‘漢奸’，哪有不出賣自己部下來染紅帽頂子的‘漢奸’？因此更不能成立。”

　　“潘漢年據說見過汪精衛。這詳情我不知道，我也不曾聽潘講過。據說是潘向毛主席報告了，而毛就把潘逮捕了。當時康生爲何不講一句話？在什麼情況下見的？情況怎樣？都應分析。大概康生是內裡抹黑，慣於落井下石，聽到毛主席勃然大怒，就順帶地撥弄了一下，漢年就倒透了霉了。”

　　“這事如有，也夠不上‘漢奸、叛徒’，何況有一連串事實證明上海、香港組織紋絲不動，哪來‘叛徒’罪名？”

　　廖承志喝口水，平抑一下自己激動的心情，兩眼裡閃着淚光，語調凝重地說：

　　“是的，潘漢年已經死了多年，妻子也死了，沒有孩子，沒有顧累，倒也來去空空，乾淨利落。但是，我認爲潘漢年同志一生是忠於黨的，忠於馬列主義的，忠於毛澤東同志的，他嫉惡王明如同蛇蠍，他是有革命貢獻的！”

　　“我建議重審潘漢年一案，我不相信潘漢年同志會變成‘漢奸、叛徒’的，建議查明之後，予以平反，並宣佈此事。”

　　會場內有點頭的，更多的則是若有所思，不動聲色。

　　廖承志敏感到這一點，解決如此複雜的歷史遺案，是需要時間和證據的。不久，廖承志便把自己會上的發言，整理成文字，給中央紀律檢查委員會主任陳雲同志寫了一封信。再次重申給潘漢年平反的意見。

　　時隔一月，陳雲同志親筆寫了一封信，送鄧小平、李先念、胡耀邦、趙紫陽四位同志傳閱，並把廖承志給他的信一併附上。他在信中寫道：

我認爲潘漢年的案件需要覆查一下，我認爲他當時並未眞正投敵，否則不能解釋劉曉同志領導下的上海黨能完整地保持下來。潘漢年已於1977年死於勞改農場，所有與潘案有關的人都已作出結論加以平反。連潘漢年的老婆董慧同志也已平反（也是1977年死的）。

我收集了一些公安部的材料和與漢年同案人的材料，這些材料，並無潘投敵的確證。劉曉、劉長勝同志等能在上海保存下來，反而證明了潘並未投敵出賣組織或某一個同志。

我建議中央對潘漢年一案正式予以覆查。這件事如中央同意，可交中央紀律檢查委員會辦理。

附廖承志同志給我的信，請閱。

陳雲　一九八一年三月一日

很快，鄧小平在傳閱件自己名字上畫圈後寫："贊成"。

李先念在自己名字上畫圈後寫了"同意"二字。

1982年8月23日，中共中央發出了關於爲潘漢年同志平反昭雪、恢復名譽的通知。

倚在病牀上，廖承志從頭至尾，細細讀着，已經看到通知的最後部分：

根據潘案覆查結果，中央向全黨鄭重宣佈：把潘漢年同志定爲"內奸"，並將其逮捕、判刑、開除黨籍，都是錯誤的。這是建國以來的一大錯案，應予徹底糾正。爲此，中央決定：

一、撤銷黨內對潘漢年同志的原審查結論，並提請最高人民法院依法撤銷原判，爲潘漢年同志平反昭雪，恢復黨籍；追認潘漢年同志的歷史功績，公開爲他恢復名譽。

　　二、凡因"潘案"而受牽連被錯誤處理的同志，應由有
關機關實事求是地進行覆查，定性錯了的應予以平反，並將
他們的政治待遇、工作安排和生活困難等善後問題，切實處
理好。

　　此通知發到縣團級，傳達到全黨和擔任相當省、市、自
治區一級職務的黨外人士。

　　廖承志閉上了眼睛，兩行熱淚滾落衣襟，臉上分明浮現
出欣慰的笑容。是呀，終於在自己有生之年，看見爲受冤屈
的潘漢年同志平反昭雪，如果去馬克思處報到時，有機會告
知漢年英靈，這一定能使他眉頭舒展，開懷歡笑！因爲早在
被張國燾監禁時，自己就有這個體驗：對一個眞正的共產黨
員來說，最珍視最看重的，不是金錢，更不是地位，而是黨
對自己的肯定和信任。

第十八章

拚死一搏

一

台燈下，廖承志戴着老花眼鏡，俯在桌邊，筆走龍蛇，專心一意地寫着什麼。夫人經普椿輕輕走到他身後，他絲毫沒有發覺。

"承志，你在寫什麼？"

"寫報告啊。"廖承志回過頭對妻子說："到美國作手術是要經過中央批准的。"

經普椿拿起報告，眼睛正好看見最後幾行字，便忍不住唸起來：

"我和經普椿以及孩子們反復商量，一致認爲可以接受哈里遜博士的治療方案。"經普椿放下手中報告，長嘆了一口氣，不無焦急地反問道：

"承志，難道你仍然堅持去美國手術？！我和孩子們反對你手術的理由，你一點也不肯聽？"

原來，香港上層人士查濟民先生知道了廖承志心臟不好的消息後，他主動推薦美國斯坦福大學醫學院心臟科主任哈里遜博士前來北京，對廖承志的病情作了會診，並提出了治療方案。

　　哈里遜博士認為，廖承志患有嚴重缺血性心臟病，因缺血造成心電圖失調和日漸惡化的嚴重心絞痛。根據最近心電圖，他還提出很可能有室壁瘤。

　　他提出的治療方案是：建議對廖承志作核素血管造影、高靈敏度的超聲扇形掃描、冠狀動脈搭橋手術。

　　他認為，廖承志有百分之六十的可能性進行室壁瘤切除和“搭橋”手術，並相信有百分之八十五的可能經手術後恢復正常工作。

　　只是由於中國目前國內條件有限，不能進行上述檢查和手術，因此，他建議廖承志到美國斯坦福大學醫學院去接受治療。

　　“你們的擔心不能說沒有一點道理。”

　　“那你為什麼還堅持打報告呢？都是古稀之人了，何必還到異國他鄉，冒那麼大的風險呢？”

　　“查先生介紹時，你不是也在場嘛，斯坦福大學醫學院是美國心臟外科手術水平較高的一所醫院，每年做冠狀動脈搭橋手術二千四百多例，手術成功率為百分之九十七，近兩年這種手術沒出過一次事故嘛。

　　“而且，查先生還證明哈里遜博士確實是美國心臟手術權威嘛！看病能找到專家，我廖承志何樂而不為呢？”

　　“羅瑞卿的身體不比你好？也是外國有名的大夫開刀，結果呢？聽說腿部的手術做得很成功，就因年紀不饒人，大手術誘發了心肌梗塞，人都沒有推出手術室，病故在手術台上！哎，你說，十年浩劫都熬過來了，還沒過幾天舒心日子，就因自己要求的手術離開人世，冤枉不冤枉？可惜不可惜？！”

　　“我很能理解羅瑞卿同志的心情。如果我是他，我也寧可選擇這條路！"廖承志回答得很乾脆："像我現在這樣，那麼多工作需要我去做，可我這個不爭氣的心臟，三天兩頭鬧危機，醫生的話你也不是沒聽見，除了臥牀靜養，還是靜養臥牀！

"阿普，你和我一起生活幾十年了，難道我的這點個性你還不知道？不能工作，成天休息，對我而言，活着還不如早點死掉！

"不過，我廖某人的命大，多少次大難不死嘛！你看着吧，我的手術一定會成功！天不早了，你快去睡覺吧。"說完，只顧自己繼續寫下去：

"考慮到我目前的病情和心臟功能日漸衰退的現實，如果繼續採用保守療法，即主要靠藥物維護，是不能完全治癒的，隨時有復發甚至不治的可能，這種狀況使我不能正常地工作，實際上處於長期休養狀態，這是等死狀態，我是絕不甘願的。如果手術成功，將可以延長我為黨正常工作的時間，最少五年，多則十幾年。

567

"因此，我懇切地希望中央考慮批准我的請求，同意我赴美進行心臟檢查和手術。手術後立即回國。如中央批准，擬於明年三四月間赴美。根據醫生的建議，在美逗留的時間為一個半月左右。

以上當否，請批示。

廖承志
一九七九年十二月

簽好名，署明日期，廖承志擱下筆，滿意地笑笑，上牀去，開始多年來的保留節目，快速閱讀那一大疊港澳報紙，重複着"天女散花"，看完一張，扔一張。

經普椿躺在牀上，心緒不寧，好久不能入睡。她太了解自己的丈夫了，他下定決心的事，就是鐵板釘釘，誰也不可

1980 年，廖承志在北京家中。

能改變。

　　更何況她也看得清楚，粉碎"四人幫"後，無論是華僑工作、台灣工作、日本工作還是港澳工作，他最熟悉，也最投入；對國外來的朋友，有求見必應允，早上來，早上見，晚上來，晚上見，有時確實安排不出整塊時間，就用共進早餐的辦法。往往回到家，回到不用緊張思考的港灣，常往沙發上一攤，一臉倦容，累得似乎連說話的力氣都沒有。可第二天，他依然是精神抖擻，樂此不疲！眞叫人哭不得，笑不得。

　　多少年來，廖承志當廖承志的官，腳下像穿了"魔鞋"，馬不停蹄地滿世界跑，滿世界轉。

　　經普椿當她的普通幹部，默默無聞地工作，建國以來，從未跟丈夫出過國。1972年，爲了照顧年事已高，而且心臟不好的廖承志，周總理讓她隨廖承志率領的中國代表團出訪日本，這才是她第一次跨出國門。她才比較多地看到丈夫的工作情況。

569

　　那天，已經是晚上九點五十分，廖承志接完一個電話，馬上招呼："小李，十分鐘後，到大門口接一個人。"

　　"這麼晚了，不會請他明天再約時間？"警衛李雲峰最不願晚上有人打擾首長。老人心臟不好，晚上談話一興奮，整夜又要失眠。

　　"就是！"經普椿抓起電話："我來回絕他。"

　　這種"惡人"經普椿當多了，只要丈夫能身體好，她從不在乎別人怎麼說自己。

　　"阿普別打！"廖承志大聲制止，"陳志昆先生從美國夏威夷來，他若沒有要緊事，不會這麼晚還打電話。"

　　北京飯店。

　　陳志昆是孫中山的兒子孫科的內弟，他放下電話，笑着招呼女兒：

　　“燕燕，我們快走，我沒說錯吧，廖伯伯請我們馬上去。他這個人很照顧人家，有什麼事臨時都行的，從沒有擺譜，什麼明天幾點鐘再說，他是哪個時間看都行的。”

　　在擁擠、略顯零亂的臥室兼辦公室裡，廖承志穿着睡衣，抱着他心愛的捲毛小獅子狗“木哥”，笑容可掬地從沙發上站起身，招呼客人落座，喝茶。陳志昆顧不上多寒暄，直插主題：

　　“廖公，有一件事我不知道怎麼辦。

　　“鄧小平先生請哈默先生來中國開礦，可幾個月過去了，到現在沒有發請帖，他託我來摸一摸底，他很想到中國來。我也不知道怎麼樣，找誰辦好？”

　　廖承志頑皮地一笑，用手點點自己的鼻子，爽聲應道：

　　“我啦！志昆兄，今後，凡是到北京，不知找哪兒辦的事，就找我！”

　　在美國長大的燕燕，第一次見到廖承志。她真沒想到已擔任國家領導人的廖伯伯，住在這樣一間普通的房子裡，也像自己一樣那麼疼愛小動物，還有這樣平易、慈祥，甚至充滿童心的天真頑皮的笑容，心裡一激動，舉起手中的照像機，“咔嚓”一聲，把廖承志那一刻神態，變成了永遠的紀念。

　　“燕燕，你怎麼可以隨便拍伯伯的照片？！”

　　一向說話和氣的陳志昆，突然變了臉。他過去常與宋慶齡、宋美齡、蔣介石、孫科等名人接觸，拍照都是很講究的，外人從不能隨便拍生活照的，何況廖承志還是共產黨的國家領導人，怎麼能拍一張穿睡衣、抱小狗的照片呢！

　　“有什麼關係？！”廖承志笑着說：“燕燕，你爸爸真

是小題大做，拍張照片有啥關係！不過，我有個要求，照片
洗出來，寄我一張，行吧？！"

那口吻沒有絲毫命令，只有請求。燕燕連連點頭。

廖承志滿意地笑了，他一邊輕輕撫摸"木哥"，一邊又
繼續剛才的話題，問道："你說的這個哈默是不是見過鄧小
平？"

"是的，鄧小平先生訪問休斯頓時，哈默先生去拜會過
他。鄧小平先生說：'中國許多人都知道哈默先生，你是列
寧的朋友。蘇聯困難的時候，你幫助過他們。我們歡迎你到
中國來訪問。'哈默先生聽後很高興，他回答說：'我很願
意到中國去。可是我年紀太大了，坐一般民航飛機受不了。
中國又不讓專機降落。'鄧小平聽完哈默的話，笑了起來，
很爽快地說：'噢，這個很簡單，你來之前先來個電報，我
們會作出安排的，希望你多帶專家來。'當時，很多美國官
員和大亨們看見哈默先生受到鄧小平如此厚待，都露出羨慕
的表情。"

"不過，幾個月過去了，中國方面沒有動靜。哈默託人
找我去。他對我說：'我已經八十多歲了，我等幾個月了，
中國還沒有請帖請我，我很着急，我年紀這麼大了，等不起
啊！還有，如果去中國，我只乘自己的飛機去，不坐人家的
飛機，請幫我向中方聯繫。'"

"陳兄，明天你要到香港，今天晚上只好辛苦你一下，
把這個情況寫封信給我，我來辦。"

當晚，陳志昆寫到半夜。

十天後的一個早晨，還在香港的陳志昆先生突然接到一
個日本來的長途，電話裡意外地傳來哈默先生的聲音：

"我已經接到中國的邀請，馬上去中國，而且同意我坐
自己的飛機，同意我帶十幾個人去呢，希望你馬上到北

京。"

"你怎麼突然來了？"陳志昆還沒弄明白。

"你不是幫了忙嘛！"

"我是向廖承志談過，不會這麼快吧？！"

"就是廖承志先生打了電報給我，我馬上來了！"

陳志昆一陣感慨：

廖承志做事多快！他第一是敢做，他有這個力量，不必層層報，能直接送到鄧小平先生手中。

第二是他有一個熱心腸，願意幫助你去做。因為有這種條件的，他不一定肯幫你去奔波這個事情。

1991年10月，在北京飯店客房裡，來參加紀念孫中山誕辰活動的陳志昆先生回憶了這段12年前的往事，依然感慨萬千：

"他像這樣辦事極講效率，還有好多事可以證明。只是，如今沒有廖公在這裡了，我感到有些事好難喲！"

"到北京不知找誰辦的事，就找我。"廖承志對日本朋友，對國外華人和華僑、港澳台同胞都說過這句話，似乎也是眾多海外來客的共同的反映。

國外的華僑、華人和外國朋友，就是最信任廖承志，見面就能無話不談。這種信賴，是長期積累的，是無價之寶，真是應該特別珍視。

有人說，工作是廖承志生命的需要，或者乾脆說是他生命的一部分，所以他有求必應，越忙越上勁，越忙朋友越多，朋友越多，快樂越多。讓他歇下來不工作，無異於斷絕他生命的氧氣，他一天也不能活！

這話是一點不過分的！

然而，在70年代末，80年代即將到來的日子裡，廖承志更多焦慮的是：自己的生命有限，如何抓緊屬於自己、但已經不多的時間，盡量多發揮作用，完成人民賦予的神聖使命！

他繼承了父母拯救民族於危亡之中的志向，走着的卻是自己選定的革命之路，可以說道路更曲折，更艱苦，更漫長，要經過幾十代，幾百年前仆後繼地奮鬥。他一生中是注定不可能看見自己宏偉理想的最終實現，但是，他從不懷疑，也從不動搖自己的理想和信念！

對自己總是努力按照中央的精神辦事，不計較個人名譽地位。他只有一個念頭，盡量多多發揮作用，多做於民族，於國家，於和平，於建設有利的工作。

1978年，他在《無題》一詩中寫道：

> "七十將臨鬢滿霜，
> 餘霞散綺對斜陽；
> 滄桑變幻觀通鑒，
> 哀樂沉浮有杜康。
> 驅寇猶能趨千里，
> 十年繫世氣益強；
> 如今老邁人不顧，
> 櫪下埋頭讀詞章。
> 抱孫漫憶從軍事，
> 每懷亡友心慘傷。"

573

是的，廖承志天天在與時間賽跑，越是思念戰友，他便越感到肩上的分量！他不放過每一個可以發光發熱的機會，替戰友，替自己，為祖國和人民發揮出最後的餘熱！

落實僑務政策，大到冤、假、錯案平反昭雪，具體到各省、市退還華僑私人房屋的進度和數量。

　　越南排華，他親自到廣州迎接難僑，安排他們的食宿。

　　十一屆三中全會上，是他提出，潘漢年同志的案子是個錯案，是冤案，儘管潘已經去世數年，又無家人爲他鳴冤，仍應爲他平反。

　　一年之內，他陪同鄧小平同志訪問日本。又親率“中國訪日友好船”繞日本群島一圈，官方外交的同時，大量拜會日本老朋友，看望僑胞，不忘爲民間外交作過貢獻的故友；同時結交新朋友，爲着一個理想：“中日兩國人民永遠不再戰！”

　　1979年1月1日，葉劍英委員長代表全國人大常委會鄭重發表了《告台灣同胞書》後，作爲對台辦公室第一副主任的廖承志，無論其他工作再多，一週兩次的台辦會議雷打不動。

　　而且，每次開會，他不管來的人資格多老，來頭多大，人人都不允許只當評論員，必須拿出自己的設想和看法。

　　那段時間也的確“好戲連台”，由政協主席鄧穎超同志代表，不斷向海峽那邊的寶島，提出多種大膽、具體、充滿突破性的積極建議：

　　相互通商、通航、通郵，進行經濟、科學、文化、體育等方面的交流和互派代表團參加各種活動等等。

　　不論是從台灣，從香港，從美國還是其他地方回來的海外來客，只要到了北京，他都盡量安排時間親自接見，年長的、年輕的，他均能談古論今，有問必答，坦率交換意見。讓求見者忐忑而來，滿意而歸，認廖爲“知己”、“忘年交”者不在少數，還有人自告奮勇，願當大陸、台灣兩地的秘密“信使”，爲促進國共兩黨和談，爲祖國的統一盡自己綿薄之力。

　　對來訪問的台灣同胞，尤其是曾參加過台灣“二二八”

起義、與國民黨有血海深仇的台灣同胞，廖承志總是親自接見，他的話也總是最有說服力：

他的父親廖仲愷就是被國民黨右派殺害的，他的姐夫李少石也是被國民黨傷兵誤殺的，若說家仇，也是血海深仇！

然而，這畢竟是個人的仇，要以國家、民族利益爲重，以祖國的統一大業爲己任，要向前看，多做工作，在中美關係實現正常化後，爲爭取台灣早日回歸，祖國早日統一！

一次，廖承志與一批從日本回國辦事的台灣華僑從下午談到晚上。其中一位被國民黨殺了親人的台胞對實現第三次國共合作想不通，廖承志便推心置腹地對他說：

"國民黨殺了你的親人，也指使暴徒殺了我的父親，還殺過我們共產黨的人，我們爲什麼還要提出實現第三次國共合作？目的只有一個，實現統一祖國的大業！爲了這個偉大的目標，我們就要有不計個人恩怨的胸懷，對不對？！"

一席話，說得入情入理，使這位台胞質疑而來，滿意而去。

廖承志專門指示中國新聞社的宣傳報道要以《告台灣同胞書》爲基調，發稿的調子還要低一點。要着重宣傳"愛國一家"。"既往不咎"不要提了。有關對台政策，如保留現狀，尊重台灣現實等等，要多加宣傳。

更讓廖承志動心的，還有一件歷史賦予的重任，那就是香港問題。

1979年，是英國先來試探：

1979年3月，香港總督麥里浩訪問北京，鄧小平副總理接見了他。會見時麥里浩提出：由於香港政府批出的"新界"土地契約的年期不能超過1997年（按英國的法律，香港的地是不能賣的，只能批租，根據不平等條約，新界租期到

1997年，所以批地年限不能超過1997年），而1979到1997，只剩下十八年，人們開始爲此擔心。

鄧小平當即明確答覆：香港是中國的一部分，這個問題本身不能討論。但是可以肯定的一點，就是到那時解決這個問題時，我們也會尊重香港的特殊地位。……請投資者放心。

這下，作爲國務院港澳辦公室主任的廖承志又有了研究的新課題——在港澳辦很小的範圍裡，在絕密的情況下，研究解決香港問題的政策。他在會上明確宣佈：

大家完全放開，暢所欲言，什麼意見都可以提，反正是言者無罪，你們就說吧。討論會頓時熱鬧非凡，大家結合自己多年從事港澳工作的經驗，各抒己見，有時意見針鋒相對，爭得面紅耳赤，互不相讓。

廖承志總是笑眯眯地聽着，想着，也不時用支紅色圓珠筆在自己本上寫幾個字。

確實，如果翻翻港澳辦公室工作人員名冊，都是有多年工作經驗的同志，沒有混事兒的門外漢。從不愛攬權的廖承志，獨獨在港澳辦人事大權上抓得很緊，他堅持寧缺勿濫的原則。

粉碎“四人幫”後，國內開始抓經濟建設，到港澳辦公室工作不再像五六十年代那樣令人發怵，相反，逐漸變得越來越吃香。令許多人眼熱，想盡辦法往裡鑽。特別是有的高層黨和國家領導人的子女，國務院港澳辦公室成立時，自己找上門，或由父親的秘書出面，或者請父親親自向廖公直接開口。

廖承志定下一個規矩，每一個要調進港澳辦公室工作的人，檔案都要經過他過目，只要不是真正合適搞港澳工作的人選，就是皇帝的女兒，也不要！光是人事部門頂不住，那就由他出面頂住。

他有自己的想法，搞港澳工作，一是政策性強，二是要代表中國形象的，一定不能魚目混珠，濫竽充數。

討論會上，意見眾說紛紜，側重點有所不同，但大前提都是一致的：

一定要恢復對香港行使主權，否則，我們上對不起列祖列宗，下對不起子孫後代，內對不起全國人民，外對不起全世界被壓迫民族。會成爲民族的罪人，歷史的罪人！

作爲國務院港澳辦公室主任的廖承志，想得當然要更多、更廣、更深、更具體、更長遠。

自己的家庭、自己的經歷、自己所擔負的工作和責任，都決定了他對恢復行使香港、澳門主權和台灣回歸、最終完成祖國統一大業有着與生俱來的責任感、使命感。只可惜自己那個不爭氣的心臟，經常採取"消極怠工"的態度，胸悶，心絞痛等症狀不斷出現，攪擾自己無法進行正常的工作和思索。

577

廖承志渴望完成歷史賦予自己的使命，當然盼望自己心臟恢復正常功能，爲此，他抱定爭取手術，自古以來都是"不入虎穴，焉得虎子"嘛！

當然，現在有美國博士說可以有百分之八十五的可能經手術後恢復正常工作，一貫尊重和相信科學的廖承志，怎麼肯放棄這一次延長生命的努力機會？怎麼經得住能爲自己肩負的歷史使命多工作幾年的誘惑？！

二

中央接到廖承志的報告後，非常愼重，陸續請來北京醫

院、301醫院、上海和廣州的心臟病專家，聽取他們的意
見。專家們幾乎異口同聲：不能同意廖公去美國手術。醫生
大致介紹了檢查和手術的情況：

　　手術前的檢查，像核素血管造影、高靈敏度的超聲扇面
掃描、冠狀動脈造影和左心室造影，本身就有很大的危險
性，從某種意義上說，比手術還要有風險。

　　確實有人由於心情緊張，或者是對藥物過敏，或者其他
許多意外的因素，連檢查還沒結束，人便與世長辭了。雖說
這樣的病例不很多，只是千分之幾，可常言說得好，不怕一
萬，就怕萬一嘛，如果你的運氣不好，正好讓你趕上千分之
幾，那時再後悔也來不及了。

　　至於心臟搭橋手術，為了防止異體排斥，心臟搭橋所需
要的血管，是從病人自己腿上切下的靜脈。做心臟搭橋手
術，刀口要從胸部一直延伸到腹部，用句通俗的話說，上下
大開膛。

　　整個手術期間，血液都是體外循環，一般手術要做5～6
個小時，手術完成後，再採用電擊的辦法。此刻，電擊響起
“啪”的一聲，如果病人血液立即恢復了體內循環，手術才
算最後成功，萬一“啪”的一聲，手術病人的血液體內循環
恢復不過來，哪怕心臟搭橋術做得再漂亮，病人的生命也完
了！

　　聽到這道道難關，步步險情，經普椿心裡就更打鼓了，
她真不願承志去冒這個風險，何苦呢，已經是七十多歲的老
人，怎麼能承受得了？

　　她知道丈夫的脾氣：別看在宴席上，或會見客人時，他
貪吃肥肉或偷吸香煙，一旦被自己發現，無論是她伸筷子打
掉他快到嘴邊的肥肉，還是搶過剛剛點起的香煙來踩滅，他
都從來不動氣，相反，會像頑皮的孩子做錯事被發現，呵呵

呵地樂個不停。

但是，對他決心已定的大事，無論是自己，還是家裡的孩子們，再說也是無濟於事。怎麼辦？經普椿前思後想，找來警衛李雲峰，讓他出面再好好勸勸。小李滿口答應。

說廖承志對李雲峰比對自己的親兒子還親近，這一點不假。

"文革"前，廖承志出差也好，出國也好，從來不帶秘書。為啥？他身強力壯，又懂得五國外語，發言稿自己起草，文件自己閱讀，生活自己料理，不需要別人照顧。近些年一是心臟不好，二是年紀也大了，夫人身體也不好，身邊再離不開人了，李雲峰從部隊調來後，廖承志早晨洗臉、刷牙，白天吃藥、打針，晚上洗腳、更換內衣，都是小李照顧，尤其是出差或出國時，兩人朝夕相處，形影不離。

小李對廖公照顧可謂周到仔細，廖承志對小李的親密和隨便，以及寬容和信任程度，往往令廖承志的孩子們都眼熱。

有時候，經普椿要勸丈夫少吃肥肉，不抽煙，還要拜託小李當"內應"。

小李自有收拾"老頭"的辦法：

只要發現廖公趁沒人偷偷點着煙時，他不搶也不說，只是一下把手伸進廖公被窩裡，用手搔廖公腳心。

廖承志最怕癢，肥胖身體扭動着，笑得喘不過氣來，連連發誓：

"不敢了，不敢了！"小李才住手。

當然，也有不靈的時候。

經普椿和孩子們都多次向廖承志建議：按級別，論病情，你也應該配個保健醫生，這樣，晚上萬一發生意外，也能有人及時搶救。

　　廖承志總是搖頭，如果再多提，他便會發大脾氣——別以為廖承志平日隨和幽默，愛出個洋相，愛開個玩笑，便沒有原則，沒有分寸。他發起脾氣，也像火山爆發一樣激烈。

　　經普椿不願多讓丈夫生氣，便拜託小李去講。

　　小李找個"老頭"高興的時候，便說出自己的擔心：

　　"廖公，萬一您哪天夜裡突發心臟病，家中沒有醫生及時處理，出了事，我怎麼向組織交等？說不定我還會坐牢的！"

　　廖承志放下手中的文件，把小李拉到身邊坐下，口吻親切地說：

　　"小李，我知道你是真關心我，可你想過沒有，北京有那麼多的領導幹部，中央老同志又多，如果都派醫生，哪來這麼多醫生？我自己的病我最清楚，不會出事的。"雖說事沒辦成，倒也沒捱罵。不用說，皆因老少忘年交之故！

　　這回，李雲峰又找"老頭"磨，苦苦勸阻：

　　"廖公，最好不要去做這個手術，您這麼大年紀了，再開膛剖肚，豈不是在刀尖上跳芭蕾嘛！您說，這又何苦呢？"

　　廖公只是搖頭，看得出，他是大主意已定，誰勸也不行了。

　　中央最終批准了廖承志的報告。

　　1980年3月12日，廖承志化名"何先生"，由港澳辦的組長魯平陪同，輕裝簡行。

　　秘書鄭偉榮，警衛小李，就連夫人經普椿，也是第一次去美國，本來應是輕鬆愉快的心境，可是登上飛機，大家心情相同，都是沉甸甸的。不敢多想回來是什麼情景，萬一……，一想到那萬一可能發生的結果，真讓人汗毛林立，打個寒噤……

登機的一行人中，只有廖承志，沒事人一樣，他樂樂呵呵向送行者招手，那從容歡快的神情，彷彿他去美國不是手術，而是去旅遊度假。

飛機過日本，廖承志一行在成田機場附近的賓館停留。

前日本首相大平正芳得到消息，特意派人送來一束鮮花。停留期間，他自己又給日本朋友杉山市平的女兒萬里子掛通電話：

"你好！請來機場與我見面！"

此時杉山市平夫婦還在北京，只有女兒萬里子一個人在日本。廖承志與這對為中日友好在中國工作多年的日本夫婦，有一種特別親切的特殊感情：

一來，過去住在北京的日本老朋友，因為各種原因，都已經回日本。

二來，杉山市平先生的夫人溫柔、賢慧，做一手味道極好的日本料理。而日本老朋友多數知道廖承志愛吃日本生魚、壽司。只要有人直飛北京，經常帶來最新鮮的上好金槍魚片送給廖承志。

對這些禮物，廖承志視為珍品，說句實話，要從北京飯店買小小的一盒壽司，就要幾十塊錢，別看廖承志是泱泱大國的人大副委員長，他一個月的工資也吃不了幾次壽司。不是朋友送，只有在生病住院，胃口很不好的時候，他才會捨得買一份解解饞。所以，朋友送來的生魚片，他總是一分為二，一半送到北京飯店，另一半讓小李送到杉山市平家中保存。

飯店做好，夫人看得很緊，不准他多吃，當然吃不痛快。他也表現得很聽話，很配合，斯斯文文，品嚐而已。

第二天，他說開會或是其他理由，不回家吃飯。車一繞，來到杉山市平家中，桌邊一坐，由杉山市平夫人掌廚，旁邊又無人"監視",他便能美美地飽餐一頓地道正宗的日本料理,無拘無束,彷彿又回到自己熟悉和喜愛的異國氛圍之中,十分安逸、快活。

廖承志直至晚年,即便已成"高官",也始終是個"滴水之恩,湧泉相報",重感情、重知音的人。視杉山市平的女兒萬里子如同自己的女兒,特意打電話約她來機場見面。

1979年"廖公船"到日本時,每逢舉行記者招待會時,身材嬌小的萬里子經常被擠到記者群的後面。廖承志總是招呼着把萬里子帶到前面來。

那晚,陪同萬里子去看望廖承志的還有共同社副總編遠藤勝已先生,遠藤勝已認識很多的日本政治家,曾隨同田中內閣的"密使"訪華,為日中友好和平條約的締結和日中邦交做了不少工作。在北京時曾向廖公介紹過日本的政治形勢。廖公與他們談得十分輕鬆、愉快。萬里子絲毫沒有覺察出廖公去美國手術是冒着很大的風險。

筆者1991年去日本訪問時,從東京乘坐近兩個小時地鐵,去拜訪了杉山市平夫婦。

他們的小樓並不寬敞,但是專門有一間屋子,正牆上掛着何香凝老太太的梅花與青松,廖承志的題字和照片。

案前銅鼎裡,立一炷檀香,輕煙裊裊上升,彷彿向隔世而眠的廖先生喃喃低述着思念之情。

小女兒萬里子是從東京專門趕回來,一家人談起"廖桑",話像溫泉細流,情濃濃,意切切,不知不覺竟談了兩個多小時。

筆者與陪同的老葉告辭時,女主人與萬里子小姐執意送我們到很遠的車站。

公共巴士來了。我們上車的一剎那,夫人分別往筆者和老葉手裡塞了十幾個銅幣:

“我已數好，夠買汽車票，不用找零錢了。”

女主人的細密、周到，讓人倍感溫情，他們一家對廖承志的懷念和友情之深，可見一斑。

如今品味起來，機場見面，廖承志似乎也有告別之意：

即便此去美國，一去不復返，也算與好友道過別吧！

越臨近手術，大家的心情越緊張，獨獨廖承志沒事人一樣。他總是拉着夫人、秘書和小李與他一起打橋牌。偷牌的是他，賴皮的也是他，笑聲最響的還是他！

要不，給香港廖恩德掛個長途電話，剛用英語說出：

我是何先生！”

分在東西兩半球電話兩端，都忍不住哈哈大笑起來。

爲什麼？因爲英語中“何”的拼音是“He”，英語原意是“他”的意思，於是“何先生”就變成了“他先生”。

電話裡響起濃重、洪亮的廣東話：“你不是何先生，你是肥仔，你在美國。”

廖恩德對廖承志太了解了，他認定要做到的事，就一定要做到。不久前，廖承志在廣州療養時，廖恩德已聽聞他要去美國做心臟手術，他帶了香港最好的心臟專家來看他，共同的意見是要謹愼從事。廖承志對他們的好意報以他慣有的、眞摯的微笑，沒有說一句話。現在，廖承志打電話來，一定是達到了目的。廖恩德放下電話，馬上撥通了航空公司，拿到了一張立即飛往舊金山的機票，他不親眼看一看廖承志目前的情況，他不放心！

兩位同鄉、同宗、同學，年紀只差一歲，輩分卻差了一代的知己，在異國他鄉見面了。

“有朋自故鄉來，不亦樂乎？！”廖承志樂呵呵地與老朋友擁抱，挽着胳膊入座。談到自己將要做的手術，他一如旣往，處之泰然。

廖恩德舒心地笑了。作爲醫生，他最懂得一個人的心理因素對於治療成敗的重要性。在廖恩德返回香港前，他握着老朋友的手，只說了一句話：

"肥仔，不用給我電話，你不會有事的，我在香港等你！"

話是這樣說了，可回到香港後，他還是不安心，撥通美國電話，把住在紐約的兒子廖子光派到舊金山："你哪裡也不要去，自始至終在肥仔身邊守候，協助處理安排一切，直到他痊癒出院……"

廖承志到美國手術的消息沒有公佈過，但是，紐約華僑聯合會主席梅子強先生從朋友那裡知道廖公到達美國的消息後，立刻買機票飛往舊金山。家人勸他：既然廖公是到美國來看病，手術前一定很忙，現在去看望恐怕不合適。平時十分隨和的老人，此刻卻變得非常固執：正因爲廖公的手術有風險，我才一定要現在去看望他，否則我心不安！

飛機上，梅子強絲毫沒有睡意，自己前半生的酸甜苦辣，以及有幸與廖公相見，相識到無話不談的往事歷歷在目。

其實，比廖公小十歲的梅子強與廖承志結識得很晚。

梅子強1917年出生在美國，從小回香港、廣州唸書，1938年進廣州中山大學唸政治系，1942年畢業。他憎恨八國聯軍入侵，憎恨日本侵略中國，爲尋求強國之路，1947年他考進了美國布朗大學，一年後取得了碩士學位。在他考入紐約大學，繼續攻讀博士學位時，中華人民共和國成立了。他興奮不已，寫作的博士論文的題目是《論新中國》。40年代末的美國，反華反共一邊倒，梅子強的論文當然不可能通過。博士學位沒拿到，梅子強卻已經成了美國政府密切注意的人物。他辦華僑雜誌，搞印刷廠，度過了一段十分艱辛的日子。

60年代，爲着保護在美華僑的利益，他發起成立了華人最高群衆組織——中華工所，並擔任了主席。爲許多老留學生爭取到綠卡，在華僑中很有威信。1962年蔣經國到美國訪問，還親自接見了他，十分欣賞他的才幹，歡迎他回台灣去生活，答應給他最高的福利待遇。

1964年，新中國爆炸了第一顆原子彈。

美國數家報紙舉行了記者招待會，指名採訪有"紐約唐人街皇帝"聲望的梅子強，無非是認定這位受過蔣經國接見和垂愛的梅子強，一定會伶牙俐齒地大罵共產黨。

對着如林的話筒，梅子強只含着熱淚說了兩句話：

"中國爆炸了原子彈，這是中國人的驕傲，是中國人的光榮！"

這無疑是在紐約上空又爆炸了一顆精神原子彈！

第二天，紐約中英文報紙頭版登出這條新聞，當然多數是罵，少數稱讚，一時間，紐約市無人不知梅子強，只不過，往日唐人街的皇帝，一夜之間又被罵成了"共諜"。美國特工對他監視，審查；台灣特務幾次對他暗算；賴以生存的印刷所破產；他拋棄了自己的一切，靠積蓄，靠朋友，過清貧的生活，探尋思索十年，他愈來愈堅信，自己既不是國民黨，也不是共產黨，作爲中國人，就要堅持國家獨立自強，不受帝國主義侵略！如今，在共產黨領導下，新中國確實在國際上挺起了腰桿子！於是，他把自己的財力和精力全部用在愛國活動中。

1971年，他在紐約發起成立了全美第一個華僑聯合會，發展了1000多名會員。1972年，在基辛格秘密訪問中國的消息公佈後，他立即發動了幾十名華僑向美國申請簽證去北京，迅速遭到拒簽。理由也非常簡單，因爲美國早有明文法規：紅色國家其中包括中國、古巴、朝鮮、越南和阿爾巴尼亞一律不予旅行簽證。

梅子強沒有“認命”，他親自趕到華盛頓，走進白宮，要求面見基辛格。基辛格委託辦公室工作人員出面接待，梅子強義正詞嚴地抗議道：“你們美國總統尼克松和基辛格都可以到中國到北京去，我們華僑是中國人，爲什麼不能去？！”對方無言以對，三天後便發下了簽證。

1972年9月下旬，梅子強帶了四十幾位學者飛到北京，成爲1949年新中國成立以來，從美國進入中國大陸的第一個代表團。周恩來總理非常重視，在人民大會堂親自接見代表團全體成員，從晚上十點一直持續至清晨四點，整整給代表團談了六個多小時。他淵博的知識、充沛的精力，迷人的魅力，平等的態度，坦誠的介紹，征服了梅子強和大家的心。有人激動地當場表示，願意立即回國，爲國效力！

就是在那年的國慶晚宴上，梅子強第一次見到了久聞大名的廖承志。他們坐在同一張桌旁，廖承志微笑着與他握手，問候後，便很少說話，樣子顯得很謹愼、小心。

1976年以後，梅子強每年都要回國一至兩次，廖承志再與他相見時，活潑健談，妙語連珠，還時常把他接到自己家中，邊吃着家常菜，邊談工作，親若家人一樣。

梅子強記得那次自己很激動，他向廖公表示：

“我人在海外，行動要和國內配合，回去後，一定爭取在僑團樹起五星紅旗！”

廖公笑着搖搖頭說：

“這不一定。國外和國內的情況不同，不要勉強，主要是爭取華僑的心，只要心裡愛國就行，並不在乎什麼形式。國內的一些作法，不能照搬到海外華僑中去，要尊重和適合華僑的生活方式和思想方式，否則就會脫離群眾，成了離群的孤雁，還能辦成什麼事情……"

"廖公，你眞懂我們華僑的情況，眞懂我們的心！"

"嗨，梅老弟，你不要忘了，我父親廖仲愷出生在美國舊金山，是華僑，我母親何香凝出生在香港，而我出生在日本，在日本前前後後生活了十三四年，也是名副其實的華僑嘛！怎麼會不了解海外華人對祖國的眞情和困難呢！"

梅子強連連點頭，由衷地感到：有廖公管華僑工作，是最好的了，他這樣隨和，平易，實事求是，無話不談，這眞是海外華人的福氣，沒有第二個人比他更合適了……

後來，中國開放旅遊，1977年，梅子強在紐約成立了"國風"旅行社，這也是全美第一個華僑創辦的旅行社。他從沒經營過旅行社，心中眞有些敲小鼓。廖公知道後，立即給予大力支持，專門從中國旅行社派人去美國協助。於是，"國風"旅行社發展很快，每年能組織4000到5000人到中國來旅遊，有華僑踴躍參加，也有美國人參加。這樣賺了錢，再養華僑的報紙，爲華僑辦公益事業，如此走向了良性循環……

算算這些年來，梅子強與廖公前後見過十多次面了，眞是無話不談。這次廖公到美國來，他怎麼能不去看望呢！

飛機橫跨了美國，在舊金山附近，一所環境幽靜的花園小樓內，在佈置高雅、寬敞明亮的會客廳裡，面帶安詳笑容的廖公伸開雙臂，與眼裡閃動着激動淚光的梅子強緊緊擁抱了……

廖承志去美國醫院看病時，醫生並不認識他，但似乎也能猜出：這位姓"他"的先生不一般。

到了做檢查的日子。

587

　　鋪着潔白牀單的手術牀來了，廖承志笑瞇瞇地上牀，與面前的夫人握握手，說：“阿普，我走了。等着我，沒事！”

　　然後依次與秘書、警衛握手，一種不祥的永別之情，差點讓小李掉淚！

　　車推走了，守候在外面的人，好半天沒改變姿勢，彷彿個個都能聽到自己心臟咚咚亂跳的聲音，氣氛緊張極了。

　　足足等了兩個鐘頭，經普椿覺得比一輩子還長！醫生先出來，報告好消息：檢查已經結束，何先生安然無恙。接着感慨萬千地說：

　　“我曾爲許多人做過這種檢查，還眞沒見過何先生這樣膽識之人，過去做檢查時，往往病人都緊張得要命，渾身冒冷汗，檢查完，衣服從裡濕到外，何先生怎麼樣？他竟像躺在自己家的蓆夢思牀上一樣，呼吸均勻，舒舒服服睡着了！何先生的膽量眞是令人佩服！”

　　不久，進行手術，五個多小時，大家又經歷了一次度日如年的等候，不過，有了上次的經驗，有了對醫生高明醫術的瞭解，更重要的是，有了對廖承志頑強生命力的信賴，似乎沒像第一次送廖公檢查時那麼緊張了！

　　心臟切開了，主刀醫師與助手們交換了會意的目光：

　　整個冠狀動脈幾乎被積澱的脂肪塞牢，血管只剩下四分之一還通暢，心臟壁上也果眞有一個血管瘤——這可能是家族有遺傳史，一年後，廖承志的小女兒丁丁，就因動脈血管夾壁瘤破裂，而導致身亡。

　　手術是完全成功的！

　　及至三年後，在廖承志去世後做了病理檢查，當年美國醫師爲廖承志搭接的冠狀動脈依然通暢。奪去廖公生命的原因，並非是一直最讓人擔心的心臟冠狀動脈出問題，而是被醫生忽略了的肺主動脈栓塞而引起的。

其實也不是人人都有廖承志這樣的好運氣，比廖承志晚一天手術的一位病人，論年齡比廖承志輕，論身體比廖承志強，可他手術不久，就陡然死亡。

在美國休養，廖承志也出去遊覽過，看草原，看牧場，但一次足矣。總是待在家裡，他心裡的惦念，小李可以說最清楚。

廖承志手術後活動量小，又因美國的飲食，牛奶、麵包、黃油，都特別對他的胃口，不用多久，廖承志的體重便直線上升——他的吸收功能是絕對優秀的，有例為證："文革"後期，開全國四屆人大會議時，余秋里擔任大會秘書長，他曾交待會議餐廳裡的大師傅：對王震、廖承志、黃鎮等一批剛剛恢復工作的老同志，生活上一定要照顧好，他們想吃什麼，就給他們做點什麼。

589

於是，都是老朋友，又沒有夫人"監視"，這夥老頭子如魚得水，他們也不點什麼山珍海味，專點紅燒肉，粉蒸肉，東坡肉。

廖承志則頓頓大塊吃肉，而且專揀肥肉吃，邊吃邊讚：

"嗨，世界上最好吃的肉，就是透明的肉！"

事後，他曾親口對余秋里說："開十多天會，我體重長了八斤！"

人長胖，肚子就大，兩條腿無力，廖承志就不願意運動。每次叫他到花園裡散步，他總是推這推那，喜歡躺着看書，懶動。別人講多，廖承志還不高興，小李只要說這一句話，廖承志保準出去。

"廖公，僑辦、港澳辦、台辦可都等着你呢！"

行了，廖承志一準起來就走。

因為無論與身居美國的親友來往，還是與在美國的華人朋友見面，廖承志興致勃勃告訴大家的都是：

我病全好了，有什麼事儘管找我，爲了香港回歸，爲了祖國統一，我們炎黃子孫，都要盡自己最大努力！

廖承志最希望在自己有生之年，爲祖國和民族盡得最大力量，就是祖國統一，國家強盛！

五月，廖承志從美國手術療養後回到香港。消息立即傳開，各界朋友紛紛打電話要求看望，大家急切想見到廖公，雖說廖公去美國只有一個月，卻有恍如隔世的感覺：畢竟是心臟搭橋手術，充滿風險，就是從事醫學工作的人，也未必敢接受這種治療，何況廖公還是古稀老人，誰心底不擔心發生意外？

得知廖公歡迎大家來＂神聊＂，費彝民、霍英東、查濟民、廖恩德、廖一原、夏夢、石慧、楊光、徐四民、李子誦等等，分批來到太平山半腰那座招待所，問候和探望，絡繹不絕。

廖承志精神特別飽滿，中氣十足，興趣極高，什麼話題都能拾起來神聊，家長裡短，生意情況，今後打算，長遠看法，眞是海闊天空，無所不談，彷彿香港朋友的一切，他都關心，都想知道清楚。常常一聊就是大半天，樂此不疲，興致濃厚。

朋友們瞧他這樣好精神，聽得又專心，又開心，當然更是無話不談，無事不講，大家只當是廖公在美國＂悶＂得慌，只有秘書鄭偉榮最清楚：

廖公在作廣泛的調查研究，他心裡最惦念的事，還是1997年香港如何回歸的問題！只是深爲香港人尊敬和喜愛的廖公，他不必正襟危坐，一問一答，他只需要聊家常，只需要輕鬆愉快地飲茶，吃飯，就能摸到香港人的脈搏！

鄭偉榮每每品味着這些談話，他明白這不只是一種工作方法，這種信任、隨意、眞誠和坦蕩，是數十年接觸積累下來的。他心裡很清楚，這一次次談話，這一個個想法，都進入了廖公頭腦中的加工廠，經過分析、分類、醞釀、篩選，正成爲廖公考慮解決香港問題的重要依據。

三

果然，回到北京，廖承志更抓緊了香港回歸問題的探討。

廖承志最先提出的香港問題六條，以後又花費了一年多的時間，最後形成解決香港問題的十二條。

廖承志多次對同志們說：

"香港是中國的領土，如果不收回，我們是無法面對列祖列宗與子孫後代。因此，香港主權一定要收回，英國國旗一定要降下，換上中國的國旗！

"但是，如果把香港收回，變成一個上海或廣州，那一點意思也沒有了，要保持香港繁榮穩定，要讓香港繼續爲社會主義祖國建設發揮作用，必須保留資本主義制度。"

有同志提出，爲了表示政策的期限，還是寫具體些好，是三十年？還是五十年？

廖公想了想，說："乾脆五十年不變。五十年後，我們都不在了，那時候的問題再讓那時候的人去決定好了。"於是，"保留資本主義制度五十年不變"被列爲解決香港問題基本方針政策的第十二條。

"我們充滿信心！"廖公眼睛炯炯有神："那時候我們的國家經濟發展了，國家富強了，各方面都趕上世界發達國家，或者是中等發展水平國家，那時對社會主義就不再會視

591

爲洪水猛獸。我們雖然看不見那一天，但是只要全民族努力，目標是一定能達到的！到那時，後來人會感激我們這一代人的決斷和努力！"

"中國將收回香港的消息"一傳開，對香港居民的震動，不亞於當年美國向日本投擲原子彈。

有錢人中動作快的，已經開始向海外移民，轉移自己豐厚的家產，共產黨對私有制的強硬態度，這些人是記憶猶新的。

香港各界人士也都有些心事重重，急着找廖承志瞭解中國政府的眞實打算。他們有着共同的心聲："我們是中國人，要我們說新界租約再延長，或者說中國不要收回香港，可以說沒有一個在香港的中國人說得出這種話。"但對中國政府接管香港後能否維持香港繁榮與穩定，能不能管好香港，從心裡說，也確實有不少擔憂。

廖承志建議：鄧小平和當時的總理趙紫陽出面接見香港各界來京的人士，中央同意了這一建議。

香港各界知名人士分批陸續進入北京城。

多是平日與大陸接觸甚多的老朋友。每批客人到京，鄧小平、趙紫陽還沒見到被接待的客人，就已經知道這批人主要從事什麼工作，動議是什麼，傾向性是什麼，這都是廖承志和負責接待的港澳辦的同志們，早已事先通過談話，把大致情況瞭解清楚，報到鄧小平、趙紫陽處。歸納起來無非是一個字，就是"怕"。有錢人怕，似乎不奇怪，一直是緊跟大陸的工人聯合會的代表也是緊張兮兮，害怕兮兮。

趙紫陽曾不止一次地問過香港各界人士：

"我眞不明白，中國收回香港，你們究竟有什麼好怕？香港人究竟怕什麼？"

筆者好奇，1991年採訪出席全國政協會議的香港政協委員時，曾以同樣問題請教過香港工聯會主席楊光先生。

若說他，用一句老話非常適當：可謂是苦大仇深。他原來是電車工人，因爲參加工人罷工，1948年就被老闆"炒了魷魚"，於是從事專職工會工作。

從新中國建立那天起，就聽共產黨的話，工作幾十年，勤懇辛苦，清貧如洗，很遲才有錢成家，一直到臨退休才買得起一套兩居室的住房。

楊光先生很直率地回答筆者的問題：

"聽到國家要收回香港的消息，我是又高興又害怕，高興的是中國人終於能夠收回租界，能夠雪辱國之恥！"

"可講老實話也擔心害怕得要命，害怕收回香港後，共產黨也像管大陸一樣管理香港，也像大陸一樣老是搞政治運動，老是開會，老是鬥爭，老是不搞生產。"

"香港和大陸相連，我們又經常進來，況且故鄉又都是內地的，經常有書信往來。幾十年大陸的情況我們都很清楚嘛！我們已經習慣香港的制度，我們可不願像大陸以前那樣成天鬥爭鬥爭，你整我，我整你的！這樣的生活多沒意思呢？！對不對？"

"那時鄧小平接見我們時，總有廖公在座，我們知道他老人家是懂得我們心情的，也會把我們的情況向上頭說清楚，所以我們沒有顧慮，肚裡有什麼話都敢講出來，我們的擔心，我們的感情，我們的希望，有啥講啥。如果領導人不瞭解香港情況，他們是不能理解，我們也很難暢所欲言的，廖公眞是我們香港人的知音喲！"

就在1982年短短一年中，廖承志接待了數十批香港代表團，他總是耐心聽完來客們的講述，最後他來解答。

他從不唸稿，一口地道的廣東人講的廣東話，沒有官腔，也沒有京腔，原則不讓，有情有理，話語實在，句句入

593

耳，讓人聽後大有茅塞頓開之慨。下面，僅是廖承志接見香港廠商聯合會參觀訪問團談話的一部分，幾位當年在座的聽眾，至今記憶猶新：

"我們對香港的總方針，各位先生是聽到過的。"

"首先，主權問題，香港是屬於中國的，我們從未承認過三個不平等條約。我們同撒切爾夫人講清楚了，主權問題沒有什麼可談的，至遲1997年我們就要行使主權，收回香港，一定要這樣做。"

"問題是收回後怎麼辦？大家擔心我們能不能搞得好，這個問題要靠大家合作。我們已經表示，收回主權，我們不會派人去。香港維持現狀，社會制度照舊，生活水平照舊，自由港、金融和貿易照舊，港幣照舊，與外國貿易、商業來往照舊。不同之處是兩點：

一、英國國旗要降下來了。1997年不掛他們的旗了。

二、不會再有港督了，但會有特別行政區或自治區的長官、主任。由誰來當呢？香港人自己當，大陸不派人。……"

"到1997年還有14年多，在這過渡時期，我們要跟英國講清楚，希望他們與我們合作，維持香港繁榮。如果英國或者其他方面的人搞亂，我們迫不得已就要重新考慮問題。這幾點已經與撒切爾夫人講了。我們的意見很堅決，不可動搖。"

"或許有朋友會問，你們會不會變？這不光是香港朋友提，外國朋友也提。過去十年有過一趟'大烏龍'（大亂子），別人懷疑是可以理解的，但希望大家相信我們。1980年之後，國家已經在逐步穩健、踏實地向前進。我們的基本方針是不會變的，要變，只會越變越好，不會越變越壞。"

"大家會問，你死了以後怎麼辦？我已經七十多歲了，

還捱得多久？但我相信，不但我們這一代，第二代、第三代
都會堅持這個方針，我們有這信心。台灣和大陸一定要統
一，條件是按照葉劍英委員長所說的九條去辦。台灣和香港
相似，但對台灣比對香港要寬些，香港總督不再存在，香港
治安基本靠香港警察，國防由我們來負責。台灣不同，軍隊
照樣存在。

"所以香港問題照我看很樂觀，一定搞得好。解放初期
有人講，看吧' 老八 '解放了上海，至多半年就手忙腳亂。
後來，我們把上海管得很好。香港與上海不同，香港維持現
有制度、習慣、金融流通，像現在這樣，不會改變，會改變
的是少個總督大人。有人同我談，英國人希望延期。關於延
期問題，可以奉告各位先生，這不是巴士、電車，不能隨便
延期。……"

"我在' 嶺南 '讀過書，但沒有加入基督教，是個無神
論者，在座或許有基督教徒、天主教徒，但這不影響我們相
互合作，同心協力搞好香港。港人治港就是求同存異，信仰
可以不同，但重要的問題是將來共同一致搞好香港。繁榮不
是短期的，而是收回之後長期繁榮。繁榮對香港居民，對內
地居民都有好處。只要對香港繁榮有益的事，我們一定會去
做。我們一定會積極支持收回之後繁榮香港的各項工作，所
以大家可以放心。香港有人說，至今你們還是東講一句西講
一句，沒全盤拿出來，感到有點彷徨不安，這有點道理。主
張總會拿出來的，不會太遲。剛才我說的幾點，是我們主張
的基本點，這不會改變的。跟英國朋友也講了。這個主張不
是突然拿出來的，而是經過多年的考慮才提出來的。希望工
商界人士同我們緊密合作。見到有壞事，來告訴我們。或者
我們做錯了的，也跟我們說，我們一定改。"

　　那是1955年，廖恩德請了香港大學中外教授觀光團訪問
大陸。團裡多數是美國人，只有三四個中國人。那時香港傳
言很多，說大陸不安全，外國人去是會被扣留的，不要去。
廖恩德搖頭說：憑着我和共產黨的多年交往經驗看，他們不
會扣你們，如果你們不放心，我讓我女兒陪你們去，我人在
香港當人質，他們要抓你們，就讓港督抓我好了。於是，年
僅21歲還是大學生的女兒，便有幸與這批老教授成了周恩來
總理在人民大會堂接見的客人。她知道自己是無名小卒子，
周總理接見時，她有意坐在最後面的角落裡，靜靜地聽。

　　周總理與團長、老教授談完後，並沒馬上結束會見，他
炯炯有神的目光投向後排，親切和藹地招呼道：

　　香港來的那位女學生有什麼意見要說嗎？”

　　女孩子沒有思想準備，但並不害怕，她是個性格開朗潑
辣的女孩，她應聲起立，亮着嗓子問道：

　　“總理，我想請問，什麼時候收回香港？最好快點！”

　　周總理微笑着說：“到了時機成熟的時候吧！什麼時候
收回香港，要看你們年輕人了！”“你今年21歲，再過60
年，也只有81歲，一定能看到的，來日方長嘛！”

　　近三十年過去後，也還是在人民大會堂，中英談判成功
的時候，當年的女孩，現在作爲香港代表的廖瑤珠，親眼目
睹了這一歷史時刻時，心情激動萬分：

　　“周總理不在了，不然我們可以向他交待了。”

　　“廖公不在了，我有今天，全是通過跟廖公接觸，他慢
慢啓發我們認識國家應該在自己心目中的地位，使我們這些
在殖民地社會生長的人的民族自尊心慢慢增強，健全起來
的，本來受殖民地教育是不健全的，是廖公幫我們康復！是
廖公給了我們精神支柱。”

　　廖承志沒有看到中英談判達成協議，就故世了。但天若

596

有情，人若有靈，廖承志會感到欣慰和幸福的，是的，眞理
最終是一定能夠勝利的！

四

　　1979年的1月1日——本世紀70年代最後一年的第一天，
北京城裡引起世界注目的新聞接連出台：

　　中華人民共和國全國人民代表大會常務委員會爲和平統
一祖國發表《告台灣同胞書》，明確提出：＂台灣自古就是
中國不可分割的一部分。＂＂統一祖國這樣一個關係全民族
前途的重大任務，現在擺在我們大家的面前，誰也不能迴
避。如果我們還不盡快結束目前這種分裂局面，早日實現祖
國的統一，我們何以告慰於列祖列宗？何以自解於子孫後
代？人同此心，心同此理，凡是炎黃子孫，誰願成爲民族的
千古罪人？＂＂時代在前進，形勢在發展，我們早一天完成
這一使命，就可以早一天共同創造我國空前未有的光輝燦爛
的歷史，而與各先進強國並駕齊驅，共謀世界的和平、繁榮
和進步，讓我們攜起手來，爲這一光榮目標共同奮鬥！＂最
後還建議台灣和大陸之間盡快實現通航通郵；發展貿易，互
通有無，進行經濟交流。

　　政協全國委員會在政協禮堂舉行座談會，出席會議的政
協常委、各黨派負責人和愛國人士熱烈擁護《告台灣同胞
書》，表示要與包括台灣同胞在內的全國各族人民一起，爲
實現祖國的統一大業而同心協力、共同奮鬥。鄧小平在會上
做了重要講話：今年的元旦有三大特點：第一，今天我們全
國工作的着重點轉移到四個現代化建設上來了；第二，今天
中美關係實現了正常化；第三，今天把台灣歸回祖國，完成

597

祖國統一大業提到具體的日程上來了。

國防部長徐向前通過新聞界發表了關於停止對大金門、小金門、大擔、二擔等島嶼炮擊的聲明。

稍有常識的人便不難看出，台灣歸回祖國，完成祖國統一大業，已經提到了中共中央的議事日程。

不久，中共中央委託鄧穎超同志擔任中共中央對台工作領導小組的組長，並由已經擔任人大副委員長的廖承志擔任對台工作領導小組的副組長。

中央委託鄧穎超大姐當組長，廖承志認為再合適不過了！他過去一起在周恩來總理領導下工作，他能深刻地體味到，台灣回歸祖國，這是周恩來總理生前最大的未了之情。

自從1955年萬隆會議以後，對於解決台灣問題，中央就已經提出以"蔣（蔣介石）陳（陳誠）蔣（蔣經國）"為對手，因為"蔣陳蔣"集團雖然沒有明確說，但他們堅持反攻大陸，從某種意義上說，實際也是堅持一個中國的觀點。

五六十年代的新中國，世界習慣稱之為"毛周的時代"，那時毛主席看得相當準：蔣介石的處境其實很困難！台灣想起飛發展，缺不了美國支持，可是美國的真正目的，是想把台灣胯下而治，變成自己的附庸國，變成自己統治亞洲的一艘永不沉沒的航空母艦。而台獨分子又視蔣介石為絆腳石，時不時想採取"暗殺"等手段，消滅蔣介石的肉體，以達到台灣脫離祖國大陸的目的。

毛主席的戰略思想是：你講你的反攻大陸，我講我的解放台灣。"在天願做比翼鳥，在地願做連理枝"，就是"連理枝"不要連到美國去了！與其把台灣交給美國人，不如讓蔣介石管下去。炮轟金門馬祖，實際上是對付美國的！隔天炮擊，也是為給台灣以運輸方便，這就是最高的謀略！

於是，周恩來便遵照中央的決策，經常通過張治中將軍、傅作義將軍和章士釗先生等人，在他們給台灣同事的信中，把中共對台的政策，間接地傳給蔣介石。50年代，一次，周恩來看完了張治中寫給台灣同事的信後，略一沉思，揮筆添上了八個字：＂寥廓海天，不歸何待＂，雖說只加了八個字，卻猶如畫龍點睛，使原本已經聲情並茂的文章，更添光彩。站在一旁的廖承志忍不住拍手叫好！30年後，在廖承志起草《致蔣經國信》時，情不自禁又一次引用了＂寥廓海天，不歸何待＂這八個字。

當然，凡是對台問題的處理，都是黨內的絕對機密，一般都是毛主席看了以後，批給周恩來，由周恩來親自辦理，或交廖承志和少數幾個人辦理，從不經過秘書。案子辦完後，周恩來就把卷宗鎖進他辦公室裡的保險櫃，連夫人鄧穎超也看不到。

那是50年代末期。有一回，台獨分子要暗殺蔣介石，我們得到這個消息。毛主席一批：＂此件請送蔣先生。＂文件退回中央辦公廳，工作人員一看，丈二和尚摸不着頭腦，找到機要室主任問：毛主席批示這樣子，怎麼執行？機要室主任接過文件，囑他保密，然後親自送往西花廳周總理手中。

所以，章士釗先生在給蔣介石的信中曾經講道：＂現在支持你蔣先生的就是毛先生。＂並非是沒影子的話。

陳誠去世後，在他的遺囑裡，沒有提反攻大陸，沒有提反對共產黨，只強調一點：精誠團結在蔣總裁的領導之下。所以，在一次政協會議上，周恩來總理對張治中、傅作義和章士釗先生說：從陳辭修（陳誠的字）的遺囑來講，我們做的許多工作不是白做的！

廖承志始終認為：中華民族歷來有着尊師重道的傳統，如今，作為恩師的周恩來不在了，但作為師母的鄧穎超，仍然受到當年老黃埔軍校學生的敬重，她領導對台工作領導小組，更有利做國民黨老人的工作。

1980年1月1日，中央對台工作領導小組在中南海西花廳召開會議。鄧穎超在會上強調，台灣回歸祖國，完成祖國統一大業是80年代以至90年代全黨的重大任務，要動員全黨實現這一重大任務。對台灣工作領導小組的任務是調查研究對台灣的方針政策和重大事件，向中央提出建議，是中央的參謀、助手，必須兢兢業業，全力以赴地做好工作。會上確定了工作任務和工作方針，工作很快展開。

鄧穎超年大體弱，對台工作領導小組的具體工作，主要由廖承志負責。他不管再忙，都堅持每週召集兩次對台小組會議，在會上，廖承志不斷提出一些自己的見解：

“對台胞的政策要落實，這直接影響對台工作，很值得注意。住在大陸的台胞只有兩萬多人，可以集中力量把工作做好。將來成立的台胞群眾組織，應將落實政策作為重點。”

“工作要適應目前情況，實事求是，穩扎穩打，還是採取廣交朋友的方式，順乎自然。提‘大打大鬧’是不對的，也不要強調‘分化瓦解’，‘拉過來為我所用’等等，這都是過去的概念。不要太猛，也不要大搞，要適當地、有把握地去做。”

“對台灣同胞的工作應積極進行。目前主要是通過島外影響島內。我駐外使、領館要做台灣同胞的工作，但大量工作要靠各有關部門用民間形式進行。要‘八仙過海，各顯其能’，互相協作，密切配合。不要擔心別人做工作搶了你的‘生意’。要爭着幹，幹起來再說。現在條件很好，我們的工作應該跟上去。”

1981年底成立了台灣同胞聯誼會。當年被廖公選來當日文翻譯，後來專門為毛澤東、周恩來接見日本朋友當翻譯的林麗韞，她祖籍台灣，被推選爲會長。台灣同胞聯誼會是民間團體，剛開辦時，要房子沒房子，要車子沒車子，開展工作眞是寸步難行。百般無奈，林麗韞找到廖公辦公室。眞怪，見到廖公就像見到了自己的父親，還沒開口，鼻尖發酸，咽頭哽塞，話不成句。

"乖女兒，不要急，不要急！"他嘴裡安慰着林麗韞，伸手抓起紅機子，一個電話，把國務院管理局的局長請到辦公室，當面交待說："對台工作是我們黨80年代至90年代的三件重要工作之一，請你立即想辦法給台灣同胞聯誼會落實房子和車子，給你三天時間，三天後我檢查！"

果然，三天後，"台灣同胞聯誼會"的牌子在全國人大的一個招待所裡顯赫地掛了出來。

從80年代開始，在廖承志接見的客人中，台灣朋友非常明顯地不斷增多。

1980年10月20日下午會見並宴請了美國伊伯斯公司副總裁、美籍工程專家吳光叔博士時他說："人生七十古來稀，我比蔣經國年齡還大一些。鄧小平同志講，希望在他這一代完成祖國統一大業，這個可能性是有的，我們要促進這個可能性。我要求大同，不準備在《人民日報》上對最近台灣的文告和講話作出反應。我們總想逐漸建立內部感情，逐漸爲將來見面培養氣氛。"以後，吳光叔每次回國，廖承志都與他見面，兩人無話不談。吳光叔曾坦誠建議：如果雙方眞正見面，你是比較合適的人選之一，國民黨似乎從來沒有罵過你的父親廖仲愷先生。廖承志爽快回答：如果有此可能，有此需要，我一定去。

全國人大常委馬壁，是從台灣回來的愛國人士。1981年8月27日下午，剛從台灣回來不久的他便受到廖承志的會見。一見面，廖公就很高興地笑着說："你剛從台灣來，情

況不一定很熟悉，我建議你多交些朋友，過去的老朋友可以
隨便走走，看看；還有，也不要忘記台灣的朋友喲！"如此
親切的笑容，如此坦誠的建議，使馬壁深感遇上良師益友，
以後經常約廖公相見，長時間地傾談。

　　馬壁先生與廖公最後一次交談，是在1983年3月4日晚
上。廖公穿一件汗衫，談笑風生，兩人不覺聊了兩個小時。
廖公談起台灣的朋友時，很明快地說："蔣經國先生是不會
忘記我的，我也不會忘記他。據我知道他也是思念故鄉的
喲！我在7月致蔣經國的信函中已經說過了，我也可以去台
北同他見面，他若是來北京，我們更是歡迎……"

　　《告台灣同胞書》發表後，台灣當局儘管繼續表示出
"不接觸，不談判，不妥協"的強硬姿態，但是他們的心理
受到強烈的震動。特別是台灣和海外僑胞要求互相來往，實
現統一的潮流，是台灣當局想阻攔也阻攔不了的。台灣當局
的某些高級人士和台灣各界的上層人物以各種方式對和談統
一表示出了贊成的態度。台灣海峽逐步出現了和緩氣氛。

　　在廣泛調查研究和徵求意見的基礎上，鄧穎超、廖承志
帶領着對台工作領導小組的同志們，對海峽兩岸的經濟、貿
易、文化、僑務、交通、旅遊、民航、郵電等許多方面，指
導有關部門制定了具體的政策，採取了相應的措施，來推動
海峽兩岸的往來交流。

　　經過反復討論、修改，擬定了對台灣工作的九條建議，
經過中央批准，於1981年9月30日，由葉劍英委員長向新華
社發表談話，向全世界作了公佈：

　　（一）為了盡早結束中華民族陷於分裂的不幸局面，我
們建議舉行中國共產黨和中國國民黨兩黨對等談判，實現第
三次合作，共同完成祖國統一大業。雙方可先派人接觸，充
分交換意見。

（二）海峽兩岸各族人民迫切希望互通音訊、親人團聚、開展貿易、增進了解。我們建議雙方共同爲通郵、通商、探親、旅遊以及開展學術、文化、體育交流提供方便，達成有關協議。

（三）國家實現統一後，台灣可作爲特別行政區，享有高度的自治權，並可保留軍隊。中央政府不干預台灣地方事務。

（四）台灣現行社會、經濟制度不變，生活方式不變，同外國的經濟、文化關係不變。私人財產、房屋、土地、企業所有權、合法繼承權和外國投資不受侵犯。

（五）台灣當局和各界代表人士，可擔任全國性政治機構的領導職務，參與國家管理。

（六）台灣地方財政遇有困難時，可由中央政府酌情補助。

（七）台灣各族人民、各界人士願回祖國大陸定居者，保證妥善安排，不受歧視，來去自由。

（八）歡迎台灣工商界人士回祖國大陸投資，興辦各種經濟事業，保證其合法權益和利潤。

（九）統一祖國，人人有責。我們熱誠歡迎台灣各族人民、各界人士、民眾團體通過各種渠道、採取各種方式提出建議，共商國是。台灣回歸祖國，完成統一大業是我們這一代人光榮、偉大的歷史使命。中國的統一和富強，不僅是祖國大陸各族人民的根本利益所在，同樣是台灣各族同胞的根本利益所在，而且有利於遠東和世界和平。我們希望廣大台灣同胞，發揚愛國主義精神，積極促進全民族大團結早日實現，共享民族榮譽。希望港澳同胞、國外僑胞繼續努力，發揮橋樑作用，爲統一祖國貢獻力量。

這九條意見是對台灣工作的一個重大突破，引起了全世

603

界的震動。台灣同胞和海外僑胞普遍歡迎和贊同這九條意見。

1981年10月8日下午，廖承志陪同鄧穎超接見並宴請了孫中山的孫女孫穗芳、孫穗芬，黃興的女兒黃德華和蔡鍔將軍的親屬等，賓主回首往事，對辛亥革命表示了誠摯的緬懷之情。

10月9日上午，辛亥革命70週年紀念大會在人民大會堂裡隆重舉行。鄧穎超主持會議，中國共產黨中央委員會主席胡耀邦出席了大會，在會上再一次闡明中國共產黨實現和平統一祖國的方針政策。

10月10日上午，鄧穎超又在人大會堂主持茶話會，希望參加辛亥革命70週年紀念活動的國內外來賓，對葉劍英委員長的九條建議和胡耀邦的大會講話充分發表意見。

孫中山的孫女孫穗芳激動地說：“辛亥革命是偉大革命家、我們的祖父孫中山領導的一場反帝反封建的民主革命。我們的祖父的一生是革命的一生，愛國的一生。”“葉劍英委員長和胡耀邦主席進一步闡明的和平統一祖國的方針是合乎全國人民的要求的。我們只有和平統一起來，才能建成一個富強的國家。”

1982年7月，鄧穎超看到蔣經國悼念他父親蔣介石的文章中，有“切望父靈能回到家園與先人同在”的話，還表示自己“要把孝順的心，擴大為民族感情，去敬愛民族，奉獻於國家。”鄧穎超在對台工作領導小組會上，建議廖承志給他熟悉的蔣經國寫一封信。

飯桌上，廖承志妙語連珠，趣聞不斷，逗得在家吃飯的幾個兒女和孫兒、孫女，咯咯咯地笑聲不斷，忍不住噴飯。連平日不苟言笑的夫人阿普，也忍不住笑得嗆咳起來。

飯後，大家圍坐在院子裡乘涼，女兒忍不住問道：

"爸爸，您今天興致這麼好，一定有什麼事特別開心，是不是？"

廖承志點點頭，喜滋滋地說：

"當然，一個極大的勝利嘞！"

"什麼事？爺爺，你快說快說！"小孫子叫着催着。

"先告訴我，我在報上發的《致蔣經國信》，你們都看過嗎？"孩子們都點頭。家裡人何止都看過報紙，廖承志點燈熬夜推敲琢磨這封信的情景，大家都歷歷在目。尤其是警衛李雲峰——小李已經結婚，不久就要當爸爸了。

那晚，李雲峰突然被牀頭鈴聲驚醒，他翻身躍起，一看錶，深夜十二點半。

剛才，他照顧廖公洗畢睡下，他關燈離開房間時看過錶，是十一點，莫不是？……

小李只覺得心臟一陣亂跳，他以最快速度披衣下牀，衝進廖公房間。家裡沒有醫生，他總提心廖公"搭過橋"的心臟不舒服。

進門一看，穿着睡衣的廖公，手中拿着筆，微微皺着眉頭，端坐在寫字台前，像是還在思索問題。看來不是心臟問題，小李稍微鬆口氣：

"廖公，有什麼事嗎？"

"小李，你過來，和我聊會兒天吧。"

"行呀，只是天太晚了，你也該休息，別太累着了。"

"也睡不着。"廖公話題一轉，冷不丁地提出個問題："小李，你現在是現役軍人，你願意打仗嗎？"

"怎麼說呢？！"小李略微想了想，回答說："如果是國家需要，打仗上前線，這是一個軍人的職責，也是一個軍人義務。若說心裡話，從我個人願望，我不願意打仗。"

　　"是呀！"廖承志仰頭看着天花板，若有所思地自言自語道："從1840年鴉片戰爭以來，戰爭給中國人民帶來了無窮的災難，又有哪一個想打仗呢？如果世界上的事情，包括中國的事情，都能用和平的辦法來解決，那該多好啊！"

　　講完，廖承志又陷入沉思之中。李雲峰在旁邊默了會，看看錶，眼看就要一點鐘了，便輕輕勸了一句：

　　"廖公，天太晚了，你休息吧。"

　　"好吧！"廖承志彷彿想定了，起身向牀邊走去。

　　以後，當小李讀到廖公《致蔣經國信》中"度盡劫波兄弟在，相逢一笑泯恩仇"一句話時，特別能品味出廖公的心境：

　　那是一種對世界和平和祖國統一的多麼深情的渴望，和無比寬廣博大的胸懷和愛心！

　　"好了，別賣關子了，快說吧。"院子裡，是夫人一錘定了音。

606

　　"好，我告訴你們，這封信已經由香港報紙全文發表，送進台灣一千二百多份！"廖承志眼中閃爍着慧黠的目光，毫不掩飾內心的喜悅，是的，寫文章的，誰不希望自己的文章能與讀者見面呢？"

　　這件事如果放在今天，並不能算什麼。

　　可在1982年，台灣當局對報紙嚴格檢查，嚴禁大陸消息進入台灣，能把廖承志寫給蔣經國的信送進台灣，而且是全文，這的確是一件很不容易的事，也難怪廖承志高興非常了！

　　廖承志一向十分重視在香港宣傳中央的各項方針政策。尤其是80年代初，中共中央順應形勢的變化和發展，對台灣政策從"武力解放"改為"和平統一"，希望國民黨和共產黨談判，實行第三次國共合作，共同完成統一大業之後，他主持對台小組起草了以葉劍英委員長名義發表的對台政策九條。廖承志更重視對香港和台灣的宣傳。

他常說，我們在香港的宣傳陣地並不多，再加上"文革"極"左"思潮的破壞，我們又失去不少讀者群。所以我們香港新華分社的同志們，如果以香港《文匯報》、《大公報》等為我們宣傳的主力軍，那麼，我們還一定要發展游擊隊，發展同盟軍，要多交朋友，使香港許多中間報紙都能登一些我們的重要文章，這樣，一是能讓香港更多的中間群眾知道我們的現行政策，再是爭取機會進入台灣，讓更多台灣同胞知道我們現行的政策。

1981年9月30日，葉劍英委員長向新華社記者發表談話，提出了關於台灣回歸祖國，實現和平統一的九條方針政策。

9月28日，廖承志親自打電話給香港新華分社，要負責宣傳的楊奇同志立即趕到北京。

楊奇飛到北京，汽車直接從飛機場把他送到廖承志家中，廖承志交給楊奇一份葉劍英講話底稿和一張30日返回香港的機票：

"老楊，這次只好辛苦你了。今晚你必須把這份稿全部記住，因為葉帥講話還沒最後定稿，你頂多在紙上記幾個字，最好全部記在自己腦子裡。明天你就返回香港，立即把全文印出，趕在明晚香港新華分社舉行的國慶招待會上，分給到會的兩千多來賓。"

那一夜，楊奇幾乎沒睡。

30日晚，當新華社播發葉劍英對台灣問題的談話時，出席香港新華分社國慶招待會的兩千多來賓，不管是什麼政治主張，人人都已經拿到一份葉劍英談話稿。

這次，中央政治局通過了廖承志給蔣經國的信後，廖承

607

志找來了正在北京開會的楊奇，見面也不拐彎：

"楊奇，給蔣經國的信，中央已經批准，準備7月24日在報紙上發表。你們回去想想辦法，讓它能夠在台灣看得到。"

這確實不是一件容易的事。

香港許多報紙，像《文匯報》、《大公報》是絕對進不了台灣的，一些香港的中間報紙如《星島日報》、《華僑日報》經過台灣當局扣檢：如發現問題，就扣住報紙不許進台灣，如沒問題，報紙才能進台灣。但若不做工作，這些報紙不可能全文刊登大陸文章，如讓他們隨便摘要，容易出現斷章取義的毛病，達不到宣傳效果。

楊奇回到香港，電話約請《星島日報》總編周鼎、《華僑日報》總主筆李志文下午到利園酒家咖啡屋飲茶。都是平日相交甚好的朋友，人如約而至。

楊奇對他們也是有話直說：

"明天有一個重要文件發表，這個文件肯定是大家都關注的，不僅是左派，左中右都關心的。你們看有什麼辦法在你們報紙上全文刊登出來，以便引起各方面的重視。"

雖說楊奇沒講明希望文章進台灣，但兩位老報人一聽是廖承志寫給蔣經國的信，當然心領神會，他們都見過廖公，敬佩為國家民族利益奮鬥的廖家兩代人，也覺得以他的身份，以他與蔣經國的交情，促進國共兩黨和談，爭取祖國早日統一，是最為合適不過！審時度勢，自己的報紙能為祖國統一大業出點力，也是明智之舉。所以都爽快地說：

"楊先生，你放心，我們一定想辦法全文刊登。至於用什麼方式登，等晚上看了稿子後再來處理。"

第二天，《華僑日報》全文登出，不過是放在後面的版面裡，因為處理得不引人注目，也沒引起台灣報檢人的注意，便順利進入台灣。

《星島日報》處理大膽、出色，它是在一版頭條位置發表了全文。但標題處理得很巧妙：

大標題是《國共昨互促統一雙方仍各言其志》。

副標題則分了兩行：

第一行以台灣一則消息打頭"孫運璇盼北京放棄共產主義"。

第二行則是"廖承志函請蔣經國三度合作"。

至於正文，孫運璇的講話內容只有短短的兩行，算上標點符號也僅有四十五個字。緊接在後面的就是廖承志《致蔣經國信》的全文兩千餘字。

爲文章醒目，正文中還豎插了一行標題"廖願赴台探蔣"。

更妙的是，廖承志的文章後面緊跟着又排出一則黑體字的大標題：

"台灣首次要求中共接受中華民國憲法"，而內容僅僅兩行、不足五十字！台灣報檢一目十行，向來是只看標題，不看文章。竟沒發現自己行政院長孫運璇，竟成了中共高級領導人廖承志的保護傘，更沒想到頭版頭條新聞欄裡竟是塊"夾心餅乾"！爽爽快快開了綠燈。

於是，當天兩千多份《星島日報》全部進入台灣，並分發至讀者手中。

白紙黑字，嫻熟的文法，濃濃的眞情，讓人耳目爲之一震！

"經國吾弟：

咫尺之隔，竟成海天之遙。南京匆匆一晤，瞬逾三十六載。幼時同袍，蘇京把晤，往事歷歷在目。惟長年未通音問，此誠憾事。近聞政躬違和，深為懸念。人過七旬，多有病痛，至盼善自珍攝。

三年以來，我黨一再倡議貴我兩黨舉行談判，同捐前嫌，共竟祖國統一大業。惟弟一再聲言‘不接觸，不談判，不妥協’，余期期以為不可。世交深情，於公於私，理當進言，敬希詮察。

祖國和平統一，乃千秋功業。台灣終必回歸祖國，早日解決對各方有利。台灣同胞可安居樂業，兩岸各族人民可解骨肉分離之痛，在台諸前輩及大陸去台人員亦可各得其所，且有利於亞太地區局勢穩定和世界和平。吾弟嘗以‘計利當計天下利，求名應求萬世名’自勉，倘能於吾弟手中成此偉業，必為舉國尊敬，世人推崇，功在國家，名留青史。所謂‘罪人’之說，實相悖謬。局促東隅，終非久計。明若吾弟，自當瞭然。如遷延不決，或委之異日，不僅徒生困擾，吾弟也將難辭其咎。再者，和平統一純屬內政。外人巧言令色，意在圖我台灣，此世人所共知者。當斷不斷，必受其亂。願弟慎思。

孫先生首創之中國國民黨，歷盡艱辛，無數先烈前仆後繼，終於推翻帝制，建立民國。光輝業績，已成定論。國共兩度合作，均對國家民族作出巨大貢獻。首次合作，孫先生領導，吾輩雖幼，亦知一二。再度合作，老先生主其事，吾輩身在其中，應知梗概。事雖經緯萬端，但縱觀全局，合則對國家有利，分則必傷民族元氣。今日吾弟在台灣主政，三次合作，大責難謝。雙方領導，同窗摯友，彼此相知，談之更易。所謂‘投降’、‘屈事’、‘吃虧’、‘上當’之說實難苟同。評價歷史，展望未來，應天下為公，以國家民族利益為最高準則，何發黨私之論！至於‘以三民主義統一中國’云云，識者皆以為太不現實，未免自欺欺人。三民主義之眞諦，吾輩深知，毋需爭論。所謂‘經濟繁榮，社會民主，民生樂利’等等，在台諸公，心中有數，亦毋庸贅言。試爲貴黨計，如能依時順勢，負起歷史責任，毅然和談，達成國家統一，則兩黨長期共存，互相監督，共圖振興中華之大業。否則，偏安之局，焉能自保。有識之士，慮已及此。事關國民黨興與亡絕續，望弟再思。

近讀大作，有‘切望父靈能回到家園與先人同在’之語，不勝感慨繫之。今老先生仍厝於慈湖，統一之後，即當遷安故土，或奉化，或南京，或廬山以了吾弟孝心。吾弟近曾有言：‘要把孝順的心擴大爲民族感情，去敬愛民族，奉獻於國家。’旨哉斯言，盍不實踐於統一大業！就國家民族而論，蔣氏兩代對歷史有所交代；就吾弟個人而言，可謂忠孝兩全。否則吾弟身後事何以自了，尚望三思。

吾弟一生坎坷，決非命運安排，一切操之在己。千秋功罪，繫於一念之間。當今國際風雲變幻莫測，台灣上下衆議紛紜，歲月不居，來日苦短，夜長夢多，時不我與。盼弟善爲抉擇，未雨綢繆。‘寥廓海天，不歸何待？’

人到高年，愈發懷舊，如弟方便，余將束裝就道，前往台北探望，並面聆諸長輩教益。‘度盡劫波兄弟在，相逢一笑泯恩仇’。遙望南天，不禁神馳，書不盡言，諸希珍重，佇候覆音。

老夫人前請代爲問安。方良、緯國及諸姪不一。

順祝

近祺！

廖承志

一九八二年七月二十四日”

廖承志7月24日寫給蔣經國的信，在《人民日報》上發

611

表是7月25日。誰又能想到，在嚴禁與大陸"三通"的台灣普通百姓，竟會在同年同月同日，從公開發行的《星島日報》上讀到了！

真比投信，不，比電報還快！

直到25日下午，才有人向台灣特務檢查部門提出質詢：

為什麼今天《星島日報》登了廖承志給蔣經國的信？你們是怎麼搞的？檢查部門這才發現"夾心餅乾"，真嚇個半死！立即下令把當天《星島日報》全部追回來。

發到軍隊系統、政府部門的總算收回，可是那些報攤上零售的，私人訂閱的《星島日報》，便成了民間珍藏。

不難想像，收回《星島日報》之舉，只會刺激出人們的好奇心。留在台灣的千餘份報紙，讀者可能是數千人，上萬人！

這次是《星島日報》總編輯周鼎請楊奇"飲早茶"。

也彷彿是閒聊一樣，周鼎說：

"楊先生，我們那份刊登廖公信的報紙，發往台灣二千二百份，被追回了一千一百份，那就是說追不回來，已經分到讀者手中的是一千零幾十份吧！"

"謝謝！不知有沒有給你添麻煩？"

"他們當然來查問了。我說，我們認為主題就是談統一問題嘛，至於廖承志給蔣經國的信，我認為他們是從小有交往的嘛，這又不是什麼官方文件，是私人信件。就這樣搪塞過去了。"

消息傳到廖承志這裡，他怎麼能不高興？！辦公室裡，他拍着楊奇的肩膀大聲叫好：

"這樣的工作效果，下午不一定是喝咖啡，喝酒也行嘛！"

廖承志興致勃勃地向家人講明了高興的原因：《致蔣經

612

國信 》進了台灣。爲了保密，他當然沒講途徑。

孩子們都興致極高，你一言，我一語地搶着說：

"爸爸，你到台灣，能不能帶我們去？"

"當然帶！"廖承志回答得乾脆利落。

"當眞？"

"會不會賴賬？"

"敢不敢拉鈎？"

孩子們七嘴八舌地提出質疑。

他們對廖承志有這種質疑，眞正是一點不奇怪。

他們小時候，上什麼學校，幹什麼工作，廖承志從來是一個觀點：有本事考上什麼學校，就上什麼學校，組織分配什麼工作，你就幹什麼工作。

"文化大革命"前，他的大女兒從南開大學中文系畢業，分到北京門頭溝一所中學當老師，遠離市區。

何老太太捨不得，向廖承志說了幾次；

"肥仔，找人說說，把孩子調進市區吧。"

廖承志對母親總是百依百順："好，好，我想辦法。"

對女兒卻說："你是共靑團員，要服從組織分配，安心好好工作。"

當然，爲孩子求人的事，廖承志也不是沒幹過。

那是"文革"期間，1972年，廖承志已經出獄，因爲自己被審查，除了兩個大孩子是大學畢業。分配在城市和部隊工作，其餘五個小的都下農村、到邊疆當了農民、牧民。後來，孩子們都紛紛給廖承志寫信，希望爸爸想辦法讓他們當兵！

廖承志自己是個老紅軍，對部隊一直有深厚的感情，他想部隊紀律嚴格，教育抓得緊，對孩子們的成長是有好處的，於是，趴在燈下，給自己所有認識、當時還在職在位的部隊老戰友分別寫出去七八封信。

其中大部分都石沉大海，毫無音訊，只有南京軍區的許世友司令員和工程兵陳士榘司令員回了信：

送孩子來吧！

於是，孩子們分別去了南京軍區和鑽大山的工程兵。

如果說"文革"是非常時期，粉碎"四人幫"，廖承志既擔任了國務院僑辦主任、港澳辦主任、對台領導小組第一副組長，還被選為人大常委會副委員長，名字已經進入國家領導人的行列。若說手中的職權，比以往任何時期都大了，能批准人出國，去香港，可是怎樣呢？用廖承志自己的話，便能一言蔽之：

"只要我在，姓廖的一個也不要出去！"

他也的確一言九鼎！

去日本的"中日友好訪問船"，在國際上享有"廖公船"聲譽，在國內則傳言四起：廖承志全家都上船去了日本，家中的保姆，連同他心愛的小狗"木哥"也沾光去"東瀛"觀光。

孩子們聽了，又氣又委屈。"早知如此，爸爸何必那麼認真？！"

當年為讓一位民主人士出國，廖承志曾做姐姐廖夢醒的工作，讓她把自己的名額讓出來，而且有言在先：

"以後有機會，我一定還你一次出國機會！"

過去不說，這次隨船去日本，應是最合適的機會：廖夢醒在日本留學，從事革命工作，老朋友非常多，她們也常來信邀請她去日本看看。可是，廖承志沒有讓自己的姐姐去，他對姐姐說：

"姐姐，這次除了各界代表外，的確給我三十個可以自定的名額，我考慮，還是安排'文革'中被迫害的各位老帥夫人們去吧，她們一是受了苦，二是革命多年從沒出過國，再者，她們出去本身就是很好的宣傳：說明我們黨已經糾正錯誤了，姐姐，以後您有機會再去吧！"

廖夢醒最疼自己的"肥仔"弟弟，當然欣然同意。

"廖公船"上，除了廖承志和夫人經普椿，沒有一個廖家的孩子。

按說李湄不姓"廖"，她是廖夢醒的女兒。也只因為血管流着的血液裡，有一半姓廖，她那在新華社工作的丈夫要被派往香港工作時，名單到港澳辦主任廖承志手裡，他大筆一揮，把名字勾掉了！

平日最受廖承志疼愛的外甥女氣不過，找舅舅"興師問罪"。廖承志攬過外甥女，親親她的腦門說："只要我活着，就不讓廖家一個出國！"

是保守？還是僵化？

有一件事似乎能成為答案。

知道靠老頭出國無望，孩子中也有不甘寂寞，自找門路的。

這天，廖承志去北京飯店看望日本老朋友木村一三先生。不等廖承志開口，性格直爽的木村先生搶着說：

"廖先生，我有一件事想請問一下，昨天你的一個孩子來找我，希望我為他們夫婦擔保去日本留學。我當時就提出了一個問題：這個事廖公知道不知道？他們說，當然知道了。我就說，這事是廖公同意的，我就完全同意給你們當保人。當時我便答應他們了。"

"可是我想這個事比較重要，我記得過去我曾多次提出要為你的孩子擔保，讓他們去日本留學或工作，每次你都婉言謝絕，所以今天我特別請您證實一下，這個事你知道不知道？同意不同意？"

615

　　“這不行，不行！”廖承志回答得很乾脆：“我是不會答應自己孩子出國的！”

　　“可是，現在那麼多人出國，你的孩子爲什麼就不行呢？”木村一三不解地反問道。

　　“……”一向出言爽快的廖承志沉默着沒有回答。

　　“你不講，我能不能大膽推測一下，是不是這個事與幹部的特權很有關係啊？是不是這樣？”

　　“是的！你說得對！”廖承志這時回答得很乾脆。

　　第二天，木村一三把他們找來，也不拐彎抹角，很不客氣地批評道：

　　“你們說廖公已經同意了，昨天我見了廖公，廖公說他沒有同意。所以，我不能當你們的保人了，以後你們處事要愼重些，要不然會給廖公帶來政治上的困難。”

　　所以，這次廖承志答應帶孩子們去台灣的允諾，兒女們是不會輕易相信的。就會說出“拉鈎”這樣孩子發誓賭咒的辦法。

　　“拉鈎就拉鈎！”

　　廖承志立即伸出自己的小拇指，一邊與孩子們挨個“拉鈎”，一邊信誓旦旦地說：“大丈夫一言九鼎，絕對不會賴賬！”

　　這次輪到受寵若驚的孩子們提出“質詢”：

　　“爸爸從來不准我們沾光，這次怎麼破例？”

　　廖承志笑瞇瞇地說：

　　去台灣不是出國，是去串親戚嘛，當然不同！”

　　看得出，廖承志不僅自己，還要讓自己的孩子們爲祖國的早日統一繼續發揮作用！

尾　聲

隔世情未了

1983年6月10日夜裡兩點，中央辦公廳接到電話：

中央政治局委員、已被提名爲國家副主席候選人的廖承志同志，病危！

廖承志行心臟搭橋手術後，外人眼裡，他又把自己當成健康人一樣，拚命工作。其實，聰明過人的廖承志，他已經從自己日漸衰弱的抵抗力，不斷發生"故障"的身體斷定，屬於自己的生命是越來越短暫，他只有抓緊時間，多做工作，濃縮自己的生命，發揮自己應該發揮的作用。

廖承志最怕住醫院，尤其是生命的最後幾年。那天，他在家中不愼摔倒，股骨脛骨折。醫生考慮他有心臟病，又是古稀之年，建議做保守治療：使用牽引的辦法，長期臥牀靜養，讓骨頭自己長好。

廖承志堅持立即開刀，打進鋼板，以便盡快能下地走路。

"我沒有時間再靜養了！"

醫生從廖承志健康考慮，仍再三勸告：

"您上了年紀，就是打了鋼板，也還有長不好的可能性，何必又吃苦頭，又冒風險呢？還是做保守治療吧。"

　　"不行，我堅決不做保守療法！我已經療養不起了，浪
費不起了！我要工作！至於休息，等我兩眼一閉，再睜不開
時，有的是時間嘛！"

　　醫生撑不過廖承志，只得給他打了鋼板。

　　是的，廖承志在與時間競賽，在與命運抗爭，在爲祖國
統一和國家繁榮盡心竭力。

　　1981年5月，國家名譽主席宋慶齡病重。

　　作爲醫療小組的領導人之一，廖承志幾乎每天到宋慶齡
住宅，探詢病情，研究治療方案，發佈病情公告，就連滴注
輸液的進滴快慢，他也要細緻過問，並親自給宋慶齡定居美
國的親友寫信，及時通報病情。

　　在宋慶齡生命的最後幾天。

　　深夜十二點半，廖承志吃了大量安眠藥剛睡着，電話來
報告：

　　"宋慶齡主席病情嚴重。"

　　廖承志立即穿衣起牀。因爲安眠藥的作用，他站不穩，
走路都搖搖晃晃。宋慶齡的臥室在二樓，警衛李雲峰勸他別
上樓了，聽醫生講講病情就行了。廖承志執意不肯：

　　"不到牀邊看，我怎麼會了解準確情況？"無奈，只好
兩個人把他硬架上樓梯。在旁邊的醫生都心疼地議論：

　　廖公就是對自己的健康漠不關心！

　　對這樣的批評，廖承志總是充耳不聞。

　　那天，李雲峰來到廖承志辦公室報告了宋慶齡逝世的消
息。這本來已是意料之中的事。瞬間，廖公眼圈紅了，兩行
淚水滾落衣襟，嘴裡喃喃地說：

　　"叔婆如果能再活幾年，多好！"

　　李雲峰心中十分震驚：他到廖公身邊工作了五年，無論
是病，是災，廖公從來都是笑以對之，流淚，這是他看見的

1983 年 6 月 6 日，廖承志從醫院趕到人民大會堂，帶病出席第六屆全國人民代表大會第一次會議開幕式。他讓工作人員用輪椅把他推上主席台，堅持聽完政府工作報告。正當全國人民期望他擔負國家重任的時候，不料四天後，6 月 10 日，他因心臟病突發，與世長辭。這幅照片就成為廖承志生前最後一張照片。

第一次，也是最後一次。他掂出廖公對宋慶齡主席的深厚感情的分量。

當天，夜深人靜之時，台燈下，廖承志含淚翻看着手中厚重的相冊，心潮起伏，往事歷歷在目，他揮筆寫下《懷念孫夫人》詩兩首：

一

童年初睹丰姿美，
六十五年事尚新；
痛惜偉人今謝去，
深宵淚濕滿衣襟。

二

暮春月裡星辰稀，
新竹搖風似悲啼；
巾幗英雄餘凍骨，
天涯難覓芳魂歸。

接着，廖承志遵照中央委託，執行宋慶齡的遺囑，親自護送宋慶齡的骨灰到上海。

宋慶齡的親屬，無論近疏，他都同樣地至誠慰問和關心，直至對宋慶齡身邊工作人員，他也細心關照，事無巨細，他都一一過問，親自檢查。

待全部處理妥帖，廖承志幾乎累得不能動了。他曾對自己的外甥女李湄說了句大實話：

「如果叔婆再拖一段不死，那麼死的就是我了。」

兩句話都是真心話，只是角度不同。

廖承志的外甥女，已經加入美國籍的陳香梅女士，曾痛心地說：

"我舅舅是給活活累死的！"

這話也是事實。

然而，不停地給廖承志快馬加鞭的，不是別人，正是他自己，他自己的強烈的使命感和極端的責任感，又誰能奈何？！

進入80年代以後，中國在香港、澳門、台灣和日本等方面的工作，猶如鯉魚跳龍門，不斷躍向新高度，發生新進展，情況瞬息萬變。

廖承志始終站在最前線，無論是港澳台華僑同胞，還是日本朋友，有客自遠方來，廖承志都親自接見，敘舊時情，談今日事，暢想未來，解釋政策，情真意切，原則不讓，態度坦誠，旗幟鮮明。往往越談越投緣，時間不覺中延長，廖承志常常深夜仍不能回家休息。

經普椿擔心丈夫身體，有時當當黑臉"包公"，在家門口擋擋駕。廖承志知道後，自己登門去看望，致歉，回來還要向阿普發脾氣：

"現在正是解決香港、澳門、台灣問題最叫勁的節骨眼上，你不要潑冷水製造事端好不好？！"

要在過去，個性也十分倔強的經普椿全然不吃廖承志這一套，該干涉的事，她決不含糊，而且是一管到底。根本不管廖承志發什麼脾氣。

不過，自從廖承志做了心臟搭橋手術後，她擔心生氣發火對丈夫的心臟有傷害，便也只好讓步，聽他自便了。

廖承志那封曉以大義、陳以利害、動以感情的《致蔣經國信》在台灣影響很大，把對台工作大大向前推進了一步。共產黨的態度越來越積極，越主動：

統一是大前提，其他問題都好商量，只要坐下來談，總會求得合情合理的解決。於是與國民黨上層，與台灣的經貿、文教等各個方面都有了實質性的接觸，形勢發展很快，很好。

廖承志領導港澳辦，經過一兩年的反復多次的討論修改，對中英會談的提案已經趨於完善和定型，共十二條。在北京中央政治局討論通過後，因爲葉劍英和陳雲同志在外地休養，政治局委託廖承志去廣州和杭州專門徵求他們的意見。

在廣州葉劍英下榻的賓館裡，這兩個廣東老鄉，話音相似，口味相同，心情更是相通，葉劍英完全同意了提案內容。兩人都是樂天派，都是身經滄桑，視死如歸的人物，愛開玩笑。兩人像孩子似地拉鈎打賭：

看誰最有後勁，誰能晚一天去“奈何橋”，一直活到收回香港的那一天。

當講到，若能親眼看見在香港懸掛了一百年的英國國旗降下，升上中國的國旗，由我們中國共產黨來結束鴉片戰爭以來中華民族的最大的恥辱，這是多麼光榮和神聖的事業！兩個老革命家眼裡都閃動着晶瑩的淚光。

廖承志又繼續向杭州飛去。

西子湖畔，姹紫嫣紅，春意盎然的西子國賓館。

陳雲同志聽完了廖承志的介紹，他也完全贊成香港問題的提案。

晴空萬里，風和日麗，兩人由省裡同志陪同，一起登舟遊覽西湖。

在花港觀魚，當隨同人員向湖中拋下魚食，成群的金色鯉魚一起聚攏過來，你爭我搶，歡蹦亂跳，湖面濺起一片晶亮的水花，煞是好看。

622

觸景生情，不甘寂寞的廖承志講起知魚橋的故事：

莊子與朋友同遊，望着河中來回穿梭，頻頻躍出水面的魚群，不禁脫口而出：

“你瞧，這河中的魚兒多快活！”

朋友偏偏是個愛鑽牛角尖的人，立即搖頭晃腦地反駁道：

“兄台指教，你又不是魚兒，你怎麼知道魚兒多快活？！”

莊子微微一笑，以其之矛，攻其之盾，慢悠悠地反問：

“那麼，我倒要先向賢弟討教，你又不是我，你怎麼知道我不知道魚兒多快活？”

瞧廖承志一邊模仿着京劇道白，又是打躬，又是作揖地表演着，連平日不苟言笑的陳雲同志臉上也露出燦爛的笑容。

一向有攝影愛好的廖承志敏捷地按動快門，把陳雲同志那一瞬間的歡笑，化成了永恆。

恐怕誰也沒有想到，這竟會是訣別人世前，廖承志的最後一幅人物攝影作品！也是最成功的一張人物攝影作品！

不知是已有預感，還是凡事有預見。原本應直接回北京，廖承志卻執意去南京。

理由也簡單：正適清明，我要去為父母掃墓。

氣勢宏偉的廖仲愷、何香凝之墓，坐落在紫金山腳下，萬綠叢中。依山而上的墓道又陡又長。

省裡想得周到，隨車帶來一輛嶄新的輪椅，準備推着有心臟不好，大腿又骨折過的廖承志上山。

廖承志執意不肯上車，李雲峰伸手扶他，被他狠狠地瞪了一眼，乖乖縮回手去。廖承志自己拄着拐杖，吃力地向上攀登，他的呼吸聲越來越粗，終於步履維艱，停下來大口喘氣地歇了會兒。就這樣，他扔拒絕上車子，堅持自己一步一步走到墓前。廖承志在墓前獻上一束鮮花，深深鞠躬，表情肅穆，眼神凝重。

望着父母的墓碑，58年前與父母共同度過的一天，此刻又浮現在眼前：

1925年8月19日，在廣州百子路十號。母親一早就出去了，中午沒有回家，晚上回來吃飯。吃飯時只有母親和我兩個人。父親出去之前，我給他整理書信，其中我還清楚的有一封，是薛岳要求辭去第一營營長職務，還狠狠地批判了粵軍總司令許崇智的腐敗墮落，建議做出整頓粵軍內部的意見。另一封是許崇智對薛岳倒打一把，要求辭職，並提出要嚴辦薛岳。我在信封上注明"很重要"。父親匆匆地看過兩封信之後，嘆了一口氣，就出去了。

到晚上，母親很疲倦，不到九點就上牀睡了。十點多鐘，聽見大門口鈴響，我趕快出去接他。他已經很疲倦。我問他"爹爹，飯吃過沒有？"他點點頭，只問："有水洗澡沒有？""有的，我去弄去。"我飛快下樓，弄好了洗澡水，父親洗澡去了。我便把他白衣服接過來，那時候天氣熱，他照常一件白夏布長衫，裡面是印度綢的上衣，黑膠綢褲子，白皮鞋，把它一一疊好。父親對這些事，都很嚴格的。

過一會，他從洗澡間出來了，只穿一件內褲，正在穿背心。父親一生，從來沒有穿過睡衣這類勞什子。他一面穿背心，一面招呼我："快睡吧，不早了。"

……

時間飛逝，半個世紀過去了，可是當年母親的面容，父親的聲音彷彿能穿越時空，至今清晰如前。廖承志的眼睛又一次模糊了……

　　跟在廖承志身後的李雲峰，隨着首長鞠躬，心裡猜測：

　　廖公一定是把中英即將談判香港問題；大陸、台灣終於結束了數十年的隔離開始對話等等，這些廖家幾代人關心和追求的奮鬥目標，正逐漸變爲現實的情況告慰父母親在天之靈。

　　飛回上海賓館，廖承志依然氣喘不止。半夜，李雲峰發現他從牀上坐起，立即問道：

　　"廖公，是不是心臟不舒服？"

　　說實話，小李最擔心的是那搭過橋的心臟"消極怠工"。

　　"心臟沒什麼不舒服，只是有點憋氣，沒事，你睡你的，我坐坐就好了。"

　　氣喘，這可是個新症狀，李雲峰怎敢大意。

　　回到北京家中，他報告北京醫院，醫生以住院檢查爲理由，隨時可以出院爲條件，廖承志這才肯住進醫院。

　　要離開家了，廖承志想起什麼，又交待說：

　　"小李，你記得從書櫃裡幫我找一套《魯迅全集》，就要我關在皇城根時讀的那套，我有用。"

　　"行，你放心去醫院查病吧，我回來一定找！"小李滿口答應。當然他也少不了開玩笑：

　　"廖公，你命中注定是苦力的幹活。你說對不對？您進政治局，是我用輪椅推着你去的，如今馬上要投票選舉您當國家副主席了，您這又要住院了。"

　　"這是天意！"廖承志說得挺超脫、樂觀："不過，我的命大，不會有什麼事的。"

　　北京醫院，高幹病房。

　　主任、專家都盡了全力，能找到的藥，甚至直接從外國買來最好的藥，都用到廖公身上，氣喘的毛病仍然無法減輕

625

症狀。廖承志胸悶憋氣，無法平睡，深夜常常從牀上坐起，神志十分清楚，精神卻大不如以前。

前幾天，為給廖公解悶，小李常邀人與他打牌或者下棋，廖承志挺有興致，他當然不是故技重演，常常悔棋，賴賬。望着對手氣得撅嘴、叫喊，他開心得又拍手，又搖頭，像個小頑童，哈哈笑個不停。似乎注意力一轉移，氣喘也輕些。

這天夜裡，廖公喘得厲害，很久無法入睡。他又一次問道："小李，我叫你找的《魯迅全集》，你找到了嗎？"

"這兩天一直在醫院陪你，還沒顧上找呢！"小李是實話實說："廖公，你最近身體又不太好，哪有精神頭兒看書呢！"

"我有用！"廖公一下急了，語氣挺兇："明天我這裡不需要照顧，你回家給我去找！"

"行！行！行！"小李見老人急了，立即滿口答應。心裡還是不明白，病成這樣還找什麼《魯迅全集》？

直至後半夜，人太睏倦了，又吃了好幾顆安眠藥，廖公才勉強入夢。小李守在旁邊，看廖公喘着粗氣，睡得十分不安。

……

是夢，還是真的？

牆上日曆分明寫着1924年，是夏秋之間。廣州依然悶熱。但在傍晚時分，已漸覺涼風習習了。

百子路老家的樹影裡，霎然間出現一個人，濃黑的眉毛，銳利的眼睛，行動敏捷，舉步如飛，向父親點一點頭，便轉入隔鄰的大門。跟着，是衛兵的合唱聲："敬禮！"

"那是誰？"我急忙問父親。他笑了："他你未見過？就是共產黨的大將周恩來！"

“呵……”

周恩來我怎麼會不認識，對了，那時我還是中學二年級的學生，快十六歲了。

怎麼日曆又變了？是1925年8月初，父親和母親把我帶到南園酒家。入門，看見一大堆土黃色軍裝，金色領章的軍官。其中一個，穿着白綢襯衣，袖子倒捲着的，我認出來了，正是周恩來，我就是記得他。我向他行了禮，他也微笑着點頭。這時，一個八字鬍軍官大聲吆喝了：“恩來，你的娘子來了。”

對了，那是我第一次看見鄧穎超同志。很年輕，美麗，穿着山東綢原色的上衫、裙子，頭髮是剪了的，含着笑，向大家走過來。於是，這個說話，那個高叫，前頭的伸手要握手，後面的催着要介紹，亂了一陣。等到人聲安靜下去時，鄧穎超同志不知怎的，已高高站在椅子上了，於是熱烈地鼓掌。

鄧穎超大姐一口氣講了十來分鐘。“你聽着，這就是典型的北京話。”父親在我耳朵邊輕輕地說，我不住點頭。

許久以後，我同鄧穎超同志談起這一段。她說，那是頭一次，也是最後一次看見我父親。對了，那一晚，正是周恩來和鄧穎超結婚不久的事。

好熟悉的畫面：一個胖子笑瞇瞇，兩隻手按着膝蓋，腆着大肚子坐在竹椅子上，俏皮地擠鼻子弄眼，一副樂天的樣子。從上到下斜着寫了一行字：“革命者的神經，不要像纖維一樣，應該和鋼絲一樣，因此，經常笑，經常頭向着天，永遠不要消沉！”

“這幅畫是誰畫的？怎麼這樣眼熟？”我自言自語。

628

80 年代廖公神采奕奕。

「眞是老糊塗了，不是你畫的嗎！」是阿普的聲音。

「眞是我畫的？什麼時候畫的？」

「四六年嘛！那年我們隨周總理從重慶飛到南京，在中央代表團工作。在南京與夢醒姐姐相會時，姐夫李少石在重慶被國民黨傷兵槍殺已經數月了，可外甥女囡囡卻還沉浸在喪父的悲痛中，爲此，你畫了這幅漫畫送給她，鼓勵囡囡樂觀堅強，擺脫喪父的哀痛。」

「對對對，我想起來了，是有這麼回事！畫我送給她了，怎麼又到你手裡了？」

「你不是喪失自由了嗎？囡囡託我把她珍藏多年的畫帶給你！」

「我明白孩子的苦心了，這回該我像鋼絲了，我要頑強樂觀地活下去，還有許多工作等着我幹呢！」

這是在哪兒？舊金山！對，我已經做好了心臟搭橋手術，正在給孩子們寫信：

兒女們、孫子們、媳婦們，木哥：

你們好？

我開刀以來情況很好，證明此行實有大收穫，不但常患的心絞痛等情況完全消失，而且心功能由於搭了三個橋而大有改善，只是經過胸部大手術之後，癒合還需要時間，並且新引起的不平衡還要待調整，比如此等手術後必經的過程，咳嗽，多痰等情況還存在，不過這已是小問題，大問題算是解決了。希望今後中國的心臟外科更加發展，也希望同我一樣的病人能到此治療。

我在此還有一段時間，祝你們好！

爸

四月十三日

是的，心臟內不再" 交通堵塞 "，無須" 消極怠工 "
了，需要我抓緊辦的事還眞多呢！

我要給廣東反映一個問題，這是老事情了，但不得不
講。我小的時候，每年元旦，我父母總要帶我出去——並不
是去給活人拜年，而是沿着廣州的黃沙這條路，到幾個地方
去掃墓，首先是到史堅如墓，史堅如墓現在沒有啦，史堅如
還是我們嶺南大學的同學哩。還有鄧肯的墓。然後到黃花崗
七十二烈士墓，每年元旦都要跑一個上午。現在這些人的墓
都給平了，要紀念辛亥革命的話，這些人的墓應該重新修
好。我們花了不少錢在奉化把蔣介石母親的墓恢復了，奉化
恢復，黃花崗這些人的墓不恢復，恐怕有欠公道。所以紀念
辛亥革命，團結面越廣越好……

要向對台辦公室全體同志講一次話：

我們的工作特點，是做一些實際的工作，不是顯姓揚名
的工作。我們的工作要做到節骨眼上，恰到好處，要盡到我
們的力量。有成績，是黨中央的功勞，全黨的功勞，不求自
己打多少分。要把各方面的協作關係搞好，調動各方面的積
極性。我們的交往，各方面都有，來的人大部分要保密。工
作做得好，是集體的智慧，共同的力量。

對台辦的工作很緊張，是賣命的工作，不是浮在上面的
工作。我們要加倍努力，同有關方面搞好協作，把工作做得
更好。

有些問題還不能解決，同志們的房子問題，現在住得很
遠又分散，今年總可以解決吧！

今年的工作，主觀客觀條件都很好，我們的形勢一天比
一天好，回來的人一年比一年多。對於工作中的問題，要提

高到政策上考慮，多同有關方面聯繫，要用腦子研究。所以，形勢很好，條件很艱苦。

你們生活中要互相關心，政治上要互相幫助，黨的生活要健全，同心協力把辦公室的工作做好。總之，要在政治上同中央保持一致性，緊跟中央一天天進步！

給南方黨史資料徵集小組同志要提一提張文彬同志的事：張文彬同志是南方工作委員會的。他同我關在一起，他犧牲我是親眼看到的，問題是廣東的一部分同志說他執行王明路線，是因為他講統一戰線問題多了點。廣東現在還沒有解決這個問題。張文彬同志可以說是最早開創廣東局面的一個人。1935年底，首先是張雲逸同志恢復廣東的黨，而後張文彬去的，廣東黨能夠重新恢復和建立，張文彬同志的功勞很大。1944年8月，他在江西太和縣馬家洲犧牲了。而且張文彬親自傳達了周恩來同志的指示，說是張文彬同志反對東江縱隊的建立，這是不符合事實的，反對的是另外一個人，不是張文彬同志，張文彬同志的兩個罪名：一個是王明路線，一個是反對東江縱隊的建立，都不能成立。我向南方局的同志們講一下，我在廣東也對廣東的同志講過，現在應該解決這件事情。

631

僑辦還得開個會，強調目前新時期的僑務工作一定要抓住重點，從中央關於知識分子工作的戰略決策來看，加強對歸僑、僑眷知識分子工作無疑是很重要的！不抓好科學技術和人才，就沒有翻兩番，就沒有現代化。這是決定建設成敗的一個關鍵問題。在加強知識分子工作中，不僅不能忽略歸僑知識分子，而且應當給予他們更多的尊重和照顧。為什麼？我一口氣可以說出四條理由：

　　第一，他們中有許多人是世界上或國內第一流的專家、學者和優秀人才，是我國教育、衛生、科研和工程技術等部門的帶頭人，在專業上有很高的造詣，對我國建設做過了較大貢獻。大多數人也經過較長時期的工作實踐，成爲各條戰線的中堅力量。

　　第二，他們同幾十萬華僑、華人專業人才和許多外國專家、學者，有密切的聯繫。在當代世界，一個國家科學技術的發展和經濟的發展，離不開國際的廣泛交流。歸僑、僑眷知識分子，在這方面有很優越的條件，可以發揮重要的橋樑作用。

　　第三，他們中的許多人，幾十年來遠離國外親人，捨棄本來可以享受的比較優裕的生活，堅持在國內獻身四化建設。

　　第四，他們遭受的挫折更多。

　　請想一想，這樣的人才，難道不需要我們的黨和國家，我們的廣大幹部和人民，給予更多的尊重、信任、關心和照顧嗎？

　　"廖公，廖公，您滿頭冒汗，是不是做噩夢了？"是小李的聲音，彷彿從遙遠的天邊傳來。廖承志費力地睜開眼睛，窗外已經大亮了。剛才確實是夢，但夢境仍然十分清晰，細一回味，怪不怪，多數是今年以來，自己想過、抓過、至今尚未有結果、心裡又特別惦記的工作！是日有所思，夜有所想，還是什麼預兆？！"

　　"小李，今天是幾號？"

　　"6月8日。"小李一邊扶起廖公，幫助他穿衣，洗臉，一邊打趣說："廖公，今天還想與哪位牌友一戰高低？我等會兒先去下'戰表'。"

　　廖承志連連搖頭，他喘着粗氣說：" 你給鄭秘書打個電話，請他約港澳辦、僑辦、對台辦、中日友好協會等等單位的領導或主管同志到我這兒來談談。時間順序請他安排一下。"

　　" 怎麼？又要把辦公室搬到病房來了？廖公，這可不行，還是等病好了以後再談工作，好吧？！" 小李竭力勸阻。

　　廖承志直搖頭：

　　" 小李，你別擋駕！我談工作，才不覺得胸口太悶！再說，很多事情，不交待清楚，我不放心啊！"

　　應該說北京醫院管理制度是比較嚴格的，爲了保證病人治療、休息，一般每星期只有三個下午和星期天整天可以探視病人，而且每個病房只有三張探視證，來客登記後憑探視證才能進入病區，三張探視證用完，再來的人便要在門口等候，什麼時候交回一張探視證，再允許另一個等候在門口的人持證入內。

　　於是，屬於廖承志病房的三張探視牌，立即開始了頻率最快的接力賽。最後一個走進病房的是對台辦的楊蔭東。

　　" 老楊，對台辦還有些事要向你交待…… " 廖承志已經顯得十分疲勞，他喘着粗氣，聲音有些嘶啞。

　　" 廖公，今天不談這個事，我就是來看看您。對了，您還需要什麼特別的藥，我去找外面朋友想辦法！"

　　" 謝謝，不需要。" 廖承志搖頭，繼續着自己的思路：" 還記得周總理去世前把羅青長找去交待了什麼嗎？"

　　" 記得。周總理1975年12月20日叫羅青長同志去，專門叮囑，無論什麼時候，不要忘記對我們黨和國家有過特殊貢獻的台灣朋友。"

　　廖承志臉上表情凝重地點點頭。周總理曾特別提到兩個姓張的朋友，一個是發動了西安事變，爲逼蔣聯共抗日，挽救民族危亡的張學良將軍，另一個就是1945年擔任國民黨重慶憲兵司令的張鎮將軍。

抗戰勝利後，毛主席去重慶與蔣介石談判。那天晚上，毛主席正在劇院津津有味地看利家班的京劇，周恩來被告知：李少石同志乘周恩來的專車送柳亞子先生回家，在歸途中被人開槍打成重傷，等周恩來趕到醫院，李少石同志已經犧牲了。

當時重慶市內道路複雜，社會混亂，如何保證毛澤東主席從劇院安全回到紅岩村？這是個非常緊迫的問題。周恩來從劇場裡找出了重慶憲兵司令張鎮，請他絕對保證毛澤東主席的安全。張鎮是黃埔軍校學生，他立即表示，請周主任放心，散戲後，我陪毛先生乘坐我的車，不論哪方特務，恐怕都還沒膽向憲兵司令的汽車開槍。

張鎮說到做到，確實把毛主席安全送到駐地。

周總理多次提到張鎮立了一大功。但他的職務是憲兵司令，按我們的政策，是格殺勿論的特務，是沒有好果子吃的！只有熟悉歷史情況的同志才能記住老朋友，才能處理合適得體！對得住朋友……

廖承志喘着粗氣，鄭重其事地交待：「老楊，我們要永遠記住總理的話，對台工作，一定不能忘記老朋友，堅持‘滴水之恩，湧泉相報’才可能爭取更多的朋友，爭取早日實現台灣回歸，國家統一……」

直到護士進來推廖承志下樓作全面檢查，他們的小聲交談才中斷。

樓下分別，廖承志雙手抱拳，費力地說：「保重，保重！」

楊蔭東萬萬沒料到，這一別便成永訣！「保重，保重＂，竟是自己聽到廖公生前的最後一句話⋯⋯

　　1983年6月10日凌晨，病區走廊裡，急促的腳步聲＂啪嗒，啪嗒＂如雷擊頂；

　　廖公病房裡，醫生護士短促高聲的對話，不知名器械的碰擊聲，像鐵鑽鑽心。警衛李雲峰已經嗚咽出聲。

　　凌晨五點，廖承志的病房安靜了。

　　撤去了一切搶救器械，屋子顯得好寬好大好空曠⋯⋯

　　胡耀邦、趙紫陽，還有許多老同志，披着晨霧匆匆趕到醫院。

　　王震凌晨得到消息，急趕至醫院，廖承志已被送往太平間。

　　＂太平間在哪裡？帶我去，快！＂王震的急迫的神情，彷彿是擔心再遲一步趕不上送行。

　　大家擔心老人受刺激，紛紛勸阻。王震也不理睬。直着往電梯奔去，醫生只好引路。

　　太平間的門一打開，王震已經再也忍不住，哭着叫道：

　　＂廖公，廖公，你為什麼走這麼早？！為什麼走這麼早！⋯⋯＂

　　哭聲痛楚，喊聲悲切，四周無論親屬、醫生、護士和工作人員，無不潸然淚下，嗚咽出聲⋯⋯

　　電波無情，噩耗傳到香港澳門，已經重病的何賢痛哭失聲，悲痛欲絕，就在當年，追廖公而去。仙逝時，何賢面含微笑，神情坦然，彷彿又與知己廖公歡聚相逢，朝夕相伴，樂不思蜀了！

　　攝影家陳復禮，淚流不止，悔恨和痛惜之情，無以言表，他託去北京參加廖公追悼會的夏夢女士捎上一幅他給廖公拍的照片：

635

　　身後是陽光絢麗，綠柳飄拂，廖公立於院中，臉上的笑容是那麼坦蕩明快親切動人。這是上次陳復禮去廖公北京家中，廖公走到院子裡送客人，他出於職業習慣，迅速按動快門抓拍的。

　　照片洗出，他覺得只用自然光，還不夠理想，如果再加些輔助光線，能使照片上的廖公更加傳神。

　　回到香港，他已經把各種燈具都準備好，把各種數據都作了精確計算，只等下次去北京的時候，完成這件作品。

　　誰料想，廖公陡然仙逝！他只能帶着永久的遺憾，將這幅沒完成的作品帶去北京，贈與廖夫人留念。

　　廖家收到這張廖公的照片，廖承志如此神采奕奕，大有呼之欲出之感。於是，這張帶有作者遺憾的作品，成爲廖公追悼會上的遺像。

636

　　電波傳到日本，已是傍晚六七點鐘。

　　三十多家報紙的記者都蜂擁而至，不約而同地聚攏在日中文化交流協會會長井上靖先生家中，那天，白土吾夫先生正巧也在場。

　　長長的話筒像片小樹林，閃光燈亮成白晝一般。

　　“你們第一次見廖先生是什麼時候？”

　　“最後一次見是什麼時候？”

　　“你們對廖先生的印象如何？”

　　……

　　井上靖先生淚如湧泉，開口回答記者問題的第一句話是：

　　“廖先生比我小一歲啊！”話一落音，便失聲痛哭。

　　白土吾夫先生兩淚滾滾，無聲地抽搐，悲痛失音，竟無法開口回答記者任何一個問題。

是的，他並不是一個軟弱的男人，他已經經歷過許多悲痛，送走過許多位自己敬重愛戴的中國偉人：

像周恩來、朱德、毛澤東等等，他們都是本世紀少有的偉人，不僅是中國的，也是世界的。

白土吾夫見過周恩來總理四十多次，見過毛澤東主席六次，都是印象深刻，情篤誼厚。但他們畢竟都是高齡且重病，所以大家都有些思想準備。

廖承志的去世太突然了，實在讓他無法承受，他心像被撕裂，兩年前的往事，彷彿就在昨天：

在人民大會堂的一個宴會上，大家關切地問到廖公的心臟病手術後情況如何。廖承志瀟灑自若地解開襯衣，坦露出自己的胸部，讓朋友們看他身上貫穿胸腹腿部的那道兩三尺長的刀口，然後笑吟吟地用日語說：

"我的心臟比過去好多了，我的身體很健全，希望和你們繼續為日中友誼作出貢獻呢！"

井上靖會長接着說：

"廖先生，你比我小一歲，而且到美國把心臟治好了，希望廖承志先生今後做更多工作。我自己也在有生之年，為日中友好多做工作。"

廖承志點點頭，用手指着白土吾夫說：

"小孩子，小孩子，你比我們小二十歲，你應該比我們更多地做工作，做貢獻。"

白土吾夫聽慣了廖公對自己叫"小孩子"的親切稱呼，只是笑着點頭。

白土吾夫的夫人卻第一次聽到這個稱呼，她笑着抗議道：

"廖先生，我丈夫已經56歲了，已經也是老人，不是小孩子啦！"

一句話，滿座皆歡！

噩耗傳到美國，梅子強淚落衣襟，幾乎無法相信自己的耳朵！就在兩個月前，他回國抵達北京，因爲廖公住院體檢，他又被別人接到天津，兩人沒能見面，後來他到廣州，廖公也去廣州公幹，立即囑人將他接到小島賓館，兩人談得十分投緣。回到美國，他還多次與朋友感慨：廖公父母是華僑，廖公自己是華僑，他最瞭解海外情況，最知華僑心，他做華僑工作最合適，是無人能替代的角色！誰知⋯⋯

老上級，老同事，老朋友，乃至老對手；新朋友，舊朋友；大朋友，小朋友直至有過成見的朋友；

外國人，中國人，港澳台同胞，旅日旅美僑胞、華裔，走進肅穆的廖承志追悼會會場裡，眼睛只要一看見迎面那張巨幅照片上屬於廖承志特有的生動微笑，看到廖承志那雙傳神的眼睛，都會強烈地感受到廖承志依然在向他們傳遞的隔世未了情。

國家主席李先念代表中央所作的悼詞，中說道：

廖承志同志在長期的革命鬥爭中，在社會主義建設事業中，在鞏固和發展愛國統一戰線，實現祖國的大團結大統一事業中，在加強同世界各國人民的友好關係和爭取世界和平的鬥爭中，建立了不可磨滅的功績。正當全國人民期望他爲祖國的建設和統一事業作出更大貢獻的時候，他卻與世長辭了，這是全黨和全國人民的重大損失。對此，廖承志是當之無愧的！

後　記

　　那是1982年的初春，為寫陳毅元帥傳記，我訪問過廖
公。

　　廖公鄉音濃濃、慈眉善目，談及"文革"中陳總的事，
他慷慨陳詞往往剛講一件事，言猶未盡，可瞥一眼桌上滋滋
轉動的錄音機，他眨眨眼，抿抿嘴，便蹦出一句：

　　"哎，三中全會不是開過了嘛，宜粗不宜細嘛！"

　　一連講過三次，我忍不住問道：

　　"廖公，是不是錄音機開着不好？"

　　"對對對！"廖公眉眼帶笑地連聲應着："你把錄音機
關掉，我再給你們多講點。"

　　那熠熠閃光的得意眼神，毫不加掩飾的迫切口吻，完全
沒有大首長的矜持，只有真真實實的開心。我們都毫無拘束
地笑了

　　關掉錄音機，廖公果然又動情地説了許多。

　　廖公介紹的珍貴史料，化作了陳毅傳記中的生動情節，
廖公獨特的性格魅力，時時縈繞在我心頭。以至於八年後，
僑辦找到我為廖公寫傳時，我由衷興奮，滿口答應！我願以
我的筆，我的心，讓更多的後來人瞭解廖公才華橫溢、幽默
樂觀、可歌可泣、可親可敬、不平坦更不平凡的一生。

　　我真誠感謝廖承志文集辦的全體同志，是他們辛勤工

作，從國內外收集了大量文字資料，給廖傳奠定了豐厚的史料基礎。

　　我真誠感謝訪問過的數百位黨政領導、國際朋友、港澳台同胞、海內外華僑、華人、國內各界名流和在廖公身邊工作過的同志的大力幫助。

　　謹此獻給廖公誕辰九十週年。

鐵竹偉

1998年5月六稿於寧